UTB **2663**

Eine Arbeitsgemeinschaft der Verlage

Beltz Verlag Weinheim · Basel
Böhlau Verlag Köln · Weimar · Wien
Wilhelm Fink Verlag München
A. Francke Verlag Tübingen und Basel
Haupt Verlag Bern · Stuttgart · Wien
Lucius & Lucius Verlagsgesellschaft Stuttgart
Mohr Siebeck Tübingen
C. F. Müller Verlag Heidelberg
Ernst Reinhardt Verlag München und Basel
Ferdinand Schöningh Verlag Paderborn · München · Wien · Zürich
Eugen Ulmer Verlag Stuttgart
UVK Verlagsgesellschaft Konstanz
Vandenhoeck & Ruprecht Göttingen
Verlag Recht und Wirtschaft Frankfurt am Main
VS Verlag für Sozialwissenschaften Wiesbaden
WUV Facultas Wien

Vera Nünning (Hrsg.)

Kulturgeschichte der englischen Literatur

Von der Renaissance bis zur Gegenwart

A. Francke Verlag Tübingen und Basel

Bibliografische Information der Deutschen Bibliothek

Die Deutsche Bibliothek verzeichnet diese Publikation in der Deutschen Nationalbibliografie; detaillierte bibliografische Daten sind im Internet über <http://dnb.ddb.de> abrufbar.

© 2005 · Narr Francke Attempto Verlag GmbH + Co. KG
Dischingerweg 5 · D-72070 Tübingen
ISBN 3-7720-3369-5

Einbandgestaltung: Atelier Reichert, Stuttgart
Satz: Informationsdesign D. Fratzke, Kirchentellinsfurt
Druck und Bindung: Hubert & Co., Göttingen
Printed in Germany

ISBN 3-8252-2663-8 (UTB Bestellnummer)

Inhalt

Die Frühe Neuzeit

Die Zeit der großen Englischen Revolution

The Long Eighteenth Century

Das Neunzehnte Jahrhundert

Vorwort

Die ›kulturgeschichtliche Wende‹ der Geisteswissenschaften hat sich zwar in der Anglistik schon durch die Aufwertung der *Cultural Studies* nachhaltig niedergeschlagen, aber wer sich bislang einen Überblick darüber verschaffen wollte, welche Möglichkeiten diese Neuorientierung für die Beschäftigung mit der britischen Literatur eröffnet, musste auf theoretische Einführungen oder Einzelstudien zurückgreifen. Der vorliegende Band bietet hingegen eine Geschichte der englischen Literatur von der Renaissance bis zur Gegenwart unter kulturwissenschaftlicher Perspektive. Zugleich zeigt er exemplarisch die Breite und Leistungsfähigkeit unterschiedlicher Herangehensweisen kulturwissenschaftlicher Literaturwissenschaft. Da die einzelnen Kapitel zentrale Kulturthemen einer Epoche aus der Sicht spezifischer Zugangsweisen erörtern, wird auch ein Überblick über die wichtigsten Ansätze gegeben, die in der anglistischen Theoriedebatte diskutiert und in der Forschungspraxis angewendet werden.

Eine solche, an Kulturthemen und Ansätzen ausgerichtete Vorgehensweise bietet den Vorteil, vielfältigere Ergebnisse zu Tage zu fördern als die Konzentration auf eine bestimmte *master narrative*, die sich oftmals auf Innovationen konzentriert und das häufig genauso aufschlussreiche Bewahren älterer Traditionen in neuen Kontexten außer Acht lässt. Im vorliegenden Band werden demgegenüber die vielfältigen – und oft gegenläufigen – Entwicklungen nicht unter einer übergreifenden Leitlinie wie ›Säkularisierung‹ oder ›Modernisierung‹ subsumiert; vielmehr soll der Facettenreichtum der Epochen ebenso zum Ausdruck kommen wie die ›Gleichzeitigkeit des Ungleichzeitigen‹.

Die Blickfelderweiterung, die durch die kulturwissenschaftliche Ausrichtung der Literaturwissenschaft herbeigeführt wird, lässt das Problem der Auswahl besonders virulent erscheinen. Schließlich ist der Gegenstand sowohl im Bereich der Literatur (z.B. durch die Berücksichtigung von Populärliteratur) als auch im Bereich der Kontexte (insbesondere durch die Beachtung des Gesamtkomplexes der Kultur) erheblich erweitert worden. Für die Auswahl der im Folgenden erörterten Gegenstände und Werke sind zwei Prinzipien maßgeblich: Zum einen geht es um die Beziehung zwischen Literatur und epochenspezifischen Kulturthemen, d.h. solchen Themen, die zur jeweiligen Zeit intensiv debattiert wurden und daher Aufschluss über die Besonderheiten der Zeit geben. Zum anderen orientiert sich die Auswahl an der Relevanz und

Wirkmächtigkeit der jeweiligen Inhalte für die Gegenwart. Aus diesem Grunde stehen Aspekte wie die Kommerzialisierung von Literatur und die Beziehungen zwischen Literatur und anderen Medien sowie Identitätsbildung und kulturspezifische Werte im Vordergrund.

Um Studienanfängern die Orientierung zu erleichtern, wurde jeder Epoche eine knappe Einführung vorangestellt: In Form eines Epochenprofils werden die wichtigsten Tendenzen der Zeit unter Maßgabe der Leitlinien und Auswahlkriterien des Bandes skizziert; gleichzeitig werden die folgenden Kapitel in einem größeren Zusammenhang verortet. Auch die Kapitel selbst sind auf die Bedürfnisse von Leserinnen und Lesern ausgerichtet, denen die gewählten Ansätze und diskutierten Werke nicht notwendigerweise bekannt sind. Sie umreißen daher jeweils größere Tendenzen, veranschaulichen diese aber immer wieder durch Hinweise auf und Beispiele aus repräsentativen Werken. Die Fachbegriffe werden im jeweiligen Zusammenhang so kurz wie möglich definiert. Dem Zweck der Orientierung dient zudem die nach Kapiteln geordnete Auswahlbibliographie, bei der großer Wert auf Kürze gelegt wurde; neben der zitierten Literatur sind hier Überblickswerke verzeichnet, die zur weiterführenden Lektüre empfohlen sind.

Durch die kulturgeschichtliche Perspektivierung werden neue Blickwinkel eröffnet, zugleich aber andere Bereiche ausgeschlossen. Der Band versteht sich insofern als eine wesentliche Ergänzung vorliegender Literaturgeschichten, die hier um die kulturgeschichtliche Komponente bereichert werden, durch die ein tieferes Verständnis von Literatur erst ermöglicht wird.

Um der Vielfalt kulturgeschichtlicher Ansätze und dem Facettenreichtum der Beziehungen zwischen Literatur und Kultur gerecht zu werden, gleichzeitig aber eine Kulturgeschichte der englischen Literatur zu verfassen, deren Kapitel sich kaleidoskopartig zu einem Ganzen zusammenfügen, ist den Beiträgern und Beiträgerinnen des Bandes wesentlich mehr abverlangt worden als im Rahmen ähnlicher Unternehmungen. Sehr wichtig für die Abstimmung der Kapitel und Kohärenz des Bandes war eine vorbereitende Konferenz im Internationalen Wissenschaftsforum Heidelberg (IWH). Für die Offenheit und das Engagement, mit der die Autorinnen und Autoren in diesem Rahmen über die Besonderheiten anglistischer Kulturwissenschaft und die Leitlinien des Bandes diskutiert haben, die außergewöhnliche Kooperationsbereitschaft beim oft mehrfachen Überarbeiten der Kapitel und die geduldige Beantwortung vieler Rückfragen möchte ich Ihnen an dieser Stelle sehr herzlich danken: Das war ›beyond the call of duty‹! Besonderer Dank gebührt Simone Roggendorf für Ihre vielfältige Hilfe bei der Organisation der Konferenz und die umsichtige formale Überarbeitung der Kapitel, bei der sich auch Annegret Stegmann große Verdienste erworben hat, Julia Henzler und Mareike Esterl für das Überprüfen zahlloser Details sowie Dr. Stephan Dietrich für die perfekte verlegerische Betreuung unseres Bandes. Wie immer gebührt der größte Dank jedoch meinem Mann Ansgar.

Redaktionelle Anmerkungen

Auf Fußnoten wurde zum Zwecke besserer Lesbarkeit verzichtet, aber bedeutende Thesen sowie Zitate sind im Text belegt. Um Studierenden ein rasches Auffinden der zitierten Textstellen zu ermöglichen, wurde bei Dramen nach Akt und Szene, bei Gedichten nach Zeilenzahl und bei Romanen nach Kapitel zitiert. Wenn dies (etwa aufgrund fehlender Kapiteleinteilung) nicht sinnvoll erschien, ist die zitierte Ausgabe im jeweiligen Teil der Abschlussbibliographie verzeichnet. Auf welche Werke in den einzelnen Kapiteln Bezug genommen wird, lässt sich durch einen Blick in das Personenregister feststellen, wo die Titel jeweils unter dem entsprechenden Verfasser aufgeführt werden. Die Jahreszahlen hinter den im Text genannten Titeln beziehen sich auf den Zeitpunkt der Erstveröffentlichung bzw. der Uraufführung der Werke. Das im Titel des Bandes und in einigen Kapiteln aus stilistischen Gründen verwendete Wort ›englisch‹ dient teilweise zusätzlich der Bezeichnung walisischer, schottischer und irischer Literatur sowie der *New English Literatures*; in Kontexten, in denen die regionale Unterteilung wichtig erscheint, werden aber selbstverständlich die spezifischen Bezeichnungen verwendet.

Heidelberg, im Juli 2004   Vera Nünning

Vera Nünning

Kulturgeschichtliche Literaturwissenschaft: Grundlagen und Möglichkeiten

Die kulturgeschichtliche Neuorientierung der Literaturwissenschaft wird nun schon seit einigen Jahren über die Grenzen der einzelnen Philologien hinweg kontrovers diskutiert. Dass die Rede von der Weiterentwicklung der Geisteswissenschaften zu Kulturwissenschaften keine wissenschaftspolitische Worthülse geblieben, sondern tatsächlich eine ›kulturwissenschaftliche Wende‹ der Philologien erfolgt ist, zeigt allein schon ein Blick in die Auswahlbibliographie des ersten Jahrganges der Zeitschrift *KulturPoetik* im Jahre 2001, die gleichzeitig verdeutlicht, wie vielfältig die Herangehensweisen und die theoretischen sowie methodischen Grundlagen der neuen Ansätze sind. An unterschiedlichen kulturwissenschaftlichen Perspektiven auf literarische Werke mangelt es somit wahrlich nicht. Eher schon geht der Blick für das verloren, was die vielfältigen Ausprägungen dieser Neuorientierung miteinander verbindet und die Besonderheit einer kulturwissenschaftlichen Literaturwissenschaft ausmacht. Es scheint daher an der Zeit, eine erste Bestandsaufnahme nach dem *cultural turn* zu geben und nach dem Erkenntnisgewinn zu fragen, den diese Neuorientierung hervorbringen kann.

Eine solche Bestandsaufnahme soll im vorliegenden Band weniger in theoretischer denn in praktischer Hinsicht gegeben werden. Als Gegengewicht zu den differenziert und intensiv geführten theoretischen Debatten, in denen der konkrete Nutzen der erörterten Konzepte oftmals in den Hintergrund gerät, soll hier die Leistungsfähigkeit einer kulturwissenschaftlichen Neuorientierung anhand einer Geschichte der englischen Literatur von der Renaissance bis zur Gegenwart unter kulturwissenschaftlicher Perspektive herausgestellt werden. Zugleich bietet der vorliegende Band ein Forum für unterschiedliche Standpunkte und Herangehensweisen der kulturwissenschaftlichen Literaturwissenschaft in der Anglistik, denn die einzelnen Kapitel wählen unterschiedliche Zugangsweisen und vermitteln so einen Überblick über die wichtigsten

Die ›kulturgeschichtliche Wende‹

Bestandsaufnahme nach dem *Cultural Turn*

Ansätze, die in der anglistischen Theoriedebatte diskutiert und in der Forschungspraxis angewendet werden.

Auswahlprinzipien   Eine Literaturgeschichte, die literarische Werke nicht nur beschreiben, sondern zusätzlich in ihren Wechselbeziehungen zur Kultur erörtern möchte, gleichzeitig aber nicht in mehreren Bänden daherkommen will, ist noch stärker darauf angewiesen, eine gut begründete Auswahl zu treffen, als vergleichbare Unternehmungen. Häufig wird eine Konzentration auf »anthropologische Grundthemen [...] und die zugehörigen Kulturtechniken sowie [...] interkulturelle Kontakte und Konflikte« (*Editorial* von *KulturPoetik* 2001: 1.1) favorisiert. Da sich die Wahrnehmung und Wertung von Themen wie Liebe, Tod und Traum nur sehr langsam wandelt, der vorliegende Band aber dem historischen Wandel Rechnung tragen möchte, werden solche anthropologischen Grundthemen nur dann in den Blick genommen, wenn sie in den jeweiligen Epochen in verschiedenen kulturellen Bereichen intensiv diskutiert wurden; so etwa die Trauer zur Zeit der Renaissance oder die (Beherrschung von) Emotionen im Viktorianismus. Für die Auswahl der Themen und Werke, die in den folgenden Kapiteln behandelt werden, sind daher im Wesentlichen zwei Prinzipien verantwortlich: Zum einen steht die Beziehung zwischen Literatur und solchen Kulturthemen im Vordergrund, denen zur jeweiligen Zeit große Aufmerksamkeit gewidmet wurde, die Aufschluss über die Besonderheiten der Epoche geben und interessante Perspektiven auf Literatur eröffnen. Zum anderen ist das Kriterium des Gegenwartsbezugs geltend gemacht worden: Wie alle Historiker und Historikerinnen interessiert auch uns besonders das an der Vergangenheit, was unsere Zeit prägt, besonders diejenigen Traditionen, die heute noch wirksam sind.

Leitlinien des Bandes: Gegenwartsbezug   Ausgehend von der Allgegenwart der Medien und der Situierung von Literatur in einem komplexen Medienverbund liegt ein Schwerpunkt der Auswahl auf intermedialen Bezügen zwischen Literatur und anderen Künsten. Da Literatur und Kunst zunehmend kommerzialisiert und Marktsetzen unterworfen wurden und werden, bildet die Beschäftigung mit den Verflechtungen zwischen Literatur und Wirtschaft eine weitere Leitlinie des Bandes. Ein dritter Schwerpunkt liegt auf der Identitätsproblematik, die für ein Verständnis des 20. Jahrhunderts von besonderer Bedeutung ist und sich – in verschiedenen Ausprägungen – wie ein Leitfaden durch unseren Band zieht: mit Blick auf die Konzeptualisierung und Inszenierung von persönlicher Identität und Subjektivität, aber auch in Bezug auf die Ausprägung von Geschlechtsidentitäten, gruppenspezifischen Identitäten und nationaler Identität. Ebenfalls eng auf diesen Themenkomplex bezogen ist die Betonung zentraler kulturspezifischer Werte und Normen. Diese Fokussierung leitet sich aus der großen Bedeutung her, die der Erarbeitung von Werthierarchien für das Verständnis einer Kultur zukommt; zudem ist sie der gegenwärtigen Bedeutung von *Englishness* und *Britishness* geschuldet, denn für Politiker spielt seit Margaret Thatcher die Festschreibung und Manipulation vermeintlich typischer englischer oder britischer Charakteristika wieder eine große Rolle, wie unlängst auch Tony Blairs Kampagne ›*Rebranding Britain*‹ zeigte. Angesichts der allgegenwärtigen Hybridisierung, sei es von Gattungen, Identitäten oder Kulturen, beschränkt sich der Band nicht auf die Betrachtung von ›Hochliteratur‹ auf der einen oder ›Populärliteratur‹ auf der anderen Seite, sondern nimmt – je nach deren Bedeutung im jeweiligen Zusammenhang – beide in den Blick.

Eine solche facettenreiche gegenwartsbezogene Betrachtung von Literaturgeschichte lässt sich nicht in das einheitsstiftende Muster einer bestimmten *master narrative* pressen und ist daher in einzelne Kapitel gegliedert, in denen repräsentative Themen aus der Sicht der jeweils angemessenen kulturwissenschaftlichen Ansätze diskutiert werden. Die Erläuterung der zugrunde liegenden Begrifflichkeit wurde dabei so knapp wie möglich gehalten; im Mittelpunkt steht stattdessen ein Überblick über die größeren Zusammenhänge und Tendenzen, die immer wieder durch Hinweise auf und Beispiele aus repräsentativen Werken veranschaulicht werden. Eine solche, an Kulturthemen und Ansätzen ausgerichtete Vorgehensweise bietet den Vorteil, vielfältigere – und vielleicht auch gegenstandsadäquatere – Ergebnisse zu Tage zu fördern als der in einigen Literaturgeschichten gewählte Blickwinkel der Modernisierungstheorie, der sich auf Innovationen konzentriert und das häufig genauso aufschlussreiche Bewahren älterer Traditionen in neuen Kontexten außer Acht lässt. Die Einteilung in einzelne Kapitel, die unterschiedliche Fragestellungen verfolgen, trägt daher auch der Skepsis Rechnung, die die neuere Forschung allzu schematischen und einseitigen Erklärungen kulturellen Wandels entgegenbringt. Die vielfältigen – und oft gegenläufigen – Entwicklungen einzelner Epochen werden daher nicht unter einer übergreifenden Leitlinie wie ›Säkularisierung‹, ›Fortschritt‹ oder ›Modernisierung‹ subsumiert; vielmehr soll der Facettenreichtum der Epochen ebenso zum Ausdruck kommen wie die ›Gleichzeitigkeit des Ungleichzeitigen‹.

Aufbau des Bandes

Um Studienanfängern die Orientierung zu erleichtern, wurde jeder Epoche eine knappe Einführung vorangestellt, in der die wichtigsten Tendenzen der Zeit skizziert, und die folgenden Kapitel in einem größeren Zusammenhang verortet werden. Diese kurzen Überblicke liefern einen Aufriss der bedeutendsten Entwicklungen der Epoche, deren Auswahl sich an den oben dargelegten Leitlinien des Bandes orientiert; zusätzlich berücksichtigt wurden v.a. Veränderungen im ›Sozialsystem der Literatur‹ (etwa zu Faktoren wie Patronage und Zensur) sowie Wandlungen kultureller ›Rahmenbedingungen‹, die für ein Verständnis

Epochen-einführungen

der Literatur wichtig sind. Trotz der gebotenen Kürze wird dabei versucht, die wichtigsten Neuerungen im Kontext älterer Traditionen zu situieren und Wertkonflikte nicht leichtfertig zu übergehen.

Grundlagen kulturgeschichtlicher Literaturwissenschaft

Da die wichtigste Grundlage einer Kulturgeschichte der englischen Literatur zweifellos in der durchgängigen kulturwissenschaftlichen Perspektivierung von Literatur liegt, soll zunächst kurz dargelegt werden, auf welchen allgemeinen Prinzipien die kulturgeschichtliche Neuorientierung der Literaturwissenschaft beruht. Obgleich sich diese im Prozess steter Entwicklung befindet, kann man einige Prämissen benennen, die Unterschiede zu anderen literaturwissenschaftlichen Ansätzen erkennbar werden lassen. Weitgehender Konsens besteht über die Bestimmung von kulturwissenschaftlicher Literaturwissenschaft als eine theoriegeleitete Art und Weise des Umgangs mit literarischen Werken, für die das Verhältnis zwischen Text und Kontext und damit auch die Historizität und Kulturalität von Texten von zentraler Bedeutung ist. Da die Kontextualisierung bewusst und methodisch durchdacht erfolgt, ergeben sich zudem Anschlussmöglichkeiten zu anderen Disziplinen, die sich in ihren entsprechenden Ausrichtungen wie Kulturgeschichte, Kulturökologie, Kulturanthropologie, Medienwissenschaften und Semiotik ebenfalls kulturgeschichtlich geöffnet haben, und auf deren Einsichten und Methoden in literaturwissenschaftlichen Analysen zurückgegriffen wird. Um das Spezifische der literaturwissenschaftlichen Neuorientierung herauszustellen, gilt allerdings zunächst zu klären, was unter Kultur und Literatur verstanden wird, und was die Leitfragen einer kulturwissenschaftlich orientierten Literaturwissenschaft sind.

Wurzeln neuer Definitionen des Kulturbegriffs

Die Frage danach, was unter Kultur zu verstehen ist, beschäftigt die Forschung schon sehr lange. Unter der Vielzahl der gegenwärtigen Begriffsbestimmungen haben sich im Rahmen der kulturwissenschaftlichen Neuorientierung der Literaturwissenschaft v.a. diejenigen durchgesetzt, die auf den Ergebnissen früherer Studien aufbauen. Die Debatte der letzten Jahre wurde insbesondere von folgenden Kulturkonzepten bestimmt: der Auffassung

von der Kultur als Gesamtheit der symbolischen Formen (Ernst Cassirer), als Zeichensystem bzw. Semiosphäre (Jurij Lotman, Roland Posner), als ›Text‹ im Sinne der interpretativen Kulturanthropologie (Clifford Geertz) bzw. gemäß der poststrukturalistischen Intertextualitätstheorie, als ›le texte général‹ (Julia Kristeva), des weiteren das Konzept der Kultur als Diskursuniversum (in Anlehnung an Michel Foucault), als Sozialsystem (Niklas Luhmann), Gedächtnis (Jan und Aleida Assmann) oder gesellschaftliche Konstruktion der Wirklichkeit bzw. (medial) konstruierte Wirklichkeit (S.J. Schmidt). (Nünning/Sommer 2004: 17)

Gemeinsame Fluchtpunkte der Kulturbestimmungen, die in den letzten Jahren vor allem in der Geschichtswissenschaft, Semiotik, Anthropologie und Soziologie entwickelt worden sind, liegen erstens in den Überzeugungen, dass Kulturen von Menschen gemacht bzw. konstruiert werden und die gesellschaftliche Wirklichkeit als kulturelles Konstrukt zu verstehen ist. Zweitens hat sich die Annahme, dass Kultur nicht auf die – meist nur noch in Anführungszeichen verwendete – ›hohe‹ Kultur eingeschränkt werden oder mit künstlerischen Werken gleichgesetzt werden darf, mittlerweile in vielen Disziplinen durchgesetzt. In der Literaturwissenschaft wird gegenwärtig ein auf Kulturanthropologie und Kultursemiotik gründendes Verständnis von ›Kultur als Text‹ bzw. als ›Zeichensystem‹ favorisiert. Die auf Clifford Geertz zurückgehende Metapher von der Kultur als Text erfreut sich zwar großer Beliebtheit, wird aber nicht nur deshalb kritisiert, weil sie die Gefahr birgt, dass die Prozesshaftigkeit und Dynamik kultureller Prozesse aus dem Blick gerät (vgl. Bachmann-Medick 1996, 2004). Vielmehr nehmen einige Arbeiten die Metapher beim Wort und gehen – insbesondere im Gefolge des *New Historicism* und des Konstruktivismus – von einer Textualität von Kultur und Geschichte aus, die jeglichen Unterschied zwischen Literatur und Kultur sowie zwischen verschiedenen Zeichensystemen (wie Literatur und Kunst) einebnet. Anstatt jedoch einem solchen Textualismus das Wort zu reden oder gar zu behaupten, dass es keine Realität hinter der Ebene der Beschreibungen gebe, soll hier lediglich betont werden, dass Texte zwar von großer Bedeutung für ein Verständnis von Kulturen, aber nicht mit diesen gleichzusetzen sind. Dennoch ist das Verstehen von Texten für die Erforschung von Kulturen unabdingbar, und schon aus diesem Grunde sollten sich Literaturwissenschaftler, die über die entsprechenden Kompetenzen der Textanalyse verfügen, an der Debatte um die Gestaltung von Kulturwissenschaften beteiligen.

Kultur als Text

Nicht nur in der Literaturwissenschaft, sondern auch in anderen Disziplinen wird mittlerweile ein semiotischer, bedeutungsorientierter und konstruktivistischer Kulturbegriff bevorzugt. Kultur wird dementsprechend als ein von Menschen erzeugtes Gebilde von Vorstellungen, Denk- und Empfindungsweisen, Werten und Sinnstiftungsprozessen aufgefasst. Wichtig für ein Verständnis von Kulturen sind insbesondere Werthierarchien, die sich in Symbolsystemen unterschiedlicher Art manifestieren und das Denken und Empfinden von Menschen prägen. Roland Posner hat die Einsicht, dass Kultur nicht allein aus künstlerischen Ausdrucksformen besteht, schon im Jahre 1991 durch die Differenzierung in drei übergreifende Aspekte von Kulturen präzisiert. Dieser semiotischen Bestimmung zufolge besteht Kultur aus einer materialen, sozialen und mentalen Dimension. Die mentale Dimension wird geprägt durch den Gesamtkomplex von Denk- und Empfindungsweisen,

Semiotischer
Kulturbegriff

Sinnstiftungsprozessen und Werthierarchien, der allerdings nie direkt einsehbar ist. Vielmehr werden Kulturen erst analysier- und verstehbar, wenn man die Manifestationen dieser mentalen Dimension in den Blick nimmt, die Posner zufolge ebenfalls zur Kultur gehören: Dazu zählt zunächst die materiale Dimension, zu der auch literarische Texte und Kunstwerke gehören, die maßgeblich von den mentalen Dispositionen ihrer Urheberinnen und Urheber geprägt sind. Zur Kultur gehört zudem die soziale Dimension, die sich ausdrückt in sozialen Praktiken und gesellschaftlichen Institutionen. Die Dimensionen der Kultur lassen sich demgemäß modellhaft folgendermaßen abbilden:

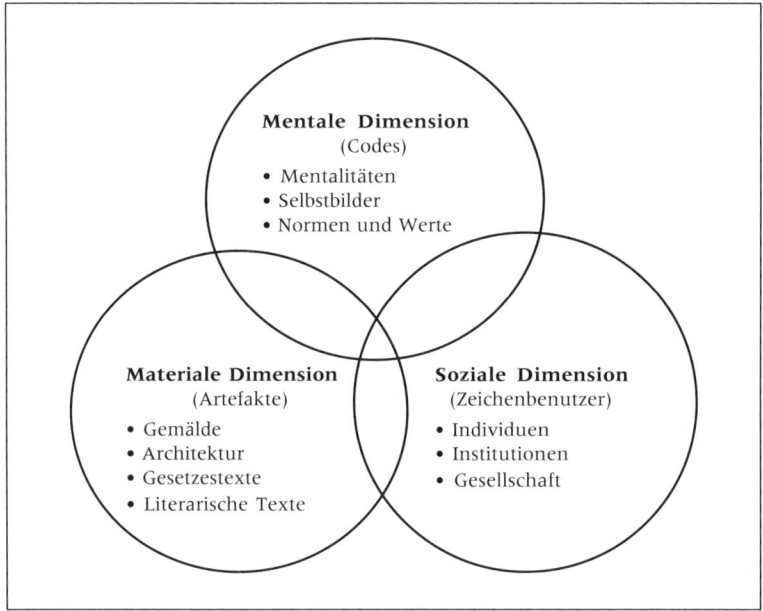

Modell der drei Dimensionen der Kultur nach Posner (1991)

Zusammenwirken
der drei
Dimensionen Kultur kann somit bestimmt werden über das Zusammenwirken der drei Dimensionen, zwischen denen es vielfältige Überschneidungen und Wechselwirkungen gibt. Denk- und Empfindungsweisen schlagen sich nieder in der materialen und der sozialen Dimension der Kultur, in (literarischen) Texten, Kunstwerken und Artefakten ebenso wie in Institutionen, Ritualen und sozialen Praktiken. Gleichzeitig wirkt der soziale Aspekt – etwa in Form von Schulen oder Gerichten – auf die mentale Dimension zurück und beeinflusst z.B. durch Zensur auch die materiale Dimension. Diese wiederum wirkt – auch und gerade durch literarische Texte – auf die Ausprägung und Verbreitung von Wahrneh-

mungs-, Denk- und Verhaltensweisen ein. Insgesamt ergibt sich somit ein komplexer Gesamtzusammenhang, in dem alle Elemente wechselseitig miteinander verknüpft sind.

Literatur erscheint vor diesem Hintergrund als ein zentraler Aspekt der ›materialen‹ Dimension der Kultur; denn in literarischen Werken werden mentale Dispositionen, Gefühle, Denk- und Wahrnehmungsweisen in herausragender Weise erkennbar. Literarische Werke sind daher nicht als bloße ›Widerspiegelungen‹ gesellschaftlicher Praktiken oder mentaler Dispositionen zu verstehen; vielmehr sind sie mit anderen Aspekten der Kultur in vielfältiger Weise verknüpft und können als einflussreiche spezifische Formen des Wahrnehmens von Welt, als Weisen der kulturellen Selbstwahrnehmung und -thematisierung erachtet werden, die sich durch einen hohen Grad an Selbstreflexion auszeichnen (vgl. Voßkamp 1999, 2003). Bestimmung von Literatur

Diese Bestimmung von Literatur hat weit reichende Konsequenzen für die Formulierung literaturwissenschaftlicher Fragestellungen, denn Unterschiede zwischen Literatur und anderen Diskursen

> [w]enn es sich aus kulturwissenschaftlicher Sicht bei literarischen Texten um eine der materialen Formen bzw. textuellen Medien handelt, an denen mentale Aspekte der Kultur beobachtbar werden, dann stellt sich nicht mehr die Frage, was Literatur ›ihrem Wesen nach ist‹, noch die nach der Hierarchisierung oder der Reihenfolge von Text und Kontext. (Nünning/Sommer 2004: 20)

Aus dieser Modifizierung literaturwissenschaftlicher Fragestellungen folgt jedoch nicht, dass der ästhetische Eigenwert und das besondere Leistungsvermögen von literarischen Texten zu leugnen sind. Obgleich einige Ausrichtungen wie der *New Historicism* in der Tat keine grundsätzliche Unterscheidung zwischen literarischen Texten und anderen Diskursen ansetzen, lassen sich keine überzeugenden Gründe dafür vorbringen, literarische Texte als bloße Dokumente aufzufassen, anhand derer sich mentale Dispositionen erarbeiten und kulturelle Spezifika ausmachen lassen. Ein solches Vorgehen ist lediglich in allgemeinen kulturwissenschaftlichen Analysen vertretbar, die kein genuines Interesse an der Literatur haben und daher oftmals den ästhetischen Eigenwert von Texten, deren Form und Fiktionalität missachten.

Dies kann jedoch nicht im Sinne einer kulturwissenschaftlichen Literaturwissenschaft sein, die ein anderes Erkenntnisinteresse verfolgt und den ästhetischen Eigenwert schon deshalb nicht aus den Augen verlieren darf, weil er einen bedeutenden Teil der Eigenheit von Literatur als Symbolsystem bildet. Kulturwissenschaftlich orientierte literaturwissenschaftliche Studien können nur dann einen unverzichtbaren eigenständigen Beitrag für die Erarbeitung von Kulturen liefern, wenn die ästhetische Qualität von Literatur und damit deren Unterschiede Ästhetischer Eigenwert literarischer Texte zu anderen Textsorten im Blick behalten werden. Ein fundierter Beitrag für kulturwissenschaftliche Analysen sollte der Einsicht Rechnung tragen, dass Literatur kein durchsichtiges Medium ist, das einen ungetrübten Blick auf die Wirklichkeit erlaubt. Erst durch die Beachtung der spezifisch literarischen Vertextungsverfahren, die Form, Bedeutung und Leistungsvermögen von Literatur bestimmen, erschließen sich etwa Wechselwirkungen zwischen literarischen Formen und kulturellem Kontext.

Erkenntnis-
interesse kultur-
wissenschaftlicher
Literaturwissen-
schaft

Aus diesen Vorannahmen ergibt sich das zentrale Erkenntnisinteresse einer kulturwissenschaftlich orientierten Literaturwissenschaft. Im Mittelpunkt einer solchen Neuorientierung stehen plausible, methodisch fundierte Beziehungen zwischen literarischen Texten und Kontexten, die dann einsichtig werden, wenn der Gegenstandsbereich der Literaturwissenschaft auf relevante »kulturelle Texte« im Sinne Gerhard Lauers (2002: 929) ausgedehnt wird. Im Unterschied zu bloß punktuellen Verweisen auf Bezüge zwischen Einzelheiten des Textes und Kontextes steht in solchen Analysen eine Art der Bezugnahme im Vordergrund, die in eine übergreifende Fragestellung eingebettet, in der jeweiligen Kultur verortet, methodisch fundiert und intertextuell oder intermedial orientiert ist. Bislang zeichnet sich darüber hinaus ab, dass die kulturgeschichtliche Dimension und die Historizität von Texten im Gegensatz zur Gegenwartsorientierung der *Cultural Studies* ihre große Bedeutung behält. Sowohl der *New Historicism* amerikanischer Provenienz, als auch der britische *Cultural Materialism* befassen sich etwa ausgiebig mit der Renaissance.

Text-Kontext-
Beziehungen

Die Text-Kontext-Beziehungen werden in den verschiedenen Ausprägungen der kulturwissenschaftlich orientierten Literaturwissenschaft unterschiedlich konzeptualisiert. Selbst innerhalb einzelner Ansätze wie etwa der Diskursanalyse gibt es verschiedene Annahmen über das Verhältnis zwischen dem literarischen Diskurs und anderen Diskursen. Dies ist u.a. auf unterschiedliche Bestimmungen Foucaults zurückzuführen, der den literarischen Diskurs in seinen frühen Schriften als eine Art ›Gegendiskurs‹ auffasste, in dem Wahrnehmungsweisen und Betrachtungsschemata anderer Diskurse unterminiert werden, später aber eine skeptischere Auffassung von literarischen Texten vertrat: Demnach zeichnen Werke sich durch innerdiskursive Faktoren ebenso aus wie durch Überlagerungen anderer Diskurse. Vor dem Hintergrund dieser recht vagen Prämissen haben sich psychoanalytisch-historische, philologisch-historische und semiotische Varianten der Diskursanalyse herausgebildet, die unterschiedliche Beziehungen zwischen literarischen Texten und anderen Diskursen sowie unterschiedliche Funktionen von Literatur im kulturellen Kontext modellieren (vgl. etwa Winko 1996). Eine solche Vielfalt von Bestimmungen grundlegender Konzepte selbst innerhalb einer kulturwissenschaftlichen Ausrichtung mag beklagenswert erscheinen; sie schärft jedoch den Blick für die Komplexität der Wechselwirkungen zwischen den unterschiedlichen Dimensionen der Kultur, verdeutlicht, dass bestehende Verallgemeinerungen der Text-Kontext-Relation – seien sie marxistischer Provenienz oder Zirkulationsmetaphern, wie sie im *New Historicism* gern zugrunde gelegt werden – der Komplexität des Sachverhaltes nicht gerecht zu werden vermögen. Zudem ermöglicht sie die Auswahl von Konzepten und Methoden, die der jeweiligen Fragestellung und Thematik angemessen sind. Angesichts der historischen und kulturellen Variabilität etwa der Funktionen, die Literatur im Gesamtkomplex der Kultur erfüllen kann, hat der Versuch, eine gleichzeitig präzise und ahistorische, Kulturen übergreifende Definition des Verhältnisses zwischen Literatur und Kontext vorzulegen, wohl auch keine großen Aussichten auf Erfolg.

Gewinn bringender erscheint die Unterscheidung von verschiedenen Fragerichtungen einer kulturwissenschaftlich orientierten Literaturwissenschaft. Herbert Grabes (2001) hat drei Formen der Literaturgeschichtsschreibung differenziert, die die Beziehung zwischen Texten und Kontexten in jeweils unterschiedlicher Weise konturieren: Als erstes nennt er die Analyse von Literatur als textuell vermitteltem Symbolsystem, die davon ausgeht, dass sich kulturelles Wissen, Denk- und Empfindungsweisen sowie Wirklichkeitsvorstellungen einer Epoche in literarischen Texten niederschlagen, und dass diese anhand der Untersuchung spezifischer Themenkomplexe mit Hilfe philologischer Vorgehensweisen erarbeitet werden können. Diese Analyse von Literatur als Symbolsystem ist zum einen kulturgeschichtlich relevant, da ihr Erkenntnisinteresse weder ins Blickfeld von rein philologisch arbeitenden Literaturwissenschaftlern, noch in das von ereignis- oder sozialgeschichtlich vorgehenden Historikern rückt; zum anderen eröffnet sie Einsichten in literarische Formen und Inhalte. Im Mittelpunkt einer zweiten Betrachtungsweise steht die Geschichte der unterschiedlichen Funktionen von Literatur. Hier geht es um die Erarbeitung der vielfältigen Bedeutungen literarischer Texte für die Ausprägung von Wahrnehmungs- und Denkweisen, für die Befriedigung von Orientierungs- und Sinnstiftungsbedürfnissen, aber auch für den Entwurf alternativer Werte sowie die Thematisierung von Werten, die in anderen Bereichen der Kultur marginalisiert oder ausgeschlossen werden. Außerdem werden Funktionen von proto-poetischen Elementen (etwa der Selbstinszenierung, der Imagination und des Erzählens) in der Kultur und die Bedeutung von Literatur für die Ausprägung kultureller Praktiken untersucht. Drittens befasst sich kulturwissenschaftlich orientierte Literaturwissenschaft mit der Geschichte des Sozialsystems von Literatur, mit den Beziehungen zwischen Autoren, Verlagen, Rezensen-

Zentrale Fragestellungen und Gegenstandsbereiche

ten und Lesern sowie mit sämtlichen Individuen und Institutionen, die die Kanonisierung bzw. Zensur literarischer Werke beeinflussen. Solche Formen der Sozialgeschichtsschreibung der Literatur werden häufig mit der ›Empirischen Theorie der Literatur‹ in Verbindung gebracht, sind aber insbesondere im anglo-amerikanischen Kontext schon seit langer Zeit praktiziert worden und stehen daher nicht im Mittelpunkt der folgenden Darstellung.

Leitfragen des vorliegenden Bandes   Mit dieser Bestimmung der Erkenntnisinteressen sind die grundlegenden Fragerichtungen des vorliegenden Bandes grob umrissen. Um eine Kulturgeschichte der englischen Literatur zu schreiben, die gleichzeitig eine Bestandsaufnahme der Leistungen einer kulturwissenschaftlichen Neuorientierung liefert, stehen folgende Fragen im Mittelpunkt der Kapitel: Welchen Blick eröffnet die kulturwissenschaftliche Betrachtungsweise auf Literatur? Welche neuen Aspekte literarischer Texte werden durch diese Betrachtungsweise sichtbar? Inwiefern sind literarische Texte in inhaltlicher wie formaler Hinsicht geprägt durch die mentale und soziale Dimension von Kultur, und inwiefern beeinflusst Literatur die anderen Dimensionen? Welche Funktionen erfüllt Literatur? Dem kulturwissenschaftlich orientierten Erkenntnisinteresse entsprechend liegt der Fokus nicht auf dem Gehalt und der Bedeutung wichtiger literarischer Werke. Vielmehr geht es um intermediale Vernetzungen etwa zu Malerei und Film, um die Beziehung zwischen literarischen Texten und Wahrnehmungs- und Wissensformen, um die Funktionen von Literatur etwa für das ›kulturelle Gedächtnis‹ und die Ausbildung von Identitäten, sowie um Relationen zu Bereichen wie Mode und Konsum. Dabei werden neue Perspektiven auf Literatur und Einsichten in Texte gewonnen, die in literaturwissenschaftlichen Analysen in der Regel nicht in den Blick geraten. Gleichzeitig führt diese Perspektivierung dazu, dass Fragestellungen, die Literaturgeschichtsschreibung üblicherweise verfolgt, nicht nachgegangen wird. Da jede Festlegung auf einen Ansatz spezifische Aspekte in den Vordergrund stellt, dadurch aber notwendig andere Bereiche ausschließt, kann eine kulturwissenschaftliche Geschichte der englischen Literatur keine zusammenhängende Darstellung und Interpretation bedeutender Werke oder der Entwicklung der großen Gattungen liefern.

Auswahl der Ansätze   Umso wichtiger erscheint die Auswahl geeigneter Perspektiven und Ansätze, die sich an deren Bedeutung in der Theoriediskussion und deren Relevanz für die Erarbeitung von Schlüsselthemen der englischen Literatur- und Kulturgeschichte orientiert. Daher sind Ansätze aus dem Bereich der Intermedialität gleich mehrfach vertreten: in Bezug auf Wort-Bild-Beziehungen (Frühe Neuzeit), Malerei (18. Jahrhundert und Modernismus) und neue Medien, insbesondere Film (20. Jahrhundert). Auch stellen diskursanalytische Verfahren eine wichtige Grundlage mehrerer Beiträge dar, wobei sich die spezifische Ausprägung an den Erfordernissen der kulturgeschichtlichen Bedingungen orientiert. Die Diskursarchäologie steht im Mittelpunkt eines Beitrags zum 18. Jahrhundert, während im 19. Jahrhundert die Pathologie- und Hysteriedebatte in den Vordergrund rückt. Gemäß der großen Bedeutung der Erforschung des kulturellen Gedächtnisses und der Erinnerungskulturen wird in Kapiteln zu mehreren Jahrhunderten auf entsprechende Forschungsergebnisse zurückgegriffen: in einem thematisch orientierten, das 17. und 18. Jahrhundert umfassenden Kapitel und in Bezug zum Ersten Weltkrieg. Der durch die Performanzstudien eröffnete Blickwinkel wird unter dem Aspekt der Trauer in der Frühen Neuzeit illustriert. Abgerundet wird die Vielfalt der vertretenen Ansätze durch Kapitel zu den Themenbereichen Wirtschaft und Literatur (Frühe Neuzeit), zu dem Nexus Politik und Literatur (Zeitalter der Englischen Revolution im 17. Jahrhundert), zu Emotionsforschung und Literatur (19. Jahrhundert), zur Ding-Forschung (18. Jahrhundert) sowie zu interkulturellen Fragestellungen (zur postkolonialen Literatur). *Gender*-spezifische Aspekte sind von so grundlegender Relevanz, dass sie in fast allen Kapiteln zum Tragen kommen; aufgrund ihrer großen Bedeutung für die Gegenwart stehen sie zudem im Mittelpunkt eines Kapitels zur Literatur seit den 1960er Jahren. Insgesamt wurde Wert darauf gelegt, die wichtigsten kulturwissenschaftlichen Ansätze zu integrieren, und diese jeweils exemplarisch auf Epochen anzuwenden, deren Schlüsselthemen sich als besonders geeignet für eine Anwendung der entsprechenden Methode erweisen. Dadurch kann ein breites Spektrum nichtfiktionaler Texte und Artefakte in die Untersuchungen einbezogen werden; außerdem werden die Funktionen von Literatur in kulturwissenschaftlicher Perspektive beleuchtet.

Da der Hauptakzent in den folgenden Kapiteln auf dem literatur- *Ziele des Bandes* und kulturwissenschaftlichen Ertrag liegt, werden die spezifischen theoretischen und methodischen Grundlagen nur sehr knapp skizziert; auf eine Erörterung der Überlegungen zur Kompatibilität der methodischen Grundlagen und der spezifisch anglistischen Konturierung der kulturwissenschaftlichen Literaturwissenschaft wird hingegen verzichtet. Vielmehr ist es ein gemeinsames Anliegen der Beiträgerinnen und Beiträger, die Bedeutung und Fruchtbarkeit der kulturwissenschaftlichen Neuorientierung der Anglistik anhand einer Kulturgeschichte der englischen Literatur aufzuweisen, die zentrale Aspekte der Kultur in den Blick nimmt, um Aufschluss über Literatur als Symbol- und Sozialsystem zu gewinnen. Der Band versteht sich insofern nicht als Ersatz, sondern als eine wesentliche Ergänzung vorliegender Literaturgeschichten, die hier um die kulturgeschichtliche Komponente bereichert werden, durch die ein tieferes Verständnis von Literatur allererst ermöglicht wird.

Die Frühe Neuzeit

Vera Nünning

Einführung

Dass Wissenschaftlerinnen und Wissenschaftler mit Epochenbegriffen einen Zeitabschnitt im Nachhinein abgrenzen, erklären und bewerten, zeigt sich an der Frühen Neuzeit besonders deutlich. Der Begriff der ›Frühen Neuzeit‹ wird häufig kritisiert, denn er suggeriert, dass nach dem vermeintlich ›dunklen‹ Mittelalter etwas völlig Neues beginnt. Meist wird er gegenüber dem der ›Renaissance‹ aber dennoch bevorzugt, denn die ›Wieder‹- bzw. ›Neugeburt‹ der Antike kennzeichnet nur einen kleinen Teil der komplexen kulturgeschichtlichen Veränderungen, die zudem in England später einsetzten als auf dem Kontinent. Die zeitlichen Grenzen beider Epochenbegriffe sind umstritten: Historiker gehen meist davon aus, dass die Frühe Neuzeit im späten 15. Jahrhundert beginnt und bis zum späten 18. Jahrhundert andauert; Literaturwissenschaftler hingegen lassen sie vorwiegend mit dem frühen 16. Jahrhundert beginnen und setzen als Ende unterschiedliche Zeitpunkte ab den 1620er Jahren an. Einigkeit besteht lediglich darüber, dass die große Englische Revolution und die Restauration der Monarchie im Jahre 1660 wichtige Zäsuren bilden. Obgleich in der Literatur seit den 1580er Jahren eine Reihe von Kontinuitäten bestehen, die teilweise bis ins späte 17. Jahrhundert weiterverfolgt werden können, spricht aus kulturgeschichtlicher Sicht vieles dafür, die Frühe Neuzeit mit der Englischen Revolution enden zu lassen: Zum einen förderten die Kriegswirren in den 1640er Jahren die Ausprägung neuer Denkweisen, zum anderen vollzogen sich maßgebliche Änderungen im Bereich der Produktion, Vermittlung und Zensur von literarischen Werken.

Auch innerhalb der Zeitspanne zwischen dem späten 15. Jahrhundert und den 1640er Jahren lassen sich eine Reihe von gegenläufigen Tendenzen in Politik, Kultur und den verschiedenen literarischen Gattungen ausmachen. In der Politik stand zunächst die Stabilisierung im Vordergrund, denn die Machtübernahme der Tudors durch die Schlacht von Bosworth, die 1485 die ›Rosenkriege‹ zwischen den Häusern York und Lancaster beendete, und die Konsequenz, mit der der Sieger Hein-

Bestimmung der Epoche

Stabilität in Politik und Verwaltung

rich VII. den Hochadel entmachtete und eine zentrale Regierung aufzubauen begann, legte den Grundstein für eine relativ friedliche Periode. Dies ermöglichte zumindest einer kleinen Schicht, sich im Sinne humanistischer Ideale den Wissenschaften und Künsten zu widmen oder sich zu Ehren von Gott, England und der Königin auf Entdeckungsreisen zu begeben und der Krone neue Landstriche zu erschließen. Die Nähe von Politik, Religion und Literatur zeigt sich etwa daran, dass der überzeugte Katholik, Humanist und Verfasser der ersten englischen Utopie *Utopia* (1516), Sir Thomas Morus, zeitweise als Lordkanzler am Hofe Heinrichs VIII. wirkte; von der Verquickung von Politik, Militär, Kolonialisierung, Literatur, Wissenschaft und höfischer Theatralität zeugt wenige Jahrzehnte später der Werdegang von Sir Walter Ralegh.

Legitimation der Herrschaft: Tudor Myth   Obwohl es den Tudors gelang, hervorragende Persönlichkeiten an den Hof zu ziehen, blieb der Erfolg ihrer Maßnahmen lange Zeit unsicher. Die zweifelhafte Legitimität ihrer Herrschaft erforderte nicht nur ein rigides politisches Durchgreifen, sondern auch breit angelegte Rechtfertigungsstrategien, die zur Propagierung eines historischen und politischen nationalen Selbstverständnisses führten, das gegen Ende des 16. Jahrhunderts in einem Bewusstsein der Stärke und Einzigartigkeit der eigenen Nation gipfelte. Die Bildung der ›Tudor Myth‹, welche die Tudor-Epoche als die Blütezeit der englischen Geschichte pries, ging vornehmlich auf Historiographen zurück, von denen damals nicht in erster Linie erwartet wurde, möglichst getreu aufzuschreiben, was sich ereignet hatte. Für die Legitimation der Herrschaft und die Verbreitung eines Nationalbewusstseins waren neben Geschichtsbüchern Pamphlete, Predigten, Kunstwerke, Epen und die beliebten Historiendramen verantwortlich. Besonders bekannt sind die allerdings auch in dieser Hinsicht komplexen Historienstücke William Shakespeares, der die Zeit der Rosenkriege aus der Sicht der Tudors und den von Heinrich VII. besiegten Richard III. als ein wahres Monster darstellte.

Religiöse Umbrüche   Gegenläufig zur zunehmenden Stabilisierung in der Politik verlief die Entwicklung im damals überaus wichtigen Bereich der Religion. Als Heinrich VIII. England 1534 vom Papst lossagte und selbst zum Oberhaupt der neu gegründeten Anglikanischen Kirche wurde, hatte dies zwar zunächst eher machtpolitische denn religiöse Konsequenzen. Langfristig sollte dieser Schritt jedoch weit reichende Folgen haben, denn als geistige und weltliche Herrscher einer spezifisch englischen Kirche nutzten die Tudors sowie später die Stuarts ihre Machtfülle in unterschiedlicher Weise auch gegen den Widerstand der so genannten ›Puritaner‹, d.h. derjenigen Protestanten, denen zufolge die Landeskirche von den Relikten des Katholizismus ›gereinigt‹ werden musste. Katholiken wurden schnell zu einer kleinen, stark diskriminierten Gruppe und zum Schreckbild aller loyalen Anhänger der Staatskirche. Nach der zunehmenden Protestantisierung unter Eduard VI. hatte Maria Tudor sich nämlich durch ihre Rekatholisierungsversuche, im Laufe derer zwischen zwei- und dreihundert Protestantinnen und Protestanten als Märtyrer auf dem Scheiterhaufen starben, zur meistgehassten Frau Englands gemacht. Verglichen mit den Zahlen von Aufständischen, die später Elisabeth I. hinrichten ließ – über 400 allein nach der ›Northern Rebellion‹ – hatte sich ihre ältere Schwester den Ruf als ›Bloody Mary‹ zwar keinesfalls verdient, aber Maria hatte das Pech, in der damaligen Geschichtsauffassung die Rolle der gefährlichen Kontrahentin zu spielen, die mit Gottes Hilfe besiegt wurde, um der glorreichen Elisabeth und der wahren Religion den Weg zu bereiten.

Der Versuch, den Religionswirren des 16. Jahrhunderts vor einem größeren geschichtlichen Hintergrund einen Sinn abzugewinnen, trug zur Ausprägung des Bewusstseins bei, wie Israel von Gott als *elect nation* zur Wahrung und Verkündung des Glaubens vorherbestimmt zu sein. Ungeheuren Einfluss übte John Foxes *Book of Martyrs* (1563) aus, ein monumentales Werk, in dem die anschaulichen Schilderungen der Standhaftigkeit der protestantischen Märtyrer unter Maria eine große Rolle spielen. Foxes Buch war in jeder Kirche zu finden und erlangte v.a. aufgrund der vielen Holzschnitte, die die Qualen der Märtyrer illustrierten und auch von leseunkundigen, Unterhaltung suchenden Gläubigen leicht verstanden werden konnten, bis ins 19. Jahrhundert hinein in unterschiedlichen Ausgaben eine immense Wirkung. Die große Bedeutung von Bildern ist nicht allein der Tatsache geschuldet, dass gut drei Viertel der Bevölkerung nicht lesen konnten. Vielmehr spielte das Zusammenwirken von Worten und Bildern auch in Literatur, die sich an die gebildete Schicht wandte, eine wichtige Rolle. Da die Einstellungen zu Bildern zusätzlich belastet waren durch die komplexen, teils widersprüchlichen Haltungen, die in den katholischen, protestantischen und puritanischen Glaubensrichtungen vorherrschten, bildeten Wort-Bild-Beziehungen eine intensiv diskutierte Thematik, die sich in der Literatur in vielfältiger Weise manifestierte und Gegenstand eines eigenen Kapitels ist.

Elect Nation und die Bedeutung von Bildern

Bildern kam – von aufwändigen Porträts bis zu einfachen Darstellungen auf dem Frontispiz von Büchern – auch eine wichtige Funktion bei der Verbreitung des ›Kults um Elisabeth‹ zu. Als Frau hatte Elisabeth zunächst starke Vorbehalte ihrer Untertanen zu überwinden, denen die Auffassung, dass die Königin von Gott als Instrument zur Erfüllung seines Willens ausgewählt worden sei, offensichtlich nicht zur Legitimation eines weiblichen Staatsoberhauptes ausreichte. Im Laufe ihrer fast fünfzigjährigen Herrschaft gelang es Elisabeth jedoch, zum Mittelpunkt eines wahren Kultes um die ›jungfräuliche Königin‹ zu werden, welche die männlichen Qualitäten, die dem *body politic* des Herrschers

Der Kult um Elisabeth

grundsätzlich zu eigen waren, mit den positiv besetzten Eigenschaften der mütterlichen Liebe und Fürsorge ihres *body natural* verband. Elisabeth stilisierte sich als einzigartige, ideale Herrscherin und wurde von ihren sich überbietenden Untertanen in immer emphatischerer Weise als Astraea, Cynthia, Diana oder Feenkönigin glorifiziert. An dieser Überhöhung hatten religiöse Schriften ebenso Anteil wie politische Pamphlete, Geschichtswerke, Balladen, Maskenspiele, Dramen und ›Hochliteratur‹ wie Edmund Spensers Eklogen-Zyklus *The Shepheardes Calender* (1579), so dass sich hier erneut die Einbindung von Literatur in kultur- und politikgeschichtliche Zusammenhänge zeigt.

Gentleman-Ideal und höfisches Rollenspiel   Um am Hofe Elisabeths zu reüssieren, mussten Höflinge ein komplexes Rollenspiel beherrschen. Sie hatten sich als Gentlemen zu präsentieren, die in Fecht- und Turniersportarten ebenso glänzten wie beim Tanzen und Musizieren; eine hervorragende Allgemeinbildung war genauso selbstverständlich wie ein perfektes Auftreten. Das Ideal des umfassend gebildeten Gentleman wurde seit 1561 durch Thomas Hobys einflussreiche Übersetzung von Baldassare Castigliones *Libro del Cortegiano* (1528) verbreitet; elisabethanische Höflinge mussten zusätzlich noch ein theatralisches Liebeswerben um die Gunst der Königin inszenieren, der sie vermeintlich in unsterblicher Liebe verfallen waren.

Nebeneinander von Weisen der Welterfassung   Das Nebeneinander von alten Traditionen und neuen Tendenzen zeigt sich v.a. in der Bereitschaft der Elisabethaner, unterschiedlichsten Dingen gleichzeitig Glauben zu schenken und widersprüchliche Weisen der Welterfassung zu akzeptieren. Präzise Berichte über die amerikanische Flora und Fauna wurden ebenso für wahr gehalten wie Schilderungen über Meerjungfrauen oder Menschen ohne Köpfe. Neue Wissenschaften bildeten sich heraus, ohne ältere Überzeugungen zu ersetzen; Astrologie galt als eine Schwesterwissenschaft der Astronomie, und kaum ein renommierter Wissenschaftler glaubte nicht gleichzeitig auch an Magie und Alchemie.

Elisabethanische Weltbilder   Dieses Nebeneinander von Wissenschaft und ›Aberglauben‹ deutet bereits an, dass sich ein einheitliches Weltbild in dieser Epoche des Umbruchs nicht ausmachen lässt. Dennoch wurde oft das Bild der ›Kette des Seins‹ verwendet, in dem sich der Glaube an einen strikt nach *order* und *degree* aufgebauten Kosmos manifestierte, dessen Elemente durch zahlreiche Korrespondenzen, Spiegelungen und Analogien harmonisch miteinander verbunden sind. Gemäß der *chain of being* war der gesamte Kosmos, von Steinen über Pflanzen, Tiere, Menschen, Engel und Erzengel bis hin zu Gott hierarchisch angeordnet, wobei jeder Bereich in sich wiederum eine klare Struktur aufwies, und etwa Löwen ebenso naturgemäß an der Spitze des Königreichs der Tiere standen, wie Könige von Gott und Natur zur Beherrschung der fein abgestimmten gesellschaftlichen Stände bestimmt waren. Solche Bilder der hierarchischen

Ordnung wurden jedoch oftmals gerade dann beschworen, wenn *order* und *degree* gefährdet waren. In den Werken Shakespeares etwa dient die Berufung auf die *chain of being* und ähnliche Bilder oft als Anzeichen dafür, dass die Welt aus den Fugen geraten ist. Angesichts der aufkommenden Brüche und Widersprüche bemühten sich so unterschiedliche Textsorten wie Predigten und Kleiderordnungen allerdings umso entschiedener darum, die hierarchische Ordnung zu bewahren.

Obgleich Frauen grundsätzlich als weniger vollkommen und bildungsfähig galten als Männer, war das bestimmende Kriterium für ihre soziale Stellung nicht das Geschlecht, sondern ihr gesellschaftlicher Stand. Die aus heutiger Sicht bizarren – wenn auch in sich durchaus schlüssigen und überzeugenden – wissenschaftlichen Vorstellungen von Geschlechterunterschieden führten nicht zu einer eindeutigen Diskriminierung von Frauen; vielmehr wurde zugebilligt, dass ›Ausnahmefrauen‹ durchaus ›männliche‹ Charakteristika haben könnten, die sie der großen Mehrheit der Männer überlegen sein ließen. Obgleich Frauen aus dem Adel häufig eine ausgezeichnete Erziehung erhielten, und Ehefrauen bei Abwesenheit ihrer Männer deren Funktionen übernehmen konnten, waren Frauen als *the weaker vessel* ihren Ehemännern grundsätzlich zu (fast) bedingungslosem Gehorsam verpflichtet. Ihrem gesellschaftlichen Rang gemäß waren aristokratische Frauen oft jedoch sehr gebildet und einflussreich; sie konnten durchaus auch als Mäzene von Künstlern fungieren. Stellung von Frauen

Die Betonung der hierarchischen Ordnung und das Nebeneinander von alten und neuen Weisen der Welterfassung verdeutlichen, wie wirkungsmächtig jahrhundertealte Traditionen sein können. Dies betrifft auch den ökonomischen Bereich. Schon Aristoteles hatte den *oikos*, den Haushalt, gegenüber der Politik als den Bereich abgewertet, in dem nicht Freiheit, sondern Notwendigkeit vorherrschte. Im Mittelalter hatten sich die Vorurteile gegenüber dem Homo oeconomicus verstärkt; Kaufleute waren nur wenig besser angesehen als Geldverleiher, die aus der Not der anderen Profit schlugen. Die Beziehung von Wirtschaft und Literatur ist in mehrfacher Hinsicht von zentraler Bedeutung nicht nur für die Frühe Neuzeit: Zum einen beginnt mit der Erfindung des Buchdrucks ein Prozess, der zur Kommerzialisierung von Literatur und zur Ausdifferenzierung der verschiedenen Instanzen des Literatursystems führte und sich bis heute auf Form und Inhalt literarischer Werke auswirkt; zum anderen trug Literatur maßgeblich zur Perpetuierung und langsamen Veränderung der Einschätzung von wirtschaftlichen Beziehungen bei. Die Auffassungen gegenüber der Wirtschaft verdichteten sich in der Figur des Kaufmanns, der immer wieder in verschiedenen literarischen und nicht-literarischen Textsorten charakterisiert und erst im Verlauf des 18. Jahrhunderts positiver dargestellt wurde. Welche Wirtschaft und Literatur

Rolle diese komplexe Figur schon in der Frühen Neuzeit spielte, zeigt etwa Shakespeares berühmtes Drama *The Merchant of Venice* (ca. 1596); das Kapitel zu Veränderungen im Bild des Homo oeconomicus behandelt zusätzlich noch eine Fülle weiterer Literatur.

Buchdruck und Manuskriptkultur

Die Erfindung des Buchdrucks um 1450 leitete unbestritten eine so epochale Wende ein, dass teilweise sogar von der ›Gutenberg-Galaxy‹ gesprochen wird. Dennoch waren Bücher im 16. und 17. Jahrhundert allein schon aufgrund ihres hohen Preises so rar, dass billige Einblattdrucke mit ihrer Verbindung von Wort und Bild weiterhin sehr wichtig waren. Insbesondere aber galt es als äußerst unfein, die eigenen Schriften drucken zu lassen und diese damit in die Nähe käuflicher Produkte zu rücken. Ein Gentleman zeichnete sich neben seiner umfassenden Bildung dadurch aus, dass er keinem Broterwerb nachgehen und sich nicht auf alltägliche niedere Geschäfte einlassen musste. Die Vorurteile gegenüber der Wirtschaft und denjenigen, die einen Großteil ihres Lebens mit dem Erwerb ihres Lebensunterhalts verbrachten, schlugen sich daher auch in der Abwertung der Dichtung als Beruf nieder. So ließ jeder, der etwas auf sich hielt, seine Schriften nur als Manuskript in ausgesuchten Kreisen zirkulieren. Der Ort der Dichtung war der Hof, wo sie als Teil der lässigen Zurschaustellung der vielfältigen Vorzüge von Gentlemen eine soziale Funktion erfüllte.

Künstler und Mäzenatentum

Dass eine Million Menschen des Lesens kundig war, spricht für die große Wirkung der Bildungsideale der Humanisten, die unter Rückgriff auf antike Texte und Werte neue Denkweisen sowie eine Blütezeit von Wissenschaft und Kultur vorbereiteten. Gleichzeitig verdeutlicht diese Zahl aber, dass man seinen Lebensunterhalt selbst dann nicht mit dem Schreiben verdienen konnte, wenn man willens war, das damit verbundene schlechte Ansehen in Kauf zu nehmen. Künstler und Literaten waren daher – sofern sie nicht ohnehin zur Oberschicht gehörten und mit der Autorschaft ihre umfassende Bildung demonstrieren wollten – weiterhin von Mäzenen abhängig. Da diese v.a. in Folge der rigorosen Politik Heinrichs VII. rar geworden waren, konnten längst nicht alle literarisch Ambitionierten von einer solchen Gönnerschaft profitieren. Hoffnung auf ein ausreichendes Einkommen aus schriftstellerischer Tätigkeit bestand nur am Theater, das zu einem recht lukrativen Geschäft wurde. Allerdings waren auch die Schauspieltruppen auf die Gunst von König oder Adel angewiesen, denn sonst wären sie als *masterless men* abgestempelt und der brutalen Rechtsprechung für Vagabunden unterworfen worden.

Hierarchie der Gattungen

Aus der Abwertung von Berufsschriftstellern ergibt sich bereits, dass das elisabethanische Drama in der Hierarchie der Gattungen weit unten angesiedelt war. Hoch angesehen waren hingegen Epen wie Spensers *The Faerie Queene* (1596), die allein schon aufgrund der antiken Vorbilder – insbesondere der Epen von Homer und Vergil – als Krönung der Dicht- und Erzählkunst galten. Zu einer regelrechten Mode avancierte gegen Ende des 16. Jahrhunderts das Schreiben von Sonetten, in denen die von Petrarca etablierten Muster der Liebeswerbung nachgeahmt, modifiziert, und schließlich parodiert wurden. Angesehene Dichter wie Sir Philip Sidney und Spenser verfassten lange Sonettzyklen, und auch Shakespeare versuchte, mit einem solchen, etliche Jahre ausschließlich in Manuskriptform zirkulierenden Zyklus seinen Ruf als Dichter aufzubessern. Dass erste pikareske Erzählungen, Schelmen- und Schurkenliteratur ebenso wie *jest books* oder die kurzen *chap books* einen niederen Rang innehatten, versteht sich von selbst.

Obgleich das Theater die beliebteste Zielscheibe der Kritik bildete, bestanden starke Vorbehalte gegenüber jeder Art von schöner Literatur, die besonders durch die vehementen und erbitterten Angriffe der Puritaner genährt wurden. Für diese Protestanten stellte Literatur bestenfalls eine bloße Zeitverschwendung dar, die wie alle Vergnügungen zu meiden sei, da sie die Gläubigen davon abhalte, ein gottgefälliges Leben zu führen und sich auf das Jüngste Gericht vorzubereiten. Zudem wurde Literatur als Lüge eingestuft, so dass die Lektüre selbst dann als Sünde galt, wenn sie Leserinnen und Lesern keine Flausen in den Kopf setzte. Erste Verteidigungen der Dichtkunst – u.a. Sidneys *Defence of Poesy* (1595) – vermochten vor diesem Hintergrund keinen grundlegenden Stimmungswandel herbeizuführen. Vorurteile gegen Literatur

Die Werke von Christopher Marlowe, Ben Jonson und William Shakespeare bilden daher zwar unbestreitbar einen bedeutenden Bestandteil der Weltliteratur, für Zeitgenossen waren sie aber eine Art der Unterhaltung, die es nicht wert war, auf teurem Papier festgehalten zu werden – ein bedauerlicher Umstand, der dazu führte, dass von vielen Dramen keine verbindlichen Ausgaben vorliegen. Als Ben Jonson im Jahre 1616 erstmals eine Folio-Ausgabe seiner Dramen herausgab, wurde er ob seiner fehlgeleiteten Ambitionen zunächst noch belächelt. Die elisabethanischen *public theatres,* in denen die heute hoch geschätzten Werke aufgeführt wurden, dienten zum Teil auch als Aufführungsort von Bärenhatzen und befanden sich in unmittelbarer Nähe von Wirtshäusern und Bordellen. Die Qualität und Attraktivität der Stücke sorgte zwar dafür, dass bis zu 3000 Besucher aus allen Ständen der Gesellschaft – wenngleich durch die Sitz- bzw. Stehplätze nach Rang getrennt – zusammenkamen, um sich die Dramen anzuschauen; zu einer maßgeblichen Verbesserung ihres Rufes führte das aber nicht. Dennoch lässt sich aus heutiger Sicht festhalten, dass das elisabethanische Theater wichtige kulturelle Funktionen erfüllte. Die Bühne wurde zu einer bedeutenden Institution kultureller Reflexion, in der Probleme, die die religiösen Umbrüche mit sich gebracht hatten, ausgehandelt wer- Elisabethanisches Theater

den konnten. Theatralität erlangte zwar in verschiedenen Lebensberei-
chen und Gattungen große Bedeutung; aufgrund der herausragenden
Stellung des Theaters steht in dem Kapitel über das spannungsvolle
Wechselverhältnis zwischen Religion, Emotionen und Literatur jedoch
besonders die Analyse der theatralischen Inszenierung des zentralen
Gefühls der Trauer in Dramen wie in Shakespeares *Hamlet* (1600/01)
im Vordergrund.

Laurenz Volkmann

Entstehung eines neuen Menschenbildes: Der Homo oeconomicus in der Frühen Neuzeit

Wandel des westlichen Menschenbildes seit dem Mittelalter: Vom Gemeinschaftswesen zum Homo oeconomicus

Allzu leicht stellt man sich den Übergang vom mittelalterlichen Weltbild zu dem der Renaissance und Aufklärung als eine sich zwar spannungsreich, aber doch linear und teleologisch entfaltende Progression vor. Aus der Einbettung in feudal geformte Gemeinschaften, kollektive Mentalitäten und eine transzendente Ausrichtung löst sich das Individuum, um in nationalen, frühkapitalistischen, auf globale Expansion drängenden, aber brüchigen ›Gehäusen neuer Abhängigkeit‹ (Max Weber) eine diesseitsgerichtete Existenz zu suchen. Diese doppelte Entdeckung des Ich und der Welt verlief jedoch nicht ohne Dissonanzen und Überlagerungen von rückwärtsgewandten, ›rückschrittlichen‹ und vorandrängenden, ›emergenten‹ Mentalitäten. Wie stark tradierte Wert- und Normvorstellungen nachwirkten, lässt sich besonders augenfällig am Beispiel der Genese des Homo oeconomicus illustrieren. Vor der Frühen Neuzeit war das Bild vom Menschen als *zoon politikon* vorherrschend, also eines am Gemeinschaftswohl orientierten Wesen. Sukzessive konnte sich v.a. in Großbritannien, dem Land der frühen maritimen Expansion, der *Glorious Revolution* und der Industriellen Revolution, ein neues Menschenbild etablieren, welches sich v.a. an Werten wie Individualismus, Selbstnutz und materiellem Gewinn orientiert. Es ist wohl bezeichnend für die Widersprüchlichkeit der historischen Modellierung des Homo oeconomicus, dass er von einem Moralphilosophen der schottischen Aufklärung, Adam Smith, in dessen ökonomischem Hauptwerk *The Wealth of Nations* (1776) seine deutlich programmatische Ausformung erfuhr. Eingebunden wurde die entscheidende Neubewertung des Selbstnutzes bei Smith in ein Weltbild, in welchem die Grundlage von nationalem Reichtum mit einer geschichtsmächtigen Metapher erklärt wurde: Die *invisible hand* des Marktes veredelt individuelles, auch von egoistischen

Das Menschenbild des Homo oeconomicus

Motiven getragenes Handeln und schafft in der Summe Wert für die Gemeinschaft, zumal wenn dies ohne Intervention der Regierenden geschieht. Mit dieser paradoxen Formel hatte Smith der bis in die Antike zurückreichenden Vorstellung des Gegensatzes von Gemeinwohl und Eigennutz eine neue Richtung geliefert, welche – in Verbindung mit dem Menschenbild des Homo oeconomicus – westliches und zunehmend auch globales Denken in industrialisierten Gesellschaften bestimmte und auch weiterhin bestimmt.

Literatur-
geschichte als
Mentalitäts-
geschichte

Markante Spuren dieser Debatte um das Verhältnis von Individuum und Gemeinschaft lassen sich in der englischen Literatur seit dem Mittelalter finden. Eine hier komprimiert dargelegte Spurensuche ist dabei verschiedenen theoretischen Prinzipien verpflichtet, welche die literaturwissenschaftliche Diskussion in der letzten Zeit geprägt haben. Sehr skeptisch nähert sie sich der Vorstellung einer Unilinearität der Geschichte und versucht eher im Sinne einer ›dichten Beschreibung‹ (Clifford Geertz), querschnittartigen Untersuchungen eine diachrone Ausrichtung zu geben. In enger Anlehnung an Theorien des *New Historicism* wird eine derartige mentalitätsgeschichtliche Betrachtung stets die konkrete historische Verankerung verschiedener Textsorten berücksichtigen und dabei erkennen, dass Texte in hohem Maße sowohl intertextuelle Verweise beinhalten als auch in einem komplexen Wechselverhältnis zur historischen ›Realität‹ stehen. Literarische Texte liefern dabei weniger das ›objektive‹ Bild eines Zeitalters oder von dessen Partikularismen, sondern gewähren dem kritischen, sie analytisch deutenden Betrachter fiktional gefilterte oder geformte Versionen vom Verständnis der jeweiligen historischen Realität. Aufgrund der Komplexität und Wirkung stehen kanonisierte Texte oft im Vordergrund, wobei auch weniger kanonisierte Texte bei einer Nachzeichnung der Entstehungsgeschichte des Homo oeconomicus bedeutende Facetten ebenso wie die Schattenseiten der Entwicklung sichtbar werden lassen.

Weltbildwandel vom Mittelalter zur Frühen Neuzeit

Ablehnung
kommerziellen
Handelns im
Mittelalter

Händlerische Tätigkeit und Profitdenken waren im europäischen Mittelalter verpönt. Diese Abneigung hielt sich in England bis ans Ende des Mittelalters, zumal innerhalb des Feudalwesens eine englische Handelsklasse erst langsam im 10. bzw. 11. Jahrhundert unter dem Schutz der Krone entstehen konnte. Händlerische Tätigkeit galt im mittelalterlichen Abendland als gesellschaftlich potentiell schädlich; erst das Einpassen der Interessen des Kaufmannsstandes in das gesamtgesellschaftliche Ordoprinzip könne diese Gefahr bannen. Als typisch für den Stand des Händlers erscheint die Neigung zur Gier und zum Geiz, zum verbotenen Wucher, sogar zu Betrügereien – womit sein eigenes Seelenheil stets bedroht ist. Auch das gesamtgesellschaftliche Gefüge unterminiert er, da er die verfemte Luxussucht fördert, zumal wenn er teure, moralisch verderbliche Genussgüter und unziemlichen Chic zu Ungunsten lebensnotwendiger inländischer Waren vertreibt. Seine Tätigkeit sei lediglich zu akzeptieren – so heißt es schon bei Thomas von Aquin – wenn sie der Verringerung von Knappheitszuständen dient, nach dem Prinzip des ›gerechten Preises‹ verfährt und das Gewonnene der Gemeinschaft zuführt.

Konventionalisierte Ablehnungen des Profitdenkens finden sich in einem breiten Korpus der mittelalterlichen Ständespiegel und der Predigtliteratur (Homiletik). Literarischer Höhepunkt dieser Texttradition ist die allegorische Visionsdichtung *Piers Plowman* (um 1362–93) des Bauernsohns William Langland. In ihr klagt der Autor die sozialen Missstände nach den verheerenden Pestwellen um 1348 in England an, denen u.a. verstärkte feudale Abhängigkeitsverhältnisse, soziale Unruhen und schließlich Bauernaufstände folgten. Ausbeutung und Unterdrückung der depravierten Wanderarbeiter stehen bei Langland in Kontrast zu Sündhaftigkeit und Verderbtheit der höheren Stände. Seine Kritik richtet sich gegen geldgierige Ablassschacherer, genusssüchtige Bettelmönche, bestechliche Priester und die sozial verderbliche ›Luxussucht‹ des weiblichen Geschlechts – die Dämonisierung der Frau war eine der Grundkonstanten des gegen den Materialismus gerichteten mittelalterlichen Denkens. Die um sich greifende Gier nach irdischem Besitz zeigt sich bei Langland v.a. bei den Kaufleuten, die in der Tradition der Ständeschelte wie folgt diskreditiert werden:

> For thyse men don most harm to þe mene peple,
> Rychen thorw regraterye and rentes hem beggeth
> With that þe pore peple sholde potte in here wombe.
> For tok thei on trewely they tymbred nat so heye,
> Ne bouhte none burgages, be ȝe ful sertayn. (Buch 3, Z. 81–85)

> Denn diese Männer fügen den einfachen Leuten den größten Schaden zu,
> sie bereichern sich durch Handel und kaufen sich Besitztümer mit den
> Dingen,
> mit denen sich die armen Leute die Mägen füllen sollten.
> Denn wenn sie ehrlich handelten, dann wären sie nicht so hoch
> hinausgekommen
> und hätten auch keine Grundstücke gekauft, darüber besteht kein Zweifel.
> (Übers. d. Verf.)

Langlands Bestandsaufnahme der sozialen und moralischen Verwerfungen seines Zeitalters mündet in eine radikale Aussage: Das Streben

Radikale Ablehnung des Materialismus in der Homiletik

nach irdischen Gütern sei im Ideal der Armut zu überwinden, die von weltlichen Versuchungen befreie. Dem Reichtum hingegen erteilt er eine deutliche Absage:

> Allas! þat rychesse shal reue and robbe mannes soule
> Fro þe loue of oure lord at his laste ende. (Buch 16, Z. 1f.)

> Der Reichtum soll ihnen zum Schaden gereichen und wird die Seele des
> Menschen
> bei seinem Tod von der Liebe unseres Herrn reißen. (Übers. d. Verf.)

Apologetische Grundhaltung vs. fortgesetzte Kritik

Wie prägend die von Langland propagierten, an christlichen Idealen orientierten Einstellungen waren, lässt sich bei einer Vielzahl von kaufmännischen Gebrauchstexten erkennen, die zeigen, wie in dieser Schicht die dominante gesellschaftliche Stimmung ›internalisiert‹ wurde. Eine apologetische Grundhaltung erscheint besonders in Testamenten, in denen gerne karitative Schenkungen zur Sicherung des Seelenheils verfügt wurden. Ähnliche, wenn auch zum Teil weit weniger radikale Einstellungen ziehen sich wie ein roter Faden durch literarische Texte des englischen Spätmittelalters. In Geoffrey Chaucers um 1385–92 verfassten *Canterbury Tales* wird zumindest um Verständnis für wirtschaftliches Denken geworben, in Thomas Mores *Utopia* (1516) hingegen findet sich als Reflex auf die sich zuspitzenden sozialen Spannungen, wohl zum ersten Mal in der Geschichte, eine Verschwörungstheorie, wonach wenige Reiche gezielt die sozial niedrig gestellte Population ausbluten lassen. Dem stellt More einen idealisierten kommunistischen Inselstaat gegenüber, in welchem Besitzdenken tabuisiert ist.

Aufwertung der maritimen Ausbreitung als Dienst an der Nation

Dennoch gibt es bereits im Mittelalter eine Art ›Propagandagedicht‹, welches den Handel in zukunftsweisender Manier aufwertet. In dem um 1437 anonym erschienenen *The Libelle of Englyshe Polycye* (*Büchlein über die englische Staatskunst*) setzt sich der der Handelsschicht nahe stehende Autor für eine starke Verbindung von Königtum und Handel ein, zu Gunsten beider sowie zum Wohl der englischen Nation. Das wesentliche Argument ist das der ausländischen Bedrohung durch Frankreich, welcher man eine überseeische Expansion entgegensetzen solle. Während der Verfasser konventionell den Fernhandel als Mittel der Verbreitung ungleich über die Erde verteilter Güter preist, stimmt er im nationalistischen Eifer zugleich ein Loblied an auf den Fernhändler als Förderer des nationalen Wohlstandes:

> For yef marchaundes were cherysshede to here spede,
> We were not lykelye to fayle in ony nede;
> Yff they bee riche, thane in prosperite
> Schalbe oure londe, lordes and comonte. (Z. 482–85)

Wenn man den Kaufmann schützt, so fürcht' ich nicht,
Dass uns die Kraft im Fall der Not gebricht,
Denn ist der reich, so wird auch unser Land
Gedeihn, der Herren- wie der Bürgerstand. (Übers. d. Verf.)

Im Elisabethanischen Zeitalter wurden kommerzielle Tätigkeiten mit dem Argument aufgewertet, dass sie Ausdruck des dem Gemeinwohl dienenden Bündnisses von Krone und Händler darstellten. Die Herrschaftszeit der Königin Elisabeth I. gilt als spannungsreiche Übergangsphase zwischen Feudalismus und frühmodernem Kapitalismus. Nun entstanden frühkapitalistische Produktions-, Handels- und Konsumtionsformen, die sich zunächst v.a. auf Nahrungsmittel und den Tuchhandel konzentrierten. Es bildete sich der Kern eines auf London ausgerichteten ›hauptstädtischen Marktes‹, der zunehmend überseeische Territorien erschloss. Die Folge war die Kommerzialisierung von Denken und Handeln, aber auch die für die weitere Geschichte Englands so wesentlichen gesellschaftlichen Verflechtungsprozesse zwischen neuem und altem Reichtum – zudem entstand der neue Typus des Großkaufmanns. Die Literatur zeigt die Bemühung, potentiell gesellschaftlich gefährliche Tendenzen zu extremem Materialismus und Egoismus noch im Rahmen des Elisabethanischen Weltbildes als kontrollierbar und integrierbar erscheinen zu lassen.

Frühkapitalistische Strukturen im Elisabethanischen England

Im Zuge des *New Historicism* wurde diese Vorstellung eines einheitlichen Zeitgeistes, die von E.M.W. Tillyard in *The Elizabethan World Picture* (1943) entwickelt worden war, vielfach als konservatives, autoritätszentriertes Wunschbild kritisiert. Inzwischen lässt sich das »Weltbild« der Elisabethaner als »Rahmen« verstehen, »in den der Einzelne verschieden viele und verschieden differenzierte Detailkenntnisse und -meinungen einordnen kann« (Suerbaum 1996: 85). Kernstück des Elisabethanischen Weltmodells bleiben die in mittelalterlichen Ordovorstellungen verwurzelten Kategorien von *order* und *degree*. Grundsätzlich war – wie eine Vielzahl von wirtschaftstheoretischen Schriften der Zeit aufzeigt – das ökonomische Denken als Ich-zentriertes Denken stets mit moralischen und gemeinschaftsdienlichen Aspekten zu verbinden. Es drängen sich allerdings auch Bilder des Händlers als patriotischem Diener der englischen Gemeinschaft im Kampf gegen die spanische Expansionspolitik in den Vordergrund. In literarischen wie nichtliterarischen Texten erlangen die rücksichtslos operierenden Seefahrer und Freibeuter wie Sir Walter Raleigh oder John Hawkins die Aura von Volkshelden und werden entsprechend verehrt – obgleich sich in ihnen Wesenszüge des Homo oeconomicus aufweisen lassen, welche in der Heimat die soziale Ordnung gesprengt hätten. Tief verankert bleibt hingegen das Misstrauen gegenüber ostentativ zur Schau gestelltem Prunk,

Verankerung kommerzieller Tätigkeiten im Elisabethanischen Weltbild

ein Misstrauen, welches v.a. gegenüber Neureichen schnell in Abscheu und Hass abkippte.

Widersprüchliche Zeitströmungen wurden noch durch die Elastizität des Elisabethanischen Weltbildes zusammengehalten. Exemplarisch lässt sich diese Feststellung verdeutlichen anhand einer oft kommentierten Rede des Protagonisten von William Shakespeares *Timon of Athens* (ca. 1606) zur Bedeutung des Goldes:

> Gold! yellow, glittering, precious gold! No gods,
> I am no idle votarist. Roots, you clear heavens!
> Thus much of this will make black white, foul fair,
> Wrong right, base noble, old young, coward valiant.
> Ha! you gods, why this? What this, you gods? Why this
> Will lug your priests and servants from your sides,
> Pluck stout men's pillows from below their head:
> This yellow slave
> Will knit and break religions; bless the accurs'd [...].
> Thou common whore of mankind, that putt'st odds
> Among the rout of nations, I will make thee
> Do thy right nature. (IV.3)

Es fehlt hier nicht der Hinweis auf das Unziemliche, das sozial Verpönte einer auf Gold und damit materiellen Besitz ausgerichteten Geisteshaltung. Zugleich verweist, wie Friedrich Engels in *Ökonomisch-politische Manuskripte* (1844) vermerkte, der Sprecher auf die nivellierenden Eigenschaften der »sichtbare[n] Gottheit«. Deren Besitz schleife tendenziell jedoch nicht allein Standesgrenzen ab, sondern lasse den Menschen zu einem »entfremdeten, entäußernden und sich veräußernden Gattungswesen« (zit. nach Volkmann 2003: 165) geraten. Auf einen weiteren, bei Shakespeare angedeuteten Wesenszug des Geldes verwies Engels nicht: Es ist dies der mentalitätsgeschichtlich neue Gedanke, dass Geld von jedem geschickten Akteur dienlich gemacht werden kann, beim Ringen um das eigene Glück. Damit ergibt sich eine Sinnverschiebung, die sich simultan zur Umwertung der Fortuna-Figur vollzieht. Bisher galt die wankelmütige Fortuna als kaum beherrschbar – das ›Rad der Fortuna‹ war, auch in der emblematischen Darstellung, das Sinnbild für die Unkontrollierbarkeit der weltlichen Existenz. Gemäß der neuen Deutungsart sollten nun auch die Mächte des Zufalls und Glücks zur Lenkung der eigenen Geschicke gebändigt und nutzbar gemacht werden (vgl. Reichert 1985).

Diese Darstellung der Königin Elisabeth verdeutlicht die maritimen und zugleich globalen Ansprüche ihrer Herrschaft, aus: *The British Empire*, o.O., o.J., ca. 1960

ELIZABETA D. G. ANGLIÆ. FRANCIÆ. HIBERNIÆ. ET VERGINIÆ.
REGINA CHRISTIANAE FIDEI VNICVM PROPVGNACVLVM

Die Spannung von Individualismus und Gemeinsinn im Elisabethanischen Drama

Auf irritierende Weise setzte sich der Dramatiker Christopher Marlowe mit dem Elisabethanischen Weltbild auseinander. In ihm erkennt man gemeinhin das zutiefst verunsicherte Überreagieren eines aus den Beschränkungen des Ordodenkens sich lösenden Renaissance-Menschen. Mit den kraftvollen, ruhelosen und in sich zerrissenen Titelhelden von Dramen wie *Tamburlaine, I & II* (1590) und *Doctor Faustus* (1601/04) schuf er *overreachers*, welche die ›natürlichen‹ Grenzen des Elisabethanischen Kosmos sprengten und grandios scheiterten. In ihrem schrankenlosen Drang nach Wissen, Expansion, Eroberung und Bereicherung replizieren sie die aus den Fugen geratene Eigendynamik jener wirtschaftlichen Kräfteentfaltung, welche auch als Sinnbild der »typische[n] Dynamik der neuzeitlichen Wachstums- und Wettbewerbswelt« (Breuer 1979: 116) zu deuten ist und die hier ihre frühkoloniale Stoßrichtung erhält. Wie bei anderen Dramenfiguren gleiten die entfesselten

Christopher Marlowes Overreachers

Begierden bei Marlowes ambivalentestem Helden, dem Juden Barabas in *The Jew of Malta* (Erstaufführung um 1592), sukzessive vom Zerstörerischen in das Selbstzerstörerische ab. In dem megalomanen, selbsterklärten Lenker des Welthandels erkennt man die symbolische Konvergenz verschiedener mittelalterlicher Stereotypen: Barabas ist Widergänger der Avaritia-Allegorie (*avaritia*, lat. für ›Geiz‹) und zugleich ins Diabolische verzerrter Reflektor christlichen Hasses auf Juden und Zinsnehmer. (Die Juden waren 1291 aus England ausgewiesen worden und im Zeitalter Marlowes eine marginalisierte Minderheit; der Geldverleih gegen Zinsen wiederum, im Mittelalter Christen als Wucher verboten, war unter Elisabeth I. bei einem Zinsfuß von zehn Prozent wieder zugelassen worden, blieb aber weiter umstritten.) Barabas übernimmt auch bald, enteignet und sozial stigmatisiert, eine Sündenbock-Funktion. Im Sinne seines Wirkens als *satirist satirized* kann sein immer stärker aus dem Ruder laufender Rachefeldzug seinem Moral vorheuchelnden, in Wirklichkeit auf Selbstbereicherung abzielenden Umfeld von Türken und Christen einen satirischen Zerrspiegel vorhalten. Zugleich verfängt er sich als monströser Homo oeconomicus im immer weiter ausgreifenden Schacher um Dinge und Menschen sowie deren Gefühle und Loyalitäten – der Hexenmeister der schönen neuen Warenwelt richtet sich schließlich in seiner grenzenlosen Hybris selbst.

Shakespeare:
Fernhandel vs.
Wucher

Anders als Marlowes Dramen sind Shakespeares Theaterstücke von dem Versuch gekennzeichnet, kommerzielle Tätigkeiten innerhalb des Elisabethanischen Weltbildes zu verorten. So kann in der ›dunklen‹ Komödie *The Merchant of Venice* (ca. 1596) dem gefährlichen Walten des Juden Shylock Einhalt geboten werden. Der Geldverleiher, ohne den man nicht auskommt, wirkt als Außenseiter und Störfaktor in der freundschaftlichen Solidaritätsgemeinschaft der venezianischen Kaufleute, deren Wortführer der edle Fernhändler Antonio ist. Antonios altruistisches Motiv, sich bei Shylock für die später (auch finanziell) erfolgreiche Brautwerbung seines Freundes Bassanio 3000 Dukaten auszuleihen, droht fatale Folgen zu haben, als er die Summe nicht rechtzeitig zurückzahlen kann. Shylock besteht auf der Erfüllung des *bond*, ein Pfund Fleisch aus der Brust des Christen zu schneiden. Erst vor Gericht kann der tödliche Ausgang dieses wirtschaftlichen Kontraktes durch eine legale Finte abgewendet werden. Diese Art der Problemlösung ökonomischer Zwistigkeiten hat sich als genauso zukunftsweisend erwiesen wie Antonios Geschäftsstrategie, seine Geldanlagen zu ›diversifizieren‹. Sein Reichtum ist nicht in mittelalterlicher Tradition an immobile Besitztümer gebunden, sondern vermehrt sich auf über den gesamten Globus verteilten Handelsschiffen.

My ventures are not in one bottom trusted,
Nor to one place; nor is my whole estate
Upon the fortune of this present year:
Therefore, my merchandise makes me not sad. (I.1)

Während auch Shakespeare im Falle von Shylock auf die gängige Stereotype des Juden rekurrierte, schuf er mit Antonio wohl das erste realistisch anmutende Porträt eines Kaufmanns in der englischen Literatur. Es bleibt dies bis in die Zeit von Daniel Defoe die Ausnahme; auch Shakespeares Zeitgenosse Ben Jonson zeichnete den Händler als Prototyp einer als monetarisiert gesehenen Welt. Er tat dies mit der scharfen Feder der ätzenden Sozialsatire, in der die zerstörerische Macht des Geldes gesellschaftliche Bindungen und Loyalitäten zerschneidet; entblößt wird eine Welt der Korruption, Heuchelei und Verstellung. Von dem geldgierigen Egomanen Volpone in der gleichnamigen Tragikomödie (1606) bis zu Sir Epicure Mammon in *The Alchemist* (1610) entwickelt Jonson Figuren, welche die Ökonomisierung des Denkens als Wurzel der sozialen Übel seiner Zeit deutlich machen und die an ihrer eigenen Unmäßigkeit scheitern. Damit reiht sich Jonson in die Tradition mittelalterlicher Moralitätenspiele ein, ohne allerdings eine christliche Alternative aufzuzeigen.

Jonsons Dramen gegen die Ökonomisierung des Zeitalters

Frühbürgerliche Dramen und Romane vs. *citizen comedy* und Restaurationskomödie

Bereits am Anfang des 17. Jahrhunderts spaltete sich die Reaktion auf die kommerzialisierten Lebensformen des Frühkapitalismus in zwei Lager auf. In der Tradition Jonsons stehen die Vertreter der sogenannten *citizen comedy*, die in ihren Dramen Händler und Gewerbetreibende als Hauptverursacher einer von individuellem Ehrgeiz vergifteten Atmosphäre abkanzeln. Dies geschieht in Dramen wie Thomas Middletons *Michaelmas Term* (1607) oder Philip Massingers *A New Way to Pay Old Debts* (1633) vor der Schließung der Theater durch die Puritaner 1642. *Gentrification* – so lautet die Zauberformel, welche in diesen Dramen für bürgerliche Aufsteiger die Reinigung von dem Stigma ihrer Herkunft verspricht und die Aufnahme in das noch stark aristokratisch geprägte Establishment der englischen Gesellschaft zu garantieren scheint. Das trickreiche und skrupellose Ergattern der Statussymbole der *Gentry* vermittels des Einheiratens oder der Übernahme von *country estates* erweist sich jedoch in den Komödien der *citizen comedy* als sozial verheerend. Die *new men* können mangelnde Bildung, fehlende Etikette und die Abwesenheit jeglichen sozialen Verantwortungsgefühls auf die Dauer nicht verbergen. Sie geraten – gemessen an den Normen und Werten

Propaganda gegen die bürgerliche Handelsgesellschaft

der *Gentry* – nicht nur zu Spottfiguren, sondern auch zur Zielscheibe harscher Sozialkritik, die sich gegen ihren destruktiven Einzelegoismus richtet. Es ist erstaunlich, dass sich die Restaurationskomödie nach 1660 – etwa in Edward Ravenscrofts *The London Cuckolds* (1681) – geradezu nahtlos an diese Tradition der Ablehnung des kommerziellen Lebens anschließt, sogar mit noch deutlicherer Überzeichnung.

Idealisierung der
frühbürgerlichen
Welt bei Heywood
und Deloney

Ein anderer, gegensätzlicher Traditionsstrang etablierte sich gleichfalls am Anfang des 17. Jahrhunderts. Eine Reihe von frühbürgerlichen Dramatikern wie Richard Johnson, Thomas Dekker und Thomas Heywood sowie der Prosaschriftsteller Thomas Deloney fungierten als literarisches Sprachrohr einer sich formierenden Schicht von Gewerbe- und Handelstreibenden. Nach wie vor lesenswert erscheint Dekkers exemplarische Komödie *The Shoemaker's Holiday* (1599). Ergötzten sich frühere Zuschauer v.a. an deren derber Vitalität, so sind inzwischen zunehmend die Ausblendungsmechanismen des Dramas erkannt worden, das (beispielhaft für andere Werke der Gattung) vorgibt, die Binnenperspektive der sich neu formierenden Gesellschaft zu bieten. Dabei verschweigt es allerdings betrügerische Geschäftspraktiken und v.a. bestehende Konfliktpotentiale. Im Gegenteil, es stellt die bürgerliche Existenz als moralisch vorbildlich hin oder glorifiziert sie gar. Derartige Ideologiemuster der bürgerlichen Komödie mögen wie die kollektive Selbstschmeichelei zufriedener Spießbürger erscheinen, denn dem Protagonisten des Dramas, dem einfachen, ehrlichen, aber ambitionierten Schuhmachermeister Simon Eyre (im übrigen eine historische Figur) gelingt der Aufstieg bis zum Lord Mayor von London, sehr zum Wohl seines Gewerbes und Englands. Im Rückgriff auf alte Werte von *charity* und Verantwortlichkeit hält das sozial ausgerichtete Handeln Eyres das im Zuge der neuen Tuchmanufakturen unübersichtlicher werdende soziale Gefüge zusammen und lässt Furcht vor sozialen Spannungen gar nicht erst aufkommen.

Einflüsse puritanischer Literatur

Paradoxien des
›wirtschafts-
freundlichen‹
Puritanismus

Der Aufstieg des englischen Bürgertums wurde traditionell eng mit dem Einfluss des Puritanismus bzw. Protestantismus verbunden. Max Weber und R.H. Tawney entwickelten die einflussreiche These von der Geburt des Kapitalismus aus dem Geist der protestantischen Arbeitsethik heraus. In der Tat dürfte der Puritanismus mit seiner beunruhigenden Heilsungewissheit, seiner Neubewertung von Arbeit und Wertschätzung von (materiellem) Erfolg als Zeichen der Auserwähltheit der ideengeschichtliche ›Brennstoff‹ (Max Weber) für eine am Weltbild des Homo oeconomicus orientierte Weltsicht gewesen sein. Dennoch erkannten schon Weber und Tawney in den Anfängen von Puritanismus und Protestantismus starke Paradoxien des Denkens, gar eine eher antikapitalistische Grundeinstellung. Viele puritanische Denker und Geistliche warnten vor zügelloser Bereicherung des Einzelnen, ebenso wie vor den Gefahren des Geldes und des Gelderwerbs. Auch die beiden größten puritanischen Schriftsteller Englands im 17. Jahrhundert, John Milton und John Bunyan, sind gegenüber den kommerziellen Tendenzen ihres Zeitalters skeptisch bis ablehnend. Nicht zufällig ist der Gegenpart zu Bunyans Typus des rechtschaffenen Gläubigen in *The Pilgrim's Progress* (1. Teil um 1667), Mr. Badman, von Beruf ein Händler, der seine Kunden übervorteilt und betrügt sowie auch sonst einen liederlichen Lebenswandel führt – was er schließlich mit *eternal damnation* bitter bezahlen muss. Bezeichnend für Bunyans Einstellung zur Welt von Handel und Kommerz erscheint eine der berühmtesten Passagen aus *The Pilgrim's Progress*, die in der London ähnelnden Stadt Vanity spielt und dort einen Jahrmarkt der Eitelkeiten schildert. Auf ihm wird alles und jeder zum Kauf angeboten – und die Waren sind natürlich von Beelzebub selbst, der sogar die *truth* feilbietet. Derartig deutliche Ablehnungen des kommerziellen Lebens erscheinen als Teil der Paradoxien des Puritanismus. So lässt sich eher in der bei Milton und Bunyan gezeigten inneren Unruhe der Hauptfiguren, ihren rastlosen Aktivitäten (wie Satan in Miltons *Paradise Lost*, 1667) und der Selbstdisziplinierung jene entfesselnde Wirkung erahnen, welche als die Triebkraft des Kapitalismus und des Homo oeconomicus fungierte.

Der Aufstieg des Homo oeconomicus nach der *Glorious Revolution*: Klassizismus vs. Defoe und Mandeville

Mit der *Glorious Revolution* von 1688/89 beginnt der eigentliche Aufstieg des Homo oeconomicus. Auf dem wirtschaftlichen Sektor sorgte die ›Finanzielle Revolution‹ für eine lang anhaltende, wenn auch nicht ganz ungetrübte Ära des Wachstums: Die Gründung der Bank von England 1694 stellte das Finanzwesen des Landes auf eine stabile Basis; zugleich erlebten staatlich geförderte Monopolgesellschaften einen regelrechten Boom, auch im Bereich des Sklavenhandels; die restaurierte Stock Exchange bot die Voraussetzung für den Börsengang zahlreicher Unternehmen. Seine frühe Erschütterung erlebte das prosperierende Großbritannien im ersten großen Börsencrash der Neuzeit, der *South Sea Bubble* von 1720, der Monate überhitzter Investitionen in ein dubioses Unternehmen vorausgegangen waren.

Großbritanniens wirtschaftliches Wachstum nach der ›Finanziellen Revolution‹

Anders als die den wirtschaftlichen Veränderungen wohlwollend gegenüberstehenden Dramatiker wie Richard Steele und George Lillo reagierten die Autoren des Klassizismus mit vertrauten literarischen Schreckensbildern auf das Zeitalter der Finanziellen Revolution. Jona-

Heftige Ablehnung der City bei den Klassizisten

than Swift, Alexander Pope und John Gay, aber auch der Zeichner und Karikaturist William Hogarth lobten einerseits traditionelle Prinzipien des Dienstes am Gemeinwohl und entwarfen kontrafaktische Idealbilder von hierarchisch-übersichtlichen, vorzugsweise ländlich geformten Gesellschaftsgefügen. Analog dazu verdammten sie wortgewaltig Luxus, Verschwendungssucht und Egoismus.

»Industrious 'Prentice a Favourite and Intrusted by his Master« aus *Industry and Idleness* [1747], 1947, Tafel 4. Der Stich zeigt die Einweisung des strebsamen *apprentice* in die Arbeit in einer Wollmanufaktur. (Die Paralleltafel zeigt den faulen Lehrling beim Glücksspiel auf dem Kirchhof während des Gottesdienstes), © British Museum, London

Überleben im Frühkapitalismus: Defoes Romanfiguren Robinson Crusoe und Moll Flanders

Ganz anders reagierte der literarische Außenseiter Daniel Defoe auf die Unsicherheiten seines Zeitalters. Als Vielschreiber – 375 Werke werden ihm offiziell zugeschrieben – schuf er u.a. Romanfiguren wie Robinson Crusoe und Moll Flanders, die von großer innerer Unruhe getrieben sind und stets aufs Neue versuchen, Stabilität und Sicherheit in einer schnelllebigen Welt zu erkämpfen. Dennoch müssen sie unentwegt v.a. finanziell schwer erschütternde Schicksalsschläge ertragen. Während die Titelheldin von *Moll Flanders* (1722) als Trickbetrügerin und teilweise als Prostituierte in über zweihundert episodenartigen Erlebnissen v.a. in London, aber auch in den amerikanischen Kolonien ihre Überlebensfähigkeit unter Beweis stellt, erschafft Robinson Crusoe (im Roman von 1719) während seiner 28 Jahre auf einer Insel aus eigener Kraft einen Mikrokosmos der Zivilisation. Als Homo oeconomicus interessiert ihn dabei allein die rationale Nutzbarmachung von Zeit, Natur und Menschen. Ihm fehlt jeglicher Sinn für Ästhetik, und auch dem Anderen – Frauen sowie Einheimischen – kann er nur mit Schrecken, Abwehrmechanismen und Indifferenz oder in der Rolle des Überlegenen begegnen.

Mandevilles provokante Erfolgsformel: Private Vices, Publick Benefits

Aus dem historischen Rückblick entwarf der aus Holland stammende Londoner Arzt Bernard Mandeville das schockierendste und zynischste Menschbild seines Zeitalters in dem satirischen, in Knittelversen verfassten Gedicht »The Grumbling Hive: or, Knaves Turn'd Honest«. Die 1705 erstmals veröffentlichte Schrift weitete Mandeville in zahlreichen Essays in eine Theorie moderner Gesellschaften aus, publiziert als *The Fable of the Bees* (u.a. 1714, 1723–25). Aufsehen erregte gerade die als ›Mandevilles Paradox‹ in die Ideengeschichte eingehende Formel ›*private vices, publick benefits*‹. Bildhaft illustrierte sie der Autor in seiner Bienenfabel: Während im Bienenstock Gier, Luxussucht, Betrug und purer Egoismus herrschen, gedeiht die Bienenpopulation und wird – eine Anspielung auf Großbritanniens Prosperität – entsprechend von benachbarten Nationen beneidet. Erst durch die Intervention von Moralphilosophen, die angesichts der moralischen Verkommenheit der Bewohner des eifrigen Bienenstocks entsetzt sind, kann die sittliche Ordnung wieder hergestellt werden. Gleichzeitig aber verkümmert der Arbeitseifer derart, dass der gesamte Stock zum leichten Opfer seiner Gegner wird und die Bewohner schließlich auszusterben drohen. Die Moral der Fabel »The Grumbling Hive: or, Knaves Turn'd Honest« lautet also: »Fraud, Luxury and Pride must live, / While we the Benefits receive.«

In zynisch anmutenden Beispielen führte Mandeville seine provokanten Thesen aus: Nicht allein Bordelle, sondern auch Hungersnöte, Großfeuer und sogar Kriminalität erscheinen ihm volkswirtschaftlich vorteilhaft. Damit wurde Mandeville zum ersten Vordenker einer makroökonomischen Sichtweise, welche das Schicksal von Individuen bagatellisiert und die sich selbst regulierenden Kräfte des Marktes zur Ultima Ratio der Austauschbeziehungen zwischen Menschen erhebt. Früh findet sich hier ein geradezu verzerrtes Bild des Homo oeconomicus und damit auch des ›Terrors der Ökonomie‹, also einer rein auf ökonomische Aspekte reduzierten Sichtweise des Menschen. Sie erhielt im Utilitarismus und im Laisser-faire-Liberalismus des 19. Jahrhunderts ihr historisches Erbe. Es ist schließlich kein Zufall, dass Mandevilles Thesen am Ende des 20. Jahrhunderts, im Zeitalter der Globalisierung und der Renaissance neoliberaler Denker, auf starken Widerhall gestoßen sind.

Mandevilles Erbe: Makroökonomie vor Einzelschicksal

Gabriele Rippl

Literatur und (visuelle) Medien in der Frühen Neuzeit

Im 14. Jahrhundert setzten in Italien kulturelle, gesellschaftlich-politische und mentalitätsgeschichtliche Neuentwicklungen ein, in denen Kulturhistoriker und Kulturhistorikerinnen des Spätmittelalters den Beginn einer neuen Epoche sehen: der Frühen Neuzeit. Diese frühneuzeitlichen Modernisierungsimpulse, die sich im Laufe des 15. und 16. Jahrhunderts auch in anderen Teilen Europas bemerkbar machten, standen in engem Zusammenhang mit einer äußerst intensiven Form der Antikerezeption, die zur (Wieder)Entdeckung und Auslegung griechischer und lateinischer Texte wie Dramen, Epen, Gedichte, aber auch Poetiken, Rhetoriken und philosophischer Traktate führte. Parallel zu dieser verstärkten Textpflege erlebten die bildenden Künste in vielen Teilen Europas einen großen Aufschwung und lösten sich zumindest teilweise aus der religiös-didaktischen Funktion, die Malerei und Skulptur im Mittelalter bestimmt hatte. Auch in England zeichneten sich Neuorientierungen ab, allerdings konnte das Land zunächst nur im Bereich der Dichtung und Liedkunst mit den kontinentalen Entwicklungen mithalten. Auf den Gebieten der Malerei, der Bildhauerei und der Architektur brachte England erst unter Karl I. und dessen Hofmalern Anthony van Dyck und Peter Lely Werke von europäischem Niveau hervor.

Ein auffälliges Charakteristikum der frühneuzeitlichen Kultur ist der Wettkampf zwischen den Künsten. In England setzten sich Dichter wie Edmund Spenser, Philip Sidney und William Shakespeare in ihren Werken mit den visuellen Medien der Zeit (also Malerei, Zeichenkunst, Holzschnitt, Stich, Bildhauerei und Gobelinkunst) auseinander und bezogen sich damit auf eine Tradition, die ebenfalls in der griechisch-römischen Antike ihren Anfang genommen hatte. In der westlichen Kulturgeschichte der letzten dreitausend Jahre wurde das Verhältnis von Wort und Bild, von Literatur und visuellen Medien sehr unterschiedlich konzeptualisiert. Während man Worte und Bilder heute üblicherweise als zwei verschiedene Zeichensysteme oder Medien versteht, die Menschen den Zugang zu sich selbst und zur Welt ermöglichen und damit der Kommunikation und Wissensspeicherung dienen, betonte die griechisch-römische Antike die strukturelle Ähnlichkeit von Wort und Bild und damit ihr Analogieverhältnis. Horaz hielt in seiner *Ars poetica* die Simonides von Keos zugeschriebene einflussreiche *ut pictura poesis*-Formel fest, die besagt, dass Malerei stumme Dichtung und Dichtung redende Malerei sei. Auch in der Frühen Neuzeit lässt sich der Einfluss dieser Formel ausmachen, allerdings verdeckt die damals gängige Redeweise von den ›Schwesterkünsten‹, dass sich Dichtung, Malerei und Bildhauerei zunehmend als konkurrierende Kunstformen verstanden. Leonardo da Vinci und andere Künstler trugen damals wesentlich dazu bei, dass die bildende Kunst aus dem Stand eines dienenden Handwerks in den Rang einer eigenständigen, der Dichtung überlegenen Kunst gehoben wurde.

Während die jeweiligen Einschätzungen von Wort und Bild, Dichtung und Malerei von Epoche zu Epoche sowie innerhalb einzelner Epochen schwanken können, scheint es doch in allen Phasen der westlichen Kulturgeschichte so gewesen zu sein, dass das Wort an dem ihm Anderen, dem Bild, und das Bild am Wort gemessen wurde. ›Wort und Bild‹ bilden folglich eine kulturelle Leitdifferenz, die der Kulturtheoretiker W.J.T. Mitchell so definiert:

> Die Dialektik von Wort und Bild scheint in dem Gewebe von Zeichen, mit dem eine Kultur sich umgibt, eine Konstante zu sein. Das Veränderliche ist die Webart, die Relation von Kette und Schuss. Die Kulturgeschichte ist in gewisser Hinsicht die Geschichte eines zähen Ringens um die Vorherrschaft zwischen bildlichen und sprachlichen Zeichen, die beide gewisse Eigentumsrechte an einer nur ihnen zugänglichen ›Natur‹ geltend machen. (Mitchell 1990: 55)

Gerade weil sich die beiden Zeichensysteme in ihren medialen Grundlagen, ihren Funktionen und ihrer Leistungsfähigkeit unterscheiden, sind sie aufeinander angewiesen und komplementär; einzeln genommen kann jedes von ihnen immer nur einen partiellen Zugriff auf die Welt leisten. Innerhalb der Literaturwissenschaft ist die Untersuchung der vielfältigen Interaktionen zwischen Medien wie Wort, Bild und Musik in den letzten Jahren unter dem Stichwort Intermedialitätsforschung zu einem neuen Schwerpunkt geworden, der es erlaubt, die Rolle von Literatur im Medienverbund einer jeweiligen Gesellschaft oder Kultur zu diskutieren. Grundsätzlich lassen sich Wort-Bild-Beziehungen in drei Kategorien einordnen, die sich in der Frühen Neuzeit in einigen für die Epoche repräsentativen Kunstformen niederschlagen.

Erstens können Wort und Bild in Kombination auftreten: Im 16. und 17. Jahrhundert wurden (literarischen) Texten häufig kunstvoll gear-

Intermedialitätsforschung

Wort-Bild-Kombinationen

beitete, an die Emblematik angelehnte Frontispize vorangestellt, wie im Fall von Sir Philip Sidneys 1593 posthum erschienenem Epos *The Countesse of Pembrokes Arcadia*; oder die Texte wurden mit Illustrationen versehen, wie dies bereits bei der 1570er-Ausgabe von John Foxes *Acts and Monuments* (bekannt als *Book of Martyrs*) der Fall ist, in der die Qualen der Märtyrer nicht nur beschrieben, sondern durch Holzschnitte zusätzlich anschaulich gemacht werden. Weitere wichtige Wort-Bild-Kombinationen sind die im 16. Jahrhundert schnell an Popularität gewinnenden Embleme; die so genannten *text-pictures*, d.h. Gemälde, die Schriftanteile in Form von Spruchbändern oder Kartuschen enthalten, wie dies im Gedächtnisbild von Sir Henry Unton (entstanden 1596–1600; vgl. die Abbildung im folgenden Kapitel) der Fall ist; sowie die während der Tudor-Zeit entstandene Kartographie und Reiseliteratur (z.B. John Lelands *Itinerary*, verfasst 1535–43), die der geographischen Bestandsaufnahme diente und die Wort-Bild-Kombination in einen dezidiert machtpolitischen Rahmen stellte. Einen besonders wichtigen Fall einer Wort-Bild-Kombination stellte im 16. und 17. Jahrhundert auch die so genannte spektakuläre *court masque* dar, die durch Dramenaufführung mit Tanzeinlagen und Verkleidungsszenen nicht nur der Hofunterhaltung diente, sondern vielmehr Monarchie und königliche Magnifizenz im festlichen Rahmen vollzog. Obgleich die *court masque* Bilder und Worte verbindet, ist das visuelle Moment doch entscheidend. Das gilt auch für die von Ben Jonson verfassten *masque*-Texte (z.B. für *The Masque of Blackness*, 1605), bei denen sich das Hauptinteresse ebenfalls auf die vom berühmten Architekten Inigo Jones entworfene illusionistische Kulissendekoration richtet.

Zweitens kann die Anordnung der Buchstaben und Wörter eines Textes selbst eine ikonische Form ergeben, wie dies bei Figurengedichten (auch Technopägnien genannt) der Fall ist. Eines der berühmtesten frühneuzeitlichen Beispiele dieser Gattung ist das Gedicht »Easter-wings« (1633) des *metaphysical poet* George Herbert:

Easter-wings

Lord, who createdst man in wealth and store,
Though foolishly he lost the same,
Decaying more and more,
Till he became
Most poore:
With thee
Oh let me rise
As larks, harmoniously,
And sing this day thy victories:
Then shall the fall further the flight in me.

My tender age in sorrow did beginne:
And still with sicknesses and shame
Thou didst so punish sinne,
That I became
Most thinne.
With thee
Let me combine,
And feel this day thy victorie:
For, if I imp my wing on thine,
Affliction shall advance the flight in me.

Dieses Figurengedicht, das den Aufstieg der menschlichen Seele zu Gott beschreibt, kann durch die für Texte übliche lineare Rezeptionsweise nicht voll erfasst werden, sondern muss auch als Bild zweier Stundengläser bzw. (dreht man den Text um neunzig Grad) einer doppelten Flügelform erfasst werden. Diskursivität und Präsentativität von Sprache sind hier eng verknüpft, d.h. die Semantik des Textes wird durch seine ikonische Anordnung verdichtet.

Bild-
beschreibungen

Drittens können Texte anhand von Beschreibungsstrategien Bilder evozieren, die als solche jedoch nicht medial in Erscheinung treten. Beschreibungsgegenstände können Gemälde, Zeichnungen oder andere Kunstwerke sein – in diesem Fall spricht man von Ekphrasis – oder es handelt sich um pikturale Beschreibungen, die das Beschreibungsobjekt (z.B. eine Landschaft) so präsentieren, als handele es sich um ein Bild.

Die weitreichendste kulturelle Umwälzung der Frühen Neuzeit ist die Einführung des Buchdrucks. Um 1450 erfand Johannes Gutenberg in Mainz ein System vielfach verwendbarer Lettern, die das Drucken rationalisieren und die serienmäßige Produktion von Büchern ermöglichen sollten. Anders als in den kontinentaleuropäischen Ländern Frankreich und Deutschland erlebte die Gutenbergsche Revolution in England erst spät den Durchbruch: Das ganze 16. Jahrhundert hindurch existierten Handschriften- und Druckkultur nebeneinander. Dies hängt u.a. damit zusammen, dass die Verfasser literarischer Texte meist englische Adlige waren, die dem neuen Medium gegenüber starke Vorbehalte hatten: Das von ihnen empfundene *stigma of print* (Saunders 1951) beruht auf den Kommerzialisierungs- und Demokratisierungstendenzen, die das neue Medium Druck mit sich brachte und die Exklusivität der gesellschaftlichen Stellung der Verfasser gefährdete. Erst um 1600 sollte sich der Buchdruck in England als neues Leitmedium durchsetzen. Zwar lebte die Manuskriptkultur auch im 17. Jahrhundert weiter, aber selbst eine ›private Gattung‹ wie das zur Zeit von Elisabeth I. beliebte Liebessonett fand zunehmend in gedruckter Form Verbreitung. 1557 war unter dem Titel *Tottel's Miscellany* die erste gedruckte englische Lyriksammlung

Von der
Manuskript- zur
Druckkultur

erschienen; und die in den 1590er Jahren publizierten posthumen Ausgaben von Sir Philip Sidneys Sonettzyklus *Astrophil and Stella* sowie die 1609 vom Londoner Verleger Thomas Thorpe in einem Quarto-Band veröffentlichten Sonette William Shakespeares führten schließlich den Durchbruch des Mediums Druck herbei. Natürlich bringt die Drucklegung eines literarischen Textes weit reichende Verschiebungen unseres Verständnisses von Text, Autor und Leser mit sich. Während sich Texte in Manuskriptform durch Instabilität und Flexibilität auszeichnen, erhalten sie durch den Druck eine Fixierung und Stabilisierung. Manuskripte wurden von ihren Verfassern und Verfasserinnen gewöhnlich in so genannten exklusiven *coteries* zirkuliert und waren meist einem Patron gewidmet, der die Dichter materiell unterstützte und dessen Ruhm und Ansehen im Gegenzug in den Texten unsterblich gemacht wurde. Dagegen sind gedruckte Texte den Gesetzen des literarischen Marktes unterworfen, sie wenden sich an eine größere Öffentlichkeit und kennen ihre Leserschaft nicht. Der vom Patron unabhängige Autor ist eine komplexe soziale und juristische Position, die sich mit Einführung des Buchdrucks herauszubilden begann. Frauen fiel es schon deshalb schwer, diese Position einzunehmen, weil von ihnen eine Identifikation mit den weiblichen Tugenden *chastity*, *silence* und *obedience* erwartet wurde.

Perfektionierung von bildkünstlerischen Techniken

Elizabeth L. Eisenstein hat in ihrer bahnbrechenden Studie *The Printing Press as an Agent of Change* (1979) die These aufgestellt, dass die mechanische Reproduzierbarkeit des Mediums Handschrift auch andere handwerkliche Künste (etwa die Kunst des Zeichnens) unter Konkurrenzdruck brachte, was schließlich zur Perfektionierung von Techniken wie Holzschnitt und Kupferstich und damit zu exakten Reproduktionen von Bildern führte. Was der Buchdruck für die Schrift, das war die Entwicklung der Zentralperspektive für die bildende Kunst: eine umwälzende Erfindung, die den medialen Zugang der Welt revolutionierte. Die Linear- oder Zentralperspektive entstand ca. 1420 in Italien und ist eine malerische Illusionstechnik, die Größenverhältnisse, Linien und Winkel auf einem Bild so repräsentiert, wie sie sich auf der Netzhaut des menschlichen Auges abbilden. Die (bereits in der Antike konzipierte) Camera obscura kommt während der Frühen Neuzeit deshalb zu neuen Ehren, weil sie Licht zu einem Bündel geradliniger Strahlen konzentriert. An der Entwicklung der Zentralperspektive war neben Filippo Brunelleschi v.a. dessen Schüler und Freund Leon Battista Alberti wesentlich beteiligt, der in seinem 1435 erschienenen Werk *Drei Bücher über die Malerei* die Idee eines ideal gedachten Fensters (*fenestra aperta*) entwickelte. Dieses Fenster lässt sich in viele weitere kleine Fenster untergliedern und erlaubt durch diese Rasterung die Erstellung geometrisch genauer Zeichnungen und Gemälde, die den Gesetzen der Zentralperspektive und Proportionslehre folgen. Albrecht Dürers berühmte Zeichnung *Unterweysung der Messung* (1525) führt diese Anordnung genau vor und verdeutlicht sofort das durch die visuelle Kultur festgeschriebene Geschlechterverhältnis der westlichen Welt: Die Frau wird zum Objekt des männlichen Blicks, wenn der Maler durch ein im Raum aufgestelltes Linienraster ein entblößtes weibliches Modell aufs Papier bringt.

In England orientierte sich die Malerei auch am Ende des 16. Jahrhunderts vorwiegend »an älteren Kompositionstechniken, die zwar rund um eine zentrale Figur angelegt sind, jedoch keine zentrale Perspektive einnehmen, indem sie räumlich und zeitlich weit auseinander liegende Ereignisse innerhalb eines Gemäldes [...] darstellen« (Klarer 2001: 148). Das ist auch im bereits erwähnten *Sir Henry Unton Panel* der Fall, das verschiedene Lebensabschnitte der zentralen Figur von der Geburt bis zur Beisetzung darstellt. Wie im Bereich der Malerei so verhält es sich auch in der Kunsttheorie: Der einzige mit europäischen Pendants zu vergleichende englische Traktat *The Art of Limning* (ca. 1600) von Nicholas Hilliard orientiert sich noch an spätmittelalterlichen Kompositionstechniken. Das gilt auch für die von ihm gemalten Porträts oder Miniaturen, die alle einen flächigen, dekorativ-ornamentalen Eindruck vermitteln.

Kompositions-
techniken
in England

Im Zusammenhang mit dem Thema ›Literatur und visuelle Medien‹ ist die politisch-religiöse Situation Englands im 16. und 17. Jahrhundert von großer Relevanz. Seit sich Heinrich VIII. 1533 von der Heiligen Katholischen Kirche in Rom losgesagt hatte, hielten Reformation und Bilderstürmerei (Ikonoklasmus) in seinem Land Einzug: Mit der Auflösung der Klöster in den Jahren 1536–39 beschränkte Heinrich VIII. den Einfluss des mittelalterlichen Erbes, indem er Bilder, Statuen und Kruzifixe in den Kirchen als Zeichen des päpstlich-katholischen Götzendienstes zerstören ließ.

Protestantismus
vs. Katholizismus

Mit der reformatorisch-protestantischen Glaubensüberzeugung ist also ein bestimmtes Bildprogramm verbunden, das man unter dem Stichwort Ikonophobie oder Bilderfeindlichkeit zusammenfassen kann. Dagegen ist der Katholizismus durch Ikonophilie, d.h. Bilderbegeisterung gekennzeichnet. Die Frage nach dem Bild ist damit nicht auf den Bereich der Kunst beschränkt, sondern hat weit reichende gesellschaftliche Konsequenzen. Es ist allerdings wichtig, Ikonophilie und Ikonophobie als heuristische Begriffe zu verwenden, denn die Gleichsetzung von protestantischer Herrschaft und Bilderfeindlichkeit auf der einen Seite und katholisch geprägter politischer Macht mit Bilderbegeisterung auf der anderen ist keineswegs immer so eindeutig vorzunehmen. Das lässt sich am Fall von Elisabeth I. demonstrieren: Als die Protestantin 1558 nach der fünfjährigen Herrschaft ihrer katholischen Schwester Maria Tudor (›Bloody Mary‹) den Thron bestieg, waren Rom und die Götzenbilder nicht so weit weg, wie sich das mancher Geistliche gewünscht hätte. Elisabeth I. erwies sich nicht als die erhoffte strenge

Ikonophobie
vs. Ikonophilie

Ikonoklastin und sollte sich über Jahrzehnte weigern, auf Kruzifixe und Kerzen in ihrer Kapelle zu verzichten. Zudem macht der Kult um ihre Person deutlich, wie sich diese protestantische Königin bei ihren theatralischen Selbst-Inszenierungen der Bilder als Repräsentationsmedium bediente: Durch in Auftrag gegebene Porträts, geschickt choreographierte Umzüge und *masques* setzte sie sich mit großem Erfolg als mächtige Herrscherin in Szene.

Neoplatonismus und Visualität

Obwohl England hinsichtlich der europäischen Renaissance in Malerei und Kunsttheorie eine verspätete Nation war, kam es also wie in den katholischen Ländern Europas im 16. Jahrhundert auch hier zu einer neuen Wertschätzung des Visuellen. Eine Quelle für diese positive Neubewertung des Visuellen war der Neoplatonismus. Sein Hauptvertreter Marsilio Ficino war der Überzeugung, dass körperliche Schönheit den Blick auf die an das Wahre und Gute gekoppelte metaphysische Idee von Schönheit ermögliche. In der englischen Literatur der Frühen Neuzeit, so z.b. in den 1609 (unautorisiert) veröffentlichten Sonetten Shakespeares, lassen sich die neoplatonischen Einflüsse nicht zuletzt an der Betonung des Visuellen ablesen:

Sonnet 64

When I have seen by Time's fell hand defacèd
The rich proud cost of outworn buried age,
When sometime lofty towers I see down razèd
And brass eternal slave to mortal rage;
When I have seen the hungry ocean gain
Advantage on the kingdom of the shore,
And the firm soil win of the wat'ry main,
Increasing store with loss, and loss with store;
When I have seen such interchange of state,
Or state itself confounded to decay,
Ruin hath taught me thus to ruminate,
That Time will come and take my love away.
   This thought is as a death, which cannot choose
   But weep to have that which it fears to lose.

Rhetorik

Dieses Sonett thematisiert den damals verbreiteten *mutability*-Topos, also die Vergänglichkeit des Menschen und die Veränderlichkeit seines Schicksals. Es fällt auf, dass jeder der drei Vierzeiler dieses Sonetts mit der Formel »[w]hen I have seen«, d.h. mit der Präsentation einer visuellen Erfahrung beginnt. Shakespeare ist offensichtlich der in antiken Rhetoriken wie Quintilians *De Institutione Oratoria* (*Ausbildung des Redners*, 1. Jh. n. Chr.) propagierten sprachlichen Qualität der Anschaulichkeit (griech. *enargeia*, lat. *evidentia*) verpflichtet, die auch in englischen Rhetoriken der Frühen Neuzeit eine wichtige Rolle spielt und durch detaillierte, klare Beschreibungen den Zuhörern und Zuhörerinnen bzw. Lesern und Leserinnen das Gehörte vor das geistige Auge stellt. Die von Shakespeare eingesetzte »[w]hen I have seen«-Formel verleiht den beschriebenen subjektiven Erfahrungen des Sprecher-Ichs eine visuelle Qualität und damit unmittelbare Evidenz. Die zentrale Stellung des Visualitätsparadigmas und die Wichtigkeit des Gesichtsinns in der Frühen Neuzeit belegt auch zwanzig Jahre später John Donne, der berühmte Geistliche (Dean von St. Paul's Cathedral) und *metaphysical poet*, der in seiner Osterpredigt von 1628 betonte: »The sight is so much the Noblest of all the senses, as that it is all the senses« (*LXXX Sermons*, Nr. 23). Bei dieser Wertschätzung des Visuellen überrascht es nicht, dass die 1586 von Sir Edward Hoby ins Englische übersetzte antike *ut pictura poesis*-Formel des Simonides von Keos zu neuen Ehren kam. Dass es die wichtige Aufgabe des Dichters sei, sprechende Bilder zu produzieren, betonte auch Sir Philip Sidney in seiner zwischen 1579 und 1580 verfassten, 1595 posthum publizierten *Defence of Poesy*. Er kritisierte die Philosophen, deren Worte nicht in der Lage seien, den Lesern und Leserinnen lebendige Bilder vor das geistige Auge zu stellen: »[T]he philosopher bestoweth but a wordish description, which doth neither strike, pierce, nor possess the sight of the soul«; der Dichter dagegen könne mehr, denn seine Wortmalerei produziere die »speaking picture[s] of poesy«. Im Rahmen der im 16. Jahrhundert verbindlichen *imitatio*-Lehre und Mimesis-Ästhetik versuchten Dichter wie Sidney, möglichst lebendige, anschauliche Bilder zu vermitteln.

Neben der *mutability*-Thematik setzte sich Shakespeare mit zwei weiteren, in der Frühen Neuzeit zentralen antiken Topoi auseinander, Ruhm und Unsterblichkeit:

Paragone – der Wettkampf der Künste

Sonnet 55

Not marble, nor the gilded monuments
Of princes shall outlive this pow'rful rhyme,
But you shall shine more bright in these contents
Than unswept stone besmeared with sluttish time.
When wasteful war shall statues overturn,
And broils root out the work of masonry,
Nor Mars his sword, nor war's quick fire shall burn
The living record of your memory.
'Gainst death, and all oblivious enmity
Shall you pace forth, your praise shall still find room,
Even in the eyes of all posterity
That wear this world out to the ending doom.
    So, till the judgement that yourself arise,
    You live in this, and dwell in lovers' eyes.

Mit diesem Sonett bezog Shakespeare in der damals intensiv geführten Debatte um das beste Mittel zur Erlangung der beiden unentbehrlichen kulturellen Werte Ruhm und Unsterblichkeit Stellung. Das erstarkte Selbstbewusstsein bildender Künstler wie Leonardo, Michelangelo und Raphael basierte auf der Überzeugung, dass Malerei und Bildhauerei die Realität besser repräsentieren könnten und deshalb der Dichtung als Medien überlegen seien. Hinsichtlich dieser Emanzipationsbestrebungen ist Shakespeares 55. Sonett besonders einschlägig. Bereits die ersten Zeilen entscheiden den paragonalen Wettkampf zwischen den beiden *sister arts* Dichtung und bildende Kunst eindeutig zu Gunsten der Dichtung. Shakespeare folgt hier den berühmten Zeilen aus den *Oden* Horaz': »Exegi monumentum aere perennius / Regalique situ pyramidum altius« (»Also schuf ich ein Mal dauernder noch als Erz, / Majestätischer als der Pyramiden Bau« (*Carminum Liber* III, Nr. 30). Nicht Marmor, nicht Statuen, nicht architektonische Monumente sind die idealen Gedächtnismedien, sondern allein die Dichtung vermag lebendiges Zeugnis abzulegen und so zur Unsterblichkeit des Besungenen beizutragen. Shakespeare thematisierte den Paragone auch in Dramen wie *Timon of Athens* (ca. 1606), wo sich ein Maler und ein Dichter über ihre jeweilige Kunst unterhalten; oder in *Titus Andronicus* (ca. 1590), wo in II.4 die junge, schöne Lavinia, Tochter des großen Feldherrn Titus, vergewaltigt und mit herausgeschnittener Zunge von ihrem Onkel Marcus aufgefunden wird. Lavinia, das stumme Bild des Leidens, findet seine Auslegung durch die energetischen Worte ihres Onkels. Die vorgenommene Gleichsetzung des Weiblichen mit dem Bild und des Männlichen mit Sprache belegt erneut das für die westliche Kultur typische Geschlechter-Verhältnis und ist in dieser Form in der ekphrastischen Dichtung (z.B. in John Keats' »Ode on a Grecian Urn«) häufig anzutreffen.

Emblematik   Man kann die Struktur des Textbeispieles aus *Titus Andronicus* zudem als implizit emblematisch bestimmen, da hier ein Bild durch einen Text kommentiert wird. Shakespeare dienten aber auch Embleme selbst als Vorlage. Für sein 55. und 64. Sonett sind zwei Embleme, ›Scripta Manent‹ (›Writing Lasts‹) und ›Pennae gloria perennis‹ (›The Glory Everlasting of the Pen‹) anzuführen, die Geoffrey Whitney in sein *A Choice of Emblemes*, das erste englischen Emblembuch (1586 in Leyden publiziert), aufgenommen hatte. Die auf der folgenden Seite abgebildeten Holzschnitte der beiden Embleme stammen aus dem Bestand des bekannten Druckers Plantin. Wie man anhand der Holzschnitte erkennen kann, ist das Emblem ein bi-mediales Zeichen, das gewöhnlich eine dreiteilige Struktur aufweist: ein Motto (auch *Inscriptio* genannt), eine *Pictura* und eine *Subscriptio* in Form eines Gedichtes. Eine wichtige Quelle für Text-Bild-Montagen der Frühen Neuzeit ist die *Iconologia* des Cesare Ripa, die 1593 in Rom erschien. Das erste Emblembuch, das *Emblematum liber* des Mailänder Juristen Andrea Alciati, wurde 1531 publiziert. Auch in England wurden Emblembücher noch während der Regierungszeit von Elisabeth I. eingeführt und schnell populär. Dass die Wort und Bild vereinenden Embleme, bei denen das abstrakte Verstehen von visueller Wahrnehmung und damit Anschaulichkeit und Evidenz begleitet wird, gerade im 16. und 17. Jahrhundert florierten, wird in der Forschungsliteratur durch die symbolische Denkweise und emblematische Mentalität der damaligen Zeit erklärt. Neben Whitney sind im Zusammenhang mit der englischen Emblemliteratur Francis Quarles' *Hieroglyphics of the Life of Man* (1638) und sein *Emblems Divine and Moral* (1635) zu nennen, die zu den erfolgreichsten und beliebtesten Publikationen des 17. Jahrhunderts gehörten.

Scripta manent.

To Sir ARTHVRE MANWARINGE *Knight.*

Whitney, 1586.

" I F mightie TROIE, with gates of steele, and brasse,
Bee worne awaie, with tracte of stealinge time :
If CARTHAGE, raste : if THEBES be growne with grasse.
If BABEL stoope : that to the cloudes did clime :
If ATHENS, and NVMANTIA suffered spoile :
If ÆGYPT spires, be euened with the soile.

Then, what maye laste, which time dothe not impeache,
Since that wee see, theise monumentes are gone :
Nothinge at all, but time doth ouer reache,
It eates the steele, and weares the marble stone :
But writinges laste, thoughe yt doe what it can,
And are preseru'd, euen since the worlde began.

And so they shall, while that they same dothe laste,
Which haue declar'd, and shall to future age :
What thinges before three thousande yeares haue paste,
What martiall knightes, haue march'd vppon this stage :
Whose actes, in bookes if writers did not saue,
Their fame had ceaste, and gone with them to graue.

Of SAMSONS strengthe, of worthie IOSVAS might.
Of DAVIDS actes, of ALEXANDERS force.
Of CÆSAR greate ; and SCIPIO noble knight,
Howe shoulde we speake, but bookes thereof discourse :
Then fauour them, that learne within their youthe :
But loue them beste, that learne, and write the truthe."

Pennæ gloria immortalis.

Ad Iacobum Blondelium.

" This Embleme lo, I did present, vnto this woorthie Knight.
Who, did the same refuse, as not his proper due :
And at the first, his sentence was, it did belonge to you.
Wherefore, lo, fame with trompe, that mountes vnto the skye :
And, farre aboue the highest spire, from pole, to pole dothe flye,
Heere houereth at your will, with pen adorn'd with baies :
Which for you bothe, shee hath prepar'd, vnto your endlesse praise.
The laurell leafe for you, for him, the goulden pen ;
The honours that the Muses giue, vnto the rarest men.
Wherefore, proceede I praye, vnto your lasting fame ;
And whilst wee tarrye heere, no treasure can procure,
The palme that waites vpon the pen, which euer doth indure.
Two thousand yeares, and more, HOMERVS wrat his booke ;
And yet, the same doth still remayne, and keepes his former looke.
Wheare Ægypte spires bee gonne, and ROME doth ruine feele,
Yet, both begonne since he was borne, thus time doth turne the wheele.
Yea, thoughe some Monarche greate some worke should take in hand,
Of marble, or of Adamant, that manie worldes shoulde stande,
Yet, should one only man, with labour of the braine,
Bequeathe the world a monument, that longer shoulde remaine,
And when that marble waules, with force of time should waste ;
It should indure from age, to age, and yet no age should taste."

Peter Daly (Hg.). *The English Emblem Tradition.* Toronto u.a.: Toronto UP, 1988, 233 und 299

Renaissance-
Hieroglyphik

Angestoßen wurde die Emblembegeisterung durch die so genannte Renaissance-Hieroglyphik, deren Hauptquellen das griechische Manuskript der im 5. Jahrhundert entstandenen, 1419 nach Italien gelangten *Hieroglyphica* des Horapollo sowie die 1499 in Venedig publizierten *Hypnerotomachia Poliphili* des Francesco Colonna waren. Anders als das Emblem, das die beiden Medien Wort und Bild verbindet, wurde die Hieroglyphe als ikonisches Zeichen verstanden und als Bild gelesen. Die Humanisten sahen in den ägyptischen Hieroglyphen eine geheimnisvolle, prälapsarisch-adamitische Bilderschrift, die die semiotische Trennung zwischen *res* und *verba*, d.h. den Dingen und der Sprache, noch nicht vollzogen hat und deshalb die göttliche, kosmologische Weisheit direkt auszudrücken vermag. Renaissance-Hieroglyphik und Emblematik sind ebenfalls Indizien für die Aufwertung des Bildes und die Hochschätzung von Sehsinn und Visualität in der Frühen Neuzeit.

Frühneuzeit-
liche Bild-
beschreibungen

In vielen frühneuzeitlichen Werken englischer Dichtkunst begegnet man langen, sinnlichen Beschreibungen von Kunstwerken, anhand derer sich der Dichter mit dem Maler in einen Wettstreit darüber begibt, wer die besseren, mithin lebendigeren und farbigeren Bilder liefern kann. Trotz der Orientierung der Wortkunst an der Bildkunst fällt auf, dass Dichter des 16. Jahrhundert nur selten auf spezifische Künstler oder real existierende Kunstwerke eingehen. Meist werden in der Literatur fiktive Kunstwerke beschrieben. Generell sind zwei Formen bildlicher Beschreibungen zu unterscheiden: Ekphrasis benennt Beschreibungen einzelner (realer oder fiktiver) Kunstwerke; es handelt sich also gemäß der breit akzeptierten Definition von James A.W. Heffernan um eine »verbal representation of visual representation« (Heffernan 1993: 2). In der englischen Sprache taucht der Begriff ›ekphrasis‹, der sich etymologisch aus dem Griechischen *ek* (aus) und *phrazein* (zeigen, deutlich machen) zusammensetzt und so viel bedeutet wie ›völlig, restlos deutlich machen bzw. zeigen‹, laut *OED* zuerst 1715 auf. Zu den berühmtesten Ekphrasen der Frühen Neuzeit gehören Beschreibungspassagen aus dem Versepos *The Faerie Queene* (1590: Bücher I–III; 1596: Bücher IV–VI) von Edmund Spenser. Die ekphrastischen Beschreibungen umfassen u.a. eine auf antike Vorlagen Homers und Vergils zurückgehende Schildbeschreibung (Buch I, Kap. 7), eine Beschreibung der elfenbeinernen Relief-Darstellungen von Jason und Medea am Tor des »Bowre of Bliss« (Buch II, Kap. 12) sowie Beschreibungen von *tapestries* im House of Busyrane (Buch III, Kap. 11). Spensers Bildbeschreibungen belegen den starken Einfluss von Ovids *Metamorphosen* in der Frühen Neuzeit. Die illustrierten Ausgaben dieses Werks beeinflussten die damalige Ikonographie nachhaltig. Auch in Sir Philip Sidneys Prosaromanze *The New Arcadia* (1583–84) finden sich berühmte frühneuzeitliche Ekphrasen. So wird im Haus des Kalander eine Bildergalerie beschrieben, die eine bessere, ›goldene Welt‹ entwirft.

Visuelle Elemente finden in *The New Arcadia* auch durch Sidneys Rückgriff auf die Emblematik sowie in seinen Landschaftsbeschreibungen Ausdruck. Letztere weisen eine pikturalistische Sprachverwendung auf, d.h. Bildeffekte werden dadurch erzielt, dass natürliche Objekte beschrieben werden, als ob es sich um graphische Bilder im Sinne von Gemälden oder Wandbehängen handelte. Weitere wichtige frühneuzeitliche Ekphrasen sind die mehr als zweihundert Verse umfassende Beschreibung der bildlichen Darstellungen vom Fall Trojas auf einem Wandteppich in Shakespeares ›non-dramatic poem‹ *The Rape of Lucrece* (1594: Z. 1366ff.) sowie Richard Lovelaces Gedicht »To My Worthy Friend Mr. Peter Lely: On that Excellent Picture of His Majesty and the Duke of York, Drawn by him at Hampton Court« (1649) über das berühmte Ölgemälde *Charles I and the Duke of York* von Sir Peter Lely.

Pikturalismus

Der Wettstreit der Künste hielt auch im 18. Jahrhundert an, als James Thomson in *The Seasons* (1726–30), ein für seine langen Beschreibungspassagen berühmtes Gedicht, mit der Bildkunst erneut in Konkurrenz trat. Die Diskussion um ihre medialen und semiotischen Unterschiede sollte vorläufig in Gotthold Ephraim Lessings Schrift *Laokoon oder die Grenzen der Malerei und Poesie* (1766) seinen Höhepunkt finden. Lessings Idee, dass die Dichtung dem Prinzip der Sukzessivität unterliege und eine Zeitkunst sei, während die Malerei den Gesetzen der Simultaneität folge und zu den Raumkünsten gehöre, war äußerst einflussreich und wird bis heute für eine Bestimmung der Medienunterschiede zwischen Wort und Bild herangezogen. Dennoch begannen bereits die Romantiker und Romantikerinnen mit ihrem Konzept des Gesamtkunstwerks Lessings klare mediale Trennlinie zwischen den Künsten wieder aufzuweichen.

Lessings Laokoon (1766)

Tobias Döring

Tod und Trauer auf der Shakespeare-Bühne und in der elisabethanischen Kultur

Grundproblem
des Trauerns Eine junge Gräfin trauert um den früh verstorbenen Bruder. In schwarzem Trauerflor, die Augen voller Tränen, entsagt sie dem gesellschaftlichen Umgang, erhört kein Liebeswerben und will selbst den Hofnarren davonschicken, da ihr der Sinn nicht mehr nach Späßen steht. Der Narr bemerkt dazu, sie müsse wohl so heftig trauern, weil die Seele des geliebten Bruders in der Hölle schmore, denn wenn er im Himmel wäre, sei alle Trauer um ihn wahrlich närrisch. Dieser Dialog – aus Shakespeares Komödie *Twelfth Night* von 1602 (I.5) – erhellt ein Grundproblem christlicher Trauerrituale. In welcher Weise Hinterbliebene der Toten gedenken, hängt ganz davon ab, wie ihre Vorstellung vom Jenseits und vom weiteren Schicksal der Verstorbenen beschaffen ist. Der Tod ist aber, wie es in Hamlets berühmtestem Monolog heißt (III.1), ein unentdecktes Land, aus dem kein Reisender zurückkehrt und uns Kunde geben kann. Das Argument des Narren, unmäßiges Klagen über den Tod sei sinnlos, ja blasphemisch, weil es den Ratschluss Gottes anzweifelt, war daher ein bewährter Topos der protestantischen Reformer. Wie Thomas Becon in *The Sicke Mans Salue* (1560), einem frommen und vielfach nachgedruckten Erbauungsbuch der Zeit, erklärte, sollten wahre Christen stets frohlocken, wenn einer der ihren ins Himmelreich berufen wurde. Die Shakespeare-Szene spielt so auf einen zentralen Konflikt in der wechselvollen Religionsgeschichte des 16. Jahrhunderts an, der, wie zu zeigen ist, auch durch dramatisch-literarische Figuren und Projekte ausgetragen wurde.

Bühne als
Leitmedium Zugleich steht die Auseinandersetzung zwischen Narr und Gräfin für das zeitgenössische Verhältnis der Theaterleute zu ihren adligen Patronen. Ganz wie der Narr dienten die seit 1576 etablierten Berufsbühnen vorrangig der Unterhaltung und Zerstreuung und mischten sich doch, häufig ungebeten, in religiöse und politische Debatten ein. Von der Obrigkeit strikt kontrolliert, von protestantischen Eiferern als Lasterort bekämpft und vom puritanisch geprägten Londoner Magistrat

in urbane Randzonen südlich der Themse abgedrängt, wurden die *play-houses* mit ihrem sozial durchmischten Publikum dennoch zum ersten Massenmedium der elisabethanischen Gesellschaft und zum Leitmedium der Epoche. Denn auch außerhalb der hölzernen Bühnenplattform fanden allenthalben Schau- und Rollenspiele statt. Dass die Welt insgesamt eine Bühne sei, wie es Name und Motto des Globe Theatre schon behaupteten (und wie es z.B. in *As You Like It* (1599) durch die berühmte Rede einer Shakespearefigur formuliert wird), war für viele Zeitgenossen sinnfällig. Öffentliche Hinrichtungen, Trauerzüge, königliche Prozessionen oder auch die Handwerksgilden mit ihren aufwändigen Märschen durch die Stadt nutzten ebenso die Kunst symbolischer Zurschaustellung wie die ganze Lebenswelt der Aristokratie, die sich in höfischen Zeremonien, glanzvollen Festen und herrschaftlichen Landreisen inszenierte. Von Jakob VI., nachmals Jakob I., ist aus *Basilikon Doron* (1599) die Bemerkung überliefert, dass ein Monarch, wie auf der Bühne stehend, sich den Augen der Welt zeigen müsse. Das Bewusstsein und Vermögen kalkulierter Selbstdarstellung teilte er mit seiner Vorgängerin. Seit dem von ihr veranstalteten Zug durch London am Vorabend ihrer Krönung 1558 regierte Elisabeth I. durchweg mit ausgeprägtem Sinn für die Macht der Theatralisierung.

Memorial Picture of Sir Henry Unton (ca. 1596), © National Portrait Gallery, London

Eine solche Macht wirkt ebenfalls zentral in aller Trauerpraxis, denn hier muss, was Hinterbliebene empfinden mögen, sichtbar handelnd ausgetragen werden. »My grief lies all within«, sagt Shakespeares Richard II (1595) im gleichnamigen Stück (IV.1), »[a]nd all these external manners of lament / Are merely shadows to the unseen grief«. Alle Gesten,

Geschichtlichkeit des Gefühls

Formen oder Konventionen, die in Begräbnis- und Gedächtnisritualen zum Einsatz kommen, sollen somit zeichenhaft für jenes ›ungesehene‹, innere Gefühl einstehen. Doch in kulturhistorischer Betrachtung kann dies nicht umstandslos vorausgesetzt werden. Auch Emotionen wie die Trauer sind kulturspezifisch und formieren sich geschichtlich. Sie sind womöglich weniger die hervorbringende Kraft als vielmehr das Produkt all der symbolischen Handlungen und Riten, mit denen sie zur Darstellung gelangen. So ließe sich auch die Funktion von literarischen und anderen kulturellen Medien nicht allein als nachträgliche Wiedergabe einer sozialen Wirklichkeit beschreiben, sondern als deren modellhafte Vorgabe begreifen. Ein Bildbeispiel, auf das bereits im vorherigen Kapitel Bezug genommen wird, kann das illustrieren.

Memento Mori und Ars Moriendi   Das Gemälde von Sir Henry Unton erzählt die Lebensgeschichte eines elisabethanischen Diplomaten von der Wiege (rechts außen) bis zum Grabmal (links außen), wo seine Witwe, die das Werk in Auftrag gab, in der traditionell weiblichen Pose der Trauernden zu sehen ist. Verbunden wird die Serie der Einzelszenen durch einen langen Trauerzug im unteren Bilddrittel, der sich von der Hochzeitsszene bis zum Totengottesdienst erstreckt, d.h. die Prozession der Trauernden beginnt bereits am festlichen Gipfel seines Lebens. Auch das zentrale Porträt des Verstorbenen, das ihn mit wachem Blick am Schreibtisch bei der Arbeit zeigt, wird seitlich von der Allegorie des Todes mit Stundenglas flankiert, ein *memento mori*, das streng an die Vergänglichkeit alles Irdischen gemahnt. Daneben (oben Mitte) sehen wir Sir Henry bereits auf dem Totenbett. Es ist genau dieser Moment des Abschieds aus dem Erdenleben, für den ein Christenmensch sich immer demütig vorbereiten musste und den daher die alte Tradition der *ars moriendi*-Schriften durch religiösen Trost zu meistern half. Die Kunst zu Sterben bestand darin, an der Schwelle zum Tod den Wert des wahren Lebens zu erkennen und sich, rückblickend auf die zeitliche Existenz, von deren Bedingtheiten zu lösen. Auf Erden bleibt allein das Grabmal, das am linken Bildrand steht. Gemäß der üblichen Leserichtung bildet dieses Monument den Punkt, an dem auch unsere Bildlektüre dieser Lebensgeschichte ansetzt: Vom Ende her gewinnt das Menschenleben Ordnung und gewahrt seine Bestimmung erst, wenn es vollbracht ist. Als Urszene dafür steht der Kreuzestod in Golgatha, wo Jesus mit den Worten »Consummatum est« stirbt. Dies sind im Übrigen zugleich die Worte, mit denen Christopher Marlowes epochale Bühnenfigur Doktor Faustus ihren Teufelspakt beschließt: ein atemberaubender Akt der Anmaßung, bei dem ein Atheist die heiligsten Worte seiner Kultur zur Selbstinszenierung raubt.

Kirchliche vs. weltliche Trauerrituale   Weitere Details des Bildes verweisen auf die Spannung zwischen kirchlicher und weltlicher Praxis in der Auffassung vom Tod, die auch in literarischen Medien vielfach gestaltet wird. In der Kirche sehen wir den Prediger, kraft seines Wortes die zentrale Instanz des reformierten Gottesdienstes, der hier der Trauergemeinde wohl erklären mag, dass alles Klagen um den Toten unnütz sei. Einer dem Protestantismus verpflichteten und mehrheitlich analphabetischen Gesellschaft gaben Predigten generell die maßgebliche Auslegung der Schrift; sie konnten sich über Stunden erstrecken und boten oft rhetorische Leistungen von hoch dramatischem Charakter, die ihre Zuhörer zu Emotionen und zu Tränen rührten. Davon zeugen Tagebuchaufzeichnungen wie die von John Manningham (1602–03) oder schriftlich überlieferte Predigttexte, beispielsweise von John Donne, der als Lyriker ebenso tiefgründige Meditationen über Macht und Ohnmacht des Todes schrieb wie er als Dean von St. Paul's seiner Gemeinde die christliche Botschaft von der Überwindung des Todes vermittelte. Andererseits zeigt der lange Trauerzug für Sir Henry, wie weltliche Autoritäten den Verlust einer der ihren zu bewältigen suchten. Gemäß der Stellung des Verstorbenen in der gesellschaftlichen Hierarchie diente das letzte Geleit zur Ehrenbezeugung und symbolischen Reinszenierung seiner Macht. Da der Sensenmann Tod alle gleich macht, musste der Rang eines Toten, wie hier zu sehen, durch ein Repertoire an heraldischen Zeichen und materiellen Gütern markiert werden. Die Art der zur Schau gestellten Fahnen, Wappen und Waffen ebenso wie Anzahl und Titel der Trauernden bildeten so ein exakt lesbares Lebensprotokoll, das sich als Schau-Spiel im öffentlichen Raum entfaltete. Es unterlag der Kontrolle und Organisation des College of Arms und wurde in Werken wie *Honor Military and Ciuill* von William Segar (1602) beschrieben. Dass konservative Autoren dazu so ausführlich publizierten, zeigt allerdings auch, dass die aristokratische Gesellschaftsordnung, die solcherart begründet werden sollte, erheblich in Bewegung geraten war.

Dazu bot das Theater gleichermaßen Anstöße wie Reflexionen. Die Szenarien von Trauerzug und Trauerrede kehrten vielfach auf der Bühne wieder und kehrten dort deren politische wie religiöse Wirkung oftmals um. Nicht nur dass häufig ausgerechnet Komödien wie Shakespeares *Much Ado About Nothing* (ca. 1598) oder Thomas Middletons *Michaelmas Term* (ca. 1604) zeremonielle Schein-Beerdigungen zeigten, um darin politische Ränkespiele im adligen wie bürgerlichen Milieu aufzudecken. Überhaupt unterhält das Theater ein paradoxes Verhältnis zum Tod, da es diesen zwar immer wieder vorführt, aber selbstverständlich nie vollzieht. In der Erinnerung von Zeitgenossen prägten sich gerade solche Momente ein. Das höchste Lob für einen Schauspieler wie Richard Burbage, der den großen Tragödienhelden wie Hamlet, Othello oder König Lear auf der Bühne Leben gab, war zu sagen, dass er überzeugend sterben konnte. Dabei vollzog er diesen Übergang im Spiel so oft und so gekonnt, dass er selbst unsterblich scheinen mochte. Tatsäch-

Theater und Tod

lich bekunden die zahlreichen literarischen Zeugnisse, die von Burbages Tod 1619 überliefert sind, v.a. Unverständnis darüber, dass er nun endgültig die Bühne des Lebens verlassen haben soll. Noch sein Grabspruch »Exit Burbage« suggeriert, dass er sein Spiel nun andernorts fortführt.

Sterbeszenen im Historiendrama Sterbeszenen auf der Bühne sind Momente, deren Deutungsmacht auf einen höheren Zusammenhang verweist, wie er nicht selten dem Dahinscheidenden als Prophezeiung in den Mund gelegt wird. Dies gilt besonders für die Dramatisierungen der englischen Geschichte, die in den 1590er Jahren zu großer Popularität aufstiegen. Auf der Grundlage der Arbeiten von Tudor-Historiographen wie Edward Hall oder Raphael Holinshed präsentierten sie Ereignisse vergangener Jahrhunderte, v.a. die blutigen Wirren der Rosenkriege bis 1485, als düstere Vorgeschichte der glorreichen Gegenwart. Zwar erscheint diese politische Apologie der herrschenden Dynastie nicht ungebrochen und wird zumal in Shakespeares achtteiligem Historienzyklus oft konterkariert, doch sind es gerade die todesnahen Augenblicke der Handlung, in denen solche Deutungen prophetisch vorgetragen werden. Am bekanntesten ist die Sterberede John of Gaunts aus *Richard II* (II.1), ein Abgesang auf ein paradiesisch-glückliches Inselengland, das nun (die Szene spielt im Jahr 1399) in schlechte Hände gefallen sei – und erst, wie das Theaterpublikum ergänzen mochte, mit Heinrich VII. und den Tudors wieder zu altem Glück gefunden habe. Noch bedeutungsträchtiger allerdings sind königliche Sterbeszenen, weil in ihnen der prekäre Übergang des heiligen Herrscheramts auf eine neue Person gestaltet werden musste. Das anonym überlieferte Historiendrama *The Famous Victories of Henry V* (1580er Jahre) bemüht für diesen Augenblick explizit die Erinnerung an Christi letzte Worte, wenngleich hier der Vater, nicht der Sohn, dahinscheidet. Die entsprechende Shakespeare-Szene dagegen vom Tod des glücklosen Königs Henry IV führt vor, wie Kronprinz Hal schon nach der Krone greift, bevor der Vater wirklich tot ist (in *Henry VI*, 2. Teil, IV.3). Die vorauseilende Geste ist weniger pietätlos, sondern soll v.a. zeigen, wie sehr Hal für die Königswürde bestimmt ist, denn unter Heinrich V. stieg England noch einmal zu siegreicher Größe auf, bevor es auf Jahrzehnte im Bürgerkrieg versank. Den Beginn dieser inneren Entzweiung inszeniert ein zuvor entstandenes Geschichtsdrama, das Shakespeare in Zusammenarbeit mit Dramatikerkollegen schrieb (*Henry VI*, 1. Teil). Es eröffnet mit dem großen Trauerzug für Henry V, doch in den feierlichen Lobreden auf den toten Helden kündigt sich der Streit der Adligen schon an: Jeder hat seine eigene Auffassung von Henrys Vermächtnis und verkündet, in welcher Weise der Verstorbene am zutreffendsten zu ehren sei. So zeigt diese Szene beispielhaft, dass alle Trauerinszenierungen öffentliche Machtkundgaben waren. Hinterbliebene, die für einen Verstorbenen sprachen, trafen immer Nachfolgeregelungen. Denn das Gedächtnis eines verehrten Toten pflegen hieß auch, an sich selbst zu denken.

Davon handeln zugleich andere literarische Formen, die in der frühen Neuzeit von Dichtern wie Edmund Spenser, Ben Jonson oder John Milton zu großer Meisterschaft und öffentlicher Wirksamkeit geführt wurden: Elegien und Epitaphe. Nach der Definition, die George Puttenham in *The Arte of English Poesie* (1589) gab, ist ein Epitaph »a kind of Epigram only applied to the report of the dead persons estate and degree« (Puttenham 1589: 58), mithin ein Vers, der in kaum mehr als zwei Zeilen die Stellung eines Verstorbenen zusammenfasst und auf seinem Grabstein Platz findet. Eine Elegie dagegen ist ein ausgedehntes, feierliches Klagegedicht, das zunächst der Erschütterung über den Tod Ausdruck gibt, sodann aber den Hinterbliebenen auch Trost und Erleichterung spendet, da es, wie Puttenham erklärt, deren Trauergefühl beispielhaft ausspricht und somit entäußert. Epitaphe sind Gelegenheitslyrik im strikten Sinn, während Elegien, gemäß klassischen Vorbildern wie Vergils Eklogen, über den akuten Anlass hinausweisen und grundsätzliche Einsichten in die Vergänglichkeit wie in die Regenerationskraft der Natur formulieren. Beide poetischen Genres jedoch weisen dem Verstorbenen einen Ort im kulturellen Gedächtnis zu, den sie durch ein Repertoire an Topoi rückblickend bestimmen. Dazu gehört nicht nur der Allgemeinplatz, dass wahre Trauer unaussprechlich sei, sondern auch der christlich geprägte Hinweis darauf, dass posthumes Andenken eigentlich in Werken, statt in Worten, fortlebe. Mit der Kanonisierung des Gedenkens aber dienten beide Genres zugleich dazu, den gesellschaftlichen Stellenwert des dichterischen Werkes zu bekunden. Wann immer ein Monarch oder ein anderes Mitglied des Hochadels starb, erschienen umfangreiche Textsammlungen, in denen zahlreiche Autoren der allgemeinen Trauer überschwänglich Ausdruck gaben. Solche Publikationen, wie sie besonders der frühe Tod des Stuart-Thronfolgers Prinz Heinrich (1612) und des elisabethanischen Hofidols Sir Philip Sidney (1586) hervorbrachten, richteten sich weniger an die Nach- als an die Mitwelt. Denn sie demonstrierten den selbstbewussten Anspruch von Autoren, als öffentliche Stimme zu fungieren. Ihre höchste literarische Zuspitzung fanden solche poetischen Nachrufe in Spensers nachträglicher Elegie auf Sidney, »Astrophel« (1595), und, eine Generation später, in Miltons »Lycidas« (1637). Hier führt der Trauerfall – Milton findet ihn im Unfalltod eines Mitstudenten aus Cambridge – zu einer Spurensuche nach der klassischen Tradition sowie zur Reflexion über die Möglichkeiten dichterischen Sprechens in einer gefallenen Welt.

Wie die genannten Beispiele verdeutlichen, können literarische Trauerformulierungen also ein ganzes Spektrum kultureller Funktionen wahrnehmen, das von der Bereitstellung christlicher Jenseitsperspek-

Elegien und Epitaphe

Religiöses Spannungsfeld

tiven über die symbolische Bewältigung sozialer Krisen bis zu Machtdemonstration und Selbstkanonisierung reicht. Doch die eigentliche
Brisanz öffentlich artikulierter Trauer in der elisabethanischen Gesellschaft lässt sich erst ermessen, wenn man die tief greifenden religiösen
Umbrüche der Zeit in Betracht zieht. Der lange Prozess der englischen
Reformation, durch Heinrichs VIII. politisch motivierten Bruch mit Rom
begonnen (1534) und durch das entschieden protestantische Regime
unter Eduard VI. (1547–53) vorangetrieben, war mit der Kompromiss-
lösung des so genannten ›Settlement‹ durch Elisabeth (1559) nur zu einem vorläufigen Abschluss gekommen. Die anglikanische Staatskirche
stand weiterhin erheblich unter Druck der gegenstrebenden religiösen
Kräfte, zwischen denen sie den Ausgleich suchte. Einerseits forderten
Puritaner und andere radikale Protestanten, die an den vom katholischen Ritual übernommenen Sakralformen wie beispielsweise den
Priestergewändern Anstoß nahmen, ständig weitergehende Reformen.
Andererseits formierte sich im Untergrund der katholische Widerstand
gegen die verordnete protestantische Staatsreligion. Trotz scharfer Überwachung und Bespitzelung durch die Obrigkeit und trotz spektakulärer
Schauprozesse wie anlässlich der Hinrichtung des Jesuitenpaters Edmund Campion (1581) verfügten die katholischen Rekusanten wohl
über beachtlichen Einfluss und beste Verbindungen zur englischen Aristokratie, besonders im Norden des Landes. In dieser religionspolitisch
gespannten und oftmals labilen Lage existierte für Jahrzehnte eine
gewisse Variationsbreite der eigentlichen Glaubenspraxis, so dass sich
zumal in Dorfgemeinden alte katholische Elemente lange hielten. Zugleich war jedes Indiz dafür politisch hoch brisant, weil es als Argument
für Hochverrat herhalten konnte.

Fegefeuer
abgeschafft   Kaum ein Bereich im rituellen Leben aller Gläubigen jedoch war
von den Reformen so nachhaltig betroffen wie das Trauern. Dies lag
an der protestantischen Abschaffung des Fegefeuers, einer grundsätzlich veränderten Konzeption der Jenseitsvorstellung, die mit jahrhun-
dertealter Tradition und Gebetspraxis brach. Die entscheidende Differenz wurde in den »Thirty-Nine Articles« (1563), der theologischen
Grundsatzerklärung der Church of England, unter Punkt 22 proklamiert:

> The Romish doctrine concerning purgatory, pardons, worshipping and adora-
> tion as well of images as of relics, and also invocation of saints, is a fond
> thing, vainly invented, and grounded upon no warranty of scripture, but
> rather repugnant to the word of God.

Nach katholischer Auffassung verteilt sich das Leben nach dem Tod auf
drei Bezirke: Himmel, Hölle und, in einem Zwischenbereich angesiedelt,
Fegefeuer. An diesen dritten Ort des Übergangs gelangen zunächst die

Seelen all jener Verstorbenen, die von den Sünden ihres Erdenlebens noch gereinigt werden können, um sodann ins Himmelreich einzugehen. Allerdings war diese Doktrin erst gegen Ende des 12. Jahrhunderts formuliert worden und stützte sich, wie später die Reformer erklärten, weniger auf biblische als auf poetische Belege. Ohne das Purgatorium aber war Gläubigen die Möglichkeit genommen, auf das Schicksal von Verstorbenen durch Fürbitten, Totenmessen und Gebete einzuwirken. Denn nur unter der Voraussetzung, dass die Fegefeuerqualen einer Sünderseele durch gute Werke von Hinterbliebenen verkürzt werden, konnten Trauerrituale einen aktiven Beitrag zur Befriedung ruheloser Seelen leisten. Im Protestantismus ist eine solche Einflussnahme nicht gegeben. Das Schicksal jedes Menschen liegt in Gottes Hand, so dass sich (wie es auch Shakespeares eingangs zitierte Narrenfigur verkündet) alle intensive Trauerarbeit verbietet.

Mit Ausnahme öffentlicher Trauerprozessionen, die als weltliche und nicht als kirchliche Veranstaltungen galten, wurden daher viele alte Trauerriten wie z.B. die Monats- und Jahresgebete zum Todestag untersagt. Diese Unterdrückung des aktiven Gedenkens war ein so gravierender Akt, dass seine Auswirkungen auf weite Teile der Bevölkerung als »profoundly traumatic« beschrieben worden sind (Cressy 1997: 477). Sie entspricht dem vorsätzlichen Bruch im kulturellen Gedächtnis, den der protestantische Gründungsakt insgesamt markiert und von dem die landesweit zerstörten Grabmäler und Schreine, Ergebnis des militanten Bildersturms der späten 1540er Jahre, das deutlichste Zeugnis geben. In diesem Kontext allerdings wird deutlich, dass literarisch vermittelten Trauerkundgaben eine besondere Relevanz zukommt, wenn sie, was religionspolitisch untersagt ist, gleichwohl in einem durch Fiktion geschützten Raum zur Sprache und Darstellung gebracht werden. Das konnten zumal die Theater leisten, da ihre inszenierten Spiele stets als solche kenntlich und doch machtpolitisch wirksam waren. Zwar durfte kein kirchliches Personal oder Ritual auf der Bühne gezeigt werden, und auch das Verbot religiöser Ausdrücke wurde von der Theaterzensur streng überwacht. Doch waren dramatische Anspielungen in den Bühnenhandlungen oft hinlänglich suggestiv, um spezifische Elemente der alten Religion neu ins Gedächtnis zu rufen. Wenn z.B. in Shakespeares *A Midsummer Night's Dream* (ca. 1595) die Feen das Brautbett der Jungvermählten segnen (V.2), mag dies wie ein spielerischer Hinweis auf einen katholischen Brauch gewirkt haben, der im Anglikanismus nicht mehr möglich war. Eine Generation nach dem religiösen Neuanfang könnte die Shakespeare-Bühne somit einen kulturellen Ort bereit gestellt haben, an dem – zumindest für einen Teil ihrer Zuschauerschaft – Erinnerungen an den alten Glauben provisorisch fortlebten.

Theater als anderer Raum des kulturellen Erinnerns

Weibliche Toten-
klage auf der
Historienbühne

In dieser Perspektive sind es neben den Tragödien wiederum die Historiendramen, deren Trauerszenen hierfür besondere Gelegenheiten bieten. Denn unter den aktuellen Vorgaben der nachreformatorischen Epoche präsentieren sie geschichtliche Persönlichkeiten und Ereignisse des 15. Jahrhunderts, die einer vorreformatorischen Epoche angehörten. Mit all den Königen und Kriegshelden und anderen historischen Figuren treten auf der Bühne also die Verkörperungen längst Verstorbener in Erscheinung und wurden doch, wie der Dramatiker Thomas Nash 1592 bemerkte, vom zeitgenössischen Theaterpublikum erneut beweint. Auch von seinen puritanischen Gegnern wurde das Theater daher ständig wegen der dort vorgeführten und freigesetzten Emotionen angefeindet. Als öffentliche Traueranstalt aber übernahm es womöglich eine entlastende oder auch bewahrende Funktion, da es mit Passionen spielte, die in kirchlicher Ritualpraxis nicht mehr gefordert waren. Besonders die Darbietung der traditionell weiblichen Totenklage kann hier neue Bedeutung gewinnen. So findet in Shakespeares *Richard III* (1592) mit den Litaneien und chorischen Klageszenen der trauernden Königswitwen vielleicht auch akutes, nicht nur vergangenes Leid einen rituellen Ausdruck (vgl. II.2 und IV.4), denn schon ihre beständige Ausrufung der Namen von Verstorbenen erinnert an katholische Traditionen. Erst recht aber die Klage Lady Annes um Henry VI, mit der die Bühnenhandlung dieses Stückes einsetzt (I.2), ist hierfür relevant: Sie bricht so klar ein stückinternes Trauerverbot, dass sie zugleich als Einlassung mit unterbundenen Trauerhandlungen in der elisabethanischen Kultur verstanden werden kann.

Hamlet (1600/01)
als vieldeutiges
Trauer-Spiel

Solche Deutungsangebote der Dramen sollten allerdings keinesfalls als Indiz für Überzeugungen oder die etwaige Konfessionszugehörigkeit des Dramatikers missverstanden werden. Im performativen Raum der Bühne werden Positionen grundsätzlich nur inszeniert, nicht proklamiert. Entscheidend ist vielmehr zu sehen, wie hier mit Erinnerungsfiguren vielsagend gespielt wurde, die schon allein deswegen auf keine eindeutige Stellung festzulegen waren, weil dies die Zensur nicht zugelassen hätte. Das herausragende und meistdiskutierte Beispiel dafür ist *Hamlet* (1600/01), Shakespeares komplexeste Auseinandersetzung mit den Bedingungen des Totengedenkens und der Aufgabe des Trauerns. Gleich in seinem ersten Dialog (I.2) fordert der Titelheld die Anerkennung seiner wahren Trauer, die er von gespielter Pietät und konventionellem Trauergestus absetzt, während sein Antagonist – darin ein Sprachrohr protestantischer Doktrin – von der Gotteslästerlichkeit fortgesetzter Trauer spricht. Solche Kontroversen um Ritualformen ziehen sich durch die Tragödie bis hin zur Totengräberszene (V.1), wo in der Betrachtung des emblematischen Totenschädels ein ganzes Repertoire an Todesvorstellungen erprobt wird. In diesem

Sinne ist das Stück insgesamt als Instrument der kulturellen Neuerfindung des Todes im frühneuzeitlichen England gelesen worden (vgl. Neill 1997). Doch wenn Hamlet selber stirbt (V.2), gibt er gerade dazu keine eindeutige Stellungnahme. Aufgrund konkurrierender Textüberlieferungen klingen seine letzten Worte doppelt: »The rest is silence« bietet einen wohlformulierten Merksatz, »O, O, O, O!« dagegen nur noch einen Ausruf, mit dem sich allenfalls die Überwältigung menschlicher Sprache und Vorstellungskraft durch die Macht des Todes artikuliert.

Die zentrale Spielfigur jedoch, um die sich im Stück selbst wie auch in seiner unentwegten Deutungsgeschichte die Debatten drehen, ist der Geist des alten Hamlet, der den trauernden Sohn heimsucht und zur Rache auffordert. Einerseits stellt Shakespeares Stück sich damit klar in die Tradition des populären Rachedramas, wie sie durch die Rezeption der Tragödien Senecas begründet und durch elisabethanische Erfolgsstücke wie *The Spanish Tragedy* (ca.1587) von Thomas Kyd gestaltet wurde. Andererseits sind in der Rede dieses Rachegeistes, mit der er sich dem Heimgesuchten wie dem Theaterpublikum vorstellt (I.5), so markante Echos katholischer Doktrin vernommen worden, dass hier die alte Bühnenkonvention wie ein Wiedergänger aus dem Fegefeuer erscheint. Generell war Geisterglaube in Shakespeares England weit verbreitet; dabei aber war die Frage nach der Identität solcher Erscheinungen, in Kampfschriften wie Reginald Scots *The Discoverie of Witchcraft* (1584) skeptisch diskutiert, ein Differenzmerkmal der Konfessionen, da Protestanten nicht an ruhelose Seelen von Verstorbenen, sondern nur an dämonischen Teufelsspuk glauben konnten. Mit dem Geist des toten Vaters also legt *Hamlet* zunächst eine deutliche Gedächtnisspur in die vorreformatorische Kultur, in der Lebende mit Toten rituell kommunizierten. In dem Maße aber, wie das Stück zugleich das Genremuster der alten Rachetragödien wie den väterlichen Imperativ zögernd hinter sich lässt, weisen die Spuren eher auf die Glaubenspraxis einer neuen Zeit, in der andere Formen des kulturellen Gedenkens erlernt werden müssen. Als Schwellendrama vollzieht diese Tragödie somit, wovon sie spricht: Sie überformt traditionelle Totenrituale mit den Masken und Mitteln des Theaters, um so das unentdeckte Land des Todes auf neue Weise zu erkunden.

Auf diese Weise kann die literarische Arbeit an und mit den Trauerformen einer jeweiligen Gesellschaft zum Paradigma einer Kulturgeschichte der Literatur werden. Denn der Tod, gerade weil er schlechthin unvorstellbar bleibt, ist ein Kulturgenerator ersten Ranges, da seine Macht immerfort in Bildern, Geschichten und Aktionen gebannt werden muss (vgl. Macho 2000). Dies geschieht im Trauern und verhilft den Überlebenden dazu, eingedenk und angesichts des Sterbens ihr

Geister, Rache und Tragödie

Trauer und Literatur

Leben dennoch fortzuführen. In der englischen Kultur ist eine weitere Epochenschwelle dadurch markiert, dass der öffentlich inszenierte Tod des Königs nicht zur Trauer, sondern zum Beginn des neuen Lebens ausgerufen wurde. Für den Sohn von Jakob I. gab die letzte Bühne das Schafott: 1649 wurde Karl I. vor den Augen der Welt hingerichtet – ein gewaltiger Triumph der radikalen Protestanten und Stoff für neue Trauer-Spiele der Literatur.

Die Zeit der großen Englischen Revolution

Vera Nünning

Einführung

In Literaturgeschichten wird die Zeit der großen Englischen Revolution, Epochen-abgrenzung die aufgrund der Bedeutung der Puritaner auf der Seite der Königsgegner früher oft als ›Puritanische Revolution‹ bezeichnet wurde, häufig der Epoche der Renaissance oder der Frühen Neuzeit zugeschlagen. Aus kulturgeschichtlicher Perspektive spricht jedoch viel dafür, diese Zeit als eigenständige Periode zu behandeln: Sowohl die Bürgerkriege (1642–1646; 1648) als auch die Zustände zu Zeiten von Commonwealth und Protektorat – als Oliver Cromwell mit militärischen Mitteln für die Durchsetzung puritanischen Gedankenguts sorgte und die Beteiligung niederer sozialer Schichten am öffentlichen Leben ermöglichte – beeinflussten nicht nur das Alltagsleben, sondern auch die Literatur. Zudem impliziert bereits die allgemeine Praxis, die Restauration der Monarchie im Jahre 1660 und die dadurch eingeleitete Wiederherstellung der traditionellen Ordnung als eine wichtige Zäsur zu betrachten, dass die Störung dieser Ordnung mit tief greifenden Folgen für die Literaturgeschichte einherging.

Obgleich die Kontrahenten von König Karl I. sich primär um die *The World Turned Upside Down* Wahrung traditioneller Rechte bemühten, kam es seit Ende der 1630er Jahre in politischer wie in religiöser Hinsicht zu einer zunehmenden Radikalisierung. So wurde im Jahre 1642 die Volkssouveränität ausgerufen, die Bischofskirche abgeschafft und, was heute wie ein Paradox erscheint, im Namen des Königs der Krieg gegen den König begonnen; v.a. aber bildeten sich immer radikalere religiöse Gruppierungen, die im Nachhinein unter dem Oberbegriff ›Puritaner‹ zusammengefasst wurden. Gemeinsam ist ihnen die Betonung der individuellen Beziehung zu Gott und die radikale Kritik an kirchlichen Autoritäten. Dass jeder, der das ›innere Licht‹ in sich trägt, zum Predigen berufen sein sollte, schlug sich bei den Quäkern etwa darin nieder, dass auch Frauen in der Kirche – bzw. an den Orten, an denen Gläubige zusammenkamen – predigen durften. Auch die soziale Hierarchie wurde von diesen Gruppen hinterfragt; die Ranter proklamierten u.a. die freie Liebe, und die Digger erprobten kommunistisches Gedankengut. Dass einige dieser Gruppen (in ihren Anfangszeiten auch die Quäker) zur Durchsetzung ihrer Überzeugungen vor Gewalt nicht zurückschreckten, trug maßgeblich dazu bei, das in Kriegszeiten vorherrschende Gefühl von Unsicherheit und Orientierungsverlust zu bestärken. Angesichts des plötzlichen Einzugs demokratischer, egalitärer und teilweise sogar anarchistischer Prinzipien schien nichts mehr sicher zu sein. Mit der öffentlichen Hinrichtung Karls I., die allgemein tiefes Entsetzen hervorrief, schien die Welt vollends aus den Fugen zu geraten. Dass ein Königreich ohne König ebenso undenkbar war wie ein politischer Körper ohne Kopf, kommt in dem von Zeitgenossen immer wieder verwendeten Bild der auf den Kopf gestellten Welt sehr anschaulich zum Ausdruck.

Feldzug gegen Vergnügungen   Mit dem Ausbruch des Bürgerkriegs begannen die Puritaner auch einen Feldzug gegen alle Arten von angenehmem Zeitvertreib. Im Jahre 1642 wurden die Theater offiziell geschlossen, die traditionellen Vergnügungen an Sonntagen wurden verboten, und das Fasten an kirchlichen Feiertagen wie Ostern und Weihnachten wurde von Soldaten kontrolliert. Auch aristokratische Kulturformen mussten – so das Kriegsgeschehen sie nicht ohnehin unmöglich machte – im Verborgenen ausgeübt werden. Die bekanntesten kanonisierten Werke dieser Zeit sind daher (politisch-philosophische) Abhandlungen wie James Harringtons *Oceana* (1656) sowie Gedichte, die zunächst im kleinen Kreis Gleichgesinnter kursierten.

Zusammenbruch der Zensur   Gleichzeitig war der Bedarf an Information und Unterhaltung sowie das Bedürfnis nach Orientierung und Sinnstiftung in der ›verkehrten Welt‹ sehr groß. Zudem war es in Kriegszeiten nicht möglich, die Zensur so strikt aufrecht zu erhalten, dass alle Missetäter, die puritanischen Prinzipien zuwider handelten, bestraft werden konnten. Vielmehr kam es zeitweise zu einem Zusammenbruch der Zensur, der mit einem großen Anstieg des Schrifttums einher ging. Zu den aus damaliger Sicht ungeheuerlichen Vorgängen nahm eine Fülle von Autoren Stellung, und sogar Schriften von Frauen fanden zunehmend den Weg in den Druck.

Straßenballaden   Gedruckt wurden vornehmlich Werke, die Informationen über die gegenwärtige politische Situation verbreiteten, Stellung zu erstrebenswerten Staats- und Regierungsformen nahmen, Ratschläge für richtiges Verhalten gaben und das Geschehen aus der Sicht von Royalisten bzw. Königsgegnern kommentierten. Einen großen Aufschwung erlebten besonders Straßenballaden, die das Bedürfnis nach Information, Unterhaltung und Sinnstiftung in hohem Maße erfüllten und couragiert in die politische Debatte eingriffen.

Susanne Spekat

Politik und Literatur: Die Englische Revolution in der Literatur des 17. Jahrhunderts

Die Literatur der Revolutionszeit ist von der älteren Forschung lange Zeit nicht wahrgenommen worden. Die Texte wurden entweder – wie die zur Populärliteratur gehörenden Erzeugnisse der Druckerpresse – als minderwertig beurteilt oder ihnen wurden aufgrund ihrer politischen Bezugnahmen überzeitliche Qualitäten abgesprochen. Ausgenommen von dieser Beurteilung waren lediglich Dichter wie John Milton und Andrew Marvell, deren Werk gewürdigt, deren politisches Engagement allerdings ausgeblendet wurde. Aus kulturwissenschaftlicher Perspektive sind aber gerade die Beziehungen der Texte zu ihrem historisch-politischen Entstehungskontext von Interesse, denn sie zeigen, wie Literatur und ihr kulturelles Umfeld sich gegenseitig bedingt und einander beeinflusst haben. Durch die Aufdeckung des politischen Potenzials der Literatur der Revolutionszeit wird zudem erkennbar, welche gesellschaftlichen Funktionen die Texte in ihrer Entstehungszeit erfüllten. *Literatur und Politik in der Revolutionszeit*

Die Revolution löste weit reichende Veränderungen im gesamten Literaturbetrieb aus, denn der fundamentale Wandel erfasste alle an ihm beteiligten Institutionen und Individuen. Die Literatur ihrerseits wurde zum Bestandteil des revolutionären Prozesses, indem sie Deutungsangebote für das revolutionäre Geschehen machte, Wertvorstellungen und Verhaltensmuster vermittelte und zur Identifikation mit einzelnen Gruppen einlud. Besonders die populären Massenmedien trugen dazu bei, dass die Englische Revolution kein Konflikt der politischen Eliten blieb, sondern in die Bevölkerung getragen wurde. Ohne sie wäre die Politisierung und Mobilisierung großer Bevölkerungsteile im Verlauf der Revolution undenkbar gewesen. *Literatur als Teil der Revolution*

Infolge der politischen Auseinandersetzungen brach die staatliche Zensur zeitweise völlig zusammen. Ihr Wegfall setzte eine Revolution des Druckschriftmarktes in Gang, der Publikationen in bislang unbekannten Mengen hervorbrachte. In der soziopolitischen Umbruchsituation meldeten sich erstmals Autoren niederer sozialer Herkunft zu Wort, *Revolution und Populärliteratur* unter ihnen auch Frauen. Auf das vermehrte Informations- und Orientierungsbedürfnis des Publikums, das vom Bürgerkriegs- und Revolutionsgeschehen verunsichert war, antworteten Petitionen, Predigten, Straßenballaden, Flugschriften und die *newsbook* genannten Vorläufer der Zeitung. Sie alle trugen zur Entstehung eines Nachrichtendiskurses bei. Gleichzeitig wirkten die Massenmedien auf die historisch-politische Wirklichkeit ein, denn die Deutungs- und Interpretationsangebote, die sie für die Revolution vorlegten, prägten die öffentliche Wahrnehmung des Revolutionsgeschehens.

Revolution und Hochliteratur
Die Umwälzungen in Staat, Kirche und Gesellschaft beeinflussten auch die Literatur der sozialen und der Bildungseliten. Die Theater waren bereits zu Beginn des ersten Bürgerkriegs (1642–46) geschlossen worden, und Theateraufführungen blieben bis 1660 verboten. Schriftsteller aus den Kreisen der Universitätsgelehrten und Kleriker, die bislang für eine exklusive Leserschaft geschrieben hatten, wandten sich unter dem Eindruck der revolutionären Ereignisse der Tagespolitik zu und publizierten nun für ein breites, schichtenübergreifendes Publikum. Die höfischen Dichter verloren mit dem Auszug des Monarchen aus der Hauptstadt ihren wichtigsten Mäzen und die Quelle ihrer Inspiration, den königlichen Hof in Whitehall. Auch das Gattungssystem wurde von der Dynamik der Revolutionszeit erfasst. Grenzen zwischen Gattungen wurden durchlässig und bisher unpolitische Gattungen wie die Straßenballade wurden politisiert.

Zusammenbruch der Zensur
Infolge des Zusammenbruchs der Zensur etablierten sich zahlreiche illegale Druckerwerkstätten, und große Mengen von unlizenzierten Druckschriften überschwemmten den Markt. Zu den Charakteristika dieser neuen Massenmedien gehörten ihre Aktualität, für die sie aggressiv warben, ihr geringer Preis und ihre allgemeine Zugänglichkeit. Dadurch unterschieden sie sich von teuren gedruckten Büchern und von handschriftlich verbreiteten Schriften, die nur einem elitären Publikum zugänglich waren.

Entstehung politischer Massenmedien
Hatte die staatliche Zensur in den ersten Dekaden des 17. Jahrhunderts erfolgreich verhindert, dass sich Druckschriften mit innenpolitischen Themen beschäftigten, so änderte sich dies mit dem Zusammenbruch der Zensur schlagartig. Straßenballaden, Flugschriften und *newsbooks* nahmen von nun an offen und direkt Stellung zu den zentralen Themen der staatsrechtlichen, politischen, kirchlich-religiösen und soziopolitischen Konflikte. Dabei kombinierten sie Informations- und Nachrichtenvermittlung über politische Ereignisse und Entwicklungen stets mit deren Kommentierung und Beurteilung. Vom heutigen faktenorientierten Journalismus unterscheiden sich die frühen Massenmedien v.a. durch ihren Verzicht auf Unparteilichkeit und durch den hohen Vermischungsgrad von Fakt und Fiktion. In ihrer Gesamtheit

bewirkten die neuen Massenmedien eine Nachrichten›revolution‹. Sie versorgten die Bevölkerung mit mehr politischen Informationen, als dies jemals zuvor in der englischen Geschichte der Fall gewesen war. In der Folge entstand erstmals eine informierte Öffentlichkeit, in der sich eine öffentliche Meinung etablierte.

Als sich die parlamentarische Opposition im Verlauf des Jahres 1642 spaltete, begannen Parlamentsanhänger auf der einen und Königsanhänger auf der anderen Seite damit, die politischen Konflikte auch in der Literatur auszufechten. Bei der Entstehung und Verbreitung der Selbst- und Feindbilder der Konfliktparteien kam den neuen Massenmedien eine wichtige Vermittlungsfunktion zu. Während die Anhänger des Monarchen als ›Cavaliers‹ bezeichnet wurden, erhielten ihre parlamentarischen Gegenspieler den Namen ›Roundheads‹. Merkmale des Cavalier waren seine absolute Treue zum Monarchen, sein Festhalten an der anglikanischen Bischofskirche und an der tradierten, hierarchischen Gesellschaftsordnung. Die als Roundheads oder Puritaner bezeichneten politischen und religiösen Reformer dagegen wurden von ihren Gegnern als gefährliche Rebellen und Neuerer charakterisiert, die den Umsturz von Kirchen-, Staats- und Sozialordnung planten. Ihren Namen verdankten sie dem Brauch, ihr Haar – entgegen der zeitgenössischen Mode – kurz zu tragen, so dass ihr Kopf rund erschien. Ihre betont einfache, schmucklose Kleidung kontrastierte mit dem eleganten, aufwändigen Kleidungsstil der Cavaliers. Das Selbstbild der Roundheads sah freilich anders aus: Sie präsentierten sich als Werkzeuge Gottes, die eine ihm gefällige Herrschaft errichteten. Die Wahrnehmungsstereotypen Cavalier vs. Roundhead verankerten die Konfliktparteien im öffentlichen Bewusstsein und trugen zur Identitätsstiftung dieser Gruppen bei. Gleichzeitig förderten sie den gesellschaftlichen Polarisierungsprozess.

Cavalier vs. Roundhead

»Roundhead (London) vs. Cavalier (York)«, British Library, Thomason Tracts E. 238 (21)

Vorläufer der
Zeitung

An der Parteienbildung und -konsolidierung beteiligt war auch das Medium Zeitung. Die erste regelmäßig erscheinende Wochenzeitung mit dem Titel *Mercurius Aulicus* erschien von 1643 bis 1645 in Oxford. Sie wurde von dem Royalisten John Berkenhead herausgegeben. Die parlamentarische Seite gründete daraufhin den *Mercurius Britanicus*, der bis 1646 erschien. Beide Zeitungen, denen etliche ähnlich klingende, meist noch kurzlebigere Publikationen folgten, verbanden politische Nachrichten mit Propaganda für die eigene Partei und Schmähungen für den Gegner. Eine Ausnahme unter den Zeitungsherausgebern bildete Marchamont Nedham, der über beträchtliches journalistisches Talent verfügte und mehrmals das politische Lager wechselte. In den fünfziger Jahren stellte er sich schließlich in den Dienst der Republik und gab die offizielle Regierungszeitung, den *Mercurius Politicus*, heraus.

Politisierung der
Straßenballade

Die Gattung Straßenballade erlebte während der Revolution ihre Blütezeit. Die im 16. und frühen 17. Jahrhundert vorwiegend unpolitische Gattung wurde mit dem Beginn der Auseinandersetzungen massiv politisiert. Die einseitig auf Flugblättern gedruckten, in Versform verfassten Kurztexte eigneten sich hervorragend zur pointierten Formulierung von Positionen und Wertvorstellungen der eigenen Partei und zur Diffamierung des Gegners. Während die parlamentarischen Reformen der Jahre 1640 und 1641 in Straßenballaden durchgängig positiv beurteilt wurden, entwickelte sich die Gattung im weiteren Verlauf der Auseinandersetzungen zum bevorzugten Propagandamedium der Royalisten. Martin Parker, einer der wenigen namentlich bekannten Balladenautoren, brachte 1643 in seiner Ballade »When the King Enjoys His Own Again« die royalistische Grundüberzeugung beispielhaft zum Ausdruck:

> But all's to no end,
> For the times will not mend,
> Till the King enjoys his own again. (Davidson 1998: 320ff., Str. 2)

The World Turned
Upside Down

Über die politische Propaganda hinaus geben Straßenballaden der Revolutionszeit einen Eindruck von der Befindlichkeit der Zeitgenossen, die unter den Auswirkungen des Krieges litten. »We must forsake our father and mother, / And for the state undoe our own brother, / And never leave murthering one another« klagt ein anonymer Autor in der Ballade »I Thank You Twice« im Jahr 1647 (Wright 1841: 51f., Str. 7). Andere Balladenautoren drückten ihre Desorientierung im Topos der ›verkehrten Welt‹ aus, in der nichts mehr war wie es sein sollte:

> Lo here a Glorious *Realm subverted stands,*
> *Just Tumbler*-like upon the *Feet* and *Hands;*
> Once *Europes Pride* and *Envy*, now their *Scoff,*
> *Since the base Entrayles* cut the *Head* on't off, […].
> (»The New State described«, *Rump* 1662, II: 95f., Z. 1–4)

Als Symptom der auf den Kopf gestellten Welt, die auch in bildlichen Darstellungen überliefert ist, wird hier der enthauptete Staatskörper angeführt.

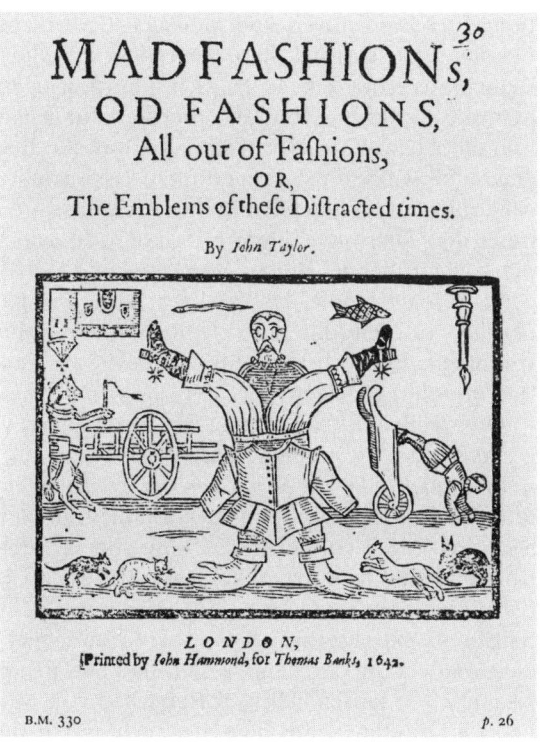

Die Metapher des *body politic*, die Aufbau und Funktionsweise des Staats-   *Body Politic*
körpers analog zum menschlichen Körper veranschaulicht, gehört zu
den zentralen Kollektivvorstellungen der Revolutionszeit. Mit ihrer Hilfe wurden die Verfassungskonflikte einem breiten Publikum verständlich gemacht. Royalisten beispielsweise rechtfertigten Karls I. absoluten
Machtanspruch, indem sie auf die überragende Bedeutung des Hauptes
für den organischen Körper verwiesen, der ohne Kopf gar nicht existieren könne. Die Hinrichtung des Monarchen und die Einführung der Republik, eines Staatswesens ohne (Ober)Haupt, fassten Royalisten in das
Bild eines deformierten, monströsen Staatskörpers, in dem minderwer-
tige Organe (»base *Entrayles*«) die Regierung ausübten. Die Parlamentarier vertraten dagegen die Position, dass die Macht des Monarchen eine
ihm vom Souverän, dem Volk, treuhänderisch übergebene sei. Hieraus
leiteten sie ihr Widerstandsrecht gegen die Regierung ab.

Revolutionäre
Flugschriften

Während Straßenballaden und *newsbooks* mehrheitlich einer konser-
vativ-restaurativen Mentalität Ausdruck verliehen, die Veränderungen
ablehnte, wählten diejenigen, die in der Revolution eine Chance für tief
greifende Veränderungen sahen, das Medium Flugschrift zur Verbreitung ihres innovativen und radikalen Gedankenguts. Die Gruppe der
Leveller setzte sich seit Mitte der 1640er Jahre für eine weiter gehende
Demokratisierung ein. In Flugschriften propagierten sie Glaubensfreiheit, die Sicherung von Grundrechten für jeden *freeborn Englishman*
und die Ausweitung des Wahlrechts auf alle Besitzenden. Anders als
der Name ›Gleichmacher‹ vermuten lässt, strebten die Leveller keine
Änderung der bestehenden Besitzverhältnisse an. Als konsequente Vertreter der Volkssouveränität kritisierten sie jedoch das Parlament, das
sich – wie früher der König – des Amts- und Machtmissbrauchs schuldig
gemacht habe. Ende der vierziger Jahre wurden die einflussreichen
Leveller-Autoren John Lilburne, Richard Overton und William Walwyn
verhaftet und durch harte Strafen sowie die Androhung lebenslanger
Haft mundtot gemacht.

Digger-
Flugschriften

Eine radikale Umgestaltung der bestehenden Gesellschafts- und Ei-
gentumsordnung strebten dagegen die Digger an. In Flugschriften wie
A Declaration from the Poor Oppressed People of England (1649) forderte der Digger-Führer Gerrard Winstanley im Namen der Armen und
Nicht-Privilegierten die Abschaffung von Privateigentum und sozialer
Ungleichheit sowie die Abkehr von der Geldwirtschaft. In seiner ly-
risch-visionären Prosa verknüpft Winstanley politische Radikalität mit
religiösem Extremismus: Er und seine Anhänger glaubten an die bal-
dige Wiederkehr Christi auf Erden und den Beginn seiner in der Bibel
prophezeiten tausendjährigen Herrschaft. Die Veränderung der bestehenden Ordnung sollte allerdings nicht durch Gewalt, sondern durch
einen Sinneswandel der Besitzenden und Privilegierten herbeigeführt
werden. Als die Digger ihre kommunistische Utopie im Herbst 1649
in revolutionäre Praxis umsetzten und eine kleine Gruppe Landloser
ungenutztes Gemeindeland besiedelte, lösten Parlamentsregierung und
Militär die Digger-Kommune gewaltsam auf.

Ranter-
Flugschriften

Inhaltlich und stilistisch gleichermaßen ungewöhnlich sind die
Schriften der Ranter, einer lose gefügten Gruppe von Autoren, die u.a.
die freie Liebe propagierten, die sie als irdische Vorwegnahme der Vereinigung mit Gott interpretierten. Der experimentell-assoziative Stil des
bekanntesten Ranter-Autors Abiezer Coppe drückt sowohl seine Ablehnung gegenüber tradierten Formen aus als auch seine Suche nach einer
neuartigen, unmittelbaren Beziehung zu Gott.

George Wither

Befürworter der Revolution gab es auch unter Vertretern der Hochliteratur. Der Dichter George Wither beispielsweise kämpfte im Bürgerkrieg auf der Seite des Parlaments. Er setzte sich für Glaubensfreiheit

und Meinungspluralismus ein und vertrat damit ein innovatives Politikverständnis, das sich nicht länger auf die vorrevolutionären Werte Uniformität und Konsens stützte:

> So, in the Church, true *comlinesse, may be,*
> And *Vnion*, without uniformitie.
> Nay *discords, do not generally marre*
> *Essentiall unity.* (*Vox Pacifica*, zit. nach Norbrook 1999: 144).

Royalistische Schriftsteller aus den Reihen der Universitätsgelehrten wie John Cleveland und John Denham, die als Folge der veränderten Machtverhältnisse ihre Lehrstühle verloren hatten, wandten sich der Tagesschriftstellerei zu und griffen in den ›Papierkrieg‹ ein. Häufig bedienten sie sich dabei der satirischen Schreibweise, die in England seit der Reformation verbreitet war und nun neu belebt wurde. Clevelands ironisches Lobgedicht »A Panegyrick, Faithfully Representing the Proceedings of the Parliament at Westminster (1647)« (Wright 1841: 8–13) kritisiert das Machtstreben des Parlaments und die Destruktivität seiner Politik mit Hilfe von Übertreibungen:

Wiederbelebung der Satire

> Most gracious, omnipotent,
> And everlasting Parliament, [...]
>
> In six yeares space you have done more
> Then all our Parliaments before, –
> [...] The cavaliers, the king, the pope,
> You have o'erthrowne, and next we hope
> You will confound the Turke. (Str. 1, 3)

In den fünfziger Jahren wurde Oliver Cromwell häufiges Opfer satirischer Angriffe, die ihn entweder als Emporkömmling lächerlich machten oder als blutdürstigen Tyrannen diffamierten.

Weil sich auch gebildete Autoren an der Tagesschriftstellerei beteiligten, die gewöhnlich von Autoren ohne literarische Bildung verfasst wurde, kam es zu einem Austausch der Stilebenen. Anspielungen auf die klassische Dichtung, rhetorische Stilmittel und Tropen, die bislang auf die Hochliteratur beschränkt waren, fanden ihren Weg in die populäre Literatur. Gleichzeitig bedienten sich gebildete Autoren eines umgangssprachlichen Stils, um für ein breites Publikum verständlich zu sein. Die Grenzen zwischen Hoch- und Populärliteratur wurden durchlässig.

Vermischung der Stilebenen

Mit den soziopolitischen Wirren setzten sich auch höfische Autoren auseinander, die nicht für den Tagesjournalismus produzierten. Der Dichter Abraham Cowley begann 1643 sein Bürgerkriegsepos *The Civil War*, beendete es allerdings nicht. Als sich die Niederlage der Royalis-

Cavalier Poets

ten im ersten Bürgerkrieg abzeichnete, verließ er England und kehrte erst 1654 aus dem Exil zurück. Im Werk von Richard Lovelace, einem Mitglied des höfischen Dichterzirkels, vollzieht sich nach 1640 ein deutlicher Stimmungs- und Themenwechsel: In die vormals unbeschwerte, von Liebesabenteuern geprägte Existenz des lyrischen Sprechers bricht jäh der Bürgerkrieg ein. In dem 1649 veröffentlichten Gedicht »To Lucasta, Going to the Wars« verknüpft Lovelace die Themen Liebe und Krieg:

> True, a new Mistresse now I chase,
> The first Foe in the Field;
> And with a stronger Faith imbrace
> A Sword, a Horse, a Shield.
>
> Yet this Inconstancy is such,
> As you too shall adore;
> I could not love thee (Deare) so much,
> Lov'd I not Honour more. (Davidson 1998: 401f., Str. 2f.)

Im Zeichen der Trauer um eine zu Ende gehende Epoche des Lebensgenusses und des Friedens steht die 1646 posthum veröffentlichte Gedichtsammlung *Fragmenta Aurea* des Höflings John Suckling, die die Herrschaft der Stuarts in der Rückschau zum ›goldenen Zeitalter‹, zum irdischen Paradies, verklärt.

Widerstand gegen die Kultur der Frommen   Indirekten Widerstand gegen die neuen Machthaber formulierte der Schriftsteller Robert Herrick. In seiner mehr als 1400 Gedichte umfassenden, 1648 erschienenen Sammlung *Hesperides* erinnert er an die Festkultur der Stuartzeit:»I sing of May-poles, Hock-carts, Wassails, Wakes« (Patrick 1963: 11). Maifeiern, Ernte- und Gemeindefeste waren im Zuge der puritanischen Sittenreform verboten worden. Damit wandte er sich gegen die Wert- und Moralvorstellungen der Puritaner, die diese fromme Minderheit der Gesamtbevölkerung aufgezwungen hatte. Sie wollten das Alltagsleben auf Bibellektüre und religiöse Andacht ausrichten, gesellige Vergnügungen abschaffen und Feiertage durch Fastentage ersetzen. Gegen diese ›neuen‹ Wertvorstellungen propagierten royalistische Trinklieder die ›alten‹ Werte Geselligkeit, Freundschaft und Trinkfestigkeit. Den Verhaltensregeln, die in royalistischen Trinkliedern vermittelt wurden, entsprach auch der von Izaak Walton im Jahr 1653 veröffentlichte *The Compleat Angler*. In diesem Leitfaden für Angler empfahl er Zeitgenossen den Rückzug in die ländliche Idylle, die Gesellschaft Gleichgesinnter, Geduld und Vertrauen darauf, dass auf schlechte Zeiten bessere folgen werden. Diese Hoffnung auf bessere Zeiten sollte helfen, die erlittene Niederlage stoisch zu ertragen und an den eigenen Wertvorstellungen festzuhalten. Waltons Wertschätzung von einfachen

Tätigkeiten in ländlicher Umgebung trug ferner dazu bei, das Ideal des *rural England* zu etablieren und verhalf dem Werk zu bleibender Popularität.

Eine Re-Interpretation von Revolution und royalistischer Niederlage legte die überwiegend von Bischof John Gauden kurz vor Karls I. Tod verfasste Schrift *Eikon Basilike: A Portraiture of His Sacred Majesty in His Solitudes and Sufferings* (1649) vor. Weitgehend unbeeindruckt von historischen Fakten vermittelt das Werk ein Bild Karls I., das ihn als frommen, tugendhaften und gemäßigten Herrscher zeigt, der das Opfer seiner rebellischen und gotteslästerlichen Feinde geworden ist. Mit seinem Tod tritt er als Märtyrer in die Nachfolge Christi. Der Erfolg der Schrift, die allein im Todesjahr des Königs fünfunddreißig Auflagen erlebte, ist auch auf die Ikonographie der Titelseite zurückzuführen. Sie zeigt den Märtyrer-König, der seine weltliche Krone abgelegt hat und nach der Dornenkrone Christi greift. Mit der Stilisierung Karls I. zum Heiligen erhöhte die royalistische Propaganda das Schicksal des Monarchen zum Bestandteil der christlichen Heilsgeschichte. Die kollektive Erinnerung an Karl I. wurde weit über die Revolutionszeit hinaus von dem Märtyrerbild geprägt und wird deshalb auch im folgenden Kapitel betrachtet.

Karl I. als Märtyrer

Darstellung Karls I. in *Eikon Basilike* (1649), Bodleian Library, University of Oxford, Vet. A3 f. 203

Die beiden berühmtesten Dichter der Epoche, Andrew Marvell und John Milton, standen im Dienst der Republik. In der 1650 entstandenen »Horatian Ode upon Cromwell's Return from Ireland« zollt Marvell dem erfolgreichen parlamentarischen Heerführer Cromwell Respekt. Er vergleicht ihn mit einer Naturgewalt, gegen die Widerstand sinn-

Andrew Marvell

los ist, und feiert ihn als Vertreter einer neuen, fortschrittsorientierten historischen Kraft. Cromwell »cast the Kingdome old/Into another Mold«. (Davidson 1998: 442–45, Z. 35f.) Von der Vorkriegspanegyrik unterscheidet sich Marvells Ode durch ihre Vielschichtigkeit und Ambivalenz. Marvell kombiniert die Bewunderung für Cromwell mit einer ausgiebigen Würdigung Karls I. im Moment seiner Niederlage:

> He nothing common did or mean,
> *Upon that memorable Scene:*
> *But with his keener Eye*
> *The Axes edge did try:*
> *Nor call'd the Gods* with vulgar spight
> To vindicate his helpless Right,
> But bow'd his comely Head,
> Down as upon a Bed. (Z. 57–64)

Ebenso vielschichtig fällt Marvells Beurteilung der republikanischen Staatsgründung aus. Der blutige Charakter des Verfassungswechsels wird nicht beschönigt, erscheint aber dennoch als hoffnungsvoller Beginn:

> A bleeding Head where they begun,
> Did fright the Architects to run;
> And yet in that the *State*
> Foresaw it's happy Fate. (Z. 69–72)

Hebt die Ode Cromwells republikanische Gesinnung hervor, so unternimmt es das 1655 entstandene Lobgedicht »The First Anniversary of the Government under O.C.«, die quasimonarchische Position zu rechtfertigen, die der Lord Protektor seit 1653 einnahm. Cromwell erscheint hier als Staatsmann, der demokratische und monarchische Prinzipien vorbildlich zu verbinden weiß.

Miltons politische Flugschriften

Während die meisten von Marvells Gedichten erst posthum erschienen, veröffentlichte John Milton in den vierziger Jahren zahlreiche politische Schriften, mit denen er den Verlauf der Revolution zu beeinflussen versuchte. Milton gehörte zur literarischen Avantgarde, seit er sich als Verfasser des Maskenspiels *Comus* (1634) und als Poet einen Namen gemacht hatte. In seinen politischen Prosaschriften bezog er Stellung gegen die Bischofskirche, setzte sich für Religionsfreiheit ein, propagierte das Recht zur Ehescheidung und vertrat umstrittene Thesen zur Bildung und zur Meinungs- und Pressefreiheit. 1649 trat er als Sekretär für Außenpolitik in den Dienst der republikanischen Regierung, für die er fortan auch als Propagandist tätig war. In *Eikonoklastes* (1649) versuchte er der Überhöhung Karls I. zum Märtyrer entgegenzuwirken, indem er die Märtyrer-Rolle als Maskerade entlarvte, die dazu diene,

Karls I. tyrannische Herrschaft vergessen zu machen. In *A Defence of the English People* (1651) verteidigte Milton die neu gegründete Republik, wobei er den Regizid als heroische Tat gottesfürchtiger Parlamentarier auswies. Als unermüdlicher Streiter für die Republik erwies er sich noch 1660, im Jahr der Restauration, als er in *The Readie and Easie Way to Establish a Free Commonwealth* seine Landsleute davor warnte, die Errungenschaften der Republik aufzugeben. Miltons berühmtestes Werk, das Epos *Paradise Lost* (1667), ist von Kulturwissenschaftlern als Versuch interpretiert worden, die Niederlage seiner politischen und religiösen Ideale zu verarbeiten.

Aus den Erfahrungen der vierziger Jahre, in denen alle soziopolitischen Institutionen und Traditionen rigoros in Frage gestellt wurden, ging Thomas Hobbes' *Leviathan* (1651) hervor, eines der wichtigsten Werke der europäischen politischen Philosophie. Der von Hobbes beschriebene Staat, der ›Leviathan‹, kommt durch einen Gesellschaftsvertrag zustande. Von seinen Zeitgenossen erhielt der Royalist Hobbes allerdings wenig Zustimmung: Für die Anhänger des Königtums von Gottes Gnaden war die Theorie des Gesellschaftsvertrags unakzeptabel; die Parlamentarier brachte er gegen sich auf, weil er jegliches Widerstandsrecht gegen den Staat verneinte und stattdessen die Gehorsamspflicht der Untertanen betonte. Dagegen entwarf der Dichter James Harrington 1656 in seiner Utopie *Oceana* ein demokratisches Staatswesen, das auf der Beteiligung aller Bürger an der politischen Willensbildung beruhte. Harringtons Werk leistete einen wichtigen Beitrag zur angelsächsischen radikalen politischen Tradition, dem so genannten *civic humanism*, dem neben englischen Radikalen auch die amerikanischen Gründerväter verpflichtet waren.

Utopien

Angesichts des drohenden ersten Bürgerkrieges schloss das Parlament im September 1642 die Theater. Kam die öffentliche Aufführungspraxis hierdurch bis auf wenige Ausnahmen gänzlich zum Erliegen, so galt dies weder für die Produktion noch für die private Rezeption von Dramentexten. In den fünfziger Jahren wurden mehr als hundert Dramen veröffentlicht, die zu lesen oder in Privathäusern aufzuführen als Geste des Widerstands gegen die puritanischen Wertvorstellungen galt.

Theater im Verborgenen

Die dramatische Sprechweise lebte ferner in Flugschriften fort. Die neue Subgattung Flugschriftdrama (*pamphlet playlet*) nutzte die Dialogform zur Vermittlung aktueller politischer Fragestellungen. Titel wie *A New Play Called Canterburie His Change of Diet* (1641), *The Commitee-Man Curried* (1647) und *Crafty Cromwell, or Oliver Ordering Our New State* (1648) zeugen von der polemischen Auseinandersetzung mit dem politischen Gegner, sei dieser der Erzbischof von Canterbury, die Mitglieder parlamentarischer Ausschüsse (*committees*) oder Oliver Cromwell.

Pamphlet Plays

Tragödie als zentrales Wahrnehmungsmuster

Trotz der Schließung der Theater waren Theatermetaphorik und dramatische Handlungsmuster in der Kultur der Revolutionszeit allgegenwärtig. Insbesondere die Gattung Tragödie lieferte ein Wahrnehmungs- und Deutungsmuster, das die Interpretation des Regizids in der historischen Wirklichkeit nachhaltig prägte. Zahlreiche Straßenballaden, Gedichte und Dramen stellten Karl I. in der Rolle des tragischen Helden dar, der primär daran scheitert, dass verbrecherische Gegenspieler seiner gerechten und glücklichen Herrschaft ein Ende bereiten. Dieses aus der Literatur stammende Deutungsmuster, das die Sympathien einseitig zu Gunsten des Königs lenkte, war in entscheidendem Maße daran beteiligt, die Hinrichtung Karls I. für Zeitgenossen nachvollziehbar zu machen und zu erklären. In den fünfziger Jahren bedienten sich Royalisten einer weiteren literarischen Vorlage, um die revolutionäre Wirklichkeit zu deuten. Mit Hilfe der Tragikomödie, die einen tragischen Handlungsverlauf mit einem glücklichen Ende kombiniert, interpretierten sie das Regizid als vorläufigen Tiefpunkt einer Entwicklung, die in der künftigen Restauration der Monarchie münden werde.

Schreibende Frauen

Vom sozialen Wandel der Revolutionszeit profitierten auch Autorinnen. Die bürgerkriegsbedingte Lockerung der Gesellschaftsordnung eröffnete ihnen neue Handlungsspielräume. In Petitionen brachten Frauen ihren politischen Willen zum Ausdruck, in religiös inspirierten Flugschriften schilderten sie ihre Glaubenserfahrungen in Freikirchen und Sekten. Die Predigerin Katherine Chidley verkündete bereits 1641 in *The Justification of the Independent Churches of Christ* die Gleichheit von Mann und Frau vor Gott.

Katherine Philips

Auch außerhalb des Druckschriftenmarktes begannen sich Autorinnen zu etablieren. Katherine Philips schrieb in den fünfziger Jahren royalistische Dichtung, die sie zunächst im Manuskript verbreitete. Obwohl ihre Familie pro-parlamentarisch gesinnt war, identifizierte sie sich mit royalistischen Wertvorstellungen. In Gedichten an die Freundinnen Rosania und Lucasia entwarf Philips eine alternative Welt, in der sie selbst die Gesetze festlegte. Erst die nach der Restauration erfolgte Drucklegung machte ihre Dichtung einer breiteren Öffentlichkeit bekannt.

Margaret Cavendish

Bereits in den fünfziger Jahren begann Margaret Cavendish mit der Veröffentlichung ihres umfangreichen literarischen Werks, das Lyrik, Dramen sowie philosophische und naturwissenschaftliche Schriften umfasst. Wie stark ihr eigenes Schicksal und das ihres Gatten, des Aristokraten und Mäzens William Cavendish, Herzog von Newcastle, vom Bürgerkrieg beeinflusst wurde, schildert sie u.a. in ihrer Autobiographie *A True Relation of my Birth, Breeding, and Life* (1656). Anstoß bei Zeitgenossen erregte nicht nur die von ihr betriebene Publikation ihrer Werke, sondern auch der darin geäußerte Anspruch auf öffentliche Anerkennung. Mit beidem verstieß Cavendish gegen die zeitgenössischen Weiblichkeitsvorstellungen, die Frauen auf die häuslich-private Sphäre beschränkten und Bescheidenheit und Schweigsamkeit zu zentralen weiblichen Tugenden erhoben. Cavendishs Verstoß wurde sanktioniert, indem man ihr den Beinamen ›Mad Madge‹ verlieh. Ein durchgängiges Thema ihrer Werke ist das zeitgenössische Verhältnis der Geschlechter, das sie in enger Anlehnung an den politischen Diskurs der Revolutionszeit als Versklavung der Frau durch den Mann beschreibt:

> [M]en from their first creation usurped a supremacy to themselves, although we were made equal by nature, which tyrannical government they have kept ever since, so that we could never come to be free, but rather more and more enslaved, using us either like children, fools, or subjects […]. (*The World's Olio*, zit. nach Goreau 1985: 175)

Zeitgenossen empfanden die Infragestellung der traditionellen Geschlechterordnung als weiteres Symptom der ›verkehrten Welt‹, die den Verlust der staatlichen Ordnung spiegelte.

Aus kulturgeschichtlicher Sicht stellt sich die Literatur der Revolutionszeit als Produkt einer soziopolitischen Krise dar, die sie gleichzeitig interpretierte. Literarische Werke trugen nicht nur dazu bei, politische Meinungsbildung und -lenkung zu betreiben, (gruppenspezifische) Identitäten zu stiften und Werte zu vermitteln; vielmehr stellten sie in einer als chaotisch empfundenen Welt Wahrnehmungs- und Deutungsmuster bereit, die den revolutionären Ereignissen Sinn verliehen. Da sowohl die Hoch- als auch die Populärliteratur an dem Prozess kultureller Sinnstiftung beteiligt war, bestehen vielfältige Beziehungen zwischen ihnen, die durch eine gemeinsame Betrachtung beider sichtbar werden. Die Vielstimmigkeit der Epoche offenbart sich darüber hinaus durch die Berücksichtigung der politischen und sozialen Umwälzungen, vor deren Hintergrund sich die Bedeutung der Literatur erst erschließt. Obgleich die politische Situation auch in der Folgezeit wichtig für ein Verständnis vieler literarischer Werke ist, verliert sie doch die große Bedeutung, die ihr im 17. Jahrhundert noch zukommt. Von bleibender Bedeutung ist hingegen die zu dieser Zeit einsetzende Ausdifferenzierung des Literatursystems, die u.a. durch die populären Druckschriften und den durch sie etablierten Nachrichtendiskurs ausgelöst wurde. Im 18. Jahrhundert mündete die Ausdifferenzierung in einer Unterscheidung zwischen Fakt und Fiktion, die allerdings weder zu dieser Zeit noch heute so strikt ist, wie es ein auf Hochliteratur konzentriertes Literaturverständnis suggeriert.

Literatur und Politik: Bedeutung der Revolutionszeit

The Long Eighteenth Century

Vera Nünning

Einführung

Der Beginn der Restaurationszeit ist eines der wenigen unumstrittenen Daten der englischen Literaturgeschichte, denn sie beginnt zweifellos mit der Rückkehr Karls II. nach London im Frühjahr 1660. Leider ist dies auch schon die einzige klar datierbare Zäsur dieser Epoche, denn seit dem späten 17. Jahrhundert vollzogen sich tief greifende literatur- und kulturgeschichtliche Änderungen, die sich zeitweise überlappten und gegenläufig erfolgten. Aufgrund der unübersehbaren Kontinuitäten zwischen dem 17. und 18. Jahrhundert wird neuerdings die neutrale Bezeichnung *long eighteenth century* verwendet. Epochenbegriffe wie ›Aufklärung‹, ›Klassizismus‹ und *Augustan Age* werden mittlerweile kritisiert, weil sie jeweils nur bestimmte geistesgeschichtliche und ästhetische Phänomene in den Blick nehmen und die komplexe kulturgeschichtliche Situation nicht adäquat zu beschreiben vermögen. So legt ›Aufklärung‹ fälschlicherweise nahe, dass die Religion ihre große Bedeutung verlor; ›Klassizismus‹ wiederum suggeriert, dass sich Literatur primär an klassischen Regeln orientierte, und *Augustan Age* deutet an, dass die Monarchen durch ihre Patronage der Schönen Künste ein ›goldenes Zeitalter‹ herbeiführten. Die Bezeichnung ›Vorromantik‹ wird hier ebenfalls vermieden, da sie die Tendenzen in der zweiten Hälfte des Jahrhunderts aus der Sicht der Romantik betrachtet.

Epochen-abgrenzung

Mit Karl II. kam ein äußerst sinnenfreudiger, an Kunst und Literatur sehr interessierter Monarch aus dem Exil zurück. Die Thronbesteigung dieses enthusiastisch begrüßten Sohnes Karls I., der eine Vielzahl von Mätressen hatte und mindestens vierzehn uneheliche Kinder zeugte, leitete einen umfassenden Wandel ein: Der Hof wurde wieder zum kulturellen Zentrum und die Anglikanische Kirche zur Staatskirche, Volksvergnügungen wurden wieder erlaubt und die Schließung der Theater rückgängig gemacht. Libertinismus zog in Gestalt von *restoration rakes* am Hofe ebenso ein wie auf der Bühne; gleichzeitig wurde die Rolle des Monarchen im populären, aber auch umstrittenen *heroic drama* idealisiert. Die Bedeutung Karls II. offenbart sich besonders im

Die Restauration als Neubeginn

Restaurationstheater, das maßgeblich von höfischen Werten geprägt war und im schroffen Gegensatz zu den puritanischen Überzeugungen der vergangenen Jahrzehnte stand. Viele Dramen, Balladen und Pamphlete setzten sich kritisch mit dem Commonwealth auseinander und knüpften an die Regierungszeit Karls I. an, dessen Hinrichtung mythisch verklärt wurde. Gleichzeitig entwarfen sie jedoch modifizierte Bilder dieses ›Märtyrers‹ und trugen durch ihre Veränderungen der kollektiven Erinnerung an den König zum kulturellen Wandel bei. An der Umgestaltung der Erinnerung an Karl I. zeigt sich daher das für die Restaurationszeit charakteristische Nebeneinander von Vergangenheits- und Gegenwartsbezug in besonders deutlicher Weise.

Politische und kulturelle Veränderungen

Auch die tief greifenden politischen und kulturellen Veränderungen wurden vor dem Hintergrund der vergangenen Erfahrungen wahrgenommen. Der jüngere Bruder Karls II., Jakob II., verbannte 1685 nicht nur die königlichen Mätressen vom Hofe, sondern stürzte England in eine innenpolitische Krise, indem er als katholisches Oberhaupt der Anglikanischen Kirche (!) Maßnahmen einleitete, die Katholiken nicht nur emanzipieren, sondern ihnen auch zu sozialen Schlüsselpositionen verhelfen sollten. Wieder diskutierte eine Flut von Pamphleten und Balladen alternative Regierungsformen, wobei der Ruf ›*forty-one is here again*‹ und die Angst vor einem erneuten Bürgerkrieg große Wirkung zeitigten. 1688/89 wurde Jakob nach militärischen Drohgebärden und zähen Verhandlungen abgesetzt und sein Schwiegersohn Wilhelm von Oranien mit dessen Frau Maria als König und Königin von England und Schottland gekrönt. Dass in dieser vermeintlich ›Glorreichen Revolution‹ die Prärogative des Königs zugunsten des Parlaments eingeschränkt und der Grundstein für eine konstitutionelle Monarchie gelegt wurde, zeigt sich an der aus europäischer Sicht ungeheuerlichen Tatsache, dass die Religion der Monarchen festgeschrieben wurde: Von nun an waren Katholiken von der Thronfolge ausgeschlossen. Diese Entscheidung trieb erstaunliche Blüten, als Königin Anna 1714 starb und – obwohl katholische Nachkommen der Stuarts auf die Rückkehr aus dem Exil warteten – das deutsche Geschlecht der Hannoveraner auf den Thron des seit 1707 geeinten Großbritannien geholt wurde. Dies führte immer wieder zu Unmut, zumal sich die deutschen Könige nicht recht akklimatisierten und Georg I. nie die englische Sprache erlernte.

Kritik am Theater und Veränderungen der Komödie

Bereits mit Jakob II., stärker noch mit dem kalvinistischen Wilhelm und seiner Ehefrau Maria, waren Sitte und Ordnung wieder an den Hof zurückgekehrt. Da sich die zwei neuen – relativ kleinen – Londoner Theater im Wesentlichen an den Adel und die reiche Mittelschicht richteten, hielten mit der Veränderung des Tons am Hofe moralische Werte allmählich Einzug in die Restaurationskomödie. 1660 waren erstmals Schauspielerinnen zugelassen worden, und zu den fast siebzig Dramatikern, die bis zum *Theatre Licensing Act* von 1737 tätig waren, zählten knapp dreißig Frauen. Die Stücke waren in den ersten beiden Dekaden nach der Restauration geprägt durch sexuelle Anspielungen und ein zynisches Menschenbild; egoistische, machtbewusste und eloquente *wits* gehen als Sieger aus dem Geschehen hervor. In späteren Stücken wird hingegen um Mitleid mit benachteiligten guten Figuren geworben und die Institution Ehe positiver dargestellt. Als Jeremy Collier 1698 gegen die *Immorality and Profaneness of the English Stage* wetterte, hatte sich der Ton der Komödien bereits geändert. Dennoch sollte Colliers Pamphlet große Wirkung haben. Zum einen bereitete es den Boden für ein Aufleben einer fast schon puritanischen Haltung gegenüber dem Theater; zum anderen wurden seine Klagen von vielen Dramatikern ernst genommen, die seit Beginn des 18. Jahrhunderts so genannte *sentimental comedies* verfassten, in denen Komik- und Konfliktpotential drastisch reduziert sind und *exemplary characters* ausgiebig die Möglichkeit zur tugendhaften Selbstdarstellung gegeben wird.

Trotz dieser Veränderungen bestanden eine Reihe alter Traditionen fort, die nur langsam an Bedeutung verloren. Klassizistische Normen behielten nicht nur in *neoclassical tragedies* und in der Lyrik ihre Geltung; sie bestimmten v.a. die Konventionen der am höchsten angesehenen Gattungen, dem Epos, der Ode und Ekloge sowie der klassischen Form der Satire. Die großen Epen der Antike galten als Gipfel künstlerischen Schaffens, und man glaubte, die Natur am besten über den Umweg der antiken Klassiker nachahmen zu können. Alexander Popes Übersetzung *Iliad* (1715–20) stellt vor diesem Hintergrund eine großartige Leistung dar und wurde noch höher eingeschätzt als etwa sein parodistisches Epos *The Rape of the Lock* (1712/14). Die Orientierung an der klassizistischen Regelpoetik war jedoch nicht unumstritten; bereits seit den späten 1660er Jahren wurden im Gefolge John Drydens die Vor- und Nachteile der *ancients* und der *moderns* kontrovers diskutiert. Auch Jonathan Swifts polemisches Prosaepos *The Battle of the Books* (1704), das die Debatte als komischen Kampf zwischen Büchern repräsentiert, konnte keine Einigung herbeiführen; vielmehr bestanden in der Theorie wie in der Literatur unterschiedliche Positionen nebeneinander.

Die große Aufmerksamkeit, die den Naturwissenschaften entgegengebracht wurde, galt v.a. neuen Entdeckungen und Erfindungen. Enormen Einfluss hatte der Physiker und Mathematiker Isaac Newton, der für eine induktive und empirische, auf genauer Beobachtung von Phänomenen beruhende Methode eintrat. Ebenso wie Newton wies auch der berühmte Philosoph John Locke eine Vorgehensweise zurück, die auf a-priori-Annahmen gründete. In seiner einflussreichen Schrift *An Essay Concerning Human Understanding* (1690) ging er davon aus, dass der menschliche Geist bei der Geburt eine *tabula rasa* sei. Da Denken und

Kontinuitäten: Klassizistische Normen und die Battle of the Books

Erziehungs-optimismus und neue Wissenschaft

Charakter dieser sehr populären Schrift zufolge maßgeblich auf Sinneseindrücken und Erfahrungen beruhten, herrschte eine sehr optimistische Auffassung von der Erziehbarkeit des Menschen vor. Im Gefolge Lockes bemühten sich bedeutende Wissenschaftler wie David Hume darum, in Analogie zu den Erfolgen in den Naturwissenschaften diejenigen Gesetze zu ergründen, die menschlichen Bewusstseinsprozessen zugrunde liegen. Im Gegensatz zu französischen Gelehrten erforschten britische Wissenschaftler die Natur, um mehr über die göttliche Schöpfung zu erfahren, so dass hier keine Abwendung von der Religion erfolgte. Die nationalen und regionalen Besonderheiten des Gedankenguts der Aufklärung zeigen sich auch im Erziehungsoptimismus des *Scottish Enlightenment*, dessen Grundgedanken rasch in England und Nordamerika popularisiert wurden. Wichtig für das britische Selbstbild und die Ausprägung einer britischen Tradition waren v.a. die Bevorzugung empirischer Vorgehensweisen und die Bedeutung des *common sense*.

Ökonomischer Wandel   Dass das 18. Jahrhundert ein Zeitalter des Umbruchs ist, in dem völlig verschiedene Tendenzen nebeneinander bestanden, zeigt sich besonders in den Reaktionen auf die rasante ökonomische Entwicklung. Einerseits führten das enorme Anwachsen der Bevölkerung und die wirtschaftlichen Vorboten der Industriellen Revolution (insbesondere Agrar-, Transport- und Finanzrevolution, technische Revolution, Explosion des Binnen- und Außenhandels) zur Ausprägung kapitalistischer Strukturen. Neben dem hoch angesehenen *landed interest*, repräsentiert durch den Landadel, dessen Einkommen auf Landbesitz beruhte, erstarkte nun der so genannte *monied interest*, der mit großer Skepsis betrachtet wurde. Die seit dem Mittelalter bestehenden Vorurteile – angeblich hatten Landbesitzer ein ›natürliches‹ Interesse am Wohlergehen der Nation, während Kaufleute und Financiers sogar aus Kriegen noch Profite schlagen konnten – wurden genährt durch eine traumatische Erfahrung: Als erste Aktiengesellschaften zu Beginn des Jahrhunderts enorme Gewinne verzeichneten, ließen sich neben der Regierung auch viele ehrbare Briten zu Investitionen in völlig überschätzte Gesellschaften verleiten und verloren, als der Schwindel aufflog, sehr viel Geld. Die wirtschaftliche Entwicklung vermochten solche Erfahrungen, die bestehende Vorurteile bestätigten, jedoch nicht zu bremsen.

Die Ausprägung einer *Consumer Culture*   Eine bedeutende Begleiterscheinung der ökonomischen Entwicklung war das Anwachsen einer Mittelschicht, für die sich im Verlaufe des 18. Jahrhunderts ungeahnte Verdienstmöglichkeiten ergaben. Immer mehr Familien konnten sich nun Bedienstete leisten, und besonders Frauen verfügten plötzlich über ein großes Maß an Freizeit. Die wirtschaftlichen Veränderungen begünstigten die Ausprägung einer *consumer culture*, in der auch Kunst zunehmend zum konsumierbaren Produkt wurde. Vergnügungsparks wie Vauxhall Gardens, in denen man flanieren und

Musik hören konnte, Kunstausstellungen, Konzerte, Opern, Bälle und Maskeraden eröffneten neue Möglichkeiten der Freizeitgestaltung. Dadurch kam es zu einem großen Bedarf an Ratgeber- und Erbauungsliteratur, in der nachzulesen war, wie sich die frisch gebackenen Gentlemen und *gentlewomen* zu verhalten hatten. Sämtliche Fragen der Etikette – von höflichen Umgangsformen über die angemessene Kleidung und geschmackvolle Innenausstattung bis hin zum Gebrauch von Teeservices – wurden etwa in moralischen Wochenschriften wie *The Tatler* und *The Spectator*, in einer stetig wachsenden Zahl von Zeitschriften und so genannten *conduct books* intensiv diskutiert. Auch viele Romane illustrierten auf anschauliche Weise die Grundsätze richtigen Verhaltens.

Die geschliffenen Umgangsformen, die rasch sehr wichtig für das Selbstverständnis der Briten wurden, versuchte man durch Imitation der adligen *politeness* zu erlernen. Gleichzeitig galten höfische Verhaltensweisen jedoch als oberflächlich und waren deshalb suspekt. Im Zuge der Kultur der Empfindsamkeit überzeugte man sich aber davon, dass kultivierte Umgangsformen der ›wahre‹ Ausdruck empfindsamer Gefühle seien. Im Gefolge von Schriften latitudinarischer Geistlicher und des dritten Earl of Shaftesbury verbreitete sich ein positives Menschenbild, und verfeinerte Emotionen, Sensitivität, Wohlwollen sowie Mitgefühl wurden als ›natürliche‹ Eigenschaften angesehen. Die Hochschätzung dieser Feinfühligkeit äußerte sich seit den 1740er Jahren in einer heute seltsam anmutenden Rührseligkeit und einer Flut von Tränen. Obgleich schnell Kritik an den modischen Auswüchsen der Empfindsamkeit aufkam, wurden deren Werte in einer Fülle von Predigten, Pamphleten, medizinischen Ratgebern und *conduct books* sowie in der Reiseliteratur, der Malerei und schöner Literatur popularisiert. Von bleibender Bedeutung waren weniger ihre praktischen Auswirkungen – die von der Gründung wohltätiger Gesellschaften bis zur Anprangerung der Sklaverei reichten – als vielmehr die emphatische Betonung der Subjektivität des empfindsamen Beobachters und, wenn auch kurzfristiger, die Aufwertung der Privatsphäre sowie eine bislang ungekannte Hochschätzung der Frau.

Wichtig war die Empfindsamkeit auch für die Ausprägung eines neuen Selbstverständnisses der Mittelschichten, die als Teil der erwerbstätigen Bevölkerung zunächst kein gutes Image hatten. Als Gentleman galt traditionell derjenige, der keinem Beruf nachgehen musste; hoch angesehen waren lediglich Angehörige der so genannten *professions*, d.h. Klerus, Ärzte, Offiziere und Juristen. Im Laufe des 18. Jahrhunderts bildeten die Mittelschichten jedoch ein positives Selbstbild heraus, das sich als so erfolgreich erweisen sollte, dass es im 19. Jahrhundert auf die anderen Schichten übergriff. Besonders das Bild des Kaufmanns wandelte sich, wenngleich es auch zunächst geradezu unerhört erschien,

Kultur der Empfindsamkeit

Das neue Selbstverständnis der mittleren Schichten

dass in George Lillos *The London Merchant* (1731) ein bloßer Vertreter dieses Berufsstandes zum Helden einer Tragödie avancierte. Die tief sitzenden Vorurteile gegenüber vermeintlich ›niederen‹ Berufen sowie gegenüber Konsum und *luxury* verloren nur langsam an Gewicht; im Gegenzug wurden die mittleren Schichten nicht müde, ihre moralische Überlegenheit gegenüber Adel und Unterschichten in einer Fülle von Texten und Bildern zu betonen.

Self-Fashioning zwischen Konsum und Empfindsamkeit

Der neue Wohlstand übte zwar großen Einfluss auf Alltagsleben und Mentalität der mittleren Schichten aus, führte aber gleichzeitig zu Konflikten mit älteren Werten, die nicht schlagartig an Wirksamkeit verloren. Wie Moral, Religion und *self-improvement* gegenüber Mode und Konsum gewichtet werden sollten, wurde daher in vielen Diskursen aus ganz unterschiedlichen Blickwinkeln erörtert. Zu Beginn des 18. Jahrhunderts erlangten mit den neuen Konsummöglichkeiten besonders die individuelle Selbstrepräsentation und die Konstituierung des Subjekts große Bedeutung. Da dies zunächst im Theater und in nicht-fiktionalen Schriften ausgehandelt wurde, steht die Analyse dieser Textsorten im Vordergrund eines Kapitels zu Mode und Subjektivität. In der zweiten Hälfte des Jahrhunderts übte die zwiespältige Einschätzung von Umgangsformen und Konsum großen Einfluss aus. Die Verknüpfung von materiellem Reichtum und zentralen Werten wie Liebe und affektiven Bindungen, die für die Modellierung des Selbstbildes ebenso wichtig waren wie für die kollektive Identität, wird daher in einem Kapitel zu Ehe und Familie in der Literatur sowie dem populären Genre des Familienbildnisses, des *conversation piece*, erörtert.

Buch- und Kunstmarkt

Das Anwachsen der Mittelschichten und die Ausprägung einer *consumer society* gingen einher mit der Kommerzialisierung von Kunst und Literatur. Obgleich der Bereich schriftlicher Literatur den Unterschichten weiterhin weitgehend verschlossen blieb, gab es mittlerweile eine recht große Zahl potentieller Leser und Leserinnen (ca. fünfzig Prozent der Bevölkerung), so dass man nun mit der Literatur den Lebensunterhalt verdienen konnte. Dass Autoren und Autorinnen sich damit aus der Abhängigkeit von Mäzenen und Mäzeninnen lösen konnten, wurde jedoch keinesfalls vorbehaltlos begrüßt; vielmehr klagten Dichter wie Alexander Pope darüber, dass der schlechte Geschmack der Massen, und nicht der gebildete Mäzen entschied, was veröffentlicht wurde. Literatur unterlag von nun an den Gesetzen des Marktes, und es entstand eine literarische Öffentlichkeit. Da neueste Entwicklungen in der Kunst in Clubs und Kaffeehäusern ebenso diskutiert wurden wie in Zeitschriften, bekamen Autoren und Autorinnen die Möglichkeit, durch Literaturkritik und Rezensionen zur Geschmacksbildung und zum Vertrieb literarischer Werke beizutragen. Allerdings war es nicht leicht, ein ausreichendes Einkommen aus der Literatur zu beziehen, und entsprechend wurden Schriftsteller und Schriftstellerinnen, die sich mit schlecht bezahlten Auftragsarbeiten über Wasser hielten, als *hack writers* stigmatisiert. Auch blieben Bücher sehr teuer, so dass Leser mehrheitlich auf Leihbüchereien angewiesen waren.

Die Entwicklung des Romans ist eng mit den Interessen des neuen Leserpublikums verknüpft. Den Bedürfnissen der Mittelschicht gemäß wurden lebensnahe Themen anhand des Schicksals von Figuren illustriert, die meist aus der eigenen sozialen Schicht stammten. Der Roman bildete sich daher in enger Anlehnung an *conduct books* und Zeitschriften heraus, und es ist kein Zufall, dass Samuel Richardsons erster Briefroman *Pamela; Or, Virtue Rewarded* (1740/41) zunächst ein Briefsteller für junge Damen werden sollte. Das Ansehen der Gattung war nicht nur deshalb gering, weil Romane als anspruchsloser Lesestoff für mittlere Schichten und Dienstboten eingeschätzt wurden. Sie waren auch die Zielscheibe der Kritik vieler Geistlicher, die vehement gegen diese sündhafte und gefährliche Form der Zeitverschwendung wetterten. Autoren und Autorinnen konterten mit der Betonung des didaktischen Anspruchs und entwickelten eine Reihe von Techniken, die ihre Werke als wahrheitsgetreue Beschreibungen realer Begebenheiten ausweisen sollten. Besonders einflussreich war Henry Fielding, der seine Romane nicht nur in der Nähe der hoch angesehenen Geschichtsschreibung ansiedelte, sondern sie zusätzlich zu adeln versuchte, indem er sie als Nachfahren klassischer Epen ausgab und als »comic epic poem[s] in prose« (*Joseph Andrews*, »Author's Preface«) definierte.

Der ›Aufstieg‹ des Romans

Fielding grenzte sich besonders von den vielen vermeintlich minderwertigen Romanen ab, die Autorinnen auf den Markt brachten. In der Tat trugen Schriftstellerinnen jedoch in erheblichem Umfang zur Ausprägung der neuen Gattung bei. Henry Fieldings Schwester Sarah zum Beispiel veröffentlichte nicht nur den hoch gepriesenen empfindsamen Roman *The Adventures of David Simple* (1744), sondern auch das erste englische Kinderbuch, *The Governess* (1749). Insgesamt stellt die zweite Hälfte des Jahrhunderts eine (kurzfristige) Blütezeit für Frauen dar, denen in der Empfindsamkeit sehr geschätzte Eigenschaften wie zarte Empfänglichkeit und Mitleid in höherem Maße zugeschrieben wurden als Männern. Ihr Ansehen stieg auch deshalb, weil sie die wichtigen Umgangsformen vermittelten und für das ›Statusmanagement‹ verantwortlich waren. Herausragende Frauen konnten sich als Dramatikerinnen und Übersetzerinnen ebenso einen Namen machen wie mit dem Verfassen von Erziehungsschriften, Rezensionen, Geschichtswerken und politischen Pamphleten. Angelica Kauffmann wurde sogar zum Gründungsmitglied der Royal Academy of Arts, und Frauen wie Catharine Macaulay und Mary Wollstonecraft forderten die gleiche Behandlung beider Geschlechter ein.

Stellung der Frau: Künstlerinnen und Kritikerinnen

Annegret Stegmann

Revolution und Restauration in der kollektiven Erinnerung im 17. und 18. Jahrhundert

Im Blick zurück nach vorn

Intermediale Panegyrik

Als Karl II. am 23. Mai 1660 aus dem französischen Exil nach London zurückkehrte, beeilten sich nicht nur aristokratische Dichter des Landes, Jubel und Freudenfeuer auf der Straße mit Panegyrik zu überbieten. Auch Straßenballaden und Freilicht-Historienspiele (*pageants*) wie John Tathams *The Royal Oak* (1660) feierten die Rückkehr des Sohns von Märtyrer Karl I. als Beginn von Wohlstand und Frieden, der auch der Kunst zugute kommen sollte.

Wiedereröffnung der Theater

Immerhin war es eine doppelte Restauration, denn nun konnten die Theater, die unter der sinnenfeindlichen puritanischen Regentschaft Oliver Cromwells im Commonwealth offiziell geschlossen waren, wieder eröffnet werden. Doch was sollte man hier außer Shakespeare-Adaptionen und Stücken vorpuritanischer Tradition spielen? Neue Dramen gab es zunächst kaum, und die *court masque* hatte zwar unter Karl I. einen Höhepunkt erlebt, doch konnte man nun noch überzeugend einen König als Mysterium symbolisieren, nachdem der letzte Monarch von Teilen des eigenen Unterhauses vor Gericht gestellt und am 30. Januar 1649 hingerichtet worden war?

Funktionen der Literatur

Die unmittelbare Reaktion auf diese Hinrichtung wurde bereits im vorherigen Kapitel darlegt – doch auch in der Restaurationszeit und weit darüber hinaus sollte man Karl I. als Märtyrer erinnern. Indem die Revolution und das Schicksal des Königs in der Literatur ein Thema blieben, fungierte diese nicht nur als eine Gedächtnisstütze. Als Medien des kulturellen Gedächtnisses hatten literarische Textsorten zudem maßgeblichen Anteil daran, welche Interpretationen der Vergangenheit in das kollektive Bewusstsein eingeschrieben wurden. Die Verständlichkeit dieser Vergangenheit und ihre Bedeutung für die Gegenwart wurden dadurch gesichert, dass man die Darstellung des Schicksals Karls I. an zeitgenössische literarische Konventionen und an Veränderungen des Weltbildes anpasste. Indem Literatur komplexe Zusammenhänge der Englischen Revolution und des Schicksals Karls I. auf einfache Weise veranschaulichte, konnte sie zugleich dazu beitragen, der Vergangenheit Sinn zu verleihen und Kohärenz zwischen Vergangenheit und Gegenwart zu stiften.

Gerade der diachrone Blick auf die Erinnerung an das Schicksal Karls I. enthüllt das dynamische Verhältnis zwischen Literatur und dem Gesamtkomplex der Kultur. So eröffnet sich nicht nur eine neue Perspektive auf Prinzipien literarischer Themenwahl und Gestaltung, sondern zugleich wird deutlich, wie literarische Konventionen auf Formen und Inhalte der Erinnerung zurückwirken können und so an umfassenden Prozessen der Erkenntnis- und Sinnbildung beteiligt sind. Dabei erreicht das kulturelle Gedächtnis nicht zuletzt durch Literatur eine zugleich revolutionäre und restaurative Dynamik.

Doppelte Dynamik

Nach der Restauration Karls II. bemühte man sich zwar, das Ende seines Vaters zu vergessen und sprach mit dem *Act of Oblivion* am 29. August 1660 eine Amnestie der Gräuel des Bürgerkrieges aus, »[to] bury all seeds of future discords and remembrance of the former« (zit. nach: Healy/Sawday 1992: 185). Einer Aussöhnung mit der Vergangenheit war die Restaurationskomödie auch insofern zuträglich, weil diese einfach nicht thematisiert wurde: Mit ihren Figurentypen war die Komödie auf die Mentalität und die von dem französischen Exil Karls II. beeinflusste höfische Gesellschaft der Gegenwart konzentriert.

Bemühen zu vergessen

Doch das Trauma der vorangegangenen Revolution war im kollektiven Bewusstsein noch so präsent, dass sich die Erinnerung an das Chaos nicht nur in labyrinthischen Plots, etwa in George Etheregges populärer Komödie *She Would if She Could* (1668), niederschlug. Während Straßenballaden wie »The Covenant Or, No King but the Old King's Son Or, A brief Rehearsal of what heretofore was Done« (Holloway 1971: 58f.) ganz explizit aufzählen, was zu der Konfusion geführt habe, ist der Bürgerkrieg, der Familien spaltet und den Staat in Unordnung wirft, in dem viel besprochenen heroischen Drama *The Conquest of Granada by the Spaniards* (1670–71) Traditionen der Gattung entsprechend in eine unbestimmte Zeit und ein exotisches *setting* verpflanzt.

Trauma als Motiv

In diesem wegweisenden Drama des einflussreichen Dramatikers John Dryden wird die ›offen verhüllte‹ Geschichte Englands zum allgemeingültigen Lehrstück, das das Publikum freilich nicht ohne Katharsis entließ. Auch eine Straßenballade von 1661 verknüpft die vorangegangenen rechtlichen und religiösen Zustände des Bürgerkrieges mit der Restauration und verweist auf die Kontinuität zwischen dem hingerichteten und dem restaurierten König:

Literatur als Gedächtnisstütze

> The country doth bow
> To old justices now,
> That long aside have been lain;
> The bishop's restored,
> God is rightly adored,
> *And the King enjoyes his own again.*

(»A Country Song, Intituled the Restoration«, Mackay 1863: 249, Str. 3)

Legitimierung der Monarchie

Für die Stabilität der Monarchie war es hilfreich, die Gegenwart in den Zusammenhang vergangener Zustände zu stellen, da diese Verknüpfung die Legitimität und Zweckmäßigkeit der Restauration unterstrich. Nicht umsonst ließ Karl II. einen Triumphbogen errichten, auf dem man visualisierte, dass er den Bürgerkrieg beendet habe. Die hier dargestellten gepfählten Köpfe verweisen auf das Schicksal der Mörder Karls I. und die daneben liegenden zerbrochenen Kriegswaffen sowie das Motto *en quo discordia cives* schreckten von der Rebellion gegen den Sohn ab.

Der 1660 errichtete Triumphbogen verknüpft Revolution und Restauration. Boris Ford (Hg.). *17th Century Britain: The Cambridge Cultural History*. Cambridge: Cambridge UP, 1992, 111

Mit der *tragedy of tyranny* (Jose) bildete sich gar ein dramatisches Sub-Genre heraus, das dazu beitrug, die traumatischen Erinnerungen umzudeuten und mit der Freude über die siegreiche Überwindung der Commonwealth-Potentaten zu ersetzen. Denn hier wird zumeist ein monströser illegitimer Tyrann von einer kleinen Gruppe von Staatsleuten abgesetzt. So auch in Nathaniel Lees *The Tragedy of Nero* (1674), dessen Held Britannicus (!) indes untypisch ist, weil er wahnsinnig wird und man ihn tötet, noch bevor Nero gestürzt wird, so dass er nicht am Ende als idealer und rechtmäßiger Herrscher hervorgeht. Eine Alternative zu der (mit Karl II. erfolgten) Thronfolge gemäß der Erbfolge präsentiert auch Elkanah Settles Drama *Cambyses King of Persia* (1671), in dem nach der Ermordung der zwei tyrannischen Protagonisten der Thron durch Wahl besetzt wird. Der Entwurf der beiden tyrannischen Gesetzgeber verschiebt zudem den Fokus von dem erinnerten Widerstand gegen Karl I. auf die Frage eines möglichen Widerstandes gegen als ungerecht empfundene Gesetze und Politik – z.B. des Sohnes?

Tragedy of Tyranny

Was soll England tun?

Im Kontrast zu solchen dramatischen Alternativentwürfen führten viele Texte vor, wie die Mörder Karls I. und Königsmörder allgemein einzuschätzen seien. Auch die Ballade »The Devills Arse a Peake« (1660) verhöhnt sie:

Kultureller Text

> For [...] KING-Killing, Hypocrisy, Cheats,
> They make no more of these Sins, then of Flies,
> HELL is almost out-damn'd by their Feats.
> (*Rump* 1662, II: 98, Str. 4)

Die Erinnerung an das Schicksal des Königs hatte sich inzwischen zu einem kulturellen Text entwickelt, einer Mitteilung, die in verschiedenen Medien gespeichert und immer wieder aufgenommen wurde. Dabei übernahm sie nicht nur formative Funktionen, sondern verkörperte zudem die Wahrheit, »welche beherzigt, befolgt und in gelebte Wirklichkeit umgesetzt werden« wollte (Assmann 2000: 57f.). Auch der Zuschauer der anonymen Tragikomödie *Cromwells Conspiracy: A Tragy-Comedy. Relating to our Latter Times* (1660) konnte anhand des sensationalistisch nachgestellten Aufstiegs von Oliver Cromwell in kürzester Zeit erleben, was man seit den 1640er Jahren intermedial über den Bürgerkrieg erzählte. Hier wird der Tod Cromwells positiv dargestellt, und das Drama endet mit einer romantischen Darstellung des Einzugs General Moncks, der schon aus anderen Gattungen als Held bekannt war. Anhand dieses Ausschnitts aus dem kulturellen Text wurden nicht nur Figuren eines Dramas bewertet, sondern die Zuschauer und Zuschauerinnen lernten zugleich, wie die Restauration zu beurteilen sei. Aufgrund der Selektion, Strukturierung und Interpretation von vergangenen Ereignissen war *Cromwells Conspiracy* somit maßgeblich daran beteiligt, der Zeit zwischen der Hinrichtung Karls I. und dem Einzug Karls II. Sinn zu verleihen und Kohärenz zwischen Vergangenheit und Gegenwart zu stiften, übernahm aber zugleich auch speichernde Funktionen für die Zukunft: Es bot eine Interpretation, welche die Wahrnehmung der Zuschauer und Zuschauerinnen beeinflussen sowie langfristigen Einfluss auf das kollektiv geteilte Wissen über die Vergangenheit nehmen konnte, da diese Darstellung als Vorlage für spätere Texte und Deutungen bewahrt blieb.

Inszenierte Hierarchie   Aus der intermedial präsentierten Bewertung der Hinrichtung Karls I. als Mord ergab sich die Frage, welche Rechte und Pflichten gegenüber dem Monarchen ein Untertan in Zukunft haben sollte. Die Frage, wie hier zu handeln sei, beantwortet z.B. Sir William Davenant, dessen Shakespeare-Adaptionen den Schwerpunkt auf die Frage legitimer Herrschaft legen. In *The Rivals* (1662), einer Umarbeitung von Shakespeares *The Two Noble Kinsmen* (1634), entwirft er ein absolutes und feudales Königtum, dem ebenso wenig Widerstand geleistet werden darf, wie Herrschern in den Dramen Roger Boyles, des ersten Earl of Orrery. Ein entsprechend konservatives Königsbild präsentiert auch Sir Robert Howards *The Committee* (1662), indem er das London der Protektoratszeit als Perversion der natürlichen Hierarchie darstellt.

Traditionelles Königtum   Vermittelt wurde das absolute Königtum nicht nur über Figuren- und Handlungsstrukturen, sondern insbesondere über Metaphern. Wenn die Ballade »The Loyal Subjects Exultation« (1661) die Rückkehr Karls II. mit den Worten »welcome, happy light« (Holloway 1971: 250, Str. 6) begrüßt, verweist sie nicht nur auf die traditionelle Metapher der Sonne, welche einen König von Gottes Gnaden präsentiert, dem kein Widerstand geleistet werden darf. Zugleich wird der dritte Stuartkönig in die Tradition seines Vaters gestellt, dessen Tod man häufig als Verdunkelung der Sonne dargestellt hatte. Durch die Kontinuität zwischen Vater und Sohn schienen auch die Eigenschaften des Märtyrers auf seinen Sohn Karl II. überzugehen. Widerstand gegen einen so positiv dargestellten König schien geradezu unsinnig. Wie unsinnig, wurde ferner durch Metaphern verdeutlicht, welche für beide Könige gleichermaßen verwendet wurden und die Monarchie als organische Einheit präsentierten. Dass die »Ballad of the Cloak« (1663) im Refrain den Tod Karls I. als den Moment erinnert, in dem man »*crippl'd the Crown*« (Holloway 1971: 19), gemahnt, dass es ebenso unklug ist, einen König zu töten, wie den Kopf von einem Körper zu trennen oder im Sturm den Kapitän eines Schiffes zu beseitigen.

Da zeitgenössische Dramen überwiegend einen legitimen Herrscher   Zensiertes Theater
konstruierten, dem kein Widerstand geleistet werden durfte, stützten
sie langfristig die restaurierte Monarchie. Das ist insofern kaum überraschend, als sich die Wiederherstellung der traditionellen Hierarchie
nach der Restauration auch auf das Theater ausgewirkt hatte. Obwohl
neue Formen der Gewinnbeteiligung und der vertraglichen Bindung
den Weg für das kommerzielle Theater bereiteten, stand die Bühne nun
wieder unter der Zensur des Lord Chamberlain sowie der Patronage des
Königs und führender Aristokraten.

Wer sind wir?

Indem Dramen der Restaurationszeit mit dem Triumph über die Usur-   Libertinismus
patoren endeten, lieferten sie häufig auch implizit eine Antwort auf
die Frage, wer man war, bzw. wie die Nation sein sollte. Dringlich
war diese Frage nicht zuletzt, weil die Werte der Royalisten durch die
Propaganda der Machthaber des Commonwealth diskreditiert worden
waren. Die sinnenfeindlichen puritanischen Roundheads hatten die
Anhänger Karls I. als lasterhafte und betrunkene *popish cavaliers* dif-
famiert – und das ausschweifende Leben am Hofe Karls II. erschwerte
es, dieses Bild zu zerstören. Die sprechenden Namen der royalistischen
Figuren Colonel Blunt und Colonel Careless aus *The Committee* scheinen die Vorbehalte der Roundheads aber nur auf den ersten Blick zu
bestätigen. Denn die Namen spielen zwar auf den bekannten Vorwurf
an, Cavaliers seien sorglose Lebemänner, durch die Handlung wird dies
jedoch umgedeutet. Sorglos ist Colonel Careless zwar, aber nur, wenn
es um seinen Landbesitz geht, den er ›sorglos‹ gefährdet, da er den Eid
auf das Commonwealth verweigert. Entsprechend wird in Aphra Behns
Komödie *The City Heiress* (1682) die Trink- und Spiellust des Londoner
Galans Tom Wilding und anderer extravaganter Figuren als sympathi-
sche Eigenschaft dargestellt. Dagegen sind Sir Timothy Treat-All und
mit ihm befreundete Commonwealth-Vertreter und Protestanten zwar
scheinbar respektabel, vertreten in ihrer Heuchelei und Gier tatsächlich
aber die wahren Übel.

Insgesamt wurde die Frage, wie man sein sollte, in erster Linie an-   Erinnerte
hand von Negativbeispielen beantwortet. Solche Illustrationen konnten   Antagonisten
umso abschreckendere Wirkung haben, wenn sie mit den Verantwort-
lichen der Hinrichtung Karls I. verknüpft wurden, denn dass man diese
negativ einschätzte, war weithin bekannt. Freilich hatte man auch auf
den neuen Bühnen nicht genug Platz, um alle Feinde der Nation zu
präsentieren, so dass man sich auf Figuren beschränken musste, die
der kollektiven Erinnerung zufolge für das Schicksal Karls I. bedeutsam
waren. Der schon seit dem Interregnum beliebteste Antagonist war der

Protektor Cromwell, der etwa in dem wahrscheinlich von Henry Ne-
vile verfassten *Hells Higher Court of Justice* (1661) als machiavellistischer
Bösewicht die Handlung durch Intrigen vorantreibt. Die Ballade »Ge-
neva and Rome« (1679) präsentiert derweil metonymisch die Figuren
Jack-the-Presbyter und Believe-all-Papist als Hauptverantwortliche der
vorangegangenen Kriegswirren. Mit den im Namen anzitierten religiösen Stereotypen greift die Ballade nicht nur nationale Feindbilder auf,
sondern konstruiert einen Gegner, der mit Schlächtern assoziiert wird
und schon deshalb negativ sein muss, weil »[he] Murther'd [Charles I]
and then he wip'd his mouth« (Wilkins 1860: 204, Str. 4).

Puritaner in der Satire — Analog werden in John Tathams *The Rump* (1660), einer Satire über
verschiedene puritanische Adlige und ihre Frauen, nicht nur historische
Figuren, die versucht hatten, den Sohn des Protektors, Richard Cromwell um die Nachfolge zu betrügen, negativ charakterisiert. Vielmehr
wird die Regentschaft der Roundheads schon durch den Titel entwertet:
Denn als kopflosen ›Rumpf‹ bezeichneten Royalisten das Parlament
des Interregnums, aus dem man die Cavaliers ausgeschlossen hatte.
Dagegen konzentriert sich Aphra Behns *The Roundheads* (1682), eine
der zahlreichen Komödien, die sich während der Regentschaft Karls
II. satirisch mit den Gegnern Karls I. auseinandersetzten, weniger auf
historische Protagonisten, denn auf Charakter und Verhalten purita-
nischer Figuren, die als Umkehrung aller Ideale der Restaurationszeit
präsentiert werden.

Zeitgenössische Roundheads — Indem man bei der Figurencharakterisierung auf Beschreibungen der
Roundheads zurückgriff, die Karl I. hingerichtet hatten, waren einzelne
Figuren leicht als *villains* zu erkennen. Zugleich wurde den Zuschauern
und Zuschauerinnen zu verstehen gegeben, wie weitere, den Figuren
zugeordnete Aspekte zu bewerten seien. So der Katholizismus, der in
Thomas Shipmans *Henry the Third of France Stabb'd by a Fryer* (1672) mit
den an die Königsmörder erinnernden Antagonisten verknüpft wird.
Anerkannte Schreckbilder wurden häufig genutzt, um politische Gegner und deren Politik zu diskreditieren – in der Restaurationszeit v.a.
in Dramen der royalistischen Tories, deren Name von der Bezeichnung
für irische Guerillas abgeleitet worden war, aber die in der Restaurationszeit aus den Cavaliers hervorgingen. Wie Prolog und Widmung zu
Venice Preserv'd, or, A Plot Discovered (1682) klarmachen, kommentiert
diese Tragödie Thomas Otways ein zeitgenössisches Problem: Drei Jahre
zuvor hatte Titus Oates das Land in Aufruhr versetzt, als er behauptete,
man wolle Karl II. ermorden und den allseits gefürchteten Katholizismus wieder in England etablieren.

Intertextuelle Bösewichter — So spielt die Tragödie zwar in Venedig, behandelt aber die Zustände
in England. Für Zuschauer, die das nicht erkannten, werden die Ver-
schwörer gegen den Herzog und korrupten Senat Venedigs explizit als

Engländer bezeichnet: »You are an *Englishman*: When Treason's hatching / One might have thought you'd not have been behind hand« (II.2). Die Behauptung, Engländer zögerten generell nicht, an Verschwörungen teilzunehmen, musste die Stabilität der Nation freilich in Frage stellen. Umso mehr, als sich die Überzeugungskraft der Antagonisten wesentlich aus dem Erfahrungshorizont der Zuschauer speiste: Sie stellen sich selbst in die Tradition Catalinas, Brutus und anderer *villains*, die aus klassischen Texten bekannt waren und mit denen man entsprechend negative Charaktereigenschaften assoziierte. Die Verschwörer waren jedoch auch für unbelesene Zuhörer als Bösewichter erkennbar. Durch ihre Charakterisierung als machtgierige Figuren, die das Volk täuschten, um sozial aufzusteigen, widersprachen die Rebellen dem zeitgenössischen Wertesystem. Ihre Blutrünstigkeit war ebenfalls für alle einsichtig, zumal diese »stinking rogues that rot in dirty winding sheets« (II.1) an Darstellungen der Mörder Karls I. erinnerten, mit denen man nicht nur durch verschiedene Schriften, sondern auch über Balladen und Predigten vertraut war.

Die negative Charakterisierung der Verschwörer wird durch Verweise auf zeitgenössische Konzepte von *gender* und Liebe zusätzlich unterstrichen. So wird Senator Antonio, eine Anspielung auf den bekanntesten Whig Shaftesbury, durch unmännliche Verspieltheit und ausgeprägten Masochismus der Lächerlichkeit preisgegeben, während der Erzverschwörer Renault zu Huren geht und sogar als Vergewaltiger scheitert. Im Gegensatz zu seinen sexuellen Ausschweifungen lieben positive Figuren platonisch und gegen alle Widerstände beharrlich. So vor allem der Protagonist Jaffeir, der die von Renault angeführte Verschwörung gegen den Senat anzeigt. Damit erweist er sich dem Staat gegenüber als loyal, gerät jedoch v.a. deshalb in einen privaten Konflikt, weil er seinen an der Verschwörung beteiligten Freund Pierre verrät. In seinem Beharren auf Ehrenkodex und Maximen der Freundschaft sind Jaffeir ebenso konventionell männliche Eigenschaften zugeschrieben wie durch die Darstellung seines Mutes und seiner Standhaftigkeit.

Charakterisierung durch Gender und Liebe

Dramatische Vorbilder

Standhaft sind auch die Protagonisten des zur Blütezeit des Genres 1669 uraufgeführten heroischen Dramas *Tyrannick Love or, The Royal Martyr*. Für die Erinnerung an Karl I. hatten Dramen insofern besondere Bedeutung, als es sich hier um die einflussreichste Gattung der Epoche handelte – umso mehr, als die Theater von allen Schichten der Bevölkerung besucht wurden. Zudem wurde in Dramen Wissen aus den verschiedensten Bereichen der Gesellschaft zusammengeführt, und es finden sich viele intertextuelle Bezüge auf Darstellungsformen und Inhalte

Tyrannick Love (1669)

unterschiedlichster Schriften. So handelt es sich auch bei *Tyrannick Love*, einem weniger bekannten Drama Drydens, um eine Neugestaltung der Geschichte zweier kirchlicher Märtyrer unter der Tyrannei des römischen Kaisers Maximin. Im Drama hat dieser atheistische Kaiser im Zuge einer kriegerischen Auseinandersetzung die christliche ägyptische Kaiserin St Catharine und ihre Mutter in Gefangenschaft genommen. Er droht, beide hinzurichten, wenn die Kaiserin nicht ihrem Glauben abschwört und ihn heiratet. Als St Catharine beides verweigert und gerädert werden soll, zerschlägt der vom Himmel herabsteigende Schutzengel Amariel das eiserne Rad und es wird klar, dass auch ein Verbrennen der Märtyrerin scheitern würde: »No streak of blood (the reliques of the Earth) / Shall stain my Soul in her immortal birth« (V.1). Einen weiteren Märtyrer verzeichnet das Stück mit der Figur des prätorischen Kapitäns Porphyrius, der für die Liebe zur Ehefrau Maximins Berenice zu sterben bereit ist, aber vom Schicksal verschont wird. So kann er der neue Kaiser werden und versprechen, seine Landsleute nicht in einen Bürgerkrieg zu verwickeln.

Rezeptionslenkung durch Erinnerung

In der Figur der Protagonistin, die zugleich ein Kompliment an die katholische Ehefrau Karls II. Katharina von Braganza darstellt, aber auch in der Gestaltung weiterer Figuren verweist das Drama immer wieder auf die Erinnerung an Karl I. Schon durch die Vermischung des klassischen Plots mit der Geschichte des Bürgerkrieges wird ein Rezeptionsrahmen geschaffen, der das Schicksal der Figuren mit dem des Märtyrerkönigs assoziiert. Beispielsweise wird die gefangen genommene St Catharine von fünfzig Rechtsgelehrten zur Rechenschaft gezogen – fast der gleichen Zahl, die das Urteil Karls I. unterschrieben hatten.

Imagines Agentes

Darüber hinaus werden so genannte *imagines agentes*, Bildformeln, die man bisher mit Karl I. verbunden hatte und die eine entsprechend assoziative Wirkmacht besaßen, auf verschiedene, dem blutrünstigen Maximin entgegenstehende Figuren verteilt. Besonders populär war das Bild der Hinrichtung des Stuartkönigs, das hier evoziert wird, um die Hinrichtung der Frau Maximins, Berenice, darzustellen. Indem das Drama auf Formulierungen und Details zurückgreift, die intermedial verwendet wurden, um das Ende Karls I. zu beschreiben, wird auch auf die Trauer um den König und die Tragweite seines Todes verwiesen – daher kann die Hinrichtung Berenices umso tragischer wirken:

[S]miling, to the Ax she [Berenice] bow'd her head.
Just at the stroke –
Ætherial musick did her death prepare; […]
The Balmy mist came thick'ning to the ground,
And sacred silence cover'd all around. (V.1)

Um Sympathieträger zu kennzeichnen, werden nun besonders Bildelemente aus der Schrift *Eikon Basilike* (1649) verwendet. Da man fälschlicherweise Karl I. für den Autor der Schrift hielt, hatte sie besondere Autorität. Im Frontispiz des *Eikon*, das im voranstehenden Kapitel zur Englischen Revolution abgebildet ist, wird beispielsweise der Gedanke visualisiert, Karl I. tausche die weltliche Krone für die des Märtyrers. Auf dieses Bild bezieht sich St Catharine, als sie Hand und Krone Maximins mit den Worten ablehnt, »[m]y constancy from him [Maximin] seeks no renown; / Heav'n, that propos'd the course, will give the Crown« (III.1).

Diese an Karl I. erinnernden Protagonisten von *Tyrannick Love* sind keine tragischen Helden, die ihr Schicksal durch eine Charakterschwäche selbst bedingt hätten. Sie sind vielmehr insofern typische Figuren eines heroischen Dramas, als sie ihr tragisches Schicksal trotz ihrer Tugenden nicht abwenden können. Darin ähneln sie Karl I., der der royalistischen Interpretation zufolge nicht in den Tod gegangen war, weil er falsch gehandelt hätte, sondern obwohl und gerade weil er konstant an edlen Tugenden festgehalten hatte. In den ihn imitierenden Figuren wurde das königliche Ideal einer heroischen Tugend rekonstruiert sowie zugleich der nun überwiegend aristokratischen Zuhörerschaft ein Modell zur Bewunderung und Nachahmung dargeboten. Aristokratische Vorbilder

Freilich war Karl I. in Texten des Interregnums noch als Christusfigur gezeichnet worden. Doch selbst die Protagonistin von *Tyrannick Love* entspricht nicht mehr diesem christusgleichen Modell, das nun dem Alltag der sinnenfreundlichen höfischen Gesellschaft widersprach. Vielmehr wird sie dem Ideal der Restaurationszeit gerecht, zwar einen bewundernswerten *virtuous and heroick spirit* zu präsentieren, gleichzeitig aber so realistisch zu sein, dass ihre Tugendhaftigkeit glaubwürdig erschien und mehr Identifikationspotential bieten konnte. Während 1649 Karl I. noch mit biblischen Märtyrern verglichen worden war, geht es bei dieser Märtyrerin eher um die von jedem Christen nachahmbare essentielle Substanz des heiligen Verhaltens. Entsprechend betont Dryden im Vorwort zu *Tyrannick Love* die normative Funktion der dargestellten Pietät der Figuren: Moralische Märtyrer

> I only *maintain*, against the Enemies of the *Stage*, that patterns of piety, *decently* represented, and equally removed from the extremes of Superstition and Prophaneness, may be of excellent use to second the Precepts of our Religion.

So wird die Märtyrergeschichte v.a. in für das heroische Drama typische Fragen der Ehre und Verwicklungen von unglücklich Liebenden eingebunden und der christliche Kontext in einen moralischen übersetzt. Damit spiegelt das Drama eine Veränderung in der zeitgenössischen Liebe und Ehre

Kultur, in der Probleme des rechten Glaubens bei weitem nicht die gleiche Virulenz hatten, wie Konflikte, die sich durch moralische Codes ergaben und mit denen in Dramen besonders die royalistische Figur des *libertine* konfrontiert ist. Die für das Märtyrertum Karls I. beanspruchte Konstanz wird in *Tyrannick Love* zugleich Beleg und Testfall wahrer Liebe. Eine Frage der Beständigkeit wird beispielsweise die Entscheidung, ob man aus politischen Gründen heiraten oder die Heirat aus Liebe zu einer anderen Figur verweigern und sterben soll: »But when your *Marriage* and your *Death* I view, / That makes you false, but *this* will keep you true« (III.1). Gerade die Konstanz trägt im heroischen Drama zu einem Konflikt bei, der insgesamt weniger tragisch als *tearful* ist. Dabei ist freilich zu beachten, wer sich in der tränenreichen Position befindet. So ist die Märtyrerin in *Tyrannick Love* nicht zufällig weiblich, denn während leidende Frauen in der späteren Restaurationszeit noch als ehrwürdig angesehen wurden, betrachtete man leidende Männer mit Argwohn. Auch das ausgeprägte Feingefühl des sonst als Sympathieträger fungierenden Protagonisten der Tragödie *Venice Preserv'd* ist fatal, trägt es doch wesentlich zum tragischen Ende bei.

Empfindsamer
Märtyrer

Spätestens im frühen 18. Jahrhundert hat sich diese Bewertung des Feingefühls offensichtlich verändert. In Alexander Fyfes einzigem Drama *King Charles I* (1709), das die Kontinuität des heroischen Dramas trotz seiner Entwertung Mitte der 1670er Jahre verdeutlicht, wird die zuerst in *Eikon Basilike* dargestellte Ruhe und Konstanz Karls I. im Angesicht des Todes in Antizipation der Empfindsamkeit des 18. Jahrhunderts inszeniert. Hier wird der König, dem die Krone zu schwer geworden ist, von »unmanly fears« (V.1) geschüttelt und muss sich, statt wie 1649 die Märtyrerkrone zu ersehnen, zunächst Mut zusprechen: »Yet forward, forward, bravely I'll go on, / As if some Diadem were to be won« (V.1).

Karls I. *Domestic*
Tragedy

In diesem Drama, dem ersten seit März 1660, das die Erinnerung an Karl I. wieder explizit thematisiert, wird die Figur des Königs auch nicht, wie in vielen anderen Dramen, als legitimer Herrscher inszeniert. Hier handelt es sich vielmehr um einen fürsorglichen König, der stirbt, um den Bürgerkrieg Englands zu beenden, sowie um einen liebenden Gatten. Im Vordergrund der Abschiedsszene stehen nun das maßlose Leid der Familie und v.a. das Leiden der Königin. So wird Karls letztes Treffen mit der Familie zwar rekonstruiert, die Erinnerung aber zugleich verändert: Texten des Interregnums zufolge hatte der Märtyrer zuletzt seiner Tochter Elisabeth und dem zweitgeborenen Sohn Lebewohl gesagt, hier jedoch nimmt er von der Königin und dem Prinz von Wales Abschied. Im Vordergrund der Dramenhandlung steht auch nicht mehr die Belehrung des jüngeren Sohnes über die Legitimität der Herrschaft des Erstgeborenen, sondern, zeitgenössischen Konventionen gemäß, die Darstellung des Abschieds als *domestic tragedy*.

CHARLES I. TAKING LEAVE OF HIS CHILDREN.

Dieser Abschied bildet nur einen der historischen Wendepunkte des Bürgerkrieges, welche in Fyfes *Charles I* im heroischen Versmaß dargestellt werden. Auch der erste Bischofskrieg gegen Schottland, die Anklage Karls I. durch das von Soldaten dominierte Parlament und die Hinrichtung des Königs werden zu dramatischen Szenen verkürzt und chronologisch verknüpft. Dabei wird weniger der Bürgerkrieg historisch korrekt rekonstruiert, als die positive Erinnerung an Karl I. im Rückgriff auf Texte perpetuiert, die als im kollektiven Bewusstsein präsent vorausgesetzt werden. So genügt im ersten Akt von *Charles I* der Verweis auf »trampling the Mitre down« (I.1), um eine entsprechende Ballade des Bürgerkrieges zu evozieren, die den Verfall sozialer und religiöser Hierarchien beklagte. Gerade durch die affektive Wirkmacht der intertextuellen Verweise erhielt der dramatische Konflikt eine Dynamik, die

Tragödie in Bildern

im Plot gar nicht angelegt ist und auch nicht angelegt werden musste: Die kausallogisch kaum verknüpften Szenen konnten durch das ins kollektive Bewusstsein eingegangene Wissen über das Schicksal Karls ergänzt werden.

Karl I. intermedial   Dieses Wissen bleibt so präsent, dass der Märtyrerkönig noch im Drama des späten 19. Jahrhunderts als zentrale Figur auftritt – wodurch das Drama wiederum dazu beitragen konnte, die Erinnerung an den König zu bewahren. Zugleich erfuhr die Erinnerung an Karl I., als die Straßenballade im 19. Jahrhundert insgesamt einen Niedergang erlebte, einen Medienwechsel in den Roman. Wie Benjamin Disraelis politischer Roman *Sybil, or The Two Nations* (1845) räumte diese Gattung dem König zwar keine zentrale Position ein, dafür aber eine dauerhafte. So ging das Schicksal des ersten Stuartkönigs und der Revolution ein in ein kollektiv bekanntes Bildreservoir, in dem die wahren und die fiktiven Geschichten kaum noch voneinander zu unterscheiden sind.

Susanne Scholz

Mode und Subjektivität im 18. Jahrhundert

Modische Selbstentwürfe

»[O]ne had as good be out of the world as out of the fashion« (II.1) behauptet Narcissa, die weibliche ›Heldin‹ von Colley Cibbers Komödie *Love's Last Shift* (1696) und formuliert damit, glaubt man zeitgenössischen Darstellungen, eine zutreffende Beschreibung des modischen Verhaltens der Engländerinnen am Beginn des 18. Jahrhunderts. Die gute Gesellschaft der Restaurationszeit und des frühen 18. Jahrhunderts betrachtete die modische Ausstattung des Körpers als wesentlichen Teil höflicher, zivilisierter Umgangsformen und damit als wichtige Facette der Idealvorstellung vom englischen Gentleman bzw. von der englischen Lady. »I love to be well-dressed, [...] and think it no scandal to my understanding«, so formuliert Dorimant, der *rake*-Held in George Ethereges Komödie *The Man of Mode* (1676), seine Haltung zur Mode (I.1). Die Imperative der modischen Kompetenz, das zeigen gerade die Komödien der Restaurationszeit deutlich, richten sich nicht nur an die Damen der guten Gesellschaft, sondern Kleidung, Dingausstattung, Gestik und gepflegte Konversation bilden auch wesentliche Zeichen kultivierter Männlichkeit.

Mode als Teil von Umgangsformen

Zur performativen ›Herstellung‹ des Selbst im Feld des Sichtbaren war (und ist) die modische Ausstattung ein zentrales Vehikel. Sie ermöglicht es, durch den Konsum schöner und kostbarer Dinge ökonomische Potenz und gesellschaftliche Stellung zu demonstrieren; gleichzeitig suggeriert diese Selbststilisierung durch eine spezielle Zurichtung der Körperoberfläche einen ›natürlichen‹ Zusammenhang zwischen innerem und äußerem Wert. Das textile Ding und der Körper verschmelzen dabei auf eine Art und Weise, die deutlich macht, dass Subjektwerdung im sozialen Kontext erst durch Rückgriff auf ein System von Gesten und Bewegungen denkbar wird, das ohne Dinge (Kleider, Accessoires, Perücken, Schmuck) überhaupt nicht auskommen kann. Erst durch die Ausstattung mit diesen Objekten kann der Körper artikuliert werden, erst

Performative ›Herstellung‹ des Selbst

durch sie erscheint das Subjekt als Teil eines sozialen Zusammenhangs, einer gesellschaftlichen Schicht, eines Geschlechts. Subjektivität, um dies noch einmal zuzuspitzen, entsteht in diesem Zusammenhang im Verlauf der Erzeugung und Ausstellung einer kulturell lesbaren Oberfläche, die einen Einklang dieses schönen Scheins mit inneren Werten suggeriert. Ohne die gezielte Ausstattung mit Kleidern, Schmuck und Perücken ist der Mensch des 18. Jahrhunderts als Subjekt, als Mitmensch in einer imaginierten Gemeinschaft, überhaupt nicht erkennbar.

Theatralische Umgangsformen

Soziale Hierarchien und die Demonstration von Status, Besitz und Autorität wurden in der *commercial society* zunehmend im Vollziehen mehr oder weniger ›theatralischer‹ Umgangsformen ausgehandelt. Diese grundsätzliche Performativität der kulturellen Praktiken erleichterte die Transformation der vormals feudalistisch strukturierten hin zu einer kommerziellen Gesellschaft und diente der allmählichen Konsolidierung einer durch religiöse und politische Spaltungen zerrissenen Gesellschaft. Kleidung, als ein zentrales Medium dieser Anpassung, leistete die Einordnung ihrer Trägerinnen und Träger in ein soziales Gefüge und ermöglichte, zusammen mit den kalkulierten Gesten von Höflichkeit und Ehrerbietung, den »mannerisms of public life« (Agnew 1986: 154–55), eine affektive Anpassung an die neuen gesellschaftlichen Gegebenheiten der Restauration und des frühen 18. Jahrhunderts, d.h. an eine gesellschaftliche Realität, in der die Kohärenz von sozialem Status und gesellschaftlichem Einfluss nicht mehr gottgegeben, sondern menschengemacht war.

Mode als semiotisches System

Betrachtet man auf diese Weise Mode als ein semiotisches System, d.h. als System von Zeichen, das im Rahmen verschiedener kultureller Praktiken auf der Ebene der intersubjektiven Kommunikation Bedeutung stiftet, so wird klar, dass es im Verlauf dieser kulturellen Wertgebung zu ambivalenten Zuschreibungen kommen muss. Denn einerseits sind innerhalb kultureller Zeichensysteme (Sprache, Gestik, Mode) die zur Selbststilisierung herangezogenen Signifikanten nicht frei wählbar, sondern unterliegen gesellschaftlichen Determinanten. Andererseits richtet sich gerade das neuzeitliche Ich am Ideal einer Autonomie aus, die nur als archimedischer Punkt gedacht werden kann, weil sie mit sozialer Anpassung im Kern unvereinbar ist. Die fiktionale Gestaltung der ›Außerweltlichkeit‹ dieses Ideals zeigt sich etwa in Daniel Defoes *Robinson Crusoe* (1719). Zwar wird in den empiristischen Wissenschaften, in der entstehenden Ästhetiktheorie, in den politischen Theorien der Aufklärung und der Idee des freien und gleichen Tauschs am Markt die ›Freiheit‹ des Subjekts von materiellen Bindungen postuliert, dennoch sind alle, um als vollwertige Subjekte lesbar zu sein, von materiellen Dingen abhängig. Gerade am Beispiel der Mode lässt sich zeigen, wie sich Subjekte im 18. Jahrhundert unter den wechselseitigen

Ansprüchen von Individualitätsstreben und gesellschaftlicher Anerkennung im Rahmen einer kapitalistischen Marktordnung – einer entstehenden *consumer culture* – konstituierten. In diesem Kontext fungiert Mode gleichzeitig als Diskurs der Individualisierung *und* der Einfügung ins Gesellschaftliche; sie gibt dem entstehenden Ich Entwürfe vor, nach denen es sich – nach Maßgabe der persönlichen Wertvorstellungen und Kaufkraft – modellieren kann und verweist gleichzeitig auf kulturelle (in diesem Fall vestimentäre) Codes, die ihm vorgängig sind und die es sich aneignen muss, um kulturell verstehbar zu sein. Nur innerhalb einer kulturell verbindlichen ›Sprache der Mode‹ können sich Subjekte angemessen, d.h. für alle verstehbar, darstellen. Nur im Rahmen ihrer persönlichen ›Zitierweise‹ dieser ›Sprache‹ können sie aber auch ihre Individualität zum Ausdruck bringen.

Metatheatralische Figuren

Der eponyme *fop* in *The Man of Mode; or Sir Fopling Flutter* (1676) zeichnet sich, wie alle *fops*, durch exzessives Modebewusstsein aus. Seine zentrale Stellung in Ethereges Stück, in dem es um Liebeshändel geht, verweist einerseits auf soziale Bedingungen, die von allen männlichen Protagonisten, seien sie *fops* oder *rakes*, eine akzeptable Repräsentation von Männlichkeit erwarten, andererseits auch auf die grundsätzliche theatralische Dimension dieser Repräsentation, die es verlangt, dass man sich durch die Gegenstände der persönlichen Ausstattung – Kleidung, Fächer, Perücken, Schnupftabakdosen – darstellt. Damit bringen sich die Subjekte in ein visuell und kommunikativ strukturiertes Feld ein, in dem sie durch ihre Kleidung gleichzeitig kulturell vorgegebene ›Kleiderordnungen‹ aktualisieren und ihre eigene Individualität artikulieren. Dorimant führt Sir Fopling respektlos als modefixierten *coxcomb* ein, noch bevor dieser selbst die Szene betritt, muss sich aber durch die ironischen Kommentare seiner Freunde darauf hinweisen lassen, dass beide an derselben Elle gemessen werden:

> DORIMANT: That a man's excellency should lie in a neatly tying of a ribbon or a cravat! How careful's nature in furnishing the world with necessary coxcombs!
> YOUNG BELLAIR: That's a mighty pretty suit of yours, Dorimant.
> DORIMANT: I'm glad 't has your approbation.
> MEDLEY: There is a great critic, I hear, in these matters, lately arriving piping hot from Paris.
> YOUNG BELLAIR: Sir Fopling Flutter, you mean. […] He thinks himself the pattern of modern gallantry.
> DORIMANT: He is indeed the pattern of modern foppery.

Exzessives Modebewusstsein

MEDLEY: He was yesterday at the play, with a pair of gloves up to his elbows, and a periwig more exactly curled than a lady's head newly dressed for a ball. (I.1)

Aufwändiger Herrenanzug mit bestickter Weste, England, frühes 18. Jahrhundert, mit freundlicher Genehmigung des Victoria & Albert Museum, London

Kultivierte Männlichkeit

Der Kontrast zwischen Dorimant und Sir Fopling, auf dem Dorimant insistieren muss, lässt sich, das wird deutlich, nicht prinzipiell aus ihrer äußeren Erscheinung herleiten. Vielmehr bleiben die Grenzen zwischen *gallantry* und *foppery* fließend, denn beide Männergestalten beweisen – in einem Klima latenter Konkurrenz – ihre kultivierte Männlichkeit durch die sorgfältige Auswahl ihrer Kleidung und die feine Abstimmung der Manieren. Einerseits verlangten es also die Regeln der kulturellen Kommunikation, dass man sich durch bestimmte Gesten, Kleider und Redewendungen in sie einbrachte, andererseits sollte diese Selbstdarstellung den Eindruck der Natürlichkeit erwecken. Erst das Übermaß, die ausgestellte Künstlichkeit von Foplings Erscheinung, macht ihn zu einer lächerlichen Figur. Dorimant hingegen trägt seine Kleider mit jener nonchalanten Selbstverständlichkeit oder *sprezzatura*, die auf keinen Fall die Anstrengung hinter der Selbststilisierung aufscheinen lassen darf. Er naturalisiert damit, so könnte man sagen, die arbiträre Beziehung zwischen dem vorgegebenen Code und der Aktualisierung am eigenen Leib. Dennoch entspricht auch Dorimant nicht dem Männlichkeitsideal der *commercial society*. Die raubtierhafte Maskulinität der *rake*-Figuren, die – in permanent aggressivem Seitenblick auf ihre männlichen Konkurrenten – Frauen auf die ›Trophäe‹ ihrer Tugend reduzierten und diese im Vollzug ihrer sexuellen Eroberungen ›ruinierten‹, wird von der *comedy of manners* genauso gegeißelt wie die Effemination der *fops*. Entsprechend häufig finden sich *rakes* in der Literatur, nicht nur in der *comedy of manners* – Horner in William Wycherleys *The Country Wife* (1675), Mirabell in William Congreves *The Way of the World* (1700) – sondern auch im Roman des 18. Jahrhunderts; der bekannteste ist hier zweifellos Lovelace aus Samuel Richardsons *Clarissa* (1747).

Wenn also die *fop*-Figuren der *comedy of manners* die angestrebte Verfeinerung der Sitten und die damit einhergehende Überbewertung von schönen Dingen überzeichnen, so kann man sie – im Sinne einer Betrachtung von Literatur als selbstreflexiver kultureller Praxis – als metatheatralische Figuren verstehen, als Figuren also, die die Gefahren der histrionischen Überzeichnung der Selbstdarstellung, der Gier nach materiellen Gütern und der übertriebenen Selbstliebe ausagieren und gleichzeitig der Lächerlichkeit preisgeben. *Fops* fungieren in dem fiktionalen ›Spiel im Spiel‹, das die Restaurationskomödie in einer hochgradig theatralischen Gesellschaft darstellt, als diejenigen kulturellen Projektionsfiguren, die zwar auf die Künstlichkeit sartorialer, d.h. auf Kleidung gestützter, Selbstinszenierungen verweisen, die aber durch ihre Überzogenheit, von der sich alle ›richtigen‹ Männer distanzieren können, diese Angstprojektion gesellschaftlich handhabbar machen. Jeder benötigt schöne Dinge zur Selbstdarstellung, so die Aussage der *comedy of manners*, aber nur die *fops* müssen sich den Vorwurf gefallen lassen, dass die Dinge in ihrem Leben schon längst die Regie übernommen haben. In *The Man of Mode* belegt dies eindrucksvoll die ausführlich zelebrierte Vorführung von Sir Foplings neuen Pariser Kleidern:

> SIR FOPLING: Have you taken notice of the new gallesh I brought over? [...] A slight suit I made to appear in at my first arrival, not worthy your consideration, ladies.
>
> DORIMANT: The pantaloon is very well mounted.
>
> SIR FOPLING: The tassels are new and pretty.
>
> [...]
>
> EMILIA: He wears nothing but what are originals of the most famous hands in Paris.
>
> SIR FOPLING: You are in the right, madam.
>
> LADY TOWNLEY: The suit.
>
> SIR FOPLING: Barroy.

Verfeinerung der Sitten

EMILIA: The garniture.
SIR FOPLING: Le Gras –
MEDLEY: The shoes.
SIR FOPLING: Piccard.
DORIMANT: The periwig.
SIR FOPLING: Chedreux.
LADY TOWNLEY AND EMILIA: The gloves.
SIR FOPLING: Orangerie. You know the smell, ladies. (III.3)

Herrenanzug aus
französischer Seide,
England 1760, mit
freundlicher Geneh-
migung des Victoria
& Albert Museum,
London

Sir Fopling spielt hier die Erlesenheit seiner Sachen und damit seine vermeintliche Überlegenheit im Vergleich mit seinen gesellschaftlichen Konkurrenten aus. Die Kleider stehen dabei zunehmend als Partes pro Toto für das Subjekt, das sich als schöne Oberfläche ausstellt und sich damit zum Spektakel macht. Fopling selbst hält sich für den Vorreiter einer kulturellen Elite, der in der modischen Selbstdarstellung seinen Reichtum, die vollendete Beherrschung seines Körpers und sein überlegenes Wissen darüber ausstellen kann, was gerade im Zentrum der zivilisierten Welt, Paris nämlich, en vogue ist. Engländer grenzten sich zwar einerseits dadurch von den gleichzeitig bewunderten und angefeindeten Franzosen ab, dass sie diesen die (Über)Betonung von Äußerlichkeiten, Mode und Umgangsformen zuschrieben, während sich in Großbritannien nur die *frenchified fops* nicht auf das rechte Maß zu besinnen wußten, orientierten sich aber andererseits maßgeblich an der französischen Mode. Die Selbstdarstellung des *fop* gerät hier jedoch zum Solipsismus, der in eine triumphale Litanei von Markennamen mündet: damit ist für ihn alles gesagt. Im Rahmen der Muster, die die Gesellschaft des 18. Jahrhunderts für das individuelle *self-fashioning* vorgibt und für die u.a. die *comedy of manners* als Modellinszenierung fungiert, entlarvt sich der Mann, der sich zum Spektakel macht, der seine Schönheit, seinen bekleideten Körper, seine affektierten Gesten für ein soziales oder ein Bühnenpublikum inszeniert, als inadäquates Subjekt, weil seine extravagante Selbstdarstellung das rechte Maß übersteigt. Damit wird wiederum eine gesellschaftliche Norm bestätigt bzw. ausgehandelt, deren literarische oder dramatische Vorführung auch der Selbstvergewisserung der Zuschauenden dient.

Extravagante
Selbstdarstellung

Foplings Exzess verweist nur auf einen Normalzustand, in dem sich alle auf dem sozialen Parkett darstellen müssen und dessen Dynamik sich niemand entziehen kann, ohne gleichzeitig seine Subjektfähigkeit und soziale Kompetenz in Frage zu stellen. Denn dass es sich bei den vorgeführten Selbstinszenierungen durch modische Dinge um Praktiken handelte, die jede Zuschauerin und jeder Zuschauer im täglichen Umgang mit seines- bzw. ihresgleichen ausführte, erhöhte nur den Reiz der *fop*-Figuren, die im übrigen Lieblinge der Theatergänger und Theatergängerinnen waren. Als satirische Repräsentation zwecks kritischer Spiegelung der Gesellschaft intendiert, ist das, was hier vorgeführt wird, nicht die Abweichung, sondern eine – wenn auch überzeichnete – Version der gesellschaftlichen Norm. Im Lachen über den *fop* liegt im Idealfall auch die Selbsterkenntnis einer an wirtschaftlicher Potenz und grandioser Selbstdarstellung orientierten Gesellschaft.

Subjektfähigkeit
und soziale Kompetenz

Im Blick der Anderen

Soziale Mobilität und der Wert von Kleidung

Dass Kleidung etwas über die Person aussagt, die sie trägt, ist den Menschen des 18. Jahrhunderts ebenso klar wie uns heute. Wie aber ist diese Verweisstruktur zwischen innerem ›Kern‹ und äußerer Ausstattung zu beschreiben? Wenn die angemessene Ausstattung nicht mehr durch Kleiderordnungen festgelegt wird, wenn aber dennoch ein sozialer Status daran zu erkennen ist, was jemand trägt, müssen Regeln dafür ausgehandelt werden, wie das zu bewerten ist, was der oder die andere jeweils von sich zu sehen gibt. Zentrale wertgebende Instanz ist in der entstehenden *commercial society*, die ja auch eine *consumer culture* initiiert, die Kaufkraft der jeweiligen Konkurrenten und Konkurrentinnen auf dem sozialen Parkett. Daraus ergeben sich hinsichtlich deren sozialer Mobilität Konsequenzen: Als Gentleman oder *gentlewoman* konnte nun jeder gelten, der oder die als solcher oder solche identifizierbar war, denn potentiell konnten sich nun alle, die die finanziellen Mittel besaßen, in den Reigen um eine gesellschaftliche Position einklinken. In der berühmten *Fable of the Bees* gibt etwa Bernhard Mandeville 1714 zu bedenken, dass

> [...] People, where they are not known, are generally honour'd according to their Cloaths and other Accoutrements they have about them; from the richness of them we judge of their Wealth, and by their ordering of them we guess at their Understanding. It is this which encourages every Body, who is conscious of his little Merit, if he is any ways able, to wear Clothes above his Rank, especially in large and populous Cities, where obscure Men may hourly meet with fifty Strangers to one Acquaintance, and consequently have the Pleasure of being esteem'd by a vast Majority, not as what they are, but what they appear to be: [...]. (Part I, »Remark (M.) And odious Pride a Million more«)

Intersubjektive Kommunikation

In der intersubjektiven Kommunikation lässt erst der Blick des Anderen das Selbst entstehen. Für die englische Gesellschaft des frühen 18. Jahrhunderts heißt das, dass niemand sich ohne Schaden an der eigenen Subjektfähigkeit den Blicken der anderen entziehen kann. Subjektkonstituierend ist nicht mehr nur das Bewusstsein eines ›Innen‹ im Unterschied zum Körper, sondern auch das Wissen darum, dass im sozialen Kontext nur das Äußere sichtbar ist und daher im Einklang mit eigenen Vorstellungen sowie kulturellen Normen und Zwängen gestaltet werden muss.

Durch die zentrale Bedeutung von Kleidung als Mittel der Selbststilisierung ergeben sich notwendigerweise eine Reihe von Ambivalenzen, die dazu führen, dass die Mode zur Aushandlung kultureller Angst- und Wunschprojektionen besonders herhalten muss. Die spezifische Qualität dieser Inszenierungen im Rahmen einer literarischen Repräsentation fügt dem zusätzlich ein autoethnografisches Moment hinzu, denn da die Wirkungsmöglichkeiten literarischer Texte andere sind als die von ökonomischen, moralisch-philosophischen etc., können hier kulturelle Praktiken und gesellschaftliche Ambivalenzen inszeniert, erprobt, kritisiert, ironisiert und überspitzt ausagiert werden. Literatur, als kulturelle Praxis gesehen, ist selbst ein Teil der beschriebenen Kommunikationssituation, bezieht sich auf sie und bringt ihre fiktiven Subjekte als nachahmenswerte oder warnende Vorbilder in sie ein. Die Selbstreflexivität der Literatur macht es somit möglich, in der Inszenierung von modischem Verhalten der Gesellschaft einen Spiegel vorzuhalten. Literatur reflektiert das Bild, das Menschen sich von sich selbst und von anderen machen genauso, wie sie dieses Bild produziert.

Gerade die Essays der von Joseph Addison und Richard Steele von 1711–12 herausgegebenen Zeitschrift *The Spectator* machen deutlich, welch große Rolle die visuelle Kommunikationssituation in der Frage der adäquaten Selbstausstattung spielt. Hier ist der Name der Zeitschrift tatsächlich Programm: Addison und Steele geht es darum, in der Flut neuer Dinge, neuer Ideen und neuer Werte, mit der sich die englische Gesellschaft des frühen 18. Jahrhunderts konfrontiert sah, das rechte Maß auszuloten, das es ihren Lesern und Leserinnen ermöglicht, bei aller Abhängigkeit von materiellen Dingen ein Ich zu entwerfen, das von einer gewissen inneren Unabhängigkeit geprägt ist. Ihre Vorstellung vom *polite gentleman* entwerfen sie in unzähligen fiktionalen, meist ironischen Vignetten, in denen Vorbilder oder Gegenbeispiele für guten Geschmack und jenen Common Sense vorgeführt werden, der im Mittelpunkt des folgenden Kapitels steht. Die fiktionale Sprecherfigur des Mr Spectator geriert sich dabei als privilegierter Zuschauer, der die gute Gesellschaft Londons von außen betrachtet, kommentiert und ihre Unzulänglichkeiten bloßstellt. Sehen, das machen die Beiträge zu dieser Zeitschrift deutlich, ist eine autoritätsstiftende Praxis. Wer das ›Parkett‹ überblickt – und hier befindet sich Mr Spectator im Einklang mit empiristischen und ästhetischen Vorstellungen über die sinnliche Wahrnehmung –, befindet sich in einer Position epistemologischer und ästhetischer Autorität, wer angeblickt wird, Objekt oder Spektakel ist, kann keine solche Subjektposition beanspruchen. Die Essays des *Spectator* zeigen aber auch, dass dies theoretische Positionen sind und dass es in der gesellschaftlichen Kommunikationssituation darum gehen muss, diese beiden Vorstellungen zu vermitteln. Dabei wird deutlich, dass die Implikationen der Abhängigkeit von schönen Dingen und der Herstellung des Selbst als Objekt eines gesellschaftlichen Blicks vorzugsweise an weiblichen Figuren ausgehandelt werden.

Visuelle Kommunikationssituation

Die geradezu fetischistische Überhöhung weiblicher Schönheit repräsentiert die englischen Ladies als abhängig von Dingen, die ihren Körper schmücken und metonymisch auf diesen verweisen, d.h. die in gewisser Weise ihr Körper ›sind‹. Damit aber stehen sie in eklatantem Gegensatz zu einem Subjektideal, wie es ebenfalls in der Literatur des 18. Jahrhunderts formuliert wurde – ganz deutlich etwa in den Texten von Alexander Pope –, das sich als frei von den Zwängen und Äußerlichkeiten einer kommerziellen Gesellschaft darstellte. Hier zeigt sich eine weitere Ambivalenz, die der Modediskurs artikuliert, nämlich die instabile Relation von Kleid und Körper. Die Körpernähe der Kleidung weist sie stärker als andere kulturelle Praktiken, die sich auf Dinge stützen (etwa das Ausstellen von Sammelobjekten), als ›natürlich‹ aus. Dadurch ergibt sich hier eine quasi metonymische Struktur, die das Kleidungsstück als Verweis auf den Geschlechtskörper erscheinen lässt.

Mantua mit Petticoat, mit Silber und farbiger Seide gesticktes Lebensbaummuster. Vermutlich das Hochzeitskleid von Isabella Courtenay, England 1744, mit freundlicher Genehmigung des Victoria & Albert Museum, London

Das hat zur Folge, dass in den kulturellen Debatten um den Nutzen und Nachteil des Luxuskonsums, die im Mittelpunkt des Kapitels zum Homo oeconomicus stehen, die Ladies zunehmend mit den von ihnen zur Schau getragenen Dingen identifiziert wurden. Wenn aber Kleidung auf diese Art den Geschlechtskörper artikuliert, dann steht das auch in direkter Relation zur anatomisch begründeten Negierung eines weiblichen Subjektstatus, d.h. dann symbolisiert Frauenkleidung die vermeintliche Inferiorität des weiblichen Körpers.

Weibliche Extravaganz und *Conspicuous Consumption*

Aus britischer Perspektive machte modische Extravaganz den Import von Gütern aus fremden Ländern notwendig, denn modisches Verhalten impliziert Konsum. Während sich die kulturellen Praktiken der Mode am französischen Vorbild orientierten, gelangten die zur modischen Selbstdarstellung notwendigen exotischen Güter aus den Kolonien auf die Schminktische Britanniens. In Alexander Popes Gedicht *The Rape of the Lock* (1712–14) etwa versammeln sich auf dem Toilettentisch der schönen Belinda die Schätze des ›Orients‹:

> This casket India's glowing gems unlocks,
> And all Arabia breathes from yonder box.
> The Tortoise here and Elephant unite,
> Transform'd to Combs, the speckled, and the white.
> Here files of Pins extend their shining rows,
> Puffs, Powders, Patches, Bibles, Billet-doux. (Canto I, Z. 133–38)

Modisches Verhalten und Konsum

Diese Zurschaustellung dient nicht nur dem Nachweis der Kaufkraft der schönen Konsumentin, sondern sie inszeniert, durch die Neuanordnung der Produkte auf deren Bedürfnisse hin, eine koloniale Machtdemonstration der Briten. Stellvertretend für das entstehende Empire geben sich seine Produkte in die Hand der koketten Lady, die damit das symbolische Kapital ihrer Schönheit erst marktgerecht herrichten kann. Indem das Gedicht – ähnlich wie Jonathan Swifts Gedichte »A Beautiful Young Nymph Going to Bed« (1731/34) und »A Ladys Dressing Room« (1730/32) – vorführt, wie eine englische Schönheit sich zur ›Ware‹ am Heiratsmarkt aufrüstet, thematisiert es die Notwendigkeit, sich durch den Gebrauch von Dingen in die kulturelle Kommunikationssituation einzubringen, projiziert diese Abhängigkeit von Dingen aber wieder auf eine Frau.

Koloniale Machtdemonstration

Ganz ähnlich verfährt auch die eponyme Heldin in Daniel Defoes Roman *Roxana* von 1724, allerdings macht sie im Verlauf dieser Ich-Erzählung fortwährend deutlich, dass ihre gesellschaftliche Situation sie zu diesen Täuschungsmanövern zwingt. Roxana, die von ihrem Mann mit fünf Kindern sitzen gelassen wurde, hat nun keine andere Wahl, als ihre Schönheit bzw. ihren Körper zu verkaufen. Sie tut dies mit großem Geschick, aber auch voller Skrupel hinsichtlich der moralischen Verwerflichkeit ihres Tuns. Der Roman, der sozusagen ›von der anderen Seite der Tugend‹ her erzählt wird, stellt deutlich die Zwänge

Weibliche Manipulation der Selbststilisierung

dar, unter denen Frauen im 18. Jahrhundert agieren mussten, wollten sie ihre Selbständigkeit bewahren. Seine Titelheldin präsentiert sich als Überlebenskünstlerin, die die gängigen Selbststilisierungstechniken der Gesellschaft geschickt zu manipulieren weiß. Roxana lässt sich sukzessive von einer Reihe von Männern aushalten, die von ihrer Vergangenheit nichts wissen und sich von ihrer – auch nach zehn dokumentierten Schwangerschaften immer noch außergewöhnlichen – Schönheit blenden lassen. Neben einem Adelstitel erwirbt sie im Verlauf ihres Lebens auch immensen Reichtum, der akribisch dokumentiert wird, ebenso wie jedes Kleid und jedes Stück Schmuck, das sie erhält. Moralisch verwerflich ist dabei nicht so sehr die ›Kapitalisierung‹ ihres Körpers, sondern dass sie dabei die Grundfesten der kulturellen Ordnung, die auf einer Unterscheidung von Schein und Wirklichkeit beruhen, permanent unterläuft. Damit verweist der Text deutlich auf die Aporien einer *commercial society*, in der die Zurichtungen des Äußeren die inneren Werte der Person gleichzeitig artikulieren und inszenieren. Auf dem Höhepunkt ihrer Macht, als ihr der englische Hof zu Füßen liegt, führt Roxana einen Tanz in einem Kostüm auf, das von einem Sklavenhändler stammt, der kriegsgefangene Frauen aus dem ›Orient‹ verkauft hat:

> [...] I return'd, dress'd in the Habit of *a Turkish Princess*; the Habit I got at *Leghorn*, when my *Foreign Prince* bought me a *Turkish Slave*, [...] as the Ladies were made Slaves, so their fine Cloaths were thus expos'd; and with this *Turkish* Slave, I bought the rich Cloaths too: The Dress was extraordinarily fine indeed, I had bought it as a Curiosity, having never seen the like. [...] [I] show'd myself to the whole Room.« (Defoe 1968 [1724]: 173–75)

Roxana: Vermarktung von Schönheit

Indem diese Episode des Romans die Warenförmigkeit von Frauen mit der Warenförmigkeit exotischer Güter und die Alterität des Fremden mit derjenigen des Weiblichen zusammenbringt, markiert er deutlich die Ein- und Ausschlussmechanismen, die Subjektivität in der *commercial society* zugrunde liegen. Was als Ware oder Objekt angeeignet und vorgeführt werden kann, kann kein Subjekt sein. Auch die z.T. teuer erkaufte ›Schönheit‹ der Frauen – ihr symbolisches Kapital – ist hier von ihrer Warenförmigkeit nicht mehr zu trennen. So oder so müssen sie sich verkaufen – im schlimmsten Fall werden sie verkauft – und speisen ihre Ressourcen in das ›Kapital‹ ihres Ehemannes ein, für dessen Reichtum sie nun als privilegierte Ausstellungsfläche fungieren. Nicht umsonst setzt Roxana die Ehe der Sklaverei gleich: wenn sie sich schon vermarkten muss, dann zu ihren eigenen Konditionen. So macht sie sich zum Spektakel und lässt auch die Lesenden an ihren Manipulationen der kulturellen bzw. der Geschlechter-Ordnung teilhaben. Indem sie deutlich ihre Objekthaftigkeit als den Preis für ihre finanzielle Selbständigkeit ansieht, artikuliert sie auch die paradoxe Grundbefindlichkeit aller Mitglieder der *commercial society*, nämlich Urheber ihrer eigenen Handlungen – Subjekte – und gleichzeitig Objekte eines bewertenden Blicks in einer sozialen Kommunikationssituation zu sein.

Der privilegierte Zuschauer des Tanzes ist, so legt es der Text nahe, der König, der Roxana daraufhin zur Mätresse nimmt. Wenn aber vom Kammerdiener bis zum König alle Männer den Reizen von Roxanas kapitalem Körper erliegen und niemand ihre Täuschungsmanöver durchschaut, so spricht auch das von kulturellen Ängsten angesichts der trügerischen Potentiale der Selbstausstattung durch Kleider und schöne Dinge. Der König, der sich vom skopischen zum sexuellen Konsum der schönen ›Ware‹ verleiten lässt, erscheint hier nicht mehr als alles durchschauender Souverän, sondern als das oberste Glied einer Konsumkette, die alle gesellschaftlichen Äußerungen und Erscheinungen in die Dynamik der Warenförmigkeit vereinnahmt. Dass er selbst maskiert ist, dass er die privilegierte Sichtbarkeit des Souveräns hintertreibt, kann wiederum als ein Indiz für die zunehmende Undurchschaubarkeit der kulturellen Ordnungen gelesen werden, deren Stabilität er durch die Sichtbarkeit seiner Autorität eigentlich verkörpern sollte.

Trügerische Potentiale der Selbstausstattung

Auch hier verdeutlicht der Rekurs auf die Praktiken der Mode, wie die Abhängigkeit von Äußerlichkeiten mit der vermeintlichen Freiheit der Subjekte in Konflikt gerät. Die enge Relation von Kleid und Körper erlaubt es, in literarischen Werken die destabilisierenden Effekte der modischen Selbsttechniken zunächst auf *fops*, d.h. auf durch ihre modische Extravaganz ›weibisch‹ gewordene Männer, dann auf Frauen wie Roxana oder Belinda zu projizieren. Zunehmend, so scheint es, wird der weibliche, biologisch-anatomisch differente Körper für die subversiven Potentiale des *self-fashioning* verantwortlich gemacht; damit werden Männer von ähnlichen Fehlleistungen freigesprochen. So bieten diese Texte für die grundsätzlichen Ambivalenzen einer *commercial society* eine Lösung, die die Spannung von ›besitzen müssen‹ und ›besessen werden‹ kulturell handhabbar macht.

Abhängigkeit vs. Freiheit

Ausblick

Dass die sartoriale Ausstattung im Verein mit den körpermodellierenden Techniken von Gestik und eleganten Umgangsformen der performativen Herstellung beider Geschlechter dient, ist unumstritten. Die Literatur des 18. Jahrhunderts macht dies deutlich, indem sie die Aushandlungen der Geschlechterordnung gerade am Beispiel der ambivalenten Relation von Subjektivität und Selbstausstattung inszeniert. Aus der Perspektive der historischen Modeforschung markiert das frühe 18. Jahrhundert aber den Übergang von einer Zeit, in der sartoriale Extravaganz (bei Männern *und* Frauen) einer klassenspezifischen Dif-

Installation der Geschlechterdifferenz als sozialer Leitdifferenz

ferenzierung diente, hin zu einer Zeit, in der sich die Zurschaustellung prunkvoller Kleidung geschlechterspezifisch auseinanderdifferenzierte und nur noch bei Frauen ›epische Ausmaße‹ annahm. Während also die Ausstattung des Körpers mit schönen Dingen vorher der Erzeugung einer (statusstützenden) privilegierten Sichtbarkeit diente, wurde sie nach der Restauration zunehmend zum Signum weiblicher Unbeständigkeit (dafür steht ja der Terminus Mode bzw. modisch heute quasi metaphorisch). Männer und Frauen standen nun hinsichtlich ihrer modischen Selbstdarstellung auf unterschiedlichen Seiten des »great visual divide« (Silverman 1986: 147). Es ist sicher kein Zufall, dass diese Entwicklung gleichzeitig mit der Entwicklung eines Zwei-Geschlechter-Modells vonstatten ging; vielmehr scheint es, als sei die Abhängigkeit von Dingen eine Funktion der Abhängigkeit von Materialität, die den Frauen in den wissenschaftlichen Diskursen zunehmend zugesprochen wurde. Damit dient der Diskurs der Mode deutlich der Installation der Geschlechterdifferenz als sozialer Leitdifferenz, wohingegen klassenspezifische Differenzierungen immer stärker zurücktraten. Während die Identifikation von Kleidung und Körper im Fall der Frauen zunehmend metonymisch verstanden wurde, d.h. als Verweis auf eine anatomische Differenz, wurde die Männermode zunehmend vertikal und damit, metaphorisch gelesen, phallisch. Die Nüchternheit des dreiteiligen Anzugs in gedeckten Farben, der von allen Ständen getragen wurde, stand damit auch für die Standhaftigkeit, Unveränderlichkeit und Konstanz seiner männlichen Träger: »[B]y freezing the male body into phallic rigidity, the uniform of orthodox male dress makes it a rock against which the waves of female fashion crash in vain« (Silverman 1986: 148).

Christoph Henke

Common Sense und *Englishness* in der englischen Literatur des 18. Jahrhunderts

In einer oft zitierten Passage von John Boswells berühmter Biographie *Life of Johnson* (1791) berichtet Boswell von einem angeregten Gespräch mit dem Literaturkritiker, Biographen, Lexikographen, Essayisten, Moralisten und Dichter Samuel Johnson nach einem gemeinsamen Kirchbesuch. Als dieser von Boswell angesprochen wird auf die vermeintliche Unwiderlegbarkeit der philosophischen Doktrin »esse est percipi« des Bischofs George Berkeley, wonach Dinge nur existieren, sofern sie wahrgenommen werden, tritt Johnson heftig gegen einen großen Stein und ruft laut aus: »I refute it *thus*.« (Boswell 1980 [1791]: 333) Sieht man einmal davon ab, dass dieser Steintritt Berkeleys These nicht wirklich widerlegt (die Existenz des Steins vor und nach dem wahrscheinlich schmerzhaften Kontakt mit Johnsons Fuß ist damit noch nicht bewiesen), so ist Johnsons Reaktion dennoch klar. Es widerspricht ganz offenbar dem gesunden Menschenverstand anzunehmen, dass die Dinge nur dann existieren, wenn Subjekte sie wahrnehmen oder an sie denken. Johnson, der wie kein anderer ab der Mitte des 18. Jahrhunderts das intellektuelle Leben Englands prägte, galt seinen Zeitgenossen wie der Nachwelt als maßgebliches Vorbild für Common Sense. Mit seinen Aphorismen, Essays und Literaturkritiken erwarb sich der aus einfachen Verhältnissen stammende ›Doctor Johnson‹ eine Autorität, die ihm nicht in erster Linie aufgrund seiner enzyklopädischen Gelehrtheit zugebilligt wurde, sondern wegen seines gesunden Urteilsvermögens mit praktischem Sitz im Leben. Bezeichnenderweise firmiert das 18. Jahrhundert in Literaturgeschichten häufig nicht nur als Zeit des Klassizismus oder *Age of Reason*, sondern auch, besonders für die Zeit ab 1740, als *Age of Johnson*. Solch pauschalen Epochisierungen mutet jedoch immer etwas Fragwürdiges an, da sie Homogenität und Kontinuität innerhalb eines historischen Zeitraums überbetonen und auf die Wirkmacht eines Aspekts oder einer Person reduzieren. Daher soll hier auch keine ›Epoche des Common Sense‹ behauptet werden. Dennoch lässt sich zeigen, dass sich im Großbritannien des 18. Jahrhunderts ein Common-Sense-Diskurs etabliert, der *Englishness* bzw. *Britishness* als kulturelle Identitätskonzepte maßgeblich beeinflusst hat und bis heute in Form überkommener Klischees fortwirkt.

Common Sense und *Englishness* – Begriffliche Annäherungen

Common Sense als kulturelles System

Common Sense zu besitzen, meint im Alltag gemeinhin, dass man die Realität wahrnimmt, wie sie ist, und aus dieser unmittelbaren Erfahrung adäquate und effiziente Schlüsse für das praktische Handeln zieht – so wie es der gesunde Menschenverstand beispielsweise gebietet, an einem stark bewölkten Tag beim Verlassen des Hauses einen Regenschirm mitzunehmen. Common-Sense-Vorstellungen suggerieren eine unhinterfragte Selbstevidenz und Universalität; sie sind zwar per se nicht fest definiert, kodifiziert oder reflektiert – sie sind ja ›selbstverständlich‹ –, implizieren zugleich aber Zustimmungspflichtigkeit und Allgemeingültigkeit für alle Menschen. Dagegen hat der Ethnologe Clifford Geertz eingewandt, dass, so wie sich die Interpretationen der Realität in verschiedenen Kulturen grundlegend voneinander unterscheiden können, auch deren Common-Sense-Vorstellungen erheblich variieren. Er schlägt daher vor, Common Sense vielmehr als ein kulturelles Wertesystem ähnlich wie Kunst oder Religion zu betrachten (wenngleich es weniger explizit ist als diese), das bestimmte transkulturelle Stilmerkmale aufweist, jedoch zum Teil sehr unterschiedliche Inhalte produziert. Diese Inhalte, ebenso wie Kulturen selbst, unterliegen einem historischen Wandel (vgl. Geertz 1983: 76). Da jedoch die Eigentümlichkeit des Common Sense gerade darin besteht, die als natürlich und unmittelbar erscheinende Realitätserfahrung als *common* zu verallgemeinern, machen die eigenen historisch-kulturellen Koordinaten notwendigerweise jenen blinden Fleck aus, hinter dem der Konstruktcharakter des Common Sense aus dem Blickfeld verschwindet.

Zur Begriffsgeschichte von ›Common Sense‹

Der englische Begriff des ›*common sense*‹, wie eine ältere begriffsgeschichtliche Studie von Helga Körver (1967) belegt, ist im 16. Jahrhundert zunächst aus dem lateinischen *sensus communis* übertragen worden. Er verlor offenbar recht bald seine ältere scholastische Bedeutung zur Bezeichnung eines inneren ›Gemeinsinns‹ der fünf äußeren Sinne (mit vermuteter anatomischer Entsprechung in Organform) und nahm die heute noch relevanten Bedeutungen von natürlichem Urteilsvermögen und praktischer Weltklugheit an. Hier kommt *common sense* wohl dem deutschen Ausdruck vom ›gesunden Menschenverstand‹ am nächsten. Common Sense wird als ein intuitives, natürliches Vermögen gedacht, über das prinzipiell alle ›normalen‹ Menschen verfügen (sollten). Im »minimising view«, wie C.S. Lewis (1967 [1960]: 153) die herablassende Bewertung von Common Sense als Mindestmaß menschlichen Verstandes genannt hat, erscheint er als etwas nur allzu Gewöhnliches, als »mere or plain common sense«. Im »maximising view« (ebd.) hingegen meint er eine ausgeprägte Fähigkeit zu kritischem Urteilsvermögen und entsprechendem Benehmen. In diesem Sinn erlangte er im 18. Jahrhundert den Rang einer maßregelnden Appellinstanz gegen die Auswüchse von Unvernunft, Fantasterei, Spekulation, Selbsttäuschung, Leichtgläubigkeit, Leidenschaft, Starrsinn, Pedanterie, Dogmatismus, Fundamentalismus oder Extremismus. Dass ein so verstandener Common Sense, der auch als ›*good sense*‹ bezeichnet wurde, eine besondere Wertzusprechung impliziert, illustriert der im 18. Jahrhundert häufig bemühte Topos, »that Common Sense is no such common Thing« (*Common Sense* 1738, I: 3).

Um die Genese des nachhaltigen kollektiven Selbstbildes nachzuvollziehen, dass »the old solid *English* standard of Common Sense« (ebd.: I: 6) eine Nationaltugend sei, ist es hilfreich, Common Sense als einen Diskurs – d.h., nach Michel Foucault, ein geregeltes System von Aussagen – aufzufassen, der sich mit diskursiven Formationen von *Englishness* bzw. *Britishness* überschneidet. Nationale Identität ist dabei nicht als ein Produkt genetischer, klimatischer oder ähnlicher Eigenschaften anzusehen, sondern als ein diskursiver Effekt, d.h. als das Resultat bestimmter Redeweisen und damit verbundener Praktiken, welche sich aus dem Begehren nach einer solchen kollektiven Einheit speisen. Antony Easthope (vgl. 1999: 18, 54f.) hat im Anschluss an psychoanalytische Theorien von Sigmund Freud und Jacques Lacan dargelegt, dass unter neuzeitlichen Bedingungen – d.h. angesichts einer Profilierung von Individualität bei wachsender Isolation durch die Auflösung traditioneller Kollektive (Großfamilie, Clan- oder Dorfgemeinschaft usw.) – sich das subjektive Begehren nach Identität intensiviert und sich auf ein imaginäres Kollektivsubjekt richtet: die Nation. Somit wird Identität im doppelten Sinne gestiftet: Das Subjekt identifiziert sich als Teil der Nation und zugleich mit anderen Subjekten in einer abstrakten Gemeinschaft.

Eine Diskursanalyse von Common Sense und *Englishness* in der englischen Literatur des 18. Jahrhunderts richtet sich damit auf das textuelle Netzwerk von Aussagen, das den ›gesunden Menschenverstand‹ zur maßgeblichen Instanz menschlichen Handelns erhebt und als wesentliches Element englischer Nationalidentität ausweist. Dies impliziert eine gewisse Deprivilegierung fiktionaler Literatur hinsichtlich ihres Anspruchs auf ästhetische Autonomie: Mit Foucault wäre Literatur aufzufassen als historischer »Knoten in einem Netz« (1994 [1969]: 36) von Verweisen auf andere Bücher, Texte und Sätze. Trotz allem ist es als ein Privileg fiktionaler Literatur anzusehen, ein besonders verdichteter Knotenpunkt von Diskursen zu sein, deren Vielstimmigkeit auch ein

Common Sense und Englishness als Diskurse

Literatur als Knoten im diskursiven Netzwerk

kritisches oder gar gegendiskursives Potenzial bergen kann. Im Falle von Common Sense kann der Diskurs sowohl als kritische Waffe benutzt als auch selbst einer Kritik unterworfen werden: Während vom Boden des Common Sense aus das Widersinnige, Unvernünftige oder Exzessive angreifbar wird, eignet sich Literatur auch als Ort des Widerspruchs gegenüber diesem vermeintlich so festen Fundament.

Empirismus und Common Sense im 17. und 18. Jahrhundert

Empirismus und Skeptizismus in der britischen Philosophie

Englishness als eine diskursive Formation, die das kollektive Gefühl nationaler Identität bewirkt, wird seit dem 17. Jahrhundert maßgeblich von der Tradition des Empirismus bestimmt. Hier lässt sich auch die Geburtsstunde des englischen Common-Sense-Diskurses ansetzen. Vereinfacht gesagt meint Empirismus, dass menschliche Erkenntnis nur aus Erfahrung erwächst, d.h. aus den Tatsachen der beobachtbaren Wirklichkeit, wie sie über die Sinnesorgane wahrgenommen werden und sich dem Bewusstsein präsentieren. Damit wendet sich der Empirismus v.a. gegen jegliche Formen metaphysischer Spekulation. Schon in Francis Bacons *The Advancement of Learning* (1605) und Thomas Hobbes' *Leviathan* (1651) lässt sich jene für den Empirismus insgesamt so zentrale Betonung von Common Sense und Erfahrung nachweisen, mit der die Möglichkeit einer klaren, vorurteilsfreien und undogmatischen Erkenntnis der Wirklichkeit postuliert wird. John Locke schließlich entwickelt in *An Essay Concerning Human Understanding* (1690) die zentrale empiristische Ideenlehre, wonach der Mensch die objektive Welt nur vermittels subjektiver Ideen wahrnimmt, die aber nicht angeboren sind, sondern erst durch Erfahrung erworben werden. Lockes Annahme, dass unser Bewusstsein keinen unvermittelten Zugang zur Objektwelt hat, läuft aber bereits einem naiven Common-Sense-Realismus zuwider und lädt zu erkenntnistheoretischen Zweifeln ein, die von dem Schotten David Hume in *A Treatise of Human Nature* (1740) radikalisiert werden und im Skeptizismus, d.h. der Infragestellung allen objektiven Wissens, münden.

Schottische Common-Sense-Philosophie

Dieser Skeptizismus wird durch die schottische Common-Sense-Philosophie und ihren Begründer Thomas Reid zurückgewiesen. Reid postuliert in seinem Hauptwerk *An Inquiry into the Human Mind on the Principles of Common Sense* (1764) eine direkte Entsprechung zwischen subjektiver Sinneswahrnehmung und objektiver Welt, welche garantiert, dass Subjekte die Welt erkennen wie sie ist. Der natürliche Glaube an die Verlässlichkeit unserer Wahrnehmung – ganz abgesehen davon, dass sie als durch Gott gesichert angesehen werden muss – ist, so Reid, ein unhintergehbares Gebot des Common Sense. Jegliches Philosophieren, das den intuitiven Wahrheiten des gesunden Menschenverstands zuwiderläuft, ist für ihn ein absurder Irrweg. Bei Reid tritt der Common-Sense-Diskurs somit in einer seiner zentralen Funktionen auf, der Maßregelung von Auswüchsen, und zwar konkret als Korrektiv eines Exzesses jener empiristischen Denktradition, die den britischen Common-Sense-Diskurs erst hervorgebracht hat.

Empirie und moralisch-praktischer Common Sense in der Literatur

Der Empirismus ist seit Ian Watts berühmter Studie *The Rise of the Novel* (1957) als ein zentraler Faktor für die Entstehung des Romans und die Etablierung seiner Prinzipien realistischer Darstellung angesetzt worden. Für diese Entwicklung entscheidend ist die empiristische Ausrichtung von Denken und Erkenntnis an den Tatsachen der erfahrbaren Wirklichkeit, was in einer Abkehr von gewohnheitsmäßigen Wahrheiten und überlieferten Autoritäten resultiert. Dabei steht das erfahrende Individuum im Vordergrund eines Realismus-Konzepts, wie es paradigmatisch in den Romanen von Daniel Defoe und Samuel Richardson zum Ausdruck kommt. In Defoes *Robinson Crusoe* (1719) ist es die ungeheure Detailfülle der Orts- und Alltagsbeschreibungen des gestrandeten Robinson auf dessen einsamer Insel, die den Roman so realistisch als Repräsentation einer plausiblen äußeren Wirklichkeit erscheinen lässt. In den Briefromanen Richardsons – *Pamela* (1740/41) und *Clarissa* (1747/48) – sind es hingegen die Innenwelten der Heldinnen, deren minutiöse Beschreibungen einen modernen psychologischen Realismus begründen. Der relativ nüchterne und wenig ornamentale Sprachstil der Romane Defoes und Richardsons markiert zugleich einen Bruch mit den elaborierten literarischen Stilkonventionen des Klassizismus, der seine Analogie in der empiristischen Sprachkritik Lockes findet, d.h. in dessen Common-Sense-Forderung nach einer transparenten Repräsentation der Realität durch die Sprache. Dass in den Romanen Defoes, Richardsons und Henry Fieldings (des dritten bedeutsamen Mitbegründers der englischen Romantradition, besonders durch *Tom Jones*, 1749) Personen der aufkommenden bürgerlichen Mittelschicht oder der unteren Schichten zu literarischen Hauptfiguren werden (wie etwa die Prostituierte Moll Flanders in Defoes gleichnamigem Roman von 1722), markiert einen Wandel literarischer Normen, die sich zunehmend nicht mehr an einer höfisch definierten Bildungstradition, sondern dem Common Sense des *common man* orientieren – bzw. seines weiblichen Pendants, da die Breitenwirkung des Romans als Massenliteratur im 18. und 19. Jahrhundert nicht zuletzt auf die steigende Zahl bürgerlicher Leser*innen* zurückgeht.

Common Sense und Empirie – The Rise of the Novel

Gegenüber diesen Modernisierungstendenzen durch den Roman ist die Lyrik dieser Zeit, besonders während des so genannten *Augustan Age* in der ersten Hälfte des 18. Jahrhunderts, formal noch fest an den klassischen literarischen Vorbildern der Antike orientiert und somit

Die Lyrik des Augustan Age – Common Sense und Allgemeinheit

an ein eher elitäres, vornehmlich aristokratisches Publikum gerichtet. Mit einem durch Streben nach perfekter Ordnung, Harmonie und Balance geprägten Stil, der durch sprachlichen *wit* und rhetorischen Feinschliff brilliert, bringt die augustäische Lyrik primär eine Weltsicht zum Ausdruck, in der das Individuum mit seinen Besonderheiten hinter einem Common Sense der Allgemeinheit zurücktritt. Besonders in der satirischen Lyrik von Alexander Pope, dem prominentesten und versiertesten Dichter des englischen Klassizismus, steht Common Sense damit in Opposition zu menschlichen Attitüden wie z.b. weiblicher Affektiertheit (in *The Rape of the Lock*, 1712/1714), aber auch Idiosynkrasien wie abgehobener Spekulation oder Pedanterie, die jeden praktischen Anwendungsbezug oder den Blick für das Wesentliche vermissen lassen. So hat Pope etwa in seinem Lehrgedicht *An Essay on Criticism* (1711), das seine Poetik der Nachahmung antiker Vorbilder wie Horaz oder Homer formuliert, weltfremdes Spezialistentum als *false learning* gebrandmarkt:

> So by *false Learning* is *good Sense* defac'd;
> Some are bewilder'd in the Maze of Schools,
> And some made *Coxcombs* Nature meant but *Fools*.
> In search of *Wit* these lose their *common Sense* […]. (Z. 25–28)

Moralischer
Common Sense
als Persönlich-
keitsideal

Der Common-Sense-Diskurs verfügt im 18. Jahrhundert aber auch über eine wichtige moralische Komponente, die sich mit christlichen Persönlichkeitsidealen wie *benevolence* oder *charity* verbindet. Als das Fundament jeglichen moralisch-praktischen Handelns ist Common Sense von Anthony Ashley Cooper, dem dritten Earl of Shaftesbury bestimmt worden. Shaftesbury fasst Common Sense als einen natürlichen moralischen Gemeinsinn auf, welcher sich allerdings bei jedem Menschen in Opposition zu Eigennutz und Selbstsucht befindet. Beispiele in der fiktionalen Literatur für vorbildliche Zeitgenossen, die mit Common Sense in diesem Sinne ausgestattet sind, finden sich etwa bei Fielding in seinen Romanfiguren Parson Adams aus *Joseph Andrews* (1742) und Squire Allworthy aus *Tom Jones*. Der gutmütige und aufrichtige Parson Adams wird allerdings von Fielding im Modus des »comic epic poem in prose« (Preface zu *Joseph Andrews*) zum liebenswert-einfältigen Gutmenschen überzeichnet. Mit deutlich geringeren komischen Anteilen ist Squire Allworthy der Inbegriff des großzügigen Philanthropen, der dem unsteten, aber liebenswerten Findling Tom Jones nach Auflösung aller Handlungsverwirrungen zum konventionellen Happy End mit Heirat und Vermögen verhilft. Allworthy verfügt über »an agreeable person, a sound constitution, a solid understanding, and a benevolent heart«, er ist »a man of sense and constancy« (Buch 1: Kap. 2).

Common Sense als Maß für alle lebenspraktischen Ansprüche artikuliert sich vorher bereits in den tonangebenden und oft imitierten Zeitschriften des *Tatler* und *Spectator* von Joseph Addison und Richard Steele, die zwischen 1709 und 1714 erschienen und das Modell des meinungsbildenden Unterhaltungsmagazins etablierten. Im Rückgriff auf das horazische Prinzip des *prodesse et delectare* setzten es sich Addison und Steele zum didaktischen Ziel, »to enliven Morality with Wit, and to temper Wit with Morality« (*The Spectator*, Nr. 10). Somit sollte insbesondere der bürgerlichen Mittelschicht eine ausgewogene moralische und ästhetische Orientierung in Fragen von Benehmen und Geschmack sowie, in wohldosierten Mengen, Literatur und Philosophie angediehen werden. Es ist diese Mischung von Verstandes- und Moraldimension bei gleichzeitigem Praxisbezug, die den die Literatur des 18. Jahrhundert durchziehenden Common-Sense-Diskurs maßgeblich bestimmt.

Common Sense als didaktisches Maß in der Zeitschriftenkultur

Das ›Diktat‹ des Common Sense – Integration und Ausgrenzung

Versteht man einen Diskurs mit Foucault als ein Ausschlussprinzip, so bestimmt dieser durch seine Macht, Aussagen zu regeln, zugleich auch, was außerhalb des Diskurses steht (und somit als unvernünftig, irrelevant, subversiv oder gefährlich auszuschließen ist). Bei aller vermeintlichen Integrativität des Common Sense, die die Appelle an das Verbindende aller Menschen suggerieren – weswegen Common Sense auch mit positiven britischen Nationalklischees wie Toleranz oder Fairness in Verbindung steht –, zeigt die im 18. Jahrhundert weit verbreitete autoritäre Redeweise von den ›*dictates of common sense*‹ eine hegemoniale Seite, mit der das Andere und Andersartige unterdrückt werden soll. So benutzt die erste Ausgabe der 1737 gegründeten Wochenzeitschrift *Common Sense: or, The Englishman's Journal* bezeichnenderweise die Gerichtsverhandlung als Leitmetapher für ihr Programm:

Common-Sense-Diskurs als Ausschlussprinzip

> As to the Design of my Paper, it is to take in all Subjects whatsoever, and try them by the Standard of Common Sense. – I shall erect a Kind of Tribunal, for the *Crimina Læsi Sensus Communis*, or the Pleas of Common Sense. (1738, I: 5)

Common Sense soll die Gefahr von »Epidemical Frenzies« (1739, II: 85) bekämpfen sowie den Hang der Menschen, »to branch out into Extreams […], unless some judicious Hand takes the Trouble to prune their Luxuriances« (ebd.: 82). Die medizinische und botanische Metaphorik weist Common Sense deutlich als einen Normalitätsdiskurs aus: Sein Innerhalb ist geistige und soziale Gesundheit, sein Außerhalb Auswuchs und epidemische Krankheit.

Literarische Satire
als Ausgrenzung
durch Common
Sense
Von der Warte des Common Sense aus werden im 18. Jahrhundert menschliche *follies* wie Aufgeblasenheit, Pedanterie oder Eitelkeit der Lächerlichkeit preisgegeben. Hierzu bietet sich der Modus der satirischen Überzeichnung als probates Mittel an. Noch vor Pope und Fielding ist Jonathan Swift der wichtigste Satiriker des an Satirikern so reichen 18. Jahrhunderts. Sein Welterfolg *Gulliver's Travels* (1726) geißelt in Form der Zwerge und Riesen, Tierwesen und fantastischen Gesellschaften, denen Lemuel Gulliver auf seinen vier Reisen begegnet, menschliche Laster sowie politische, soziale und wissenschaftliche Entwicklungen in England, die für Swift gegen den gesunden Menschenverstand verstoßen. Noch drastischer ist sein kurzes Pamphlet *A Modest Proposal* (1729), das mit bitterster Ironie die englische Irland-Politik kritisiert: Als Lösung der extremen Armut in Irland, das zu dieser Zeit unter Misswirtschaft und einer erdrückenden englischen Steuerlast litt, schlägt ein um das öffentliche Wohl besorgter englischer Gentleman die Schlachtung aller einjährigen irischen Kleinkinder vor, um diese als kulinarische Delikatesse an die Haushalte der Aristokratie zu verkaufen. Der nüchterne Argumentationsstil ist eine beißende Satire auf die Methoden moderner Wissenschaft, die für Swift mit rationaler Stringenz zu absurden, dem Common Sense zuwider laufenden Ergebnissen gelangt.

Diskriminierung
des ›Anderen‹:
Frauen und frem-
de Kulturen
Ins Abseits des Common-Sense-Diskurses gerieten im 18. Jahrhundert auch Frauen als unterprivilegierte gesellschaftliche Gruppe sowie fremde Nationen oder Kulturen. So widmet sich etwa eine gesamte Ausgabe von *Common Sense* dem Anliegen, »to shew the Fair what Kind of Foibles are Offences against Common Sense« (*Common Sense* 1739, II: 112). Wenngleich teilweise großzügig eingeräumt wird, dass prinzipiell beide Geschlechter am gesunden Menschenverstand teilhaben, so ist Common Sense doch unverkennbar eine männliche Domäne, gewissermaßen ein *gendered discourse*. Fremde Kulturen gerieten in dem kolonial expandierenden britischen Weltreich auch im Mutterland England immer stärker in den Blickpunkt – und eigneten sich bestens für die Vergewisserung der eigenen Überlegenheit. Abgesehen von den europäischen Nachbarn, von denen etwa der Rivale Frankreich in der stereotypen englischen Wahrnehmung als Inbegriff modischer Eitelkeit und geschmäcklerischen Hochmuts galt und damit ein Kontrastbild zum bodenständigen Common Sense Englands abgab, waren es die ›primitiven Urvölker‹ der neuen Kolonien oder die exotischen Kulturen des Fernen Ostens, denen gerne ein Mangel an gesundem Menschenverstand unterstellt wurde. Solch chauvinistische Ignoranz wird etwa in *The Citizen of the World, or Letters from a Chinese Philosopher* (1762) von Oliver Goldsmith satirisch aufs Korn genommen, wenn dieser seinen chinesischen Briefschreiber vom Kontakt mit Engländern berichten lässt:

Strange, say they, that a man who has received his education at such a distance from London, should have common sense; to be born out of England, and yet have common sense! impossible! He must be some Englishman in disguise; his very visage has nothing of the true exotic barbarity. (Brief 33, Z. 17–21)

Allerdings ist die Figur des chinesischen Philosophen, die Goldsmith für seine Satire der englischen Gesellschaft entwirft, in der Tat eher ein »Englishman in disguise«: Die vorgebliche Fremdperspektive ist eine nur allzu leicht maskierte Eigenperspektive.

Politik und *Englishness* – Common Sense als Rhetorik und Allegorie

Insbesondere in der politischen Sphäre entlarvt sich die Arbitrarität von Common-Sense-Inhalten; der Appell an den gesunden Menschenverstand wird zur rhetorischen Allzweckwaffe gegen den politischen Gegner. Berühmtestes Beispiel hierfür ist sicherlich die hunderttausendfach gedruckte Propagandaschrift *Common Sense* von Thomas Paine aus dem Jahre 1776, die mit ihrem Revolutionsaufruf unter Berufung auf den gesunden Menschenverstand den Weg zur amerikanischen Unabhängigkeit ebnete. Mit der gleichen rhetorischen Strategie verfolgten im England des 18. Jahrhunderts viele Zeitschriften oppositionspolitische Interessen, wobei etwa die Autoren des *Common-Sense*-Magazins nicht müde wurden, ihre vermeintliche Neutralität zu betonen: »Common Sense must be free from all Prejudice, and Party Sense is observed to be rarely so« (*Common Sense* 1738, I: 171). Die Whig-Regierung von Robert Walpole, von 1721 bis 1742 de facto der erste Premierminister Englands, wurde aufgrund ihrer umstrittenen Steuer- und Außenpolitik sowie nicht zuletzt wegen Walpoles Persönlichkeit als ausgeprägter Machtpolitiker und Lebemann von vielen Seiten angefeindet. Unter den literarischen Kritikern ist hier neben Swift, Pope und Fielding auch John Gay zu nennen, der mit seinem überwältigenden Bühnenerfolg *The Beggar's Opera* (1728) – einer Parodie italienischer Opern, die stilbildend für das Genre der englischen *ballad opera* wurde – und dem darin dargestellten Elend der Handlungsfiguren im Bettler- und Ganovenmilieu die moralische Verwerflichkeit der herrschenden politischen Klasse scharf kritisiert. Dass jedoch die Berufung auf Common Sense in politischen Debatten oft nicht mehr als billige Rhetorik ist, wird z.B. von der Walpole-Sympathisantin Lady Mary Wortley Montagu herausgestellt, die die Autoren des *Common-Sense*-Magazins bissig als »Club of People who think they have monopolized *Common-Sense*« (Montagu 1970 [1947]: 30) bezeichnet und damit die selbstimmunisierende Strategie politischer Common-Sense-Appelle dekuvriert.

Common-Sense-Appelle in der politischen Rhetorik

Politische Alle-
gorien: ›Queen
Common Sense‹
Ebenso meist politischer Natur sind die zahlreichen allegorischen Personifikationen von Common Sense in der Literatur des 18. Jahrhunderts; sie unterstreichen zugleich die enge Verbindung zwischen Common Sense und *Englishness*. In Fieldings metadramatischer Burleske *Pasquin* (1736) ist Queen Common Sense die Hauptfigur einer Tragödie mit dem Titel *The Life and Death of Common-Sense*, welche als Stück-im-Stück (neben einer Komödie über Wahlbestechung) von einer dilettantischen Londoner Theatertruppe eingeprobt wird. Ebenso wie viele andere der zahlreichen Dramen Fieldings (bis zu deren Versiegen durch den *Theatre Licensing Act* von 1737) ist *Pasquin* eine polemische Breitseite gegen die Walpole-Regierung. Queen Common Sense ist bezeichnenderweise eine englische Regentin, fällt jedoch im Laufe der dürftigen Tragödienhandlung einer Verschwörung von papistischem Klerus (repräsentiert durch den unfehlbaren Hohepriester Firebrand), Winkeladvokaten (Law) und Quacksalbern (Physick) zum Opfer, die als Thronfolgerin Queen Ignorance mit ihrem Heer aus Frankreich und Italien ins Land holen. Der Geist der toten Queen Common Sense, der England weiter heimzusuchen verspricht, erinnert das Publikum im Epilog an die Glorie der englischen Nation: »Can the whole world in science match our soil? / Have they a LOCKE, a NEWTON, or a BOYLE?« (Z. 23–24). Trotz Fieldings satirischer Stoßrichtung, den Verlust von Englands Common Sense unter Walpole zu brandmarken, scheint der Appell an den englischen Patriotismus, dessen Identitätskonzept sich neben ruhmreichen Köpfen eben über Common Sense konstituiert, ernst gemeint.

Göttin
Common Sense
als Britannia
Sogar als Göttin personifiziert wird Common Sense in einem Magazin mit dem Titel *Old Common Sense*. Common Sense thront hier auf einem mit den Emblemen von Freiheit, Gerechtigkeit und Wahrheit versehenen Sessel und hält ein Schwert mit der Inschrift »Pro Patria« in der Hand (vgl. Körver 1967: 147). Die ikonographische Nähe zur glorreichen Britannia (als Personifikation des Britischen Empire), deren Darstellungen sich seit dem 17. Jahrhundert u.a. an der römischen Kriegsgöttin Minerva orientieren, ist offensichtlich. In der historischen Allegorie *The Life and Adventures of Common Sense* (1769) eines gewissen Herbert Lawrence ist Common Sense schließlich der im antiken Athen geborene Sohn seiner aufrichtigen Mutter Truth und seines unsteten Vaters Wit. Aufgezogen von seinem Ziehvater Wisdom und ständig begleitet von seiner Gouvernante Prudence erlernt Common Sense den Arztberuf und spezialisiert sich bezeichnenderweise auf die Heilung von Wahnsinn auf der ganzen Welt, um sich schließlich während des Elisabethanischen Zeitalters mit seiner Familie in England niederzulassen. Dieser Plot verweist nicht nur auf die Relevanz von Common Sense als Normalitätsdiskurs, sondern auch auf die für den englischen Klassizismus entscheidende Verbindung zur Antike, durch

deren Nachkommenschaft *Englishness* als besonders prestigeträchtig ausgewiesen wird.

Ausblick: Common Sense am Ende des 18. Jahrhunderts

In der zweiten Hälfte des 18. Jahrhunderts bewirken die Kultur der Empfindsamkeit, auf die im folgenden Kapitel näher eingegangen wird, sowie der Beginn der Romantik, etwa bei William Blake, William Wordsworth und Samuel Taylor Coleridge, eine literarische Umakzentuierung auf Empathie und Mitgefühl bzw. radikale Individualität und subjektiven Gefühlsausdruck – und damit eine scheinbare Abkehr vom nüchternen Common Sense. Doch selbst in einem Roman wie Laurence Sternes *Tristram Shandy* (1759–67), der zu Recht dem Genre der *sentimental novel* zugerechnet wird, finden sich die bekannten Elemente des Common-Sense-Diskurses. Einerseits dient das ungewöhnliche Feuerwerk erzähltechnischer Kuriositäten, das postmodernen Erzählexperimenten vorgreift, dem Ich-Erzähler Tristram Shandy zur selbstbewussten Affirmation moderner Individualität: »All I wish is, that it may be a lesson to the world, ›*to let people tell their stories their own way*‹« (Buch 9, Kap. 25). In dieser Hinsicht ist *Tristram Shandy* auch ein sentimentaler Roman, da er die liebenswürdige Exzentrik individueller menschlicher Charaktere (besonders von Tristrams Onkel Toby), die deutlich gegen die Common-Sense-Normen des 18. Jahrhunderts verstoßen, mit größter Einfühlsamkeit darstellt und so beim Leser *sympathy* erzeugt. Andererseits steht die subversive Wissenschaftssatire, die der Roman über weite Strecken darstellt, fest auf dem Boden des Common Sense, wenn Tristram genüsslich die Absurditäten von Pedanterie, *false learning* und metaphysischer Spekulation (insbesondere in der Figur von Tristrams Vater Walter Shandy) auskostet.

    In späteren Epochen ab der Romantik ist der Common-Sense-Diskurs, trotz mancher Modifikationen, bereits zu sehr in den diskursiven Formationen britischer Nationalkultur verankert, als dass er durch eine radikale Neubestimmung von Mensch und Natur in einer nunmehr historisierten Welt von seinem festen Platz in Konzepten von *Englishness* oder *Britishness* verdrängt werden könnte. Der Romantiker Coleridge stellt entsprechend fest: »The English possess Genius occasionally […] – but good sense *diffusedly*. The former is the national honor; but the latter is the national *Character*« (zit. nach Körver 1967: 205). Der Anspruch auf Allgemeingültigkeit, den das Adjektiv *common* in ›Common Sense‹ impliziert, erscheint zwar allzu deutlich als ein Ideal des 18. Jahrhunderts und somit eigentlich inkompatibel zum Individualismus des 19. und 20. Jahrhunderts. Vielleicht aber ist das Bedürfnis nach einem festen Boden unter den Füßen in einer immer komplexeren

Common Sense und Gefühl

Common Sense in der Folgezeit

und dynamischeren Welt ein Grund, warum sich Common Sense als positive Selbstzuschreibung zu *Englishness* nicht nur in der auf soziale und kulturelle Konformität ausgerichteten Epoche des Viktorianismus behaupten konnte. Der Sprengkraft der Moderne und dem Zerfall britischer Weltmacht im 20. Jahrhundert trotzend, bleibt die Rede vom Common Sense bis in die heutige postkoloniale Gegenwart hinein ein populäres Klischee britischer Nationalkultur.

Simone Roggendorf

Ehe und Familie in der Kultur der Empfindsamkeit

Die Modernisierung der menschlichen Gefühlswelt

Als Dorothy Osborne um 1650 ihre Liebesbriefe an William Temple verfasste, redete sie ihn mit »Sir« an. Noch 1707 überschrieb Richard Steele die Briefe an seine frisch gebackene Ehefrau mit »Madam«, bevorzugte aber bald Kosenamen wie »Dear Prue oder »My lov'd creature«. Diese unterschiedlichen Anredeformen sind zum einen Indiz für eine geschlechtsspezifische Verhaltensweise: Noch 1699 wetterte John Sprint in einer Hochzeitspredigt gegen den Gebrauch des männlichen Vornamens, der ihm als Ausdruck mangelnden weiblichen Respekts galt, da nur Bedienstete derart informell angesprochen wurden. Wie bereits in der im selben Jahr anonym verfassten Schrift *The Female Preacher* vorgebracht wurde, sind diese Vertraulichkeiten zum anderen Ausdruck einer im Medium Schrift greifbar werdenden neuen Auffassung von Ehe, eine, in der Mann und Frau sich liebevoll zugeneigt und gleichberechtigt sind.

Affektkultur und Verschriftlichung

Emotionen wie Liebe sind zwar anthropologische Grundkonstanten, aber der Umgang mit ihnen und die Art, wie sie zur Sprache gebracht oder visualisiert werden, wird in unterschiedlichen Epochen und Kulturen jeweils anders geregelt. Was Menschen zu einer bestimmten Zeit gefühlt haben bzw. welche Einstellungen sie zu Gefühlen hatten, ist nicht direkt zugänglich, sondern kann nur anhand von Texten (wie im Kapitel »Gefährliche Gefühle«) oder auch Bildern (re)konstruiert werden. Im Zentrum einer historisch-anthropologischen Literaturwissenschaft steht daher die zeit-, kultur- und medienspezifische Repräsentation von Emotionen, deren Erforschung Rückschlüsse auf bewusste, unbewusste oder imaginierte kollektive Mentalitäten und Gefühlsmuster erlaubt. Da sich diese nur sehr langsam (*longue durée*) wandeln, erfordert die kulturgeschichtliche Perspektive die Untersuchung größerer Zeiträume auf einer möglichst breiten Materialbasis.

Repräsentation von Emotionen

Der Wandel der
Gefühlskultur im
*Long Eighteenth
Century*
Zwischen ca. 1640 und 1800 vollzog sich ein Mentalitätswandel, der als Modernisierung bzw. Zivilisierung der Gefühlswelt beschrieben werden kann. Im 18. Jahrhundert lassen sich grob zwei Phasen skizzieren: In der ersten Jahrhunderthälfte dominierte v.a. im Theater, in Verhaltensratgebern und in Wochenschriften ein stark moralisierender Umgang mit Gefühlen, der auf die Verfeinerung von Sitten und Umgangsformen (*politeness*) abzielte – eine Tendenz, die sich auch in bildkünstlerischen Gattungen wie dem Gruppenbildnis niederschlug. Ab der Jahrhundertmitte wuchs das Interesse an der subjektiven Gefühlswelt, die in Tagebüchern und Briefen erforscht, fixiert und im Falle der Veröffentlichung kommuniziert wurde. Der Hang zur Introspektion wurde zur kulturellen ›Manie‹ und die Beschäftigung mit dem Selbst gesellschaftsfähig. Schriftsteller und Schriftstellerinnen feilten an einer psychologisierenden Sprache und stellten v.a. im Roman immer differenziertere Formen der Innenweltdarstellung bereit. Darüber hinaus bot die in Mode kommende Gattung des Privatporträts neue Möglichkeiten zum *self-fashioning*.

Kultur der
Empfindsamkeit
Für diese zweite Phase, die zwischen 1740 und 1790 angesetzt wird, hat sich der Begriff ›Kultur der Empfindsamkeit‹ (*culture of sensibility*) etabliert, da die Aufwertung von subjektiven Empfindungen mit der Ausdifferenzierung feinsinniger Emotionen wie *sympathy*, *delicacy* und *tenderness* einherging, die von extremen Gefühlszuständen und egoistisch-animalischer Triebhaftigkeit abgegrenzt wurden. Diese Sublimierung kommt einer Disziplinierung und Kanalisierung der Leidenschaften gleich, die eine Verinnerlichung von Zwängen nach sich zog. Die Frau, der noch im 17. Jahrhundert eine destruktive Verführungsmacht zugeschrieben wurde, galt nun als sexuell bedürfnisloses Wesen. Man erlegte ihr die Rolle der Tugendwächterin auf und setzte auf ihre erzieherischen Fähigkeiten bei der Zivilisierung der Männerwelt.

Empfindsame und
materielle Werte
Das empfindsame ›Denksystem‹, das sich in medizinischen, moralphilosophischen, psychologischen und religiösen Schriften ebenso manifestierte wie in literarischen, dramatischen und bildkünstlerischen Gattungen, erschwert aufgrund seiner Komplexität die Markierung einer literatur- und kunsthistorischen Epoche der Empfindsamkeit; gleichzeitig verdankt sich die Popularität dieser Affektkultur gerade ihrer vielfältigen Anschließbarkeit und ihrem hohen Integrationspotential. Mittlerweile gilt die Empfindsamkeit als »Schlüsselelement des gesamten Aufklärungsprozesses« (Koschorke 2003: 11) und wird als Teil aufklärungsinterner Widersprüche gelesen: Die Aufwertung der Empfindungsfähigkeit geht mit der Regulierung der Leidenschaft einher, der Rückzug ins Innere steht der Aufforderung nach verantwortungsvollem Miteinander gegenüber, und die Konstruktion einer Privatsphäre bringt die Veröffentlichung des Privaten mit sich. Darüber hinaus korreliert die

Empfindsamkeit zeitlich mit der Ausbildung einer *consumer society*, was zu einer vielfältigen Verflechtung von empfindsamen und materialistischen Werten führte. Während etwa die Kindheit als ein wichtiges Stadium der persönlichen Entwicklung angesehen wurde und zahlreiche fiktionale und nicht-fiktionale Textsorten Zuneigung höher bewerteten als kindliche Gehorsams- und elterliche Fürsorgepflicht, profitierten die vermögenden Schichten von der Arbeit zahlreicher Kinder, die z.B. für einen Hungerlohn Kamine fegten.

Da Emotionen stets an den Verstand gekoppelt blieben und die sich seit den 1760er Jahren manifestierende übertriebene ›Empfindelei‹ bereits von Zeitgenossen kritisiert wurde, kann nicht von einer starren Opposition von Gefühl und Vernunft ausgegangen werden. Der Begriff ›Liebe‹ wurde in strikter Abgrenzung von einer kurzlebigen, leidenschaftlichen Liebesauffassung entworfen und in Anlehnung an reformatorische Ideen mit Konzepten wie Tugend und Beständigkeit verbunden. Die Aufforderung von Hester Chapone, der Mann solle seine Frau zum »*first* and *dearest friend*« (1808, II: 151) machen, ist nur einer von zahlreichen Hinweisen darauf, dass das Liebesideal an dem der Freundschaft ausgerichtet wurde. Das Fundament einer guten Ehe bildeten gemäß dieser Auffassung nicht sexuelle Anziehung, sondern freundschaftliche Zuneigung und gemeinsame Interessen, die einen ähnlichen Bildungsstand der Eheleute voraussetzten und eine angemessene Bildung für Frauen notwendig machten. Neue Frauen- und Männerbilder wie der Typus der *woman of sense* oder des *man of feeling* ermöglichten eine Annäherung der Geschlechter auf einer intellektuellen und emotionalen Ebene.

Ausrichtung des Liebesideals an der Freundschaft

Propagiert wurde die vernünftige Liebesheirat z.B. im *Spectator*, wo Joseph Addison 1711 eine Definition der glücklichen Ehe vorlegte: »A Marriage of Love is pleasant; a Marriage of Interest easie; and a Marriage, where both meet, happy. A happy Marriage has in it all the Pleasures of Friendship, all the Enjoyments of Sense and Reason, and, indeed, all the Sweets of Life« (Nr. 261). Diese Einstellung verbreiteten auch zahlreiche Komödien von Susanna Centlivre, die das ganze Jahrhundert hindurch einen festen Platz im Repertoire hatten. Hier setzen vernunftbegabte Frauen alles daran, nicht nur den Mann ihrer Wahl heiraten zu können, sondern auch finanziell gut abgesichert zu sein. So erklärt die weibliche Hauptfigur Anne Lovely in *A Bold Stroke for A Wife* (1718) ihrer Kammerzofe, dass sie nicht auf das väterliche Erbe von 30.000 Pfund zu verzichten gedenke, nur weil ihre vier Vormünder einer Heirat mit Fainwell nicht zustimmen würden. Ökonomische Erwägungen und Statusdenken verloren auch in der Folgezeit – zumindest bei Adel und Mittelschicht – nicht an Bedeutung. Wohl aber wurde individuellen Charaktereigenschaften und Emotionen ein immer wichtigerer Stellen-

Die Propagierung der vernünftigen Liebesheirat

wert beigemessen. Die arrangierte Konvenienzehe wurde, wie z.b. in William Hogarths Stichfolge *Marriage à la Mode* (1745), abgewertet und die auf persönlichen Neigungen basierende Liebesheirat propagiert, ohne dass diese jedoch als ausreichende Bedingung für eine Eheschließung oder eine dauerhaft glückliche Beziehung akzeptiert wurden.

Der Bedeutungswandel der Familie

Die Kleinfamilie (*nuclear family*) avancierte ebenfalls zu einem wichtigen Kulturthema. Dieses Interesse wird heute auf die Erfordernisse einer zunehmend marktorientierten Gesellschaft zurückgeführt, die eine Veränderung der Institution Familie begünstigten. So galt es, eine funktionale Trennung in eine private und eine öffentliche Sphäre vorzunehmen, Geschlechterbilder zu modifizieren und geschlechtsspezifische Aufgabenbereiche festzuschreiben bzw. neu zu bewerten. Insbesondere die häuslichen Verrichtungen der Frau erfuhren eine ungekannte Wertschätzung im vielfach gepriesenen Idealbild der *domestic woman*; mustergültig ist die Titelheldin in dem Folgeband von Samuel Richardsons populärem Briefroman *Pamela* (1740/41), deren Korrespondenz einen Einblick in die vielfältigen Aufgaben einer verheirateten Frau gewährt. Die Aufwertung der Privatsphäre und die große Bedeutung, die emotionalen Bindungen gegenüber bloßer Blutsverwandtschaft beigemessen wurde, trugen maßgeblich zur kollektiven Fiktion von der autonomen Kleinfamilie als Hort der Menschlichkeit bei.

Picturing the Family: Vorzeigefamilien und Musterehen im Porträt

Das Bild der *Polite Family* im *Conversation Piece*

Bei der Verbreitung neuer Auffassungen von Ehe und Familie kam den seit den 1720er Jahren bei der gehobenen Mittelschicht und dem Landadel beliebten Ehe- und Familienbildnissen, den so genannten *conversation pieces*, Modellcharakter zu. Diese von Hogarth nach niederländischem Vorbild in die englische Kunst eingeführte informelle Porträtgattung war aufgrund des kleinen Formates und ihrer Schablonenhaftigkeit nicht nur ein erschwingliches und dekoratives Objekt, sondern bot auf kleinstem Raum die Gelegenheit, Besitztümer sowie ein an den Werten der *politeness* ausgerichtetes Selbstbild und ein scheinbar konfliktfreies Familienleben zur Schau zu stellen. Die häufig stereotype Verwendung von Interieurs, Gegenständen, Posen und Freizeitaktivitäten verdeutlicht, dass es bei der Darstellung weniger um eine individuelle und realitätsnahe Repräsentation ging, als um die Verortung des Einzelnen in einem familiären und gesellschaftlichen Kontext. Dank der vielfältiger werdenden Ausstellungsmöglichkeiten markiert das *conversation piece* eine wichtige Schnittstelle von Intimität und Öffentlichkeit. Dies ist einer der Hauptgründe, weshalb diese Bildform zum wichtigsten Repräsentationsmodell der *polite family* werden konnte und auch der Literatur als visuelles Vorbild für tableauartige Familienszenen diente.

Der Begriff ›*conversation*‹ wurde im 18. Jahrhundert synonymisch für *society* oder *company* verwendet und meinte jenen höflichen Umgang, den Lord Chesterfield in den Briefen an seinen Sohn als »the art of pleasing« (16. Oktober 1747) bezeichnete. Dazu gehörten neben einem gepflegten und modischen Äußeren eine zuvorkommende Aufmerksamkeit, ein leichter und gefälliger Umgangston, die Wahl allgemein beliebter Gesprächsthemen, ein geschliffenes Benehmen und die Beherrschung der Körpersprache. Die Fähigkeit zur höflichen Konversation galt als Ausweis einer sozialen und emotionalen Kompetenz, mit der man sich gerne schmückte. So band z.b. Hogarth in *The Wollaston Family* (1730) die Figuren mittels Blickachsen und Gebärdesprache in eine lebendige Kommunikation ein, an der der Betrachter sein Verhalten ausrichten konnte. Neben der Darstellung von Umgangsformen wurde der Präsentation von Konsumgütern größte Bedeutung zugemessen. In Arthur Devis' *Mr and Mrs Bull of Onger* (1747) z.B. dienen Mode, Möbel, Bilder, Büsten und Bücher zur Dokumentation von Reichtum, Status, Geschmack und Bildung.

Konversation als Bindeglied

Bevorzugt wurden Porträts in Parklandschaften, in denen der Familiensitz eine zentrale Stellung einnimmt. Wie in Devis' *Robert Gwillym of Atherton and His Family* (um 1745–47) wird häufig die männliche Erbfolge und damit die Familienkontinuität demonstriert, die tatsächlich jedoch aufgrund der immer noch hohen Kindersterblichkeitsrate häufig unterbrochen war und durch weibliche Erben oder entferntere Verwandte wieder geschlossen werden musste. Diese Tatsache wurde meist, wie z.B. in Charles Philips *Thomas Hill of Tern and his Family* (1730), durch die Inszenierung einer harmonischen Familienszene verschleiert. In Thomas Gainsboroughs *Mr and Mrs Andrews* (um 1750) dagegen wird die Sicherung der Erbfolge mittels einer Vielzahl formaler Bezüge – von denen die Parallelisierung des weiblichen Schoßes mit dem fruchttragenden Feld und die des männlichen Fußes mit einer Wurzel der Eiche nur die offensichtlichsten sind – ›explizit‹ visualisiert. Die Reduzierung der Frau auf ihre Fruchtbarkeit wurde jedoch zunehmend kritisiert. Bereits 1722 wird das anzügliche Verhalten des potentiellen Heiratskandidaten Cimberton in Richard Steeles *The Conscious Lovers* der Lächerlichkeit preisgegeben. Der empfindsamen Komödienauffassung gemäß bleibt ihm die Hand der Erbin und damit sein Wunschtraum vom jährlichen Nachwuchs versagt.

Die Sicherung der Erbfolge

In den meisten *conversation pieces* sind die Figuren nach Geschlecht gruppiert. Frauen beschäftigen sich dort oft mit Kindern oder werden bei der Handarbeit, beim Musizieren oder Teetrinken dargestellt, während Männer durch Tätigkeiten wie Lesen, Reiten und Jagen oder durch einen Verweis auf ihre berufliche Tätigkeit charakterisiert werden. Hogarth, dem es mehr auf die Interaktion der Figuren denn auf eine ge-

Geschlechterstereotypen und Familienhierarchie

schlechtsspezifische Rollenverteilung ankam, ordnete die Porträtierten wie in *A Family Party* (um 1730–35) dagegen häufig paarweise an; diese Repräsentationsform setzte sich schließlich durch und wurde auch in der Literatur thematisiert. So versammelt der Ich-Erzähler Primrose in Oliver Goldsmiths *The Vicar of Wakefield* (1766) am Romanende seine Familie vor dem prasselnden Kaminfeuer. Doch das scheinbar alltäglich wirkende häusliche Idyll bedarf einiger diplomatischer Anstrengungen, da das paarweise Zuordnen der Plätze, das den Einzelnen über seine emotionale Beziehung und nicht über seine Stellung innerhalb der Familienhierarchie definiert, gerade bei den weiblichen Familienmitgliedern höchst umstritten ist. Bezeichnenderweise ist es das sanfte Ausüben väterlicher Autorität, das die Neuorganisation der Familie auf der Basis von Emotionen ermöglicht, zugleich aber deren hierarchische Ordnung offenbart. Diese war in Gawen Hamiltons *The Raikes Family* (um 1730–37) aufgrund der pyramidalen Anordnung der Figuren, die den Vater an der Spitze verortet, noch unmittelbar ersichtlich. Aufgrund der neuen Auffassung von Familie konnte sich dieses Kompositionsschema im *conversation piece* jedoch nicht durchsetzen.

Visualisierung affektiver Bindungen Ab den 1760er Jahren bildete sich im Zuge der Gründung von Institutionen wie der Society of Artists und der Royal Academy of Arts ein immenses Ausstellungswesen aus, so dass Gemälde einem weitaus größeren Publikum zugänglich waren. Es entstanden großformatige Porträts, in denen die Dargestellten meist lebensgroß und bildfüllend in Szene gesetzt wurden. Neben innigen Mutter-Kind-Porträts, wie z.b. Joshua Reynolds *Lady Cockburn and her Three Eldest Sons* (1773), in denen Kinder nicht mehr als kleine Erwachsene charakterisiert, sondern in ihrer Kindlichkeit erfasst wurden, erfreuten sich auch intimere und emotional besetzte Ehepaarbildnisse größerer Beliebtheit. Ein frühes Beispiel für das so genannte *companionate marriage portrait* ist Hogarths Bildnis von David Garrick und seiner Frau (um 1757). Später haben v.a. Joseph Wright of Derby und Gainsborough zur Erneuerung dieser Gattung beigetragen. Als paradigmatisch kann Gainsboroughs *Mr and Mrs Hallett* (1785) gelten, in dem Statussymbole und Reichtum subtiler präsentiert werden, Geschlechterbilder weniger stereotyp sind und ein harmonisches Bild der Ehe entworfen wird: Während die Helldunkel-Kontraste der Kleidung, das Motiv des galanten Armreichens sowie die räumliche Zuordnung der Frau zur offenen Landschaft und zum lichtdurchfluteten Himmel bzw. des Mannes zum knorrigen Baum eine geschlechtsspezifische Charakterisierung vorgibt, wird diese sowohl durch die Abmilderung der Farbkontraste als auch durch die grazile Körperhaltung, die ähnliche Frisur und die idealisierten Gesichter wieder abgeschwächt. Mittels der symmetrischen Anordnung der Figuren, die im eleganten Gleichschritt durch die Landschaft spazieren, ist zudem eine im Ehepaarbildnis außergewöhnliche körperliche Nähe hergestellt, die eine affektive Verbundenheit suggeriert. Das konventionalisierte Schreitmotiv sowie die reduzierte Gestik und Mimik gelten dabei als Ausweis jener kontrollierten Gefühlswelt, die in der Kultur der Empfindsamkeit populär wurde.

Thomas Gainsboroughs *Mr and Mrs William Hallett*, gen. *The Morning Walk* (1785), Öl/Lw., 236 × 179 cm, National Gallery, London, Inv. NG 6209. © National Gallery, London

In diesem Doppelbildnis verdichtet sich die im späten 18. Jahrhundert zutage tretende Auffassung von *Englishness* zu einer wirkmächtigen natürlich-empfindsamen Bildformel: Erstens ist die Natur in ihrer vermeintlichen Natürlichkeit nach dem Vorbild des englischen Landschaftsgartens gestaltet. Zweitens evoziert die ungewöhnliche Einstimmung des Gemäldes auf einen Grünton eine Außenatmosphäre mit typisch englischem Klima. Drittens kann die hochaktuelle und legere Kleidung der Halletts insofern als Ausdruck von *Englishness* gelten, als sie sich nicht länger an der französischen Mode orientiert: Das so genannte ›négligé‹ – von Zeitgenossen auch als ›robe à l'anglaise‹ bezeichnet – umspielt sanft Mrs Halletts Beine, anstatt den weiblichen Unterkörper unter ausladenden und schweren Reifröcken zu verbergen und

Natürliche Empfindsamkeit als Inbegriff von *Englishness*

die Bewegungsfreiheit einzuschränken. Auch die reduzierte Farbigkeit und der einfache Schnitt des Fracks von Mr Hallett sind typisch für die englische Mode. Die Landschaftsgestaltung, die Farbgebung und die Modeartikel, deren Bedeutung für die Subjektkonstitution im Kapitel zu Mode und Subjektivität behandelt wird, dienen der Visualisierung einer als natürlich geltenden Empfindsamkeit, die hier zum Inbegriff von *Englishness* wird.

Happily Ever After: Eheleben und Affektkontrolle in der Komödie

Ehe als Haupt-thema der Komödie Während das Ehepaarbildnis erst seit den 1750ern einen Aufschwung erlebte, lässt sich in der Komödie bereits seit den 1690er Jahren eine zunehmend problem- und reformorientierte Auseinandersetzung mit der Ehe nachweisen. Colley Cibber z.B. wich in seinen erfolgreichen Komödien *Love's Last Shift* (1696), *The Careless Husband* (1704) und *The Lady's Last Stake; or, The Wife's Resentment* (1707) von der dominanten Plotstruktur der Restaurationskomödie ab und machte statt dem strategischen und intellektuellen Liebesspiel des *gay couple* das Eheleben selbst zum Thema der Haupthandlung. Zudem deutet der mäßige Erfolg von William Congreves *The Way of the World* (1700), in der die Ehe wie in so vielen *comedies of manners* kritisiert wird, auf einen sich um 1700 abzeichnenden Mentalitätswandel hin.

Reumütige Ehemänner Cibber domestizierte die freizügige Sexualmoral der Restaurationskomödie, indem er körperliche und emotionale Leidenschaft in und nicht außerhalb der Ehe propagierte. In seinen Komödien stehen nicht mehr die raffinierten Verführungsstrategien des egoistisch-hedonistischen *restoration rake* im Mittelpunkt. Statt dessen befassen sie sich v.a. mit den psychischen Folgen männlicher Untreue und thematisieren die reuevolle Rückkehr der Ehemänner in den Hafen der Ehe.

Warmherzige Ehefrauen Um ein harmonisches Eheleben führen zu können, wird auch von den Ehefrauen Wandlungsfähigkeit erwartet: Amanda, die in *Love's Last Shift* schon nach kurzer Zeit von ihrem vergnügungssüchtigen Mann Loveless verlassen wird, wandelt sich in fremdländischer Verkleidung von einer sittsam-reservierten Ehefrau zu einer sinnlichen Gespielin; und die ihren Mann in *The Lady's Last Stake* kühl zurückweisende Lady Wronglove entwickelt sich zu einer sanften und liebevollen Gefährtin. Wie diese frühen Komödien nahe legen, erforderte das neue Ideal der *companionate marriage* einen offeneren Umgang mit Emotionen sowie die Modifikation von Geschlechterstereotypen. Die lüsterne und ehebrecherische Frau, die ihre Unmoral in der Restaurationskomödie hinter einer Tugendmaske verbirgt, war zu Beginn des Jahrhunderts nicht mehr bühnenfähig, aber eine allzu sittsame und gefühlsarme Ehefrau entsprach auch nicht den Idealvorstellungen der Zeit. Die perfekte Ehefrau, für die Lady Gentle in *The Lady's Last Stake* das Vorbild abgibt, sollte Cibber zufolge durchaus Gefühle zeigen. Es liegt somit im Ermessen und in der Verantwortung der Frau, körperliche und emotionale Nähe zuzulassen und so die Basis für eine glückliche Ehe zu schaffen. Die Männer hingegen müssen die moralische Überlegenheit und natürliche Liebesfähigkeit ihrer Frau schätzen und das Leben zu zweit lieben lernen.

Die Vorstellung, dass Frauen »warm Desires« (*Love's Last Shift*, V.2) haben könnten, kollidierte mit dem aufkommenden Idealbild der empfindsamen, ebenso vernünftigen wie tugendhaften Frau und wurde daher in der Folgezeit weitgehend vermieden. Statt dessen wurde die partnerschaftliche Ehe von Männern wie von Frauen gegenüber der sexuellen Beziehung aufgewertet: »[I]f love [i.e. sexual passion] affords some exquisite pleasures, conjugal friendship, which is shunned by so many, will furnish us with more permanent and refined ones« (*The Lady's Magazine* V, 1774: 82). Das Verhältnis zur Sexualität blieb verkrampft: Im Gegensatz zu Frankreich, wo das zunächst für außereheliche Beziehungen entwickelte Konzept der *amour-passion* schließlich auf eheliche Bindungen übertragen wurde und einer romantischen Liebesauffassung Vorschub leistete, konnte die vom Liebesbegriff abgesonderte sexuelle Leidenschaft in England nicht überzeugend reintegriert werden. Die Verknüpfung von Liebe und körperlicher Anziehung ist – zumindest auf der Bühne – nur dann möglich, wenn Heldinnen, wie Amanda in Cibbers *Love's Last Shift*, Kate in Goldsmiths *She Stoops to Conquer* (1773) oder Letitia in Hannah Cowleys *The Belle's Stratagem* (1780) in eine niedrigere soziale Rolle schlüpfen oder eine andere nationale Identität annehmen.

In der empfindsamen Komödie geht es weniger darum, Gefühle oder gar sexuelles Verlangen auszuleben. Vielmehr sollen individuelle Seelenlagen erforscht und extreme Gefühlszustände gemäßigt bzw. unterdrückt werden. Es gilt Strategien zu entwickeln, die beim unmittelbaren Kontakt mit Anderen eine Regulierung der Affekte erlauben. Die Protagonistinnen und Protagonisten müssen in der Regel den Mittelweg zwischen übertrieben empfindsamer Zurückhaltung und Rücksichtnahme einerseits und spontanen Gefühlsausbrüchen andererseits finden. Meist setzt das Geschehen ein, nachdem sich die Paare bereits gefunden haben. Wie in Steeles *The Conscious Lovers* verhindern jedoch widrige Umstände eine Heirat und damit eine offizielle Bestätigung der z.B. durch wohlwollende Taten indirekt eingestandenen Zuneigung. Indiana bleibt nichts anderes übrig, als sich in Geduld zu üben und ihre Liebe zu Bevil durch ihren unerschütterlichen Glauben an die Echtheit seiner Gefühle unter Beweis zu stellen. Myrtle, der ihr kontrastiv gegenübergestellt wird, mangelt es dagegen an Vertrauen, so dass er seinen Freund Bevil

Ehe und Sexualität

Affektkontrolle und Gefühlskult in der empfindsamen Komödie

in einem Anfall von rasender Eifersucht zum Duell fordert und damit den glücklichen Ausgang des Stücks zu verhindern droht. Während Myrtle lernen muss, seine Gefühle zu kontrollieren, wird der ungestüme Westinder Belcour in Richard Cumberlands *The West Indian* (1771) dazu angehalten, seine gegen die Sitten verstoßenden Liebesbekundungen an die Umgangsformen der englischen Gesellschaft anzupassen, um die Ernsthaftigkeit seiner Absichten unter Beweis zu stellen. In Hugh Kellys *False Delicacy* (1768) ist es ein übertriebener Gefühlskult, welcher der Vereinigung der Paare im Wege steht: So scheut sich z.b. Hortensia Marchmont, ihre Gefühle für Charles Sidney zu offenbaren, da sie als mittellose Waise keine Mitgift in die Ehe einbringen kann. Dieses Bewusstsein für finanzielle oder soziale Unterschiede, das auf eine übermäßig feinsinnige Sensitivität zurückzuführen ist, hindert schließlich auch Charles Dudley in Cumberlands *The West Indian* daran, Charlotte Rusport seine Liebe zu erklären.

Lord Hardwickes *Marriage Act* (1753)

Dass der Statussicherung und der Akkumulation von Reichtum bei der Eheschließung auch eine politische Bedeutung zugemessen wurde, belegen z.B. die kontroversen Parlamentsdebatten um Lord Hardwickes *Marriage Act* (1753). Diese zivilrechtliche Ehereform deutete Ehe nicht mehr als Sakrament, sondern als Partnerschaftsvertrag. Heiratswillige Paare benötigten von nun an bis zum Alter von einundzwanzig (und nicht mehr zwölf) Jahren die Einwilligung des Erziehungsberechtigten, mündliche und ohne Zeugen vor Gott gegebene Eheversprechen verloren ihre Verbindlichkeit und die öffentliche Bekanntgabe der Heiratsabsicht sowie der Eintrag in ein Eheregister unterband die weit verbreitete Praktik der heimlichen Vermählung, die schon von Autorinnen wie Aphra Behn und Centlivre zur Sprache gebracht wurde. In einem merkantilistisch geprägten Wirtschaftssystem dienten diese Maßnahmen sowohl der Besitzsicherung des Landadels als auch dem Statusstreben der Mittelschicht; häufig kam es zu Reichtum und Status konsolidierenden Eheschließungen, die eine Annäherung zwischen der Gentry und den *middling sorts* ermöglichten. Nach Raymond Williams entwickelte sich insbesondere in London ein Heiratsmarkt, auf dem die Heiratskandidaten als »physical bargainable carriers of income and estates« (1973: 53) gehandelt wurden.

Generationenkonflikt

Umstritten war v.a. die Verfügungsgewalt der Vätergeneration. Insbesondere in den Komödien von Centlivre und Cowley versuchen, ähnlich wie in der Restaurationskomödie, einfallsreiche Männer und gewiefte Frauen, die ihrer Vermählung im Wege stehenden Väter oder Vormünder zu überlisten. In Centlivres *The Busie Body* (1709) intrigieren zwei Liebespaare gegen die *blocking characters* Sir Jealous Traffick und Sir Francis Gripe, um sich ihre Erbschaften zu sichern und den selbst gewählten Partner ehelichen zu können. Und in Cowleys *A Bold Stroke for a Husband* (1783) gelingt es Olivia, die von ihrem Vater favorisierten Heiratskandidaten zu vergraulen und Julio für sich zu gewinnen. Es treten jedoch vermehrt positive Vaterfiguren auf, die sich, oft im Gegensatz zu den Müttern, auch für die Gefühlslage ihrer Kinder interessieren. Dazu zählen Colonel Merryman in Centlivres *The Perplex'd Lovers* (1712), Sir John Bevil und Mr Sealand in Steeles *The Conscious Lovers* und Sir John Dormer in Kellys *A Word to the Wise* (1770). Bei Steele und Kelly wird, den Gattungskonventionen der empfindsamen Komödie entsprechend, eine gütliche Einigung zwischen den Generationen erzielt, da väterliche Fürsorgepflicht und kindlicher Gehorsam auf gegenseitiger Zuneigung und wohlwollender Anteilnahme basieren.

Obwohl zunehmend Kritik an der Konvenienzehe laut wurde, trieben *fortune-hunters* und despotische Ehemänner weiterhin ihr Unwesen. Ganz unverblümt bekennt noch Young Fashion in John Vanbrughs *The Relapse* (1696) seine Absicht: »Get the house, let the devil take the heiress, I say« (III.3). Durch die Primogenitur benachteiligt, gilt auch dem durchaus positiv gezeichneten Young Worthy in Cibbers *Love's Last Shift* die Mitgift einer Frau mehr als ihre Tugend, was sich v.a. an seinem Sprachgebrauch ablesen lässt: »She's only Worth, that brings her Weight in Gold« (I.1). Beide Kulturwerte – voreheliche Keuschheit und finanzieller Reichtum – bestimmen den Wert der Frau auf dem Heiratsmarkt. Dies gilt selbst für die empfindsame Komödie, in der die vorbildlichen Figuren nach dem Prinzip der *poetic justice* am Ende sowohl mit dem Partner ihrer Wahl als auch mit dem nötigen Kleingeld belohnt werden. Sollte dies ausgehen, schrecken Ehemänner nicht davor zurück, ihre Frau gegen Geld an andere ›auszuleihen‹. Diese Unsitte wird in Henry Fieldings *The Modern Husband* (1732) und in Eliza Haywoods *A Wife to be Lett* (1723) kritisiert: Während Fieldings Mrs Modern in das Geschäft einwilligt und eine Affäre mit Lord Richley unterhält, widersetzt sich Susanna Graspall in *A Wife to be Lett* trotz Gewaltandrohungen dem Handel zwischen ihrem Mann und Sir Harry Beaumont, der für eine Liebesnacht die exorbitante Summe von 2000 Pfund zahlen soll, und trägt dank ihrer tugendhaften Standhaftigkeit zur moralischen Umkehr beider Männer bei. Das *happy ending* vermag jedoch nicht darüber hinweg zu täuschen, dass Frauen in der Ehe dem Mann zumindest laut Gesetz untertan waren. So beklagt etwa Mrs Sullen in George Farquhars *The Beaux' Stratagem* (1707) die Situation der englischen Frauen: »Were I born an humble Turk, where women have no soul nor property, there I must sit contented. But in England, a country whose women are its glory, must women be abused? Where women rule, must women be enslaved[?]« (IV.1).

Da die Frau nach der Hochzeit ihren Status als eigenständige Rechtsperson verlor, konnte sie keine Eigentumsrechte wahren. Sie hatte jedoch bei der Eheschließung die Möglichkeit, persönliches Eigentum

Die Frau als Besitztum und Ware

Rechtliche Ungleichstellung der Frau

(*separate property*) anzumelden und die regelmäßige Zahlung von Taschengeld (*pin money*) in einem Ehevertrag (*marriage settlement*) festzulegen. Diese Praktik war vor dem Hintergrund der Definitionserweiterung der Ehe um eine emotionale Komponente jedoch nicht anerkannt. Steele z.b. deutete das Sicherheitsdenken und das Unabhängigkeitsstreben der Frauen als Misstrauen gegen die Fürsorgepflicht des Mannes, das ein harmonisches Eheleben vereitle. Neueren Auffassungen zufolge stabilisierte die kulturelle Neubestimmung der Ehe als affektive Einheit patriarchalisch-hierarchische Machtstrukturen, da sie die rechtliche Benachteiligung der Frau und ihre finanzielle Abhängigkeit verschleierte bzw. marginalisierte. Es überrascht daher kaum, dass sich die Titelheldin in Haywoods Roman *The History of Miss Betsy Thoughtless* (1751) über die Heiratswilligkeit einer Vielzahl von Frauen wundert:

› [W]hat can make the generality of women so fond of marrying? It looks to me like an infatuation; just as if it were not a greater pleasure to be courted […] by a number, than be confined to one, who, from a slave, becomes a master; and, perhaps, uses his authority in a manner disagreeable enough.‹ (Buch 4, Kap. 3)

Alternative Lebensentwürfe Gegen Ende des Jahrhunderts bemühte sich v.a. Elizabeth Inchbald in ihren Theaterkritiken um eine Wertschätzung der sich bewusst gegen eine Heirat entscheidenden und unkonventionelle Wege beschreitenden Heldin. In ihren Komödien *I'll Tell You What* (1785) und *Everyone Has His Fault* (1793) bringt sie Mitleid erregende Frauenfiguren auf die Bühne, die in schlechten Ehen der Willkür ihrer Ehemänner ausgeliefert sind und deren Glück und finanzielle Sicherheit letztlich vom Wohlwollen liebevoller bzw. väterlicher Männerfiguren abhängt. Inchbald plädiert für einen affektiven Individualismus, der jenseits von vertraglichen Ehebindungen und Blutsverwandtschaft ein harmonisches Gemeinschaftsleben ›unter Freunden‹ gewährleistet.

Ehe und Familie im 19. Jahrhundert Die sich gegen Ende des Jahrhunderts bei Inchbald abzeichnende Frustration und Machtlosigkeit der unglücklich verheirateten Frau findet ihre Fortsetzung im 19. Jahrhundert, wo Väter und Ehemänner mit einer neuen Vehemenz ihre innerfamiliäre Machtposition behaupteten. Dennoch erfuhr die Familie in viktorianischer Zeit eine erneute Wertschätzung, die sich an der politisch und kulturell wirksamen Familienmetaphorik des Empire ablesen lässt. Die ›feminine‹ Kultur der Empfindsamkeit geriet dagegen in Misskredit und wurde als oberflächliche Sentimentalität abgetan. Emotionen wurden weitgehend unterdrückt bzw. durch ästhetische Distanznahme überformt. Sexualität geriet selbst in der Ehe zum Tabu, während gleichzeitig ein Anstieg der Prostitution zu verzeichnen war – ein deutliches Indiz für die doppelte Moral des Viktorianismus.

Das Neunzehnte Jahrhundert

Vera Nünning

Einführung

Die Begriffe ›Romantik‹ und ›Viktorianismus‹ werden heute nur noch unter Vorbehalt verwendet. In der Forschung hat sich die Auffassung durchgesetzt, dass die Lyrik der Romantik keinen radikalen Bruch darstellte, sondern an empfindsame Schreibweisen des späten 18. Jahrhunderts anknüpfte. Der Beginn dieser Epoche wird teilweise bereits auf 1789, teilweise auf das Erscheinungsdatum der berühmten *Lyrical Ballads* von William Wordsworth und Samuel Taylor Coleridge im Jahre 1798 angesetzt. Obgleich es zweifellos wichtig ist, dass Dichtung nun nicht mehr ausschließlich als Mimesis konzipiert wurde, sondern auch als Ausdruck von (in Ruhe verarbeiteten) Emotionen galt, findet sich die neue Wertschätzung der Gefühle v.a. in der Lyrik einer Handvoll berühmter männlicher Autoren, selten aber in der Literatur vieler ihrer Zeitgenossen und Zeitgenossinnen. Die Epochenbezeichnung des ›Viktorianismus‹ hat demgegenüber zwar den unbestreitbaren Vorteil, dass sie sich durch die Regierungszeit von Königin Viktoria (1837–1901) klar datieren lässt, gleichzeitig aber auch den Nachteil, dass deren Regentschaft nicht mit benennbaren Veränderungen in Literatur und Kunst einherging. Darüber hinaus machte sich schon seit den 1880er Jahren Kritik an den als typisch viktorianisch eingeschätzten Werten breit, so dass besonders zum Ende des 19. Jahrhunderts gegenläufige Tendenzen vorherrschten.

Epochenbezeichnungen

Obwohl das 18. Jahrhundert aufgrund der politischen und sozialen Stabilität heute teilweise als *Ancien Régime* eingeschätzt wird, kritisierten viele Radikale schon im letzten Drittel des Jahrhunderts hierarchische Strukturen in Politik und Familie und forderten das allgemeine (Männer)Wahlrecht. Dementsprechend wurde die Französische Revolution zunächst positiv aufgenommen, aber schon Edmund Burkes polemische Schrift *Reflections on the Revolution in France* (1790) übte harsche (und teilweise unzutreffende) Kritik an französischen und englischen Radikalen. Ein grundlegender Stimmungswandel trat jedoch erst mit dem Beginn der *terreur*, der Hinrichtung des Königs und dem Ausbruch

Rezeption der Französischen Revolution

des Kriegs mit Frankreich ein. Daraufhin wurde britischen Radikalen als Staatsfeinden in Schauprozessen der Garaus gemacht, politische Versammlungen wurden verboten und notfalls, wie beim so genannten *Peterloo Massacre* (1819), mit brutaler Gewalt aufgelöst. Während Großbritannien im 18. Jahrhundert als das demokratischste und freiheitlichste Land Europas galt, wurde es im 19. Jahrhundert zu einer Hochburg des Konservatismus: Politische, soziale und familiäre Beziehungen waren strikt hierarchisch geordnet, und demokratische Reformen schritten im Vergleich zu Deutschland und Frankreich nur langsam voran. Dies führte immer wieder zu sozialen Spannungen und Konflikten, so dass mehrfach die Gefahr von massiven Ausschreitungen, sogar einer Revolution bestand. So konnte die erste Wahlrechtsreform, die im Jahre 1832 eine überfällige, wenn auch moderate Ausweitung des Wahlrechts vorsah, erst nach Protestaktionen, Tumulten und Drohungen des Monarchen durchgesetzt werden.

Beschleunigung und technischer Fortschritt
Obwohl die Mitglieder der mittleren und oberen Schichten schon im 18. Jahrhundert die Vorzüge der *consumer culture* genossen, war ihr Alltag zu Beginn des Jahrhunderts noch recht beschaulich. Die große Mehrheit der Bevölkerung lebte auf dem Lande, Besuche bei Verwandten oder Freunden dauerten meist mehrere Wochen, und Kutschen sowie Segelschiffe waren die schnellsten Fortbewegungsmittel. Im Zuge der Industriellen Revolution vollzogen sich jedoch rasante Veränderungen in der Erfahrung von Raum und Zeit. Gegen Ende des 19. Jahrhunderts war das Schienennetz der Eisenbahnen gut ausgebaut, Dampfschiffe überquerten die Ozeane, Telegraphen übermittelten Nachrichten in Sekundenschnelle, und Gas-, schließlich sogar elektrische Beleuchtung tauchte die nunmehr hektische Welt in ein neues Licht. Das Tempo technischen Fortschritts beschleunigte sich immer mehr. Am Ende des Jahrhunderts lebten drei Viertel der Bevölkerung in rasch wachsenden Städten, der Arbeitsrhythmus wurde von Maschinen bestimmt und erste Grammophone sowie Filme verhießen völlig neue Arten der Freizeitgestaltung. Das Bewusstsein raschen Wandels, das sich schon in Folge der Französischen Revolution ausprägte, brachte eine Einsicht in die Geschichtlichkeit und die Einzigartigkeit unumkehrbarer Entwicklungen mit sich. Die Popularität historischer Forschung – und historischer Romane – ist daher eng mit der Erfahrung von Beschleunigung und Fortschritt verknüpft.

Hinwendung zur Natur
Schon die Dichtung der Romantik war von der Einsicht gekennzeichnet, dass der Mensch maßgeblich durch die vergangenen Ereignisse und seine Geschichtlichkeit geprägt ist. Eines der zentralen Interessen zur Zeit der Romantik war zudem die Natur, der von den noch jungen Humanwissenschaften wie Anthropologie, Ethnologie und Psychologie ebenso großes Interesse entgegengebracht wurde wie in der Dichtung.

Diese Hinwendung zur Natur implizierte aber nicht unbedingt eine Abwendung von der gesellschaftlichen und industriellen Entwicklung – im Gegenteil: Die Beschwörung der britischen Landschaften konnte auch dazu dienen, deren Bedeutungsverlust angesichts der Ausbreitung städtischer Industrien zu kommentieren. Insgesamt ist der Begriff der Natur recht weit zu fassen: Die führenden Dichter der Romantik beschäftigten sich ebenso mit der Natur des Menschen wie mit dem Meer und der Landschaft, wobei philosophische Spekulation und historische Aktualität in ihren Schriften oft zusammenfallen. Wordsworths grundsätzliches Interesse an dem Verhältnis zwischen dem wahrnehmenden Subjekt und der Landschaft geht etwa mit einem handfesten Engagement für seine Heimat Cumbria einher, die er als den Inbegriff räumlicher Natur beschwört. Ebenso verkörpern die in romantischer Dichtung beschriebenen Seefahrer das Geworfensein des Menschen, sind aber gleichzeitig vor dem Hintergrund der zunehmenden Dominanz der Briten zur See zu verstehen, die nach Trafalgar 1805 ihren Höhepunkt fand. Das Wechselverhältnis zwischen Raum, Geschichtlichkeit und Subjektivität steht denn auch im Mittelpunkt des Kapitels zur Romantik, in dem die romantische Ausprägung von Subjektivität v.a. anhand von deren Inszenierung untersucht wird.

Im 19. Jahrhundert ist die Gleichzeitigkeit von Modernisierung und Festhalten an Traditionen, von Vergangenheits- und Zukunftsbezug besonders offensichtlich. Einerseits ist diese Epoche aufgrund der bahnbrechenden Reformen in Arbeitsgesetzgebung, Sozialfürsorge und Städteplanung mit gutem Recht als *Age of Reform* bezeichnet worden. Andererseits genoss das Ideal der *self-help*, dem zufolge staatliche Hilfe zur Abhängigkeit führte und den Charakter verdarb, enorme Popularität. In nicht minder schroffem Gegensatz zueinander standen der Glaube an Fortschritt, der durch die technischen Errungenschaften ebenso genährt wurde wie etwa durch die Londoner Weltausstellung von 1851, und die Verherrlichung des Mittelalters. Angesichts der negativen Begleiterscheinungen der Industriellen Revolution – die Zustände in Fabriken, das Aufkommen von Slums, die Anonymität – wurde das Mittelalter in nostalgischer Rückschau als eine Zeit verklärt, in der die Welt noch in Ordnung gewesen sei. Das Nebeneinander von Säkularisierung und der großen Bedeutung religiöser Konflikte zeugt ebenfalls von der inneren Zerrissenheit dieser Zeit, in der die Religionszugehörigkeit einerseits ein gesellschaftlich sehr wichtiger Faktor war, Geistliche aber andererseits zu Recht über die immer kleiner werdende Zahl aktiver Gemeindemitglieder klagten. Predigten blieben zwar bis in die zweite Hälfte des Jahrhunderts hinein das beliebteste Genre, aber zu dieser Zeit kamen auch, verstärkt durch die Bibelkritik, Zweifel am christlichen Glauben auf.

Eine janusgesichtige Epoche

Darwinismus,
Medizin und
(Pseudo)-
Wissenschaften

Der Glaube an die Wahrheit der Bibel belastete die Rezeption der von Charles Darwin erstmals vorgebrachten Evolutionstheorie. Obgleich sein Werk *On the Origin of Species* (1859) keine Anspielungen auf die Entwicklung des Menschen enthielt, wurde es schnell zu einem Skandalerfolg – zu ungeheuerlich war die Annahme, dass Menschen nicht an einem Tag von Gott erschaffen wurden, sondern vom Affen abstammten. Darwins Theorie übte immensen Einfluss z.B. auf sozialdarwinistische Theorien und literarische Plotmuster aus; so wurden Utopien von nun an vornehmlich in der Zukunft und nicht im Nirgendwo angesiedelt. Das ohnehin große Interesse an Geographie, Geologie, Paläontologie und dem Aufspüren von Fossilien wuchs beträchtlich, ohne die Aufmerksamkeit für die Erforschung psychologischer und parapsychologischer Phänomene zu verringern. Schon seit Beginn des Jahrhunderts glaubte man mit Hilfe der Phrenologie von der Form des Schädels Rückschlüsse auf den Charakter ziehen zu können, und Geisteskrankheiten sowie Hysterie – bzw. das, was man dafür hielt – wurden zum Gegenstand intensiver Forschung. Allerdings waren bedeutende neue Erkenntnisse der modernen Medizin und Psychologie nur schwer von aus heutiger Sicht abenteuerlichen Theorien und Heilungsmethoden zu unterscheiden. Der Mesmerismus erfreute sich großer Beliebtheit, und auch angesehene Viktorianer versuchten zeitweise, die ›magnetischen Kräftefelder‹ des menschlichen Körpers zu nutzen, um spektakuläre medizinische Erfolge zu erzielen, oder durch so genannte ›spirituelle Medien‹ in Seancen Kontakte zu Verstorbenen aufzunehmen. Wie das Kapitel zur Medizin weiter zeigen wird, fand im 19. Jahrhundert ein grundlegender Wandel im Verhältnis des Sichtbaren zum Unsichtbaren statt. Neue Techniken und Geräte erlaubten das Eindringen ins Körperinnere; gleichzeitig wurde die Aussagekraft von Diagnosen in der Literatur diskutiert.

Earnestness und
Rigidität viktoria-
nischer Werte

Dass gleichzeitig gegensätzliche Wissenschaftstraditionen akzeptiert wurden, darf jedoch nicht mit Toleranz verwechselt werden. Vielmehr nahm der Druck der öffentlichen Meinung in der viktorianischen Zeit ungeahnte Ausmaße an. Um soziale Sanktionen zu vermeiden, war ein hoher Grad an Konformität zu dem, was als ›richtig‹ und ›angemessen‹ erachtet wurde, unabdingbar. Die Tendenz zur Idealisierung von herausragenden Persönlichkeiten und so genannten ›Victorian Sages‹ ging einher mit Respekt gegenüber Autoritäten, der strikt eingefordert wurde. *Propriety* und *respectability* bilden ebenso wie *earnestness* und *seriousness* bedeutende Leitbegriffe viktorianischer Kultur. Diese Ernsthaftigkeit, die oft als zentraler Wert des Viktorianismus angeführt wird, hatte einen religiösen Hintergrund und schlug sich besonders auf die Einstellung zur Arbeit nieder, die einen ungeheuer hohen Stellenwert bekam, und daher – in Verbindung mit dem ebenfalls wichtigen Aspekt des technischen Fortschritts – in einem eigenen Kapitel untersucht wird.

Eine religiös überhöhte Ernsthaftigkeit zeigt sich auch im Diskurs über das Britische Empire, das am Ende des 19. Jahrhunderts ungeheure Ausmaße angenommen hatte. Dass Großbritannien im Verlaufe des Jahrhunderts zur führenden Weltmacht wurde und enormen politischen wie wirtschaftlichen Einfluss hatte, schlug sich aber erst seit den 1870er Jahren in der Ausprägung eines neuen nationalen Selbstverständnisses nieder, hinter dem die Unterschiede zwischen Engländern, Schotten und Walisern zurücktraten. Nach anfänglichen Widerständen verbreitete sich die Auffassung, als hoch entwickelte, christliche *master race* der Pflicht nachkommen zu müssen, vermeintlich primitiven Völkern die Errungenschaften der Zivilisation nahe zu bringen. Heute ist offensichtlich, dass die Rede von hehren Motiven und freundschaftlichen, ja familiären Beziehungen innerhalb des Empire oftmals dazu diente, handfeste ökonomische und machtpolitische Ziele zu bemänteln. Gleichzeitig lässt sich nicht leugnen, dass sich die Briten etwa die Entwicklung von Infrastrukturen oder Krankenhäusern einiges kosten ließen und Missionare wie Ärzte mehr von Verantwortungsbewusstsein denn von Profitstreben beseelt waren. Vor allem aber spiegelt sich im Diskurs über das Empire das vorherrschende Werte- und Normensystem, denn schließlich sollten vermeintlich britische Charakteristika und Stärken in die Kolonien exportiert werden. Die Rolle, die Literatur bei der Entwicklung und Popularisierung der Auffassungen über das Empire spielte, wird ebenfalls Gegenstand eines Kapitels sein.

Sehr einflussreich war auch die Idealisierung der Familie, die eine erstaunliche Wertschätzung erfuhr und erst in den 1890er Jahren allmählich kritisiert wurde. Immer wieder wurde die Familie als friedlicher Hafen in einer feindlichen Umwelt sowie als Hort aller positiven Gefühle und Eigenschaften beschworen, wobei die daraus erwachsenden Pflichten – insbesondere Gehorsam und Dankbarkeit der Kinder – in deutlichen Worten angemahnt wurden. In vielen Romanen umgibt die Häuslichkeit eine geradezu sakrale Aura, die auf der Verklärung liebevoller familiärer Gefühle beruht und u.a. dazu dient, die schrankenlose Fürsorge und Selbstaufopferung von Müttern und Töchtern als deren natürliche Pflicht zu idealisieren. Gleichzeitig wurde die rigide Kontrolle von Emotionen gefordert. Dass ›gute‹ Frauen sexuelle Gefühle nicht haben, geschweige zeigen sollten, gleichzeitig aber Prostitution an der Tagesordnung war, ist geradezu zum Sinnbild viktorianischer Heuchelei geworden. Die Notwendigkeit der Affektkontrolle umfasste jedoch ein viel breiteres Spektrum von Gefühlen, als häufig angenommen wird. Der richtige Umgang mit unterschiedlichen Emotionen spielte für Männer wie Frauen eine große Rolle, und die Bedeutung von Literatur in

Empire

Familie und Sentimentalismus

diesem Zusammenhang wird im Kapitel »Gefährliche Gefühle?« analysiert.

Angel in the House In der Forschung hat sich schon seit längerem die Auffassung durchgesetzt, dass die ehrbaren viktorianischen Hausfrauen als *angels in the house* gleichzeitig idealisiert und trivialisiert wurden. Den Glauben an die fürsorglichen und selbstlosen Eigenschaften moralisch ›reiner‹ Frauen propagierten Geistesgrößen wie John Ruskin ebenso wie heute unbekannte Autoren und Autorinnen von Verhaltensratgebern, Predigten und schöner Literatur. Auch aufgrund der großen Bedeutung der Familie kam Frauen eine zentrale Rolle innerhalb des viktorianischen Werte- und Normensystems zu. So genannte *fallen women*, ledige Mütter und Prostituierte, wurden hingegen als unnatürliche Monster verteufelt, und nur sehr wenige Schriftsteller wagten es, solche Frauen positiv darzustellen. Gleichzeitig waren die vermeintlich nur an hehren Zielen orientierten viktorianischen Ehefrauen und Mütter für das Funktionieren relativ großer Haushalte verantwortlich. Obgleich sie bei der Erfüllung ihrer Pflichten ›unweibliche‹ Eigenschaften wie ökonomisches Kalkül und Führungsqualitäten an den Tag legen mussten, finden sich in der ›Hochliteratur‹ des 19. Jahrhunderts fast keine positiv dargestellten starken oder gar sinnlichen Frauenfiguren. Anders stellt sich die Lage jedoch dar, wenn man das viktorianische Theater in den Blick nimmt. Wie das Kapitel zur Bedeutung der populären Gattung des Melodramas verdeutlicht, verlangte ein breites Publikum geradezu nach Frauenfiguren, die nur wenig mit dem vorherrschenden Ideal zu tun hatten.

Didaktisches Literaturverständnis Die Einmütigkeit, die bezüglich von Werten wie weiblicher Tugend und Reinheit in Lyrik und Erzählkunst ebenso vorherrschte wie in Zeitschriften, Essays und Verhaltensratgebern, ist leicht zu erklären. Die Vorbehalte gegenüber bloßer Unterhaltung verloren erst gegen Ende des Jahrhunderts langsam an Bedeutung, so dass von Autoren und Autorinnen weiterhin verlangt wurde, die Leser und Leserinnen zu erfreuen und gleichzeitig zu belehren. Ernsthaftigkeit und religiöse Überzeugungen bestärkten diese Auffassung, und Schriftsteller sowie Schriftstellerinnen galten als Lehrer, die moralische Grundsätze in anschaulicher Form präsentieren sollten. Subgenres wie historische und religiöse Romane zeugen ebenso von der Gültigkeit des didaktischen Literaturverständnisses wie die *industrial novels*, in denen das Leid der Arbeiter anschaulich dargestellt wurde, um entsprechende Reformen einzuleiten. Gleichzeitig war es kaum möglich, Schriften zu veröffentlichen, die viktorianischen Werten zuwiderliefen. Bücher waren nämlich weiterhin sehr teuer, so dass die großen Leihbüchereien die wichtigsten Abnehmer bildeten. Da diese ausschließlich Werke vertrieben, die von der ganzen Familie gelesen werden konnten, durfte Literatur nichts enthalten, was die Reinheit und Unschuld der jugendlichen Leserinnen – die, sobald es um diese Form der ›inneren‹ Zensur ging, immer wieder beschworen wurden – potentiell beeinträchtigen könnte. Obgleich die viktorianische ›Hochliteratur‹ vielfältige Widersprüche enthält und zentrale Werte in subtiler Form modifiziert, finden sich in ihr daher keine deutlichen Normverstöße wie sexuelle Anspielungen, Flüche, blasphemische Äußerungen oder eindeutige Unterminierungen geltender Werte und Normen.

Offene Kritik an moralischen und ästhetischen Normen wurde erst in den 1890er Jahren geäußert, als die Leihbüchereien ihre Vormachtstellung verloren und statt der teuren *three-deckers* kürzere und billigere Werke produziert wurden. Zu dieser Zeit wurden in naturalistischen Texten Sexualität und bislang tabuisierte Körperfunktionen detailliert beschrieben, und die Emanzipationsbestrebungen sowie das unkonventionelle Verhalten der *new women* stand im Zentrum vieler Werke, in denen Frauen sogar sexuell die Initiative ergreifen und nicht einmal mehr geheiratet werden wollen. Im Ästhetizismus wurden die zentralen Grundsätze viktorianischer Kunstauffassungen auf den Kopf gestellt und Kunst aus allen didaktischen und moralischen Verwertungszusammenhängen gelöst: »There is no such thing as a moral or an immoral book. Books are well written or badly written«, wie Oscar Wilde 1891 im Vorwort zu seinem Roman *The Picture of Dorian Gray* betonte. Wildes Schicksal und seine Aufsehen erregende Verurteilung zu einer Haftstrafe, die zu seinem frühen Tod führte, verdeutlichen zwar, dass es mit der Toleranz auch in den 1890er Jahren noch nicht weit her war und Normabweichungen unerbittlich bestraft wurden; gleichzeitig ist Wilde jedoch Symbol einer grundlegenden Kritik an viktorianischen Werten und Vorbote des Modernismus.

Kritik an moralischen und ästhetischen Normen

Kai Merten

Theatralität in Literatur und Kultur:
Das Subjekt im Text-Theater der Romantik

Die Romantiker und das Theater An einem Abend in der Wintersaison 1815/1816 stieg Lord Byron, einer der berühmtesten Dichter der britischen Romantik, während einer Vorstellung am Drury Lane Theatre vom Parkett aus auf die Bühne. Was wie ein Eklat erschien, war in Wahrheit Byrons Teilnahme an der theatralen Nachstellung eines Maskenballs, eines gesellschaftlichen Ereignisses der Saison zuvor, bei dem er selbst zugegen gewesen war. Die Akteure, so Byron, »were puzzled«, als sie herausfanden, um wen es sich bei der neu gewonnenen Verstärkung für die Truppe handelte (zit. nach Wood 2001: 49). Das Theater war in dieser Zeit demnach ein Medium, das die Romantiker nicht nur rezipierten, sondern an dem sie auch teilnahmen, wenn auch nicht in jedem Fall so spektakulär wie Byron. Alle der heute kanonischen Autoren der Romantik, sowohl die erste Generation, also die Lyriker William Wordsworth und Samuel Taylor Coleridge, daneben der Romancier Walter Scott, als auch die zweite Generation, also John Keats, Percy Bysshe Shelley sowie natürlich Byron selbst, verfassten selbst Dramen und setzten sich für ihre Aufführung ein. Fast keines dieser Dramen erblickte allerdings zu Lebzeiten ihrer Verfasser das Licht der Bühne; die einzigen Ausnahmen bildeten *Osorio* von Coleridge, eine Tragödie, die 1797 geschrieben wurde, 1813 aber umgearbeitet und unter dem Titel *Remorse* mit einigem Erfolg in Drury Lane aufgeführt wurde, und Byrons *The Two Foscari*, das 1816 – ohne seine Zustimmung – am selben Theater produziert wurde. Das Verhältnis der Romantiker zum Theater ist ein sehr enges – und ein sehr problematisches: Viele von ihnen kritisierten die Bühnenkultur ihrer Zeit so heftig, dass ein Romantiker durchaus auch aus Protest hätte auf die Bühne springen können. Diese Ambivalenz ist Grund genug, die Sicht der Romantik auf das Theater auf der einen Seite und die romantische Literatur aus der Sicht des Theaters auf der anderen Seite zu den Angelpunkten dieses Kapitels zu machen, zumal man dadurch zentrale Themen der Romantik in den Blick bekommt.

Die Wende zum 19. Jahrhundert erlebte eine durchgreifende Popularisierung des Theaters, die auch damit zusammenhängt, dass sich im selben Zeitraum andere visuelle Medien herausbildeten, mit denen sich das Theater in Konkurrenz sah. Herausgefordert wurde das Theater etwa durch das Panorama, eine Weiterführung der Historien- und der Landschaftsmalerei der Zeit mit den Mitteln des Gigantischen: Der Betrachter erklomm einen Aussichtspunkt mitten vor einem riesigen Gemälde, das sein gesamtes Gesichtsfeld ausfüllte.

Neben geschichtlichen Ereignissen der jüngsten Zeit wurden im Stil des »spectacular realism« (Wood 2001: 101) v.a. Stadtlandschaften ausgeführt, wodurch sich der Betrachtende abwechselnd visuell überwältigt und eher distanziert oder aber zur Identifikation mit einem Ort, den er kannte, eingeladen fühlen konnte. Auf die berückende Kraft des Visuellen setzte in dieser Zeit zunehmend auch die Inszenierungskultur des Theaters, das damit zum Ort von Innovationen etwa in den Bereichen der Bühnenarchitektur und der Beleuchtung wurde, die Mediengeschichte machen sollten. Zugleich aber wurde der Zuschauer stärker noch als im Panorama ›gebannt‹: Er sah sich vor dem immer stärker beleuchteten und realistischer ausgestatteten Bühnengeschehen auf einen vorbestimmten und unbeweglichen Beobachterposten verwiesen.

Theater als Medium um 1800: Popularisierung in Konkurrenz mit neuen visuellen Medien

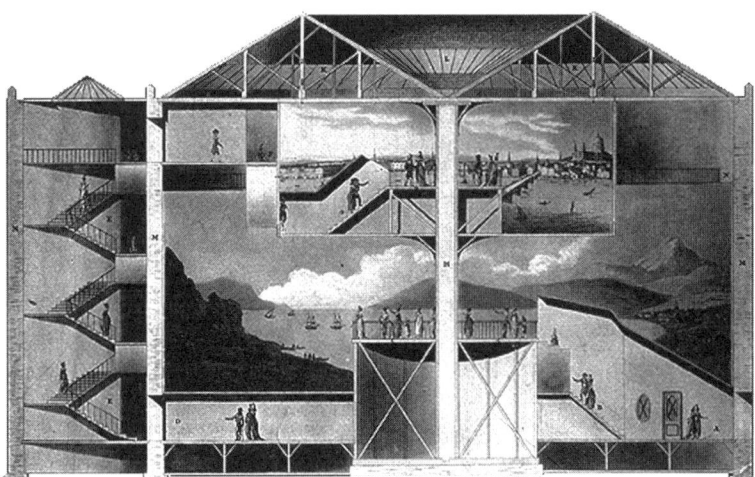

Querschnitt eines zweistöckigen Panoramas am Leicester Square, London, 1790er Jahre. © Yale Center for British Art

Dass das Theater kommerzieller wurde, hing auch damit zusammen, dass es die anwachsende städtische Unter- und Mittelschicht, v.a. Londons, zunehmend als *ihre* Form der Unterhaltung ansah. Die gesell-

Kommerzialisierung und Zensur des Theaters

schaftliche und politische Verbindlichkeit des Theaters des 18. Jahrhunderts, ausgedrückt in drei ›Ständen‹, die sich entsprechend ihres Ranges in den Logen (Oberschicht), der Galerie (Mittelschicht) oder dem unbestuhlten Parkett (Unterschicht) wieder fanden, ging damit zusehends verloren. Dennoch blieb das Theater ein politischer Ort, an dem sich gerade die von der parlamentarischen Repräsentation noch immer Ausgeschlossenen als Publikum einer künstlerischen Repräsentation zusammenfinden konnten. Der politischen Vereinnahmung des Theaters durch nicht wahlberechtigte Gesellschaftsgruppen versuchte die Regierung übrigens durch eine konsequente Weiterführung des *Theatre Licensing Act* von 1737 zu begegnen: Nur an zwei Bühnen in London, nämlich Covent Garden und Drury Lane, durfte reines Sprechtheater aufgeführt werden, aber auch diese beiden Theater bedienten den Geschmack der Zeit. Andere Bühnen umgingen diese Verordnung, indem sie Musikstücke und Pantomimen in ihre Aufführungen integrierten. Wie das folgende Kapitel zum Melodrama zeigt, erwuchsen daraus neue Formen populären Theaters. Des Weiteren versuchte die Regierung, zur Inszenierung vorgesehene Theatertexte möglichst flächendeckend zu zensieren; zumindest an den einflussreichen Bühnen des Landes kam man um dieses Prozedere nicht herum. Um 1800 war das Theater demnach ein Ort nicht nur der medialen Experimentierfreude, sondern auch der Regulierung.

Das Theater als Modell in den Humanwissenschaften

Neben dem realen Theater gab es aber auch ein imaginäres Theater, das die Zeitgenossen nicht minder beschäftigte, ein in wissenschaftlichen Theorien, erkenntnistheoretischen Modellen und theatertheoretischen Schriften konstruiertes virtuelles Medium zur Erfassung von Welt und Mensch. Dieses Theater spielte v.a. in den Humanwissenschaften, die im Gefolge der schottischen Aufklärung entstanden waren, eine tragende Rolle. Dabei verdankte es sich einem Dilemma: »Wer […] nachgrübelt, worauf z.B. das Erinnerungsvermögen beruhen möge, […] muss […] dabei gestehen[,] dass er in diesem Spiel seiner Vorstellungen bloßer Zuschauer sei und die Natur machen lassen muss«, schreibt Kant (2000 [1798]: 3). Die Selbstbeobachtung gerät in ein Paradox, da der Mensch sich schlichtweg nicht beobachtet, »wenn die Triebfedern in Aktion sind«, und umgekehrt »wenn er sich beobachtet, die Triebfedern ruhen« (ebd.: 5). Für Kant bedeutet das v.a., dass die Innenschau wissenschaftlich inexakte Ergebnisse liefert. Mit deutscher Gründlichkeit desavouiert Kant dann aber auch eine mögliche Fundierung der jungen Wissenschaft in der Beobachtung anderer Menschen: »Der Mensch, der es bemerkt, dass man ihn beobachtet und zu erforschen sucht, wird entweder verlegen (geniert) erscheinen […] oder er verstellt sich« (ebd.). Wenn der Mensch sowohl unter den Blicken des Anthropologen als auch in der Selbstbetrachtung gewissermaßen zum Schauspieler wird, kann der Forscher doch gleich ins Theater gehen, scheint Kant zu implizieren; jedenfalls rechnet er »Schauspiele« ganz explizit zu den »Hilfsmittel[n] zur Anthropologie« (ebd.). Natürlich reicht Kant das nicht, vielmehr gilt sein Interesse einer ›Anthropologie in *pragmatischer* Hinsicht‹, so auch der Titel des zitierten Buches, pragmatisch – und nicht etwa theoretisch – deswegen, da die Humanwissenschaft daraus, dass sich ihr Gegenstand durch die Beobachtung verändert, eine Tugend machen soll: Die methodisch unsaubere Anthropologie soll sich als ethisch-moralische Einflussnahme auf den Menschen verstehen.

Diese Forderung ist Theatermachern natürlich alles andere als fremd, auch den britischen. Im selben Jahr wie Kant schrieb die große schottische Theaterschriftstellerin Joanna Baillie in einer theatertheoretischen Abhandlung bündig: »The Drama improves us by the knowledge we acquire of our own minds, from the natural desire we have to look into the thoughts, and observe the behaviour of others« (2001 [1798]: 90). Natürlich, so Baillie, gehen wir ins Theater, um uns selbst zu erkennen und zu verbessern, und ebenso natürlich ist unser Drang, das zu tun. Aus der nüchternen Überlegung Kants wird bei Baillie anthropologische Notwendigkeit und flugs ist das Theater, indem es selbst zu einem Fall für die Anthropologie geworden ist, als zentrale Versuchsanordnung zur Beobachtung und Besserung des Menschen installiert – in Baillies Überlegung zumindest. Die Frage, wie denn der Blick ›in die Gedanken anderer‹ auf dem Theater möglich sei, beantwortet sie dabei aber nicht eindeutig.

Das Theater der Sympathie: Joanna Baillie

Baillies Konzeption einer *sympathetick curiosity*, einer ›mitfühlenden Neugier‹ für die Belange unserer Mitmenschen beruht auf Adam Smiths *Theory of Moral Sentiment* von 1759, einem eminent einflussreichen sozialphilosophischen Traktat der Zeit, der menschliches Miteinander ebenfalls als ein Theater modelliert. Smiths Sympathielehre findet einen ihrer Höhepunkte in einem Tableau, bei dem Zuschauer und Akteur sich gegenseitig beobachten, mithin ihre Positionen wechselweise vertauschen (vgl. Smith 1979 [1759]: 21). Der *spectator* versetzt sich an die Stelle des von ihm betrachteten *sufferer*, um mit ihm fühlen zu können, aber nicht nur das: Ebenso sinnt sich der Leidende in die Position des Beobachters, erkundet dessen relative Gelassenheit angesichts seines Leids und macht sich diese zum Vorbild. Zu einer wechselseitigen imaginären Versetzung in das Gegenüber, die der einen jeweils die Gefühle der anderen Seite klar macht, kommt ein beständiger Wechsel der medialen Positionen: Der Zuschauer wird zum Akteur und der Akteur zum Zuschauer. Soziale Bindungen entstehen hier gerade dadurch, dass der Leidende den Betrachtenden zum Mitleid anregt, der Betrachtende den Leidenden im Gegenzug aber – und hier wird aus der Beeinflussung durch die Beobachtung auf geniale Weise Kapital geschlagen – zur Be-

Das Theater der Sympathie: Adam Smith

herrschung. Zugegeben: Was Smith sich hier vorstellt, ist soziale Realität und nicht das Theater. Und doch konzipiert er seine ›pragmatische Anthropologie‹ wie ein Theater. Es liegt also auf der Hand, dass das Smith'sche Konzept zu einem künstlerischen Medium weitergedacht werden könnte. Zwar wäre es ein Theater von unerhörter Radikalität – man denke nur an den Positionswechsel von Zuschauer und Akteur –, aber eben auch eine Konstellation, die sowohl Kants Beeinflussungsproblematik löst als auch die bei Baillie offen gebliebene Frage nach dem Wie der Versenkung in den Anderen beantwortet.

Epistemischer Umbruch um 1800: Entdeckung des Menschen

Michel Foucault charakterisiert in seinem Buch *Die Ordnung der Dinge* (1994 [1966]), einem Klassiker der Wissenschaftsgeschichte, die Romantik als die Zeit eines grundlegenden Wandels in der westlichen Episteme, der Wahrnehmung und Einteilung der Welt. Im Zentrum dieses Wandels stehen dabei die Humanwissenschaften, in denen, so Foucault, »der Mensch mit seiner nicht eindeutigen Position als Objekt für ein Wissen und als Subjekt, das erkennt«, erscheint (ebd.: 377). Mit diesem Problem haderten ja auch Kant und Smith, auf dessen Modell die Formel eines »betrachtete[n] Betrachter[s]« (ebd.), die Foucault zur Charakterisierung der Neuerungen und der Dilemmata der Humanwissenschaften verwendet, gemünzt sein könnte. Foucault analysiert die wissenschaftliche Atmosphäre der Zeit geradezu als eine Entdeckung des Menschen, der unter Maßgabe der drei Faktoren Leben (Biologie), Arbeit (Ökonomie) und Sprache (Philologie) studiert wird. Gekreuzt werden diese drei Grunddimensionen des Menschlichen dabei von den Größen Zeit und Raum, die Kant in der *Kritik der reinen Vernunft* (1781) als Aspekte charakterisiert, die jeder Erkenntnis durch das menschliche Subjekt vorausliegen. Gleichzeitig sind Zeit und Raum aber auch die Grundkonstituenten der Situiertheit des Menschen als Objekt und prägen sein Leben, seine Arbeit und seine Sprache zutiefst. Dadurch, dass der Mensch sich selbst in einer räumlichen Situation ansetzt, wird er zu einer Subjekt-/Objekt-Dublette. (Politische) Geographie und Geschichtsschreibung rückten ins Erkenntnisinteresse der Zeit.

Romantische Theaterkritik als Kritik an der Repräsentation des Menschen

Dass der Mensch von der Welt zutiefst geprägt ist, ging mit der Annahme, dass er im Gegenzug die Welt zutiefst prägt, Hand in Hand. Gerade die romantische Literatur interessierte sich für die menschliche Subjektivität als Zentrum der Weltwahrnehmung und wollte das Subjekt andererseits auch in seiner Geprägtheit darstellbar machen. Eine literarische Anknüpfung an das Smith'sche Theatermodell, das ja ein Wechselspiel des Menschen zwischen Subjekt und Objekt imaginierte, stand aber vor dem bereits erwähnten Problem, dass das Bühnentheater der Zeit einen Positionswechsel von Zuschauer und Akteur nicht ermöglichte. Vor diesem Hintergrund kann die viel bemühte romantische Ablehnung des Theaters, bei der Autoren wie William Hazlitt, Charles

Lamb und Coleridge als Theaterkritiker im doppelten Sinne nicht nur einzelne Inszenierungen beurteilten, sondern die Theaterkultur ihrer Zeit insgesamt aburteilten, in einem neuen Licht gesehen werden. Im Mittelpunkt dieser Kritik standen letztlich die dramatischen Charaktere, die weder nach Maßgabe der Autorintention noch der menschlichen Tiefendimensionen authentisch seien. Den romantischen Autoren ging es jedoch nicht um eine Abschaffung des Theaters, sondern um eine Überwindung der bestehenden Bühnenkultur zugunsten eines Theaters, das dem Menschen als einer Subjekt-/Objekt-Dublette gerecht würde. Was sie dabei forderten, war ebenfalls eine Dublette: ein Theater menschlicher Gegenseitigkeit und menschlicher Innerlichkeit. Da die Bühnen der Zeit für ein derartiges Kulturunternehmen alles andere als bereit waren, gingen die Autoren des späten 18. und frühen 19. Jahrhunderts den Weg der Literatur. Die romantische Bühne ist v.a. ein Text-Theater, das sich grundlegend in der Lyrik von Wordsworth und den historischen Romanen von Scott entfaltete.

Im »Preface« zur dritten Auflage der berühmten Gedichtsammlung *Lyrical Ballads* von 1802 – William Wordsworth und Samuel Taylor Coleridge veröffentlichten sie zusammen erstmals im Jahre 1798 – gibt sich Wordsworth von der Sympathielehre seiner Zeit ebenso beeinflusst wie Baillie.

Lyrical Ballads (1802): Poetik der menschlichen Weltbindung

> [The poet] considers man and the objects that surround him as acting and reacting upon each other, so as to produce an infinite complexity of pain and pleasure […] he considers him as looking upon this complex scene of ideas and sensations, and finding everywhere objects that immediately excite in him sympathies which, from the necessities of his nature, are accompanied by an overbalance of enjoyment. (Wordsworth 1992 [1802]: 75, Z. 535–46)

Nach der Lektüre dieses Zitats fragt man sich vielleicht leicht verwirrt, wer hier wen betrachtet und wo die Ideen und Empfindungen denn nun genau verortet sind, aber genau darum geht es Wordsworth: um eine Poetik der Verschränkung von beobachteten Leidenschaften und leidenschaftlichem Beobachter, wobei der Dichter die von ihm beobachtete Gefühlsbindung von Mensch und Welt ebenfalls vollzieht. Das ist der Mensch als Subjekt-/Objekt-Dublette, Beobachter und beobachtet, Gefühle empfindend und auslösend, die Welt wahrnehmend und von ihr wahrgenommen. Wie sieht es nun aber mit der künstlerischen Darstellung dieser komplexen Gemengelage aus? Wordsworth nennt in seiner berühmten Formulierung Lyrik den »spontaneous overflow of powerful feelings«, aber, so fügt er sofort hinzu, »it takes its origin from emotion recollected in tranquillity« (ebd.: Z. 797–799). Dieses Modell löst das Selbsterkenntnis- und das Darstellungsproblem zugleich: Der Dichter rekapituliert seine Gefühle, wenn, wie Kant sagen würde, ›die Triebfedern ruhen‹. Er reproduziert dabei, so Wordsworth weiter, die früheren Gefühle, allerdings in einer Form, in der er sie – und sich – verstehen und beschreiben kann (vgl. ebd.: 799–850). Wordsworth entwirft hier ein Theater der Selbstinszenierung, bei dem das Ich eigene emotionale Vorgänge sowohl für sich selbst als auch für seine Leser nachstellt und objektiviert. Diese Poetik hat sich als enorm weit reichend erwiesen, nicht nur für die Romantik insgesamt, sondern zugleich für Wordsworth selbst, auch wenn er sie in den *Lyrical Ballads* noch kaum umsetzt.

»Old Cumberland Beggar« (1798): Rituelle Emotionalisierung der Gemeinschaft

Dennoch zeitigt die theatrale Poetik der Gegenseitigkeit von Subjekt und Welt ihre Wirkung auch in den *Lyrical Ballads*. In »Old Cumberland Beggar« etwa schildert der Dichter, wie eine überwältigend bewegende Begegnung mit einem Bettler zu einer poetischen Urprägung geführt hat:

> […] Some there are,
> By their good works exalted, lofty minds
> And meditative, authors of delight
> And happiness, which to the end of time
> Will live, and spread, and kindle; minds like these,
> In childhood, from this solitary being,
> This helpless wanderer, have perchance received
> […]
> That first mild touch of sympathy and thought
> In which they found their kindred with a world
> Where want and sorrow were. (1992 [1798]: 313, Z. 97–108)

Gerade weil der Dichter hier als zentraler Humanitätsträger entworfen wird, in Wordsworths berühmter Formel als ein »man speaking to men«, verschlingen sich im »first mild touch of sympathy and thought« wieder einmal Subjekt und Objekt (ebd.: Z. 425). Auch das herausragendste menschliche Subjekt ist zutiefst in die Welt eingesenkt, »kindred with [the] world«. Für die künstlerische Vermittlung der Humanität wählt Wordsworth hier aber nicht den Modus eines seine eigene Gefühlslage rekonstruierenden Ichs; vielmehr beschreibt er die Urprägung in der dritten Person und im Modus des vorsichtigen Potentialis (»have perchance received«). Die Leser, aber auch der Dichter sind an dieser Stelle noch die Zuschauer in einem traditionellen Theater der distanzierten Menschenbetrachtung und beobachten eine emotionale Bindung, an der sie selbst nicht teilhaben und über die sie daher nur Spekulationen anstellen können. Das ist umso bemerkenswerter, als das Gedicht insgesamt eine vom Bettler ausgehende und zyklisch ritualisierte Gemeinschaftsbildung beschwört, bei der der Vagabund von Haus zu Haus zieht, um Spenden und Segnungen einzusammeln. Wordsworth führt hier das Smith'sche Theater der Gegenseitigkeit auf die Wurzeln im Ritual zurück und propagiert die anhaltende ›Verbindlichkeit‹ des Rituals auch in der modernen Welt des frühen 19. Jahrhunderts sowie seinen Status als eine Alternative zur politisch prekären Gemeinschaftsbildung im Theaterrund. Wie das Subjekt an diesem Ritual tatsächlich teilhat, bleibt dabei aber unklar.

Walter Scott begegnet der Problematik menschlicher Darstellung des Menschen mit den Mitteln der erzählenden Prosa. In seinen historischen Romanen spielt die Prägung des Subjekts durch seinen räumlich-geographischen und zeitlich-historischen Standort eine größere Rolle als bei Wordsworth. In seinem berühmten ersten Roman *Waverley* von 1814, an dem er seit 1804 arbeitete, gerät der Titelheld zwischen die Fronten der schottischen Rebellion von 1745. Obwohl er lediglich einen unschuldigen touristischen Ausflug in die Highlands unternommen hat, wird Waverley wegen unerlaubter Entfernung von der Truppe per Brief aus dem englischen Heer entlassen. Er reagiert darauf wie folgt:

Walter Scott: Determinierung des Subjekts im historischen Roman

> Our hero's bosom glowed with the resentment which undeserved and apparently premeditated insult was calculated to excite in the bosom of one who had aspired after honour, and was thus wantonly held up to public scorn and disgrace. […] The whole […] appeared a formed plan to degrade him in the eyes of the public; and the idea of its having succeeded filled him with such bitter emotions that, after various attempts to conceal them, he at length threw himself into Mac-Ivor's arms, and gave vent to tears of shame and indignation. (Buch 1, Kap. 25)

Der Held wird von den äußeren Umständen, die politischer, aber auch geographischer Natur sind – er wird denunziert, aber er ist im schottischen Hochland zu weit von England entfernt, um sich zu rechtfertigen – emotional geradezu programmiert. Menschsein in Zeit und Raum heißt eben auch Steuerung und Fügung. Waverleys Entrüstung überwindet diese Determinierung aber insofern, als er zu den Highlanders überläuft: Er wirft sich ihrem Anführer buchstäblich in die Arme.

Scott vermittelt diese Gefühlslage in perspektivischem Wechsel: Zunächst werden Gefühle und Gedanken Waverleys beschrieben, dann verfolgen wir einen Emotionsausbruch von außen. Martin Huber (2003: 113–23) nennt eine derartige narrative Technik ›theatrales Erzählen‹ und weist ihre Herkunft aus dem Wechselverhältnis von Außenbetrachtung und Selbstwahrnehmung im Theaterdiskurs des 18. Jahrhunderts nach. Der romantische Roman macht also einen ganz eigenen Vorschlag zur Theatralisierung des Menschlichen und ihren Problematiken: Eine erzählte Innensicht, in der Sinneseindrücke, emotionale Regungen

Theatrales Erzählen als Wechsel von Innen- und Außensicht

und mentale Akte vermittelt werden, und der externe Blick auf eine anthropologisch schlüssige Körpersprache wechseln einander ständig ab und fügen sich zu einer Darstellung des Menschen als Subjekt-/ Objekt-Dublette. Die verschachtelten Erzählsituationen der Romane, bei denen der eigentliche Erzähler von einem weiteren bezeugenden Erzähler gerahmt wird – und der wiederum von einem Herausgeber (einen Höhepunkt findet das in *Old Mortality* von 1816) –, sind geradezu textumspannende Inszenierungen von beobachteten Beobachtern. Scotts narrative Technik kombiniert also theatrale Innerlichkeit und theatrale Gegenseitigkeit, wobei er die Innen-Außen-Problematik der Romantik auf ihre (epistemo)logischen Wurzeln im Sinne Michel Foucaults befragt, dann aber, wie Foucault selbst in seinem Buch *Überwachen und Strafen* (1975), in Richtung einer Analyse der Machteinwirkung auf das Subjekt geht. Vor diesem Hintergrund ist dann die Wirklichkeit selbst nichts weiter als ein (freilich recht grausames) Theater der äußerlichen Prägung von Innerlichkeit. Was Scott allerdings unterlässt, ist eine Inszenierung dieser Problematiken im Modus der Subjektivität.

The Prelude (1805): Darstellung des Ichs unter den Bedingungen der Welt

Es ist Wordsworth, der um die Jahrhundertwende fieberhaft an einem derartigen Text arbeitet: einer umfassenden Darstellung des Ichs unter den Bedingungen der Welt, die es umgibt. Wie Scott schildert Wordsworth sein Subjekt in der determinierenden Gewalt der Geschichte. *The Prelude*, dessen erste lange Fassung 1805 fertig gestellt wurde, beschreibt, so der Untertitel, ›das Reifen eines Dichtergeistes‹ in Auseinandersetzung mit den großen politischen Ereignissen der Zeit und dem sozialen und medialen Wandel im Großbritannien der Wende zum 19. Jahrhundert. Wie im oben zitierten Gedicht »Old Cumberland Beggar« verwendet Wordsworth dabei den Blankvers, den ungereimten fünfhebigen Jambus, den er zum gefügigen metrischen Motor des ersten autobiographischen Epos der Weltliteratur macht. Im Unterschied zu den *Lyrical Ballads* aber, die mit der berühmten Ausnahme »Lines written a few miles above Tintern Abbey« keine Erinnerungsgedichte sind, wird im *Prelude* die identitätsstiftende Selbsterinnerung zum zentralen Konstitutionsmerkmal des Textes.

Poetik der Erinnerung

Einen doppelten Erinnerungsvorgang inszeniert der Text im siebten Buch im Zuge einer Schilderung des Londoner Theaterlebens, welche von den großen Sprechtheatern bis hinab zu den Schaubühnen des Jahrmarktes reicht, aber auch Panoramen umfasst. Das Dichter-Ich blickt zurück auf den Besuch einer Vorstellung im Saddler's Wells, einem berühmten Londoner Unterhaltungstheater der Zeit. Man gibt ein Rührstück über ein hinterlistig verführtes Mädchen, das Wordsworths *persona* an vieles erinnert:

I mean, o distant friend, a story drawn
From our own ground, *The Maid of Buttermere*,
A how the spoiler came ›a bold bad man‹
To God unfaithful, children, wife, and home,
And wooed the artless daughter of the hills
[…]
　　　　　　　　　　　　O friend, I speak
With tender recollection of that time
When first we saw the maiden […]
Unsoiled by commendation and the excess
Of public notice. This memorial verse
Comes from the poet's heart, and his her due –
[…]
These last words uttered […]
　　　　　　　　thy image rose again,
Mary of Buttermere! (1995: Buch 7, 268, Z. 320–50)

Der Adressat dieser Stelle ist Coleridge, der der Erzählung zufolge mit dem Dichter zusammen das ländliche Wirtshaus besucht hat, wo sie von der Bescheidenheit des gefallenen Mädchens ganz hingerissen waren. Wordsworth überformt dieses autobiographische Detail in mehrfacher Hinsicht. Zum einen mündet die (inszenierte) Gefühlsübertragung zwischen dem Mädchen und den beiden Dichtern in die Abfassung eines Erinnerungsgedichts (»[t]his memorial verse«), mit dem Wordsworth an Ort und Stelle des Textes in Konkurrenz zum Unterhaltungstheater tritt. Die einfühlsame Beobachtung ihrer positiven Charaktereigenschaften wird somit zum Ausgangspunkt eines Theaters der Repräsentation des Menschen, das sich in bewussten Gegensatz zur voyeuristischen »public notice« setzt, für die das populäre Drama steht. Aber Wordsworth geht noch weiter: Nicht nur das Mädchen gelangt zu authentischer Darstellung, sondern auch der Dichter selbst. Das unwillkürlich aufsteigende innere Bild der Maid of Buttermere am Ende des Zitats ist genau einer derjenigen geistig-seelischen Vorgänge, über deren Rekonstruktion Dichter und Leser zu einem Begriff menschlicher Subjektivität gelangen können. Dass diese spontane Erinnerung aber nur in einer Inszenierung durch den Wordsworth'schen Text, also als erinnerte Erinnerung, greifbar werden kann, versteht sich von selbst. Schließlich gelangt der Mensch zu einem Eindruck seiner selbst nur, indem er psychische Vorgänge rückblickend nachstellt. Insgesamt konstituieren erinnerndes Subjekt und erinnertes Objekt – Wordsworth und die Maid of Buttermere – sich demnach gegenseitig zu einer authentischen Repräsentation des Menschen.

Besonders in den Büchern neun und zehn des auf das epische Ausmaß von dreizehn Büchern angelegten *Prelude* arbeitet Wordsworth an
der Problematik des Menschen in seiner geschichtlichen Situation. Die
Schilderung der Befangenheit, der Zweifel, der Stimmungs- und Mei-
nungsschwankungen des jungen Briten während eines Paris-Aufent-
halts in den geschichtsträchtigen Jahren 1791 und 1792 vermitteln in
aller Deutlichkeit die Prägung des Subjekts durch seine Historizität, die
ja auch den historischen Roman Scotts umtreibt. Wie Scott beschreibt
Wordsworth das Joch der Zeit als eine Belastung, die sich im Inneren
des Subjekts abspielt – und das intakte seelische Theater der Selbstbeobachtung durch ein grausames Tribunal der Fremdeinwirkung ablöst:

> I scarcely had one night of quiet sleep,
> Such ghastly visions had I of despair,
> And tyranny, and implements of death,
> And long orations which in dreams I pleaded
> Before unjust tribunals […]. (1995: Buch 10, 420, Z. 373–80)

Wordsworth zielt dabei durchaus darauf ab, sein Subjekt von der Last
der Geschichte zu befreien, was aber eben nicht heißt, dass er es absolut
setzen möchte – im Gegenteil: Eine Entbindung des Menschen von den
»accidents of nature, time and place« und damit eine Entmenschlichung
ist exakt das, was er seiner Zeit vorwirft. Diese, so Wordsworth weiter,

> Build social freedom on […]
> The freedom of the individual mind
> Which (to the blind restraint of general laws
> Superior) magisterially adopts
> One guide, the light of circumstances, flashed
> Upon an independent intellect. (ebd.: 448, Z. 822–29)

Wordsworth spielt hier abwertend auf die individualistische Gesell-
schaftstheorie der Französischen Revolution an, die auch in Großbritannien zu einigem Einfluss kam. Gerade die freiwillige Unterwerfung
unter die ›(Zeit)Umstände‹ kann demnach die wahre Bestimmung des
Menschen, die in den »general laws« der Akzidenzien von Natur, Raum
und Zeit festgehalten ist, vereiteln. Diese Geschichte des Menschen werde ihr Ziel darin finden, so der überhöhende Abschluss des *Prelude*, dass

> the mind of man becomes
> A thousand times more beautiful than the earth
> On which he dwells. (ebd.: Buch 13, 536, Z. 446–48)

Was hier angedeutet wird, ist aber wiederum nicht die Entkoppelung
des Menschen von der Natur, sondern seine (heils)geschichtliche Erfüllung als die schönste aller Naturformen. Eine entsprechende Konzep-

tion entwickelt das Wordsworth'sche lyrische Ich, als es einen Blick vom Gipfel des walisischen Mount Snowdon mental nacharbeitet. Wordsworth sinnt über die Szene eines wasserdurchtosten Abgrunds im Wolkenmeer nach, die sich ihm geboten hat:

> it appeared to me
> The perfect image of a mighty mind,
> Of one that feeds upon infinity. (ebd.: 514, Z. 68–70)

Natürlich ist gerade das Bild des abgründigen Geistes in der Natur wiederum eine (rekapitulierende) Theatralisierung des menschlichen Subjekts, im Zuge derer es sich selbst erfahren kann. Und doch treibt Wordsworth hier das Theater des Menschen so weit, dass es in sich zusammenzufallen droht: Subjekt und Natur werden derart eng geführt, dass sie einander zu repräsentieren scheinen. Im Moment des Wordsworth'schen Erhabenen findet der menschliche Geist seine Erfüllung in der Natur und die Natur im menschlichen Geist.

An diesem Punkt tritt das romantische Texttheater an seinen Scheideweg. Im Bild eines Schlundes, auf den die Welt einströmt, wird nämlich zunächst einmal das menschliche Subjekt dabei betrachtbar, wie es seinerseits die Welt in sich aufnimmt, d.h. wahrnimmt. Wordsworth beobachtet sich hier selbst als einen Beobachter. In diesem Höhepunkt des romantischen Texttheaters liegt aber auch eine Gefahr: Der Dichter schwärmt derart von der gegenseitigen Vollendung von Geist und Natur, dass – anders als bei der Maid of Buttermere, die ausdrücklich in einem *memorial verse* beschworen wird – an dieser Stelle von einer *ästhetischen* Vermittlung menschlicher Selbstbeschau nicht mehr die Rede ist. Im Gegensatz zu Percy Bysshe Shelley, in dessen an Wordsworths Bergerlebnis anknüpfendem Gedicht »Mont Blanc« (1816) Welt und Subjekt ganz bewusst in der dichterischen Form ausbalanciert werden, droht Wordsworth in seinem Naturtheater des menschlichen Geistes dessen (kulturelle) Medialität aus den Augen zu verlieren. Gerade ein episteme- und mediengeschichtlicher Aufriss der Romantik Großbritanniens zeigt also, dass die romantische Literatur wie kein zweites Medium die humanwissenschaftliche Herausforderung ihrer Zeit angenommen hat. Insgesamt schwankte sie dabei zwischen einem radikalen Weiterdenken der Darstellungsformen der zeitgenössischen visuellen Medien, v.a. des Theaters, und einem fröhlichen Vertrauen in die eigene Unmittelbarkeit. Eine Missachtung des Medialen konnte sich die Literatur in der anstehenden visuellen (Photographie, Film) und akustischen (Klangaufzeichnung, Rundfunk) Medienrevolution allerdings gerade nicht leisten.

Wendepunkt des romantischen Texttheaters

Merle Tönnies

Das viktorianische Theater als Populärkultur

Neue Perspektiven auf das 19. Jahrhundert

Marginalisierung
und realer Erfolg
des Melodramas Die gesellschaftlichen Konflikte des 19. Jahrhunderts standen lange im Mittelpunkt der Forschung, die sich bisher allerdings v.a. auf den Roman konzentriert hat. Dieses Genre erlebte im Viktorianismus in der Tat eine Blütezeit, und Werke von Autoren wie beispielsweise Charles Dickens und Benjamin Disraeli sowie Charlotte Brontë und George Eliot verhandelten die Auseinandersetzungen um Klasse und *gender* in geradezu programmatischer Form. In der etablierten literaturgeschichtlichen Sichtweise ›starb‹ das britische Drama dagegen Ende des 18. Jahrhunderts aus, bis in den 1860er Jahren mit T.W. Robertson ein allmähliches »[b]reaking through the darkness« (Jenkins 1991: 1) einsetzte. Das *New Drama* von Arthur Wing Pinero, Henry Arthur Jones, Oscar Wilde und Bernard Shaw in den letzten zwei Dekaden des 19. Jahrhunderts wird dann als Ende der langen ›Stagnation‹ gefeiert. Bereits bei einer ersten Annäherung an die eigentliche Theatersituation erkennt man aber, dass dort im Laufe des Jahrhunderts ein ungeheurer Aufschwung stattfand; Stückproduktion und Zuschauerzahlen erreichten traumhafte Höhen. So ist es nur logisch, dass die beschriebene *grand narrative* mit den dekonstruktivistischen Impulsen der neueren Literaturkritik und der Kulturwissenschaften ins Kreuzfeuer geraten ist und die bestimmende viktorianische Theaterform, das Melodrama, seit ca. 1980 – auf einigen frühen Pionieren aufbauend – aus verschiedenen Perspektiven untersucht wird. Von seinen Anfängen Ende des 18. Jahrhunderts bis zu seinem Niedergang Anfang des 20. Jahrhundert mobilisierte dieses Genre bei weitem die größten Zuschauermassen und kann als bestimmend für das viktorianische Theater angesehen werden. In Bezug auf Frankreich, von wo zentrale Impulse für die Entwicklung des Melodramas in Großbritannien ausgingen, hat Peter Brooks (1976) sogar die Existenz eines melodramatischen ›Modus‹ konstatiert, der auch die französische Prosa der Zeit dominierte. In ähnlicher Weise erklärt

Elaine Hadley (1995) die britische Gesamtkultur des 19. Jahrhunderts durch melodramatische ›Taktiken‹.

Das Melodrama und sein Publikum

Gesellschaftliche Konflikte und bedeutende Kulturthemen kamen in diesem Genre besonders stark zum Ausdruck. So wurde der Komplex ›Arbeit‹, der in einem der folgenden Kapitel analysiert wird, z.B. in mehreren Unterformen (wie dem *factory play* der 1830er und 1840er Jahre und dem *working-girl melodrama* vom Ende des Jahrhunderts) explizit verhandelt. Alle Melodramen wurden bewusst für die theatralische Realisation konzipiert und vom Publikum fast ausschließlich auf diese Weise zur Kenntnis genommen. Insbesondere bis 1860 gab es in den Theatern eine Konvention lautstarker Zuschauerreaktionen, v.a. auf den billigen Plätzen.

Rückkoppelung zu den Zuschauern und Zuschauerinnen

»Pit, Boxes, and Gallery«: The Surrey Theatre, 1836 – Druck von George Cruikshank, mit Erlaubnis des Victoria and Albert Museum, London

Als rein kommerzielle Gattung nahm das Melodrama diese Meinungsäußerungen bereitwillig auf. Es entstand eine regelrechte Rückkoppelung zwischen Publikumsgeschmack und Genreentwicklung, so dass die Stücke dem heutigen Forscher einen außergewöhnlich direkten Zugang zu den Fragen bieten, die das viktorianische Publikum besonders bewegten. Damit stand das Melodrama in deutlichem Gegensatz zur

Tragödie, die die Gunst des Theaterpublikums bereits in den ersten Dekaden des 19. Jahrhunderts verlor. Dieser Genregegensatz wurde auch durch Theatergesetze gefestigt, die die Tragödie noch bis zur *Theatre Regulation Bill* von 1843 als *legitimate drama* festschrieben. Auch wenn das Verbot von Sprechtheater an den *minor theatres* lange vor seiner Aufhebung in der Praxis umgangen wurde, zog es doch ein dauerhaftes Verständnis von Melodrama als ›illegitimem‹ Gegenteil der Tragödie nach sich. Hierin kann man die Ursache für die vorherrschende Abwertung des melodramatisch dominierten viktorianischen Dramas in der Sekundärliteratur sehen.

Populärkultur   Außerdem liegt es nahe, das Melodrama mit den Konzepten der Populärkultur zu verbinden, die die Kulturwissenschaften insbesondere für das 20. Jahrhundert entwickelt haben. Theoretiker wie John Fiske und Stuart Hall definieren hier ›popular‹ als das genaue Gegenteil der ›dominanten‹ Kultur einer Epoche, die die Interessen und Werte der herrschenden gesellschaftlichen Gruppen propagiert. Die Populärkultur wurde für die unteren Gesellschaftsschichten produziert, um »the economic interests of the dominant« (z.b. der Theatermanager des 19. Jahrhunderts) zu bedienen (Fiske 1992: 2), und wurde gleichzeitig von den führenden Kreisen als minderwertig (oder ›illegitim‹) abgelehnt. Um sich aus finanziellen Gründen ihrer Zielgruppe anzudienen, aber gleichzeitig das soziale Machtgefüge nicht zu gefährden, musste diese Kultur in sich widersprüchlich sein. So können die Adressatengruppen populäre Texte auch gegen ihren primär intendierten Sinn und Zweck zum Widerstand gegen die Machthaber nutzen. Hierzu passt gut, dass das Melodrama für Zuschauer und Zuschauerinnen der Arbeiterklasse, die schwerpunktmäßig die *minor theatres* frequentierten, besonders attraktiv war. Das Klassensystem kann schließlich als unmittelbarer Ausdruck der von den Theoretikern und Theoretikerinnen postulierten Aufteilung der Gesellschaft in dominante und untergeordnete Gruppen gesehen werden. Man muss aber zusätzlich beachten, dass auch an den *theatres royal*, deren Programm eher vom Geschmack höherklassiger Zuschauer bestimmt wurde, die Tragödie schnell vom Melodrama verdrängt wurde. Es lässt sich sogar argumentieren, dass das Genre sich in Großbritannien zunächst primär durch diese etablierten Theater ausbreitete. Thomas Holcrofts *A Tale of Mystery*, das allgemein als das erste echte Melodrama auf einer britischen Bühne angesehen wird, kam beispielsweise 1802 am Covent Garden Theatre heraus. Der von George Rowell (1978) rekonstruierte »Calendar of Queen Victoria's Theatregoing« zeigt denn auch, dass selbst die Königin regelmäßig Melodrama-Aufführungen besuchte, und, wie einige Kommentare in ihren Tagebücher beweisen, diese Stücke bei ihr auf intensives Interesse stießen (1912, I: 88, 148). Es sei noch angemerkt, dass der Zuschauerraum an höherklassigen Theatern – im Gegensatz zu den ausgeglicheneren *minor theatres* – im Wesentlichen eine männliche Domäne war. Auch aus einer Geschlechterperspektive herrschte hier also die dominante gesellschaftliche Gruppe vor.

Damit ist festzuhalten, dass Melodramen auch Rezeptionsangebote für Publikumssegmente enthalten haben müssen, die im konventionellen kulturwissenschaftlichen Sinne ganz und gar nicht ›populär‹ waren. In seiner Gesamtheit kann das Genre damit – nach Raymond Williams (1961: 48) – einen Zugang zur übergreifenden »*structure of feeling*« des britischen Viktorianismus bieten, zu den Themen, die eine so große Bedeutung für die Epoche hatten, dass sie – in Fiskes Terminologie – für alle gesellschaftlichen Gruppen gleichermaßen ›relevant‹ waren (1994: 129–41). Gerade im Kontext der eingangs angesprochenen Konfliktfelder des Viktorianischen Zeitalters ist damit natürlich noch keinesfalls gesagt, dass die Antworten, die das Melodrama für die verschiedenen Gruppen bereithielt, identisch waren. Entsprechungen zwischen dem Angebot ganz unterschiedlicher Häuser fanden sich aber häufiger, als man meinen könnte. Das klar auf die Arbeiterschaft ausgerichtete Britannia Theatre importierte z.B. von 1881 an regelmäßig unveränderte Melodramen von höherklassigen West End-Theatern. Vielleicht ist es doch nicht völlig utopisch, wie das *New Monthly Magazine* das Melodrama als eine theatralische Erfahrung zu beschreiben, in der »all artificial distinctions are melted away, and the crowd of all ranks and ages are united in the enjoyment of one primal feeling of their common nature« (»The Drama«, 1822, Nr. 6).

Margin note: Structure of Feeling

Viktorianische Weiblichkeitskonstruktionen und das Theater

Bei der Definition gesellschaftlich akzeptabler Weiblichkeit handelt es sich um ein Hauptkonfliktfeld des Viktorianismus, in dem eine Grundthematik dieses Bandes – die Konstruktion individueller Identität in Bezug auf gesellschaftliche Werte und Normen – zu Tage tritt. Für eine kulturwissenschaftliche Diskussion unter dem Blickwinkel des Melodramas als Populärkultur bietet sich die *gender*-Frage außerdem geradezu an. Besonders seit Beginn des Viktorianischen Zeitalters im engeren Sinne gab es in Großbritannien ein klar konturiertes Frauenbild, das die Vorstellungswelt von Männern und Frauen gleichermaßen dominierte, auch wenn reale weibliche Lebensentwürfe ihm nicht unbedingt folgten. Aus der Sicht des 20. Jahrhunderts ist dieses Stereotyp meist in seiner Verkörperung in Coventry Patmores *The Angel in the House* (1854/56) und John Ruskins »Of Queens' Gardens« (1864) rezipiert worden. Durch eine wahre Flut von Benimmbüchern und Traktaten war es aber bereits lange vor diesen Publikationen (und schon

Margin note: Gesellschaftliches Frauenbild

bei Viktorias Thronbesteigung) klar definiert. Als herrschende Ideologie schloss das Modell implizit alle anderen Frauenbilder als geradezu unaussprechlich aus. Auch ein einzelner Verstoß gegen die Norm (wie die sexuelle Verfehlung der *fallen woman*) hatte somit zur Folge, dass die Betroffene als ›unnatürlich‹ gebrandmarkt war und keine der als sich überschneidend konstruierten ›weiblichen‹ Qualitäten mehr besitzen konnte. Ihr drohte der Verlust jeglicher Geschlechtsidentität.

Die Handlungs-
struktur des
viktorianischen
Melodramas
Vor dem Hintergrund dieses etablierten Frauenbildes wäre zu erwarten, dass die Heldinnen des Melodramas – wie in der Sekundärliteratur oft behauptet – als passive, idealisierte Opfer erscheinen. Tatsächlich entsprechen jedoch bis 1860 weniger als vierzig Prozent diesem stereotypen Muster. In den späteren Stücken nimmt das Gewicht der Opferrolle noch einmal deutlich ab. Dies lässt sich durch die grundlegende Handlungsstruktur des viktorianischen Melodramas erklären: Da die Charaktere des Genres Typen statt Individuen sind, war den Zuschauern und Zuschauerinnen aufgrund der Rollenkonventionen sofort klar, wie sie eine bestimmte Figur einzuschätzen hatten – ähnlich wie bei dem im folgenden Kapitel angesprochenen Ideal der leichten Lesbarkeit von Gefühlen. In jedem Stück stehen einer Gruppe uneingeschränkt ›guter‹ Figuren ein oder mehrere ebenso ausnahmslos ›böse‹ Schurken gegenüber, die versuchen, den einführend dargestellten idyllischen (und meist in idealisiertem Einklang mit der Natur konstruierten) Frieden der Guten zu stören. Der eigentliche Plot wird also durch die moralisch verwerfliche Seite in Gang gebracht. In der überwiegenden Mehrheit der Werke vor 1860 handelt es sich hierbei um eine sexuell motivierte Verfolgung der Heldin durch den Schurken. Damit wird klar, wie das Bild der Melodrama-Frauen in der Sekundärliteratur zustande gekommen ist. Die guten Charaktere nehmen den Angriff aber keineswegs passiv hin, sondern schlagen im Regelfall aktiv zurück. Das fordert wiederum die Bösen heraus, so dass sich eine ständige Alternation von anfänglich erfolgreichen und dann abgewehrten Vorstößen ergibt. Wie das *Theatrical Journal* in dem Beitrag »Receipt to Make a Modern Tragedy« potentiellen Melodrama-Autoren rät: »[T]ake a brave hero and a villain[,] load one with all the virtues, and the other with all the vices that ever were in existence; jumble them well together so that sometimes one, sometimes the other may be uppermost« (12. Januar 1840). Dabei ist dem Publikum klar, dass nur die moralisch legitimierte Seite siegreich bleiben kann, wenn abschließend das oft als genrekonstituierend beschriebene *happy ending* die anfängliche Harmonie wiederherstellt. In den Stücken ist es nun aber gerade nicht nur der Held, der den Fehdehandschuh der Bösen aufnimmt, sondern in ca. siebzig Prozent der Fälle ist eine gute weibliche Figur aktiv an der Auseinandersetzung beteiligt.

Die Aktivitäten der Melodrama-Frauen umfassen ein sehr breites
Spektrum und gehen in Form und Intensität immer weit über das
herrschende Frauenbild hinaus. Das gilt auch für den Vergleich mit
anderen literarischen Darstellungen der Zeit, insbesondere mit ›hoher‹
Literatur wie dem so oft untersuchten Roman, in dem passive Weib-
lichkeitsmodelle letztlich überwiegen. In Edward Stirlings *Lestelle* von
1845 hält sich die siebzehnjährige Protagonistin dagegen beispielsweise
den Schurken mittels einer Fackel vom Leib, mit der sie Pulverfässer in
die Luft zu sprengen droht. Am Ende verursacht sie die Explosion mit
einer Selbstbeherrschung, die angesichts ihres Alters nicht nur vor dem
Hintergrund des viktorianischen Weiblichkeitsmodells überrascht, und
tötet dabei ihren Widersacher, während ihr selbst kein Haar gekrümmt
wird. Ebenso werden Feuerwaffen im viktorianischen Melodrama zu
einem bevorzugten Instrument der weiblichen Charaktere; wie Charles
Dickens in »The Amusements of the People« (1850) belustigt bemerkte,
unternehmen sie »every conceivable and inconceivable thing with a
pistol«. So benutzen beispielsweise die Heldinnen in John Farrels *The
Maid of Genoa* (1820) und Stirlings *The White Slave* (1849) gleich mehrere
derartiger Waffen, um sich unliebsame Verfolger vom Leib zu halten.
Sogar im Vergleich zur Kultur des 20. und 21. Jahrhunderts eignen
sie sich damit ein phallisches Symbol an, das Frauen in populären und
literarischen Repräsentationen normalerweise nicht zugänglich ist. Aus
viktorianischer Sicht hätte ein solches Verhalten eine Frau eigentlich
klar ihrer Weiblichkeit beraubt. Im Melodrama bleibt die Heldin dagegen selbstverständlich moralisch ›gut‹, da sie sich gegen den Schurken wendet, und ihre ungebrochene Geschlechtsidentität wird in aller
Regel durch ein idealisiertes Liebesverhältnis mit einer positiven männlichen Figur akzentuiert. Die vielgeschmähten Charaktertypen des Genres tragen so dazu bei, den monolithischen Block weiblicher Qualitäten
im herrschenden Weiblichkeitsstereotyp aufzubrechen und unkonventionelle Eigenschaften und Handlungen zu naturalisieren. Die Titelfigur von Colin Henry Hazlewoods *Capitola* (1859) kommentiert den
von ihr bewerkstelligten tödlichen Fall des Schurken sogar explizit
mit: »self-preservation is the first law of *nature*« (33; Hervorheb. d.
Verf.). Mögliche Diskrepanzen zwischen den Handlungen der aktiven Heldin und ihrer weiblichen Rolle werden überhaupt nur auf der
Seite des ›Bösen‹ bemerkt. Wenn der Schurke sich beispielsweise em-
pört: »baffled! and by a woman, too!« (Joseph Graves, *The Tempter*,
1838: 26), macht schon die eindeutige Sympathielenkung der Stücke
deutlich, was von einem solchen Standpunkt zu halten ist. Stirlings
Lestelle erklärt denn auch ihrem Gegner, kurz bevor sie ihn tötet:
»Now, Jean Kinroc, we meet *as befits us* – the oppressor and the oppressed« (1845: 36; Hervorheb. d. Verf.). Damit stellt sie die inhärente

Wehrhafte Frauen
im Melodrama

Überlegenheit des vermeintlichen weiblichen Opfers noch einmal explizit klar.

Weibliche Rettungsaktionen

Die melodramatische Sichtweise weiblicher Aktivität bleibt auch dann intakt, wenn die Heldin nicht sich selbst, sondern eine andere ›gute‹ Figur rettet. In einem Motiv, das im Melodrama bis in die 1840er Jahre eine wichtige Rolle spielt, ist ihr Gegner nicht der Schurke, sondern die entfesselte Naturgewalt. In einem Sturm, vor dem sich selbst erfahrene Seeleute fürchten, wagt sie sich auf das Meer hinaus, um einen Schiffbrüchigen zu retten. Die umstehenden männlichen Charaktere sind zwar überrascht, dass »a girl's not afraid« (George Soane, *The Innkeeper's Daughter*, 1817: 66), sprechen ihr aber eindeutig nicht ihre Geschlechtsidentität ab. Im Gegenteil, sie lassen sich – in einer Abwandlung des etablierten Modells weiblicher moralischer Überlegenheit, die Männer zu heroischen Taten inspiriert – von ihrem Vorbild anregen und unterstützen sie bei der Rettung. Solche positiven Reaktionen innerhalb der dramatischen Illusion finden sich selbst dann, wenn eine Retterin im Verlauf der Handlung in geradezu sprichwörtlich ›unweibliche‹ Gefilde eindringt. Die Protagonistin von Joseph Stirling Coynes *Helen Oakleigh* (1840), die sich zum Schutz ihres Mannes in bewaffneten Auseinandersetzungen bewegt und dabei bezeichnenderweise Männerkleidung trägt, erhält am Ende von ihm das höchste Lob als »wife […] who, to preserve her husband's life, has dared what a devoted woman only could« (1840: 31). Wenn sich umgekehrt der Ehemann als Schurke herausstellt, kann die Heldin mit gleichem Recht gegen ihn die Pistole ziehen, um seinem Opfer beizustehen. Was gesellschaftlich der Inbegriff der Rebellion gegen patriarchalische Machtstrukturen wäre, wird in der moralisch streng binär geteilten Melodrama-Welt ebenso zwangsläufig als ›gute‹ Handlung bewertet.

Geschlechtsspezifische Zuschauerreaktionen

All diese mehr oder weniger extremen Darstellungen sind als Angebote des Melodramas an das Publikum zu verstehen, die die einzelnen Zuschauer und Zuschauerinnen in Übereinstimmung mit ihren eigenen Wünschen und Erfahrungen wahrnahmen. Für männliche Publikumsmitglieder bedeuteten die aktiven Heldinnen eine Konfrontation mit gesellschaftlich unterdrückten Formen von Weiblichkeit. Sie konnten sich – in der Sicherheit des Zuschauerraumes – mit ihren unbewussten Ängsten auseinandersetzen und gleichzeitig den Reiz des Verbotenen genießen. Den Zuschauerinnen boten diese Melodrama-Frauen dagegen eine imaginäre Ermächtigung. Wie Judith Butler (1988: 527) bemerkt hat, lassen sich durch die Identifikation mit einer Theaterrolle subversive Verhaltensentwürfe ausprobieren, die für die Rezipienten in der Realität eher bedrohlich wirken würden. So wurde die patriarchale Unterdrückung der Frauen im Publikum durch die Stücke stellvertretend richtig gestellt. Man könnte natürlich einwenden, dass es sich hierbei um eine rein eskapistische Wunscherfüllung handelte. Die fiktionalen Heldinnen zeigten aber gleichzeitig den Handlungsspielraum, den die Gesellschaft Frauen vorenthielt, und mögen so einzelne Rezipientinnen dazu angeregt haben, kritisch über die eigene Situation nachzudenken. Außerdem betonten die Melodramen neben ihrem evidenten Traumcharakter auch immer die ›Relevanz‹ der Handlung für das tägliche Leben ihres Publikums. In Bühnenbild und Plotgestaltung war das Genre von geradezu naturalistischer Realitätstreue geprägt und setzte aktuelle Ereignisse in atemberaubender Geschwindigkeit fiktional um. Dieser »*Naturalism of the dream life*« (Bentley 1964: 205) erlaubte es den Zuschauern, zwischen verschiedenen Graden von Authentizität hin und her zu springen und das Bühnengeschehen abwechselnd auf ihre eigene Wirklichkeit zu beziehen oder als Fiktion zu erleben, wenn es sonst bedrohlich gewirkt hätte. Es ist vielleicht durch diese individuelle Ausweichmöglichkeit zu erklären, dass Stücke mit extremer weiblicher Aktivität überraschend gleichmäßige Zustimmung in den Theatern der verschiedenen Klassen fanden.

In der weiteren Entwicklung des Melodramas verloren aktive Frauen im Verhältnis zu anderen Rollen an Gewicht – vielleicht weil weibliche Aktivität im gesellschaftlichen Leben langsam ›normaler‹ wurde und deshalb weniger dringend fiktional verhandelt werden musste. Zwei andere transgressive Rollen nahmen dagegen insbesondere ab 1860 stark zu, die der sexuell ›unreinen‹ Frau und der ›bösen‹ Abenteurerin. Sexualisierte Heldinnen fanden sich bereits in fünfundzwanzig bis dreißig Prozent der früheren Melodramen. Die Verfehlungen dieser Frauen wurden aber oft metaphorisch dargestellt, z.B. durch eine vollzogene Ehe, die durch mangelnden väterlichen Segen in der Melodrama-Welt ungültig wurde und damit die Heldin einer gefallenen Frau gleichsetzte. Nach 1860, als sexualisierte Heldinnen mit vierzig Prozent die häufigste weibliche Melodrama-Rolle darstellten, wurden dagegen viel extremere sexuelle Vergehen, wie aktiv betriebener Ehebruch, meist unverhüllt dargeboten. Die betreffenden Charaktere blieben außerdem nicht nur in der Wertung der Stücke moralisch ›gut‹, sondern konnten – im Gegensatz zu den früheren Stücken – oft relativ unbehelligt weiterleben, wie beispielsweise in Walter Melvilles spätem Melodrama *A Disgrace to Her Sex* (1904).

Darstellungen von Frauen, die ihre Jungfräulichkeit ohne den Schutz einer gültigen Ehe verloren hatten, wurden gleichzeitig zu einer erstaunlich expliziten Kritik an patriarchalen Strukturen genutzt: »He goes unpunished, while this pitiless world casts all the blame on me«, prangert beispielsweise die gefallene Frau in Frederick Vannecks *False Steps* ihre Situation an (1886: f. 48). In Charles Reades *Rachel the Reaper* hat selbst der Held Zweifel an der gesellschaftlichen Verurteilung:

Die sexualisierte Heldin

»What vermin we are to turn upon the victim, & let the scoundrel that deludes her go free« (1874: f. 40). Solche Szenen trafen scheinbar sogar an sehr respektablen Theatern – wie dem Queen's Theatre bei Reades Stück – den Publikumsgeschmack. Das ist besonders signifikant, weil viele der Dramenfiguren deutlich transgressiver waren als die Darstellungen weiblicher Sexualität in der Tragödie und im viktorianischen Roman. Letzteres gilt selbst im Vergleich zu den so genannten ›Sensationsromanen‹ der 1860er, die wie das Melodrama der Populärkultur zuzurechnen sind und denen oft Verstöße gegen moralische Standards vorgeworfen wurden. Offensichtlich führte die enge Abstimmung zwischen den Melodrama-Autoren und ihrem Publikum dazu, dass auch die subversivsten Bedürfnisse identifiziert und befriedigt werden konnten.

Poster für *A Disgrace to Her Sex* am Terriss Theatre, Rotherhithe, 1904 – Public Record Office COPY 1/242i f. 173, mit Erlaubnis von National Archives, London

Dieser Effekt wurde in der Melodrama-Rolle der Abenteurerin potenziert. Bereits vor 1860 gab es in ca. einem Viertel der Stücke weibliche Charaktere auf der Seite der ›Bösen‹. Hierbei handelte es sich wieder um eine Dramatisierung absoluter Unweiblichkeit, aber im Gegensatz zur aktiven und zur sexualisierten Frau wurde das Verhalten der Schurkin innerhalb der dramatischen Illusion verurteilt. Trotzdem hatte sie oft die Möglichkeit, sich durch einzelne ›gute‹ Handlungen reinzuwaschen, und überlebte sogar in etwa vierzig Prozent der Fälle die abschließende Bestrafung der Bösen. In der Tat hatten diese Charaktere oft einige der weiblichen Norm entsprechende Eigenschaften, und ihre sexuelle Reinheit blieb von der generellen moralischen Verworfenheit unberührt. Nach 1860 wurden böse Frauen dann viel häufiger zu Protagonistinnen des Melodramas und standen im Zentrum der Aufmerksamkeit des Publikums. Wie das bereits von zeitgenössischen Autoren verwendete Etikett ›Abenteurerin‹ ausdrückt, erschienen sie glamouröser und flamboyanter als ihre Vorgängerinnen und fanden sich öfter in höheren Gesellschaftsschichten, in die sie sich durch dubiose Machenschaften eingeschlichen hatten.

Die Abenteurerin

Jerome K. Jeromes Karikatur der *stage adventuress* in *Stage-Land* (1889)

Dadurch boten sie höherklassigen Zuschauern und Zuschauerinnen die Möglichkeit, sie gleichzeitig als aufregend nah und als fundamental von sich verschieden zu erleben. Die Figur zeichnet sich außerdem durch ihre komplexen Pläne aus, die sie kompetent in die Tat umsetzt, um sich für erlittene Kränkungen zu rächen oder sich Geld und damit den ersehnten Luxus sowie gesellschaftliches Ansehen zu verschaffen. Um diese Ziele zu erreichen ist sie insbesondere in Melodramen vom Ende des 19. Jahrhunderts zu unvorstellbaren Grausamkeiten bereit. So sperrt die Protagonistin in Walter Melvilles *The Worst Woman in London* ihre ›gute‹ Widersacherin in einem brennenden Haus ein, worauf diese bezeichnenderweise mit den Worten reagiert: »no human being could invent such a death« (1899: 74–75). Ebenso ›erfindungsreich‹ im Instrumentarium des Bösen war die Kupplerin in F.A. Scudamores *Dangerous Women* von 1898, die Novizinnen routinemäßig hungern ließ, um sie gefügig zu machen.

Aktive weibliche
Sexualität auf der
Bühne Im Gegensatz zu den früheren Schurkinnen war die Abenteurerin dabei niemals sexuell ›rein‹. Damit waren die Stücke nach 1860 in gewisser Weise wieder konventioneller, da sie (un)weibliche Eigenschaften – in Analogie zu gesellschaftlichen Frauenbildern – in Blöcken zusammenfassten. Besonders aus der Perspektive männlicher Zuschauer ist zu betonen, dass die sexuelle Komponente hier im Vergleich zur ›guten‹ sexualisierten Heldin noch weiter verstärkt wurde. Die Stücke zeigen, wie die Abenteurerinnen explizit ihre Wirkung auf Männer ausnutzen, um ihre Ziele zu erreichen. Die Opfer dieser Spiele mit ganz und gar nicht ›zärtlichen‹ Leidenschaften sind kaum in der Lage zu verstehen, was mit ihnen geschieht. Die ›böse‹ Frau in William Sawyers *Jessie Ashton* bedauert denn auch einen männlichen Gegner ironisch als »the silly moth [that] hovers around the flame that must consume him« (1863: f. 8v). Die Männer selbst (und auch tugendhafte weibliche Figuren) können sich die Anziehung der Abenteurerin höchstens mit Mesmerismus oder Hypnose erklären. Noch viel häufiger bezeichnen sie die Verkörperung aktiver weiblicher Sexualität als Dämon, Sirene oder Zauberin, d.h. ordnen sie direkt einem unerklärlichen übernatürlichen Bereich zu, oder verwenden Metaphern aus dem Tierreich (z.B. Füchsin oder Tigerin). Wie die Grausamkeit der entsprechenden Figur in Melvilles *The Worst Woman in London* ist das Verhalten dieser Abenteurerinnen damit so ›unvorstellbar‹ für die anderen Charaktere, dass sie ihnen – nach dem Muster des gesellschaftlichen Frauenbildes – jegliche menschliche (Geschlechts)Identität absprechen müssen.

Umfassende
Wirkung auf das
Publikum Durch die unmittelbare physische Präsenz dieser Frauen auf der Bühne sahen sich viktorianische Männer mit sexuellen Reizen konfrontiert, die in solcher Intensität sonst innerhalb der Grenzen gesellschaftlicher Akzeptabilität nicht existierten und die über den Effekt der

Sensationsromane hinausgingen. In Melodramen, die den Plot solcher Romane auf die Bühne übertrugen, lässt sich sogar explizit eine Radikalisierung der unmoralischen Frauenrollen beobachten. Natürlich war die Faszination, die diese Figuren ausübten, mit männlicher Angst vor weiblicher Machtausübung – gerade im sexuellen Bereich – verbunden. Gleichzeitig wurden die Abenteurerinnen noch milder bestraft als ihre Vorgängerinnen: In sechzig Prozent der Fälle überlebten sie das *happy ending*, und die von ihnen ausgehende Bedrohung blieb Teil des Melodrama-Universums. Für Frauen im Publikum bediente die Abenteurerin unterdrückte Impulse, die mit den guten aktiven Frauen nicht ausgelebt werden konnten. Die Ungerechtigkeiten, die die sexualisierten Heldinnen anprangerten, wurden von ihr direkt angegangen. Ihre ›Schlechtigkeit‹ und ihre bereits feststehende Niederlage in der Melodrama-Welt fungierten dabei als Sicherheitsventile, die es den Zuschauerinnen erlaubten, ihre Identifikation hinter vorgefertigter Konformität zu verbergen. Bei einer eventuellen Bestrafung der Figur konnten sie sich immer schnell wieder von ihr distanzieren; wie es eine Zuschauerin in Bezug auf *soap operas* des 20. Jahrhunderts beschrieben hat: »Part of me is inside Linda […] but when she gets slapped I'm right back in our sitting room« (Fiske 1994: 173). Auch diese konzentriert transgressiven Reaktionen scheinen – nach den Aufführungsorten der Stücke zu urteilen – wieder für alle gesellschaftlichen Klassen attraktiv gewesen zu sein. Die zum größten Teil unkonventionellen Darstellungen des ›populären‹ Melodramas sprachen also umfassend sowohl dominante als auch untergeordnete Gruppen an. Die mit dem Genre verbundene subversive *structure of feeling* kann damit als mindestens ebenso bestimmend für das gesamte Viktorianische Zeitalter – und als emotional sehr viel realer – angesehen werden wie die herrschende Weiblichkeitsideologie der Zeit.

Die Abwendung des Melodramas vom Theater

Es ist auffällig, dass das Melodrama kurz nach dem Ende des Viktorianismus seine bestimmende Rolle im britischen Theater verlor und dann sehr schnell fast völlig von den Bühnen verschwand. Meist wird der Grund für diesen Niedergang im Siegeszug des *New Drama* gesehen. Stücke von Pinero und Jones wurden aber bereits seit den 1880er Jahren aufgeführt, ohne dem Erfolg des populären Theaters zu schaden. Die zweite verbreitete Erklärung ist dagegen wohl zutreffender: Das filmische Medium, das sich seit der letzten Dekade des 19. Jahrhunderts zu etablieren begann, konnte die melodramatische Kombination einer Traumwelt mit einer realistischen Oberfläche sehr viel überzeugender und kostengünstiger umsetzen als das Theater. Es gibt hier sogar

Gründe für den Niedergang des Bühnenmelodramas

Mögliche Aus-
weitung der
Analyse auf filmi-
sche Genres

direkte Kontinuitäten, da bis 1920 erfolgreiche Bühnenmelodramen verfilmt wurden. Trotz einiger Ansätze ist dieser Übergang bis jetzt nur unzureichend erforscht. Vor dem Hintergrund der vorausgegangenen Analyse wäre insbesondere zu fragen, was mit den Zuschauerbedürfnissen passierte, die das Melodrama bis dahin befriedigt hatte. Vielleicht hatten sich einige Melodrama-Rollen auch schon unabhängig vom Film abgenutzt und/oder Wandlungen im Frauenbild hatten bestimmte Techniken des Genres obsolet werden lassen. Es ist durchaus vorstellbar, dass durch die massiv einsetzende Emanzipation bestimmte Publikumswünsche verschwanden oder sich veränderten oder auch größere Differenzierungen im Klassenspektrum auftraten. Aktive weibliche Charaktere könnten so beispielsweise noch weniger interessant für die Zuschauer geworden sein. In der Tat herrschen im Filmmelodrama der überwiegenden Meinung der Sekundärliteratur nach passive weibliche Opfer vor. Wie beim Bühnenmelodrama müssen solche Generalisierungen aber durch die detaillierte Analyse einer ausreichend großen Zahl von Primärtexten überprüft werden, die den Horizont der Zuschauer und Zuschauerinnen jeweils vor dem Hintergrund des zeitgenössischen Frauenbildes und der etablierten Genregesetze rekonstruiert. Der zugrunde liegende Ansatz ließe sich auch auf andere ›populäre‹ Filmgenres ausdehnen, die mit melodramatischen Strukturen arbeiten. Parallelen zur *soap opera* sind bereits angeklungen, und der diametrale Gegensatz zwischen Guten und Bösen im Science Fiction-Film lässt sich ebenfalls als melodramatisch beschreiben. In einer weit über Peter Brooks Konzept des ›Modus‹ hinausgehenden Ausweitung könnte der im Melodrama ausgedrückten umfassenden *structure of feeling* damit vielleicht sogar eine Relevanz zugesprochen werden, die in ihren grundlegendsten Funktionen bis ins 21. Jahrhundert reicht.

Gesa Stedman

Gefährliche Gefühle?
Emotionen in der viktorianischen Literatur

Gefährliche Gefühle

Was sich die Viktorianer unter dem richtigen Umgang mit Gefühlen vorgestellt haben, kann man gut an der folgenden Abbildung sehen. Nur auf den ersten Blick scheint diese Illustration wenig mit Gefühlen zu tun zu haben: Die Werbeanzeige sollte viktorianische Käufer und Käuferinnen dazu anregen, Fennings' Cooling Powder zu erwerben, um unwillkommene »unhealthy Heats of the System« zu bekämpfen.

Der richtige Umgang mit Gefühlen

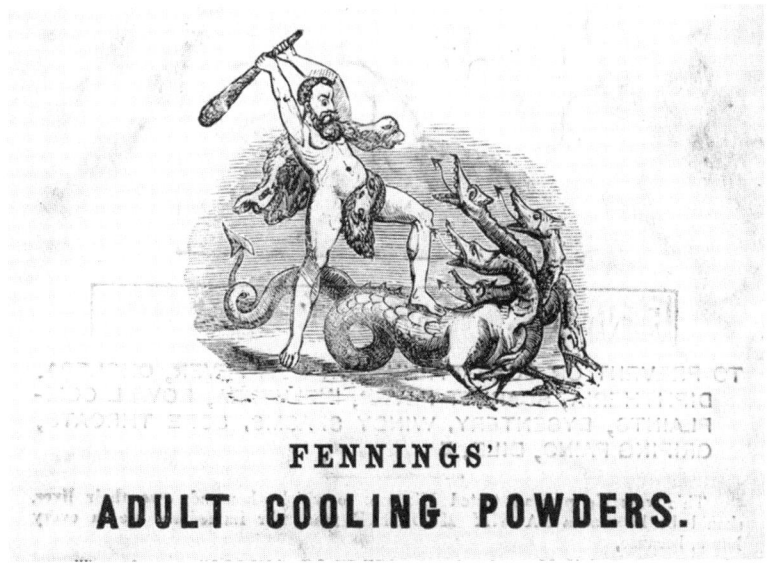

Werbeanzeige für Fennings' Adult Cooling Powder aus A. Fennings' *Everybody's Doctor* (1864), mit freundlicher Genehmigung der British Library, London, Signatur 7460.bb.46.(2.)

In den Augen viktorianischer Autoren waren diese »Heats« nicht nur das Resultat verschiedener organischer Krankheiten, sondern konnten auch in der Folge unkontrollierter Gefühlsausbrüche entstehen und damit den Körper in ernstliche Gefahr bringen. Die naturhafte Kraft dieser Hitzewallungen wird in der Abbildung durch das mehrköpfige Drachenmonster symbolisiert, aber auch durch die primitive Kleidung des sie bekämpfenden Mannes und seiner Waffe, einer Keule. Liest man diese bildliche Darstellung im übertragenen Sinne, so kann das Monster auch für die gefährlichen Gefühle stehen, die der Einzelne mit aller Macht bekämpfen muss, um seine eigene Gesundheit zu bewahren und damit gesellschaftlichen Schaden abzuwenden. Auf genau dieses komplexe Beziehungsgeflecht von Körper, Gesundheit, Gesellschaft, Gefühlsausdruck und Gefühlskontrolle richtet sich das Augenmerk im Folgenden.

Gefühle in der (literaturwissenschaftlichen) Forschung

Gefühle in der Forschung

Lange dominierten in der Forschung zur Rolle der Gefühle in der viktorianischen Literatur Ansätze, die sich weder für historische Erklärungen, noch für die vielstimmige interdisziplinäre Theoriediskussion über Emotionen interessiert haben. Es herrschte eine Common Sense-Auffassung vor, die ungefähr so lautet: Da alle Menschen Gefühle haben, braucht man sich um ihre Definition nicht weiter zu scheren und kann, alle soziologischen, naturwissenschaftlichen oder historischen Definitionsversuche und Erklärungsmodelle außer Acht lassend, fröhlich v.a. deshalb unzureichende Textanalysen verfassen. Inzwischen finden sich jedoch immer mehr Autoren und Autorinnen, die den Aufschwung in der Emotionenforschung nutzen, um komplexere Erklärungsmodelle zu finden und diese in historisch fruchtbarer Weise mit der Analyse von Texten des 19. Jahrhunderts zu verbinden. In diesen Studien werden auch solche Werke untersucht, die bislang nicht im Mittelpunkt des Interesses gestanden haben: Ratgeberliteratur, Groschenromane, philosophische und naturwissenschaftliche Traktate und ähnliches mehr.

Ein neues interdisziplinäres Modell

Was sind Emotionen?

Aber was sind eigentlich Emotionen? Schon die Viktorianer sind an dieser Frage spektakulär gescheitert, wie sich an ihren verkrampften Klassifizierungs- und Definitionsversuchen erkennen lässt – ein besonders anschauliches Beispiel dafür sind die Listen, die der Psychologe Alexander Bain in seiner wichtigen Studie *The Emotions and the Will* (1859) aufstellt. Sinnvoller ist es, Emotionen als Phänomene zu verstehen, die weder nur physiologisch, universell und unwandelbar, noch rein als ›*all in the mind*‹ und abgelöst vom Körper zu begreifen sind. Emotionen werden zwar vom ›Individuum‹ gefühlt, sind häufig von körperlichen Veränderungen begleitet oder vielleicht auch verursacht, aber sie erlangen ihre Bedeutung nur im sozialen Kontext, der in historisch wandelbarer Weise die *paradigm scenarios* (De Sousa) vorgibt, nach denen wir eigene und fremde Gefühle erlernen, erleben und bewerten. Im Vordergrund steht daher nicht die Frage, was Emotionen sind, sondern welche Bedeutung die Viktorianer dem beigemessen haben, was sie selbst als Emotionen bezeichnet haben.

Das Augenmerk liegt auf den Gefühlsstandards der Epoche, d.h. auf dem, was die Historiker Carol und Peter Stearns (1985) »*emotionology*« nennen. Es geht also um die Rede über die Gefühle und die damit verbundenen *feeling rules*. Um nun diese bürgerlichen Diskurse nicht nur zu beschreiben, sondern auch zu erklären, bedarf es eines Konzepts, das die Emotionen in ihrer individuellen wie gesellschaftlichen, in ihrer körperlichen wie in ihrer kulturellen Dimension umfasst, wobei diese vermeintlichen Gegensätze nicht als zwei verschiedene Aspekte, sondern immer als Einheiten gedacht werden sollten. Das Habitus-Konzept des französischen Soziologen Pierre Bourdieu hilft hier entscheidend weiter. Mit ›Habitus‹ sind nicht nur bewusste oder unbewusste mentale Strukturen gemeint, die Denkweisen und Handlungen von Menschen erzeugen, sondern ein subjektives, aber nicht individuelles System internalisierter Strukturen, Konzepte und Taten, die untrennbar mit dem Körper und dadurch mit den Emotionen verbunden sind. Präziser als mit dem gebräuchlicheren, aber etwas vagen Konzept der ›kollektiven Identität‹ lässt sich damit die Verknüpfung der individuellen und der sozialen Dimension emotionaler Handlungen erklären, die man bis in kleinste körperliche Bewegungen beobachten kann.

Gefühlsstandards und Habitus

Literatur und Gefühl: *Paradigm Scenarios*

Texte können absichtlich oder unbewusst als Ratgeberliteratur fungieren, ein Zweck, den Autorinnen und Autoren im 19. Jahrhundert im Auge hatten, denn fiktionale wie nicht-fiktionale Werke hatten die Aufgabe, die Leser und Leserinnen nicht lediglich zu unterhalten, sondern sie auch zu belehren. Besonders die ›Erziehung des Herzens‹, die *Education of the Heart*, wie die Ratgeberautorin Sarah Ellis ihre 1869 erschienene Schrift betitelte, stand im Mittelpunkt viktorianischer Texte, wie z.B. in Charlotte Brontës Roman *Shirley* (1849). Mit dem kanadischen Philosophen Ronald de Sousa kann man diese Funktion von Texten als *paradigm scenarios* bezeichnen. Er hat zu Recht festgestellt,

Paradigm Scenarios

dass Literatur im weitesten Sinne entscheidend dazu beiträgt, wie man Gefühlsregeln und den gesellschaftlich anerkannten Ausdruck von Gefühlen lernt. Bereits als kleines Kind erwirbt man soziale Gefühlsmuster, deren Wirkung durch Geschichten, bildliche Darstellungen und den kulturellen Kontext verstärkt wird. Als Leser bzw. Leserinnen lernen wir anhand dieser *paradigm scenarios* in Texten, welche Gefühlsregeln und -ausdrucksformen in einer jeweiligen Gesellschaft als angemessen gelten. Im 19. Jahrhundert wird diese vordringlich didaktische Absicht fiktionaler und nicht-fiktionaler Texte von künstlerischen Darstellungen geteilt. Gemeinsam ist ihnen u.a. eine Vorliebe für narrative Elemente, anhand derer *paradigm scenarios* am besten dargestellt werden konnten. Die Abbildung *Home from Sea* ist ein Beispiel für eine solche bildlich dargestellte Geschichte und zeigt zugleich, dass das Gefühl der Trauer auch aufgrund der weiterhin sehr hohen Sterblichkeitsraten seit der Renaissance kaum an Bedeutung eingebüßt hatte.

Arthur Hughes, *Home from Sea* (1862), Ashmolean Museum, Oxford

Typische Merkmale der Diskurse der Emotionen

Zahlreiche Werke des 19. Jahrhunderts weisen eine Reihe von Gemeinsamkeiten auf, wenn es um die Darstellung und Diskussion von Gefühlen geht. William Wordsworths romantisches Manifest aus dem Vorwort seiner Gedichtsammlung *Lyrical Ballads* (1800/02), gute Lyrik sei »the spontaneous overflow of powerful feelings«, denen jedoch u.a.

mit Hilfe der Metrik und des Verstandes eine gewisse Kontrolle auferlegt werde, prägt die viktorianischen Diskurse der Emotionen genauso wie die Vorstellung, es müsse im Sinne des 18. Jahrhunderts einen angeborenen *moral sense* geben, der einen das rechte Verhalten und die rechten Empfindungen lehrt. Nur selten weichen Autoren von diesen Positionen ab – und auch die Einteilung der Welt in zwei moralische Seiten wie im Melodrama in eine ›gute‹ und eine ›böse‹ erfreute sich großer Beliebtheit. So finden sich z.b. bei William Cooke und anderen Autoren Exempla, kleine Geschichten, die erklären, wie man mit den Gefühlen umzugehen habe. In diesen Geschichten treffen wir auf ein Figurenarsenal, wie es aus dem Melodrama vertraut ist: hysterische Frauenfiguren, dunkle Bösewichte, kühne Abenteurerinnen, Mörder und Missetäter, aber auch trauernde Witwen und moralisch untadelige Gestalten. Besonders auffällig ist die Verwendung von typischen Metaphern für die Gefühle und von ähnlich verlaufenden Plots. Während die wiederkehrenden Kollokationen in vielen Texten versteckte Handlungsanweisungen enthalten – z.B. in der stets gemeinsam auftretenden Lexemkombination der *tender passions*, die besagt, dass Leidenschaft (*passion*) nur zärtlich sein darf, dadurch im viktorianischen Begriffszusammenhang der Familie zugeordnet wird und ihre potentiell zerstörerische Kraft einbüßt –, so werden die ähnlichen Plots dazu genutzt, die ›Erziehung des Herzens‹ der Leserinnen und Leser zu steuern.

Das zentrale Paradigma der Diskurse der Emotionen im 19. Jahrhundert ist die Beziehung zwischen Gefühlsausdruck und Gefühlskontrolle. Manchen Autoren und Autorinnen wie z.B. Bain ist bewusst, dass nicht alle Emotionen in die eine oder andere Kategorie gehören. Aber die stetige Wiederholung dieser aristotelischen Dichotomie betont das Bedürfnis, etwas zu stabilisieren, das sich der Stabilisierung eigentlich entzieht. In gleichem Maße wird jedoch auch dem Gefühlsausdruck Raum gegeben. Der Versuch, diese beiden Bedürfnisse auszugleichen, resultiert in den für die viktorianischen Diskurse der Emotionen typischen vielgestaltigen Spannungsmomenten und Widersprüchen. Und diese Spannungen kann man am besten beobachten, wenn man fiktionale und nicht-fiktionale Texte, kanonische Werke wie z.B. einen Roman der Brontës mit weniger bekannten oder scheinbar weniger wertvollen literarischen Werken konfrontiert, wie z.B. die Abhandlung des Landarztes Cooke über Gefühle und Krankheit von 1839. Populäre Erzählungen, Ratgeberliteratur und Zeitschriften teilen die gleichen Überzeugungen, was die Emotionen betrifft, wie die Romane von Charles Dickens oder der Brontë-Schwestern.

Gefühlsausdruck und Gefühlskontrolle

Zwischen fiktionalen und nicht-fiktionalen Texten herrschen Ähnlichkeitsbeziehungen, die eine kontextualisierte Herangehensweise nahe legen. Eine solche Herangehensweise situiert die viktorianischen

Schlüsselthemen der Epoche

Diskurse der Gefühle in ihrer Zeit und setzt sie in Beziehung zu Themen der Epoche wie die Kontrolle der Massen, soziale Distinktion und die in der *separate spheres debate* diskutierte Geschlechterdifferenz. Obwohl eine geringfügige Entwicklung von der unbedingten Kontrolle der Gefühle zu stärkeren emotionalen Ausdrucksmöglichkeiten erkennbar ist, wie Charles Darwins bahnbrechende Untersuchung *The Expression of Emotion in Man and Animals* (1872) zeigt, bleibt das Bedürfnis, Gefühlsausdruck und -kontrolle auszubalancieren, das beherrschende Element des bürgerlichen Habitus der viktorianischen Autorinnen und Autoren, die permanent damit befasst sind, ihren eigenen kulturellen und gesellschaftlichen Ort zu bestimmen: die *middle classes*.

Kontrolle leidenschaftlicher Gefühle

Auf der Ebene des Individuums wurde der Ausdruck der Gefühle als notwendig für die eigene Gesundheit angesehen, sofern diese Gefühle bestimmte Bahnen nicht verließen. In den Augen der Viktorianer war ungezügelte Leidenschaft ohne diese Kontrolle eine der Hauptursachen von psychischen Störungen und Krankheiten und konnte zu dem führen, was Ärzte wie Cooke mit *sudden death* bezeichneten – die Folge von zu viel oder zu wenig Freude oder einem zuviel an negativen Emotionen, wie z.B. Hass oder Wut. Ein berühmtes Beispiel für die schrecklichen Folgen ungestümer Leidenschaft ist die Protagonistin Maggie Tulliver in George Eliots Roman *The Mill on the Floss* (1860). Maggie sehnt sich danach, ihre kreativen, leidenschaftlichen Gefühle und ihren Hunger nach Wissen und Bildung ausleben zu dürfen. Ein ums andere Mal wird sie daran gehindert – nicht zuletzt durch den Verweis auf ihre unweibliche Wildheit. Die negative Einschätzung der Gefühle und des Körpers drückt sich in vielen Texten über die Gefühle in Metaphern aus, die den Körper z.B. als *rotten carcass* oder als unberechenbare Quelle von geistiger und körperlicher Instabilität konzeptualisieren. Dies galt insbesondere für Frauen, die aufgrund ihrer ›exzessiven Empfindsamkeit‹ als besonders gefährdet angesehen wurden.

Gefahren der Gefühlskontrolle

Gleichzeitig fürchteten Autoren von Ratgebern, die wie Charles Bray die *Education of the Feelings* (1838) zum Gegenstand hatten, aber auch Romanschriftsteller eine zu große Kontrolle der Gefühle. Ein berühmter Viktorianer, der Soziologe John Stuart Mill, kam zu der Einsicht, dass eine rein rational orientierte Bildung bei der Bewältigung von Problemen nicht ausreicht. Er lernte die Macht der Poesie in einer persönlichen Lebenskrise kennen und schaffte es dadurch, sich von dem Literatur gänzlich ablehnenden Erziehungsideal seines Vaters zu lösen. Die gleichen zweckrationalen Überzeugungen wie die des strengen viktorianischen Vaters von J.S. Mill finden sich in der Figur des Zuchtmeisters Gradgrind in Dickens' Roman *Hard Times* (1854). Dickens führt die schrecklichen Folgen der Gefühlsunterdrückung anhand der Kinder des Schuldirektors Gradgrind anschaulich vor. Weil ihnen nur ›Fakten,

Fakten, Fakten‹ eingebläut wurden und ihnen niemand Fantasie und Gefühl nahe gebracht hat, sind Tom und Louisa Gradgrind nahezu unfähig, als vollwertige, moralisch gefestigte Mitglieder ihrer bürgerlichen Gesellschaft zu agieren. Nur durch den Einfluss der gefühls- und fantasiereichen Gegenwelt des Zirkus lernt Direktor Gradgrind mühsam, wie wichtig Emotionalität für die Herausbildung der Persönlichkeit ist.

Gefühle waren jedoch nicht lediglich für die persönliche Entwicklung wichtig, denn nicht nur jeder Einzelne sollte fähig sein, Trauer durch Tränen, Scham durch Erröten oder Liebe durch das Zittern des Körpers auszudrücken, indem man den Körper als ›Medium‹ non-verbaler Kommunikation nutzte. Noch wichtiger war es in der rasch wachsenden viktorianischen Massengesellschaft, die Lesbarkeit der Gefühle durch angemessenen Ausdruck sicherzustellen. Denn wenn man sich des Ausdrucks der Emotionen enthielt, war man für die Beobachter – an sozialer Distinktion interessierte Mitglieder der *middle classes* – nicht mehr einzuschätzen und dadurch gefährlich und unkontrollierbar – insbesondere, wenn man zu den in bürgerlichen Augen bedrohlichen und vermeintlich von allzu großer Leidenschaft angetriebenen *lower classes* gehörte. Ein Beispiel für eine solche Darstellung der *working classes* ist der wütende Mob in Brontës Roman *Shirley*, dessen ungezügelte Emotionen beinahe das Ende eines der Protagonisten zur Folge haben. Das Bedürfnis nach gesellschaftlicher Abgrenzung nach oben und unten war eine zentrale Motivation für bürgerliche Autoren, sich mit dem Problem der Gefühle so ausführlich zu befassen und es stellt ein weiteres konstitutives Element ihres bürgerlichen Habitus dar. Gesellschaftliche Fragen waren also immer präsent, wenn viktorianische Autorinnen und Autoren über Emotionen schrieben.

Von besonderem Interesse sind die Geschlechterverhältnisse, insbesondere das Dilemma der leidenschaftlichen, kreativen Frau, das vor dem Hintergrund des nationalen Diskurses ausgespielt wurde. Im 19. Jahrhundert verschärfte sich bekanntlich die dichotomische Zweiteilung der Gesellschaft in eine männliche, öffentliche Sphäre und eine private, weibliche Domäne. Obgleich es sich bei dieser Trennung um eine Konstruktion handelt, hatte sie reale Folgen für Frauen und Männer und im Zusammenhang mit den Emotionen ist diese Problematik zentral. Frauen wurde eine natürliche Emotionalität zugeschrieben, die einerseits gefährlich sein konnte, weil sie unkontrollierbar erscheinen mochte. Andererseits begründete sich daraus die Festschreibung der weiblichen Rolle als Mutter und als moralisch überlegene ›Erzieherin des Herzens‹. Dieser privaten, weiblichen Welt der Gefühle stand die männliche gegenüber, in der Emotionen keine Rolle spielen sollten. Allerdings war das *home* dazu bestimmt, den Männern einen emotionalen Schonraum zu bieten, da auch sie nicht ohne Gefühle auskommen

Funktionen von Körpersprache

Emotionen und Separate Spheres

konnten. Dass eine solche Konstruktion nicht funktionieren konnte, ist bekannt und lässt sich an vielen gebrochenen Männer- und frustrierten Frauenfiguren ablesen, einmal ganz abgesehen von den Biographien realer Frauen und Männer. Dieses zentrale Problem der bürgerlichen Gesellschaft des 19. Jahrhunderts findet man in vielen viktorianischen Romanen wieder, z.b. in Dickens' Roman *Dombey and Son* (1846/48), in dem sich der kalte Geschäftsmann Dombey nur mit Mühe auf die Kraft der Gefühle besinnt, als er erkennt, dass er als rein rational handelnder Mann nicht mehr zurecht kommt.

Weibliche Leidenschaft und Kreativität — Wie man als Frau eine sinnvolle Beschäftigung finden kann und dennoch kein ›Mannweib‹ wird, treibt zahlreiche Autorinnen dieser Epoche um – nicht nur die Brontë-Schwestern, sondern auch Schriftstellerinnen, die sich nach dem Vorbild der französischen Autorin Germaine de Staël mit dem Problem der weiblichen und kreativen Frau befassen. In Staëls Erfolgsroman *Corinne* (1807) und in den darauf basierenden englischen Um- und Neuschreibungen, wie z.b. in Geraldine Jewsburys *The Half-Sisters* (1848), trifft eine leidenschaftliche und talentierte Halb-Engländerin auf ihr blasses, gefühlsarmes englisches Gegenstück und aus dieser Spannung zwischen Leidenschaft und Kreativität einerseits und dem gefühlsarmen Ideal des englischen *angel in the house* andererseits speist sich die Handlung, die in den englischen Umschreibungen nicht wie in *Corinne* mit dem Selbstmord der Künstlerin oder Autorin, sondern mit einem Kompromiss endet: Die kreative Protagonistin – Schauspielerin oder Schriftstellerin – heiratet zwar und folgt damit ihrer weiblichen ›Bestimmung‹, aber sie gibt ihr Talent und ihre Fähigkeiten z.b. als Lehrerin an andere junge Frauen weiter und unterdrückt ihre Leidenschaft und Kreativität nicht. Die Liebe jedoch muss in der Ehe ihren gesicherten Ort finden – ganz so, wie es z.B. auch in *Shirley* geschildert wird, in dem zwei junge Frauen als Erzieherinnen der Herzen auftreten, diese Rolle aber erst spielen können, als ihre männlichen Partner die Voraussetzungen für die Ehe geschaffen haben, nämlich die Überwindung von übertriebenem Stolz und Karrierestreben.

Leidenschaft und The National Other — Brisant wird es, wenn die tugendhaft-gefühlvolle Frau kreatives Talent hat, denn diese Kombination war eigentlich nicht vorgesehen. Wie also sollte sich die kreative aber leidenschaftliche und dennoch moralische Frau selbst imaginieren? Als Modell und als ›Urtext‹ bot sich de Staëls Roman aufgrund der geographischen Distanz an, die in *Corinne* angelegt ist: Die Protagonistin Corinne ist als halbe Italienerin als *national other* konzipiert, für die diese Herkunft Quell des Gefühls und des künstlerischen Talents ist. Während Corinne an ihrem Konflikt zugrunde geht, oder Bertha Mason in Charlotte Brontës Roman *Jane Eyre* (1847) als leidenschaftliches weibliches *national other* einen qualvollen Tod in den Flammen sterben muss, gelingt der Kompromiss von Weiblichkeit und ›Fremdheit‹ in manchen englischen Adaptionen von *Corinne*, z.B. in Jewsburys *The Half-Sisters* oder in Grace Aguilars Erzählung »The Authoress« (1853). Zuweilen ist es sogar der englische Gegenpart der kreativen und/oder leidenschaftlichen Frau, der sterben muss.

Ein besonders interessantes Beispiel ist der heute eher unbekannte Roman von Frances Notley, *Olive Varcoe* (1868). Der Roman zeichnet die Entwicklung der titelgebenden Heldin Olive, einer leidenschaftlichen Sklaventochter, in ihrer cornischen Stieffamilie nach und macht sich dabei den nationalen oder nationalistischen Diskurs der Epoche geschickt zu Nutze. Dieser ist im 19. Jahrhundert auf die Gefühle angewiesen, die ihn speisen, stellt aber auch selbst wieder einen ›Raum‹ bereit, in dem relativ unkontrolliert Emotionalität ausgelebt werden kann. Dadurch werden die Diskurse der Emotionen zugleich affirmiert und unterwandert, da jede Gefühlshandlung potentiell unkontrolliert und in den Augen der bürgerlichen Autoren dadurch gefährlich werden kann.

Nationaler Diskurs: Olive Varcoe (1868)

In *Olive Varcoe* wird der emotionale Habitus durch die v.a. nonverbal zum Ausdruck gebrachte Emotionalität der Protagonistin in Frage gestellt. Die Titelheldin wird als wild, leidenschaftlich, gefährlich, ambivalent, schön, schwarzhaarig und verführerisch geschildert und mit ihrer bleichen englischen Rivalin kontrastiert. Olive wird fälschlich des Mordes angeklagt und muss fliehen. Erst nachdem sie einige Abenteuer überstanden hat, wird sie von ihrer Stieffamilie anerkannt und gewinnt die Liebe des Erben. Zwar macht die Hauptfigur dabei einen Wandel durch und verliert einen Teil ihres leidenschaftlichen Wesens; der Genuss, der beim Lesen der Beschreibung einer passionierten Frau entsteht, überwiegt jedoch – trotz des konventionellen Romanendes, das den viktorianischen Lesegewohnheiten geschuldet ist.

Rolle des Körpers

In diesem Roman steht nicht das Problem der kreativen Frau im Mittelpunkt, wohl aber der verwandte Konflikt der Konfrontation von Leidenschaftlichkeit und Weiblichkeit. Am Ende ist Olive Varcoe nicht nur nicht die Mörderin ihrer bleichen Rivalin Eleanor, sondern heiratet den Erben des cornischen Landsitzes, nachdem sie seinen kalten, englischen Gefühlshabitus um die Leidenschaft der Sklaventochter erweitert hat. Letztendlich ist es sein Wandel, der hier vermittelt wird: eine überraschend positive Sicht auf die Frau als *national other*, die hier weder nur Objekt der Begierde, noch Quell aller Gefahren ist, sondern als Erzieherin der (männlichen) Herzen fungiert. Weiter waren die Diskurse der Emotionen zu dieser Zeit nicht in Frage zu stellen, sollte der bürgerliche Konsens von Gefühlskontrolle und Gefühlsausdruck nicht in Gefahr gebracht werden. Aber dieser Text und andere mit ihm verwandte zeigen, wie sich langsam die Repräsentation von Körperlichkeit, Emotionalität und Weiblichkeit zu wandeln begann und dem (körperlichen) Gefühls-

Wandel von Emotionalität und Weiblichkeit

ausdruck mehr Aufmerksamkeit gewidmet wurde als der emotionalen Kontrolle. Und obwohl ein Roman wie *Olive Varcoe* sich die Vorstellung des *passionate national other* zu nutze macht, wird damit die angebliche englische Überlegenheit weniger affirmiert, als sonst vielfach in Texten über die Emotionen, die diese auch zur nationalen Abgrenzung gegen vermeintlich weniger zivilisierte Nationen gebrauchen. Im Gegenteil: Mit Hilfe der leidenschaftlichen Frau nicht-englischen Ursprungs wird der englische Gefühlshabitus zumindest in soweit in Frage gestellt, als er in Form des zunächst so stolzen, distanzierten und nicht seinen wahren Gefühlen folgenden Engländers als revisionsbedürftig repräsentiert wird.

Ausblick

Geschichte der Gefühle

Emotionen sind zu Beginn des 21. Jahrhunderts in aller Munde – nicht nur die Wissenschaft(en) interessieren sich für die Gefühle, auch die populäre Kultur, die Medien, die Werbung beschäftigen sich mit ihnen. Weil aber in den meisten Fällen ein unterkomplexes und ahistorisches Emotionsmodell verwendet wird, vermehrt dieses vordergründige Interesse unser Wissen über die Gefühle kaum. Voranschreiten kann die Forschung nur, wenn in möglichst interdisziplinärer Weise den Funktionen von Gefühlen in der Gesellschaft nachgegangen wird; und da sich diese wandeln, können sie nur in historischer Perspektive untersucht werden. Eine kulturwissenschaftlich orientierte Literaturwissenschaft hat dazu Entscheidendes beizutragen, wenn man sich die Bedeutung der *paradigm scenarios* für das Erlernen von Gefühlsregeln in Erinnerung ruft. Gezeigt werden müsste, wie sich die Diskurse der Emotionen seit dem 19. Jahrhundert weiter entwickelt haben. Wenn man sich einige Höhepunkte der Geschichte der Gefühle und ihrer Diskurse vor Augen führt – die Lockerung der Sitten im Fin de Siècle, the *decade of love* in den 1960er und 1970er Jahren oder die immer präsentere Rede von den Gefühlen im ausgehenden 20. und beginnenden 21. Jahrhundert, um nur einige Beispiele zu nennen – so wird die Rolle der Literatur als Ausdrucks- und Kontrollinstrument der menschlichen Leidenschaften deutlich. Auch für das 19. Jahrhundert sind weitere Forschungen denkbar und notwendig: So hat z.B. noch niemand den ›Schatz‹ an viktorianischen Zeitschriften in dieser Hinsicht systematisch erfasst, oder den Zusammenhang von Emotionalität und Religion. Ebenso stehen Studien aus, die sich nicht auf den bürgerlichen Gefühlshabitus konzentrieren, sondern die Befindlichkeiten von Adel oder Arbeitern in den Mittelpunkt rücken. Komparatistische Untersuchungen unter Einbeziehung der Entwicklung der deutschen und französischen Kultur und Literatur wären ebenso vielversprechend wie eine systematische Erforschung der

Beziehung zwischen Emotionalität und Bildlichkeit im 19. Jahrhundert. Auch lassen sich Einzelstudien zu bestimmten Emotionen denken, die die Viktorianer besonders beschäftigt haben, z.B. Trauer, Wut, Stolz und Selbstsucht. Da die Geschichte der Gefühle noch nicht geschrieben worden ist – obwohl es vielversprechende Ansätze dazu gibt –, harren diese und weitere Fragen auch für andere Epochen noch der genaueren Untersuchung.

Anne-Julia Zwierlein

Der medizinische Diskurs in der viktorianischen Literatur

Medikalisierung
des Alltagslebens Die Medizin wurde im 19. Jahrhundert allgegenwärtiger Teil der kulturellen Selbstbeschreibung: Lawrence Rothfield (1992) spricht von einer ›Medikalisierung‹ des Alltagslebens. Mehr und mehr wurden alle Lebensstadien – Geburt, Aufwachsen, Sexualität, Krankheit, Altern, Tod – ärztlicher Aufsicht unterworfen. Medizinisches Schrifttum nahm rasant zu, war einem breiten Publikum zugänglich und spielte eine wichtige Rolle bei der Etablierung von Körpernormen und kulturellen Vorstellungen. Im *Medical Reform Act* wurden 1858 erstmals Ärzte offiziell registriert, die ärztliche Ausbildung wurde vereinheitlicht und Krankenhäusern eine Schlüsselrolle zugewiesen. In die Lebenszeit Königin Viktorias (1819–1901) fiel eine Vielzahl medizinischer Entdeckungen, u.a. der Krankheitsübertragung durch Bakterien und neuer Techniken wie das schmerzfreie Operieren mithilfe von Chloroform – welches Viktoria bei der Geburt ihres achten Kindes nutzte. Schwerere Operationen endeten jedoch noch in den 1870ern aufgrund mangelnder Sterilisierung oft tödlich – erst ab 1886 setzten sich Louis Pasteurs Antisepsis-Richtlinien durch. Neue Forschungsrichtungen wie Psychologie, Neurologie und Sexualkunde definierten neue Krankheiten und Patiententypen.

Der medizinische Diskurs prägte auch die Literatur der Zeit. Da
Medizinischer
Diskurs in der
Literatur medizinische Sichtweisen eine immer dominantere Rolle in der zeitgenössischen Diskussion um menschliche Identität spielten, ist es nicht verwunderlich, dass literarische Texte die Fragestellungen der Medizin – teilweise in bemerkenswerter wissenschaftlicher Detailliertheit – aufgriffen und für Figurendarstellung oder Gesellschaftsentwurf nutzten. Allerdings wurden medizinische Erklärungsansätze im literarischen Kontext häufig durch die Konfrontation mit gegenläufigen Diskursen, z.B. mythologischen oder religiösen Identitätskonzepten, modifiziert oder als unzureichend kritisiert. Um die Jahrhundertmitte mehrten sich zunächst Romane, die Ärzte als Symbole von Menschlichkeit und Güte präsentierten; hierzu gehören William M. Thackerays *Pendennis* (1850), Charles Dickens' *Bleak House* (1853), Anthony Trollopes *Bar-*

chester Towers (1857) und *Doctor Thorne* (1858) sowie Charles Kingsleys *Two Years Ago* (1857). Sodann wurden konkrete medizinische Fragestellungen – und deren kritische Diskussion – zunehmend wichtiger Teil von Romanhandlungen, etwa in George Eliots *Middlemarch* (1872) und *Daniel Deronda* (1874), Thomas Hardys *Jude the Obscure* (1895), Arthur Conan Doyles Sherlock-Holmes-Geschichten, schließlich den Abenteuerromanen Rider Haggards und der Science Fiction von H.G. Wells. Das Genre des Schauerromans kombinierte spätestens seit Mary Shelleys *Frankenstein* (1817) medizinische und übernatürliche Phänomene; so auch Arthur Machens Schauererzählungen (um 1890), Robert L. Stevensons *Dr Jekyll and Mr Hyde* (1886) und Bram Stokers *Dracula* (1897). Mit Schwerpunkt auf weiblichen Krankheitsmustern etablierten die so genannten Sensationsromane mit ihrer Mischung aus übernatürlichen Ereignissen und raffiniertem Spannungsaufbau – z.B. Wilkie Collins' *Woman in White* (1860) oder Mary Braddons *Lady Audley's Secret* (1862) – sowie Romane von Charlotte Brontë oder Eliot den neuen Patiententyp der hysterischen Frau als literarische Figur.

Hysterie und die Lesbarkeit von Symptomen

Das Interesse der zeitgenössischen Literaten an geistigen Ausnahmezuständen zeigen die Tranceanfälle Silas Marners in Eliots gleichnamigem Roman (1861) ebenso wie das Delirium Esthers in Dickens' *Bleak House* oder Eugenes in *Our Mutual Friend* (1865). Brontës Romane diskutieren diverse psychische Krankheiten: Mr Crimsworth in *The Professor* (1857) leidet an Hypochondrie, Caroline Helstone in *Shirley* (1849) an *brain fever*, Lucy Snowe in *Villette* (1853) an »a strange fever of the nerves and blood« (Buch 1, Kap. 15). Bertha, die ›wahnsinnige Frau‹ Rochesters aus *Jane Eyre* (1847), ist als *Madwoman in the Attic* (Gilbert/Gubar) in die Geschichte der Literaturkritik eingegangen. Eine Modekrankheit des 19. Jahrhunderts war die Hysterie – »nervous disorders such as hysteria became the leading category of illness, accounting for two-thirds of all disease« (Logan 1997: 1); diese wurde in zahlreichen Romanen der Zeit thematisiert, besonders facettenreich in der Figur Gwendolens in Eliots *Daniel Deronda* oder Sues in Hardys *Jude the Obscure*.

Hysterie in der Literatur

Das radikal Neue in der Psychiatrie des 19. Jahrhunderts war die Psychosomatik: Körperliche Symptome wurden als Ausdruck seelischer Vorgänge lesbar. Berühmt sind die Studien Jean-Martin Charcots an ›hysterischen‹ Patientinnen sowie Sigmund Freuds und Josef Breuers grundlegende *Studien zur Hysterie* (1895/96; im selben Jahr von James Strachey ins Englische übersetzt). Allerdings wurde eine Vielzahl ambivalenter Symptome auf diese Krankheit zurückgeführt, wie schon die enge Verknüpfung von ›Hysterie‹ und ›Simulation‹ im Vokabular

Rätselhaftigkeit der Hysterie

zeitgenössischer Ärzte zeigte; für Charcot war die Hysterikerin »la grande simulatrice« (Fischer-Homberger 1975: 125). Bei Symptomen wie Sprachlosigkeit und Gedächtnisverlust (1895 von Freud und Breuer am berühmten Fall Anna O. beschrieben) geriet jede Diagnose in Gefahr, die Krankheitsursache zu konstruieren statt zu rekonstruieren. Die Rätselhaftigkeit der Erkrankung machte wohl auch die Faszination der Hysterikerin für die viktorianische Literatur aus. In Sensationsromanen (von Margaret Oliphant als *feverish productions* bezeichnet) sowie bei Brontë und Eliot dienten solche Krankheitsdarstellungen dazu, zeitgenössische Identitätskonzepte in Frage zu stellen: »Writers exploited the contested aetiologies of disease which they found in medical knowledge in order to incorporate uncertainty and inconsistency into their narratives of physiological and psychological collapse« (Wood 2001: 115).

Hysterie und Gender   Zudem spielten Geschlechtsdifferenzen eine Rolle: Schon in der antiken Medizin galten Frauen als anfälliger für geistige Erkrankungen, hinzu kamen im 19. Jahrhundert Herleitungen der Hysterikerin aus der mittelalterlichen Mystikerin. Auch in *Middlemarch* werden Dortheas hysterische Symptome im Zusammenhang mit ihrem religiösen Fanatismus gesehen. Doch eine ›männliche Hysterie‹ wurde gleichfalls diagnostiziert – und nicht zuletzt in Romanen wie *Dracula* ausgiebig vorgeführt.

Krankheit und Normalität   Häufig wurde die Hysterie als Zeichen eines allgemeinen gesellschaftlichen Verfalls herbeizitiert; sie wurde mal auf evolutionäre Entwicklungen zurückgeführt, mal auf die Zunahme intellektueller Arbeit, mal auf erbliche Defekte bei Kriminellen, Prostituierten, Wahnsinnigen und Homosexuellen. Richard von Krafft-Ebing in *Psychopathia Sexualis* (1886; englisch 1892) und Max Nordau in *Entartung* (1892–93; englisch: *Degeneration*, 1895) entwarfen die Figur des bleichen, exaltierten und sexuell pervertierten Hysterikers als Symptom eines ›überreizten‹ Zeitalters. Michel Foucault (1973 [1963]) und Georges Canguilhem (1966) haben gezeigt, wie so seit dem 19. Jahrhundert das ›Gesunde‹ zum Maßstab des ›Normalen‹ erklärt wurde und Ärzte – ebenso wie Schriftsteller – zu Diagnostikern des sozialen Befindens wurden.

Die Diagnose des Unsichtbaren: Zellen und Netzwerke

Vordringen der Medizin in unsichtbare Bereiche   Nicht nur in der Psychiatrie, auch in anderen Bereichen konzentrierte sich die Medizin nun zunehmend darauf, unsichtbare Krankheitsursachen ans Licht zu bringen: Wie Foucault postuliert, ist der Anfang der modernen Medizin gegen Ende des 18. Jahrhunderts auf den Wandel im Verhältnis des Sichtbaren zum Unsichtbaren zurückzuführen (1973 [1963]: 120). Erst im Viktorianischen Zeitalter wurde das Mikroskop für medizinische Zwecke einsetzbar, das Körperinnere – mit dem Stethoskop bereits hörbar – machten die 1895 entdeckten Röntgenstrahlen sichtbar. Ab den 1830ern redefinierte die Zellforschung den Körper als Konglomerat mikroskopischer Einheiten, und die Bakteriologie präsentierte in den 1890ern Krankheitserreger im Reagenzglas. Dieses Vordringen der Mediziner in bisher unerschlossene Bereiche wurde nicht selten mit der imperialen Eroberung unbekannter Landstriche gleichgesetzt und trug zum wachsenden Ansehen des Berufsstandes bei. Wie bei der Eroberung Amerikas ›entdeckte‹ man allerdings oft das, was man bereits kannte:»Without a notion of the cell, the cell was for all practical purposes invisible« (O'Connor 2000: 84). Beschreibung und Deutung waren so kaum trennbar.

Fotomikrografie von Bakterien, aus G.S. Woodhead, *Bacteria and Their Products* (1891)

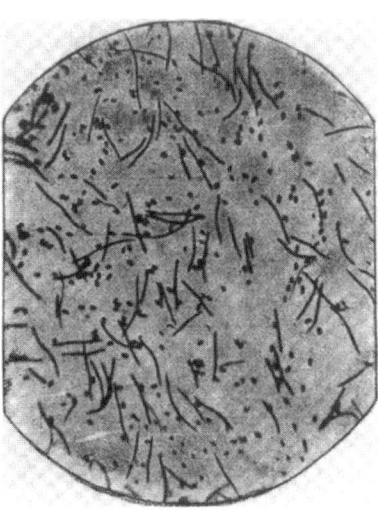

Die zeitgenössische Literatur thematisierte diese epistemologischen Probleme: In *Middlemarch*, einem stark von medizinischer Metaphorik geprägten Roman, unterzieht Eliots Erzählerin in der Tradition des französischen Realismus und Naturalismus (vgl. Rothfield 1992: 84) ihre Figuren metaphorisch naturwissenschaftlichen Versuchsanordnungen; gleichzeitig problematisiert der Roman die Gültigkeit medizinischer Diagnosen und verknüpft eine Skepsis gegenüber dem Visuellen mit Fragen an den Modus des Realismus. Die Diagnosefähigkeiten des Arztes Lydgate – seine Vorbilder sind historische Anatomen und Zellpathologen – übersteigen diejenigen seiner Middlemarcher Kollegen deutlich; mithilfe von Mikroskop, Stethoskop und Thermometer ist es ihm möglich, tiefer in die Binnensphäre des menschlichen Körpers einzudringen. Alle diese Hilfsmittel liefern jedoch lediglich Daten, anhand derer der innere Zustand erschließbar wird, durch »[a] labour of the imagination, [and]

Diagnosen des Unsichtbaren in *Middlemarch* (1872)

careful observation and inference« (Buch 2, Kap. 15). In den 1830er Jahren, in denen die Handlung von *Middlemarch* spielt, war das Körperinnere noch, wie Eliots Lebensgefährte G.H. Lewes in *Physiology of Common Life* feststellte,»unveiled to the mental eye alone« (1860, II: 52). Lydgates größter Ehrgeiz liegt in der Zellpathologie, doch seine Suche nach den Urzellen, in denen sich die Geheimnisse der menschlichen Seele lokalisieren ließen – »those invisible thoroughfares which are the first lurking-places of anguish, mania, and crime« (Buch 2, Kap. 16) –, bleibt erfolglos. Ebenso missdeutet er, trotz seiner Absicht, einen distanzierten, »strictly scientific view« (ebd.) auch im sozialen Umgang zu wahren, die emotionalen ›Symptome‹ seiner Umgebung. Die Diagnose, dass das Individuum in ein komplexes Netzwerk vielfältiger Abhängigkeiten eingebunden ist, bleibt der Erzählerin vorbehalten.

Der kranke Sozialkörper: Epidemien und Unmoral

Epidemien: von Miasmen zu Bakterien

Die unsichtbaren Abhängigkeiten der Menschen voneinander wurden nirgends so deutlich wie in der Frage der Krankheitsübertragung. Zahlreiche Epidemien suchten Großbritannien im 19. Jahrhundert heim: Zwischen 1830 und 1870 gab es wiederholte Ausbrüche von Scharlachfieber, Diphtherie, Masern, Pocken, Syphilis, Typhus und Tuberkulose. Allein über die Cholera wurden in London zwischen 1845 und 1856 mehr als 700 Untersuchungen publiziert (vgl. Wohl 1983: 118), und noch 1881 schrieb Stoker eine Kurzgeschichte über die Cholera – mit dem bezeichnenden Titel »The Invisible Giant«. Dass die hygienischen Zustände in den rasant expandierenden Londoner Arbeitervierteln die Ursache von Epidemien waren, wurde schon früh erkannt. 1848 verordnete die *Public Health Act* gesetzliche Maßnahmen zur öffentlichen Hygiene, 1866 war bereits der Großteil des Londoner Abflusssystems installiert. Als Krankheitsursache galten bis in die 1880er so genannte Miasmen, eine Verpestung der Luft durch Zersetzung organischer Substanzen; Edwin Chadwicks *Report on the Sanitary Condition of the Labouring Population of Great Britain* (1842) identifizierte die ungenügende Entsorgung toter organischer Materie als Gesundheitsrisiko, v.a. die überfüllten Friedhöfe der Städte, deren Ausflüsse Luft und Trinkwasser verseuchten. Besonders drastisch schilderte dies Dickens im »Uncommercial Traveller« (1860): Hier sinnt der Erzähler mit Abscheu darüber nach, wieviele *dead citizens* er wohl mit jedem Atemzug inhaliere.

Krankheit und moralisierende Gesellschaftsbeschreibung

Zeittypisch waren Chadwicks Moralisierungen: Miasmatische Ansteckung mit moralischem Verfall, Trunksucht und sexueller Promiskuität gleichsetzend, fürchtete er, dass äußere und innere Verwahrlosung die Bewohner der Londoner Slums ihren Behausungen angleichen würden (vgl. Logan 1997: 151). Das traditionelle Bild des kranken Staatskörpers wurde von Karl Marx und Friedrich Engels, George Gissing, Henry Mayhew oder Charles Booth anhand der Arbeiterviertel der viktorianischen Industriegesellschaft aktualisiert. Chaos und Elend der viktorianischen Großstädte lieferten umgekehrt Metaphern zur Beschreibung von Krankheiten – zeitgenössische Berichte über die Cholera etwa assoziierten die Krankheit mit »decay, poverty, promiscuity, and mass violence« (O'Connor 2000: 87). Nicht zufällig wird auch Stevensons degenerierte Figur des Mr Hyde mit den heruntergekommenen Arbeitervierteln Londons verknüpft: Krankheit und das moralisch Böse werden nicht nur als ›anormal‹ klassifiziert, sondern auch räumlich von den ›Normalbürgern‹ getrennt. Doch wie bereits Dickens warnte, kann die Oberschicht sich nicht von den Armen abkoppeln; spätestens die miasmatischen Ausdünstungen der Armenfriedhöfe suchen die Reichen wieder heim und werden zum »avenging ghost at many a sick-bedside«, wie es in *Bleak House* (Kap. 11) heißt.

Während die Arztfigur bei Dickens eher symbolisch Tugend und Humanität verkörpert und ihr Einblicke in unsichtbare Zusammenhänge weitgehend vorenthalten bleiben – in *Bleak House* kann z.B. Woodcourt den Tod von Esthers Vater lediglich feststellen – ist es hier wie bei Eliot der Erzähler, der medizinische Diagnosen anstellt und zu plakativen Mitteln greift, um Krankheitsursachen abzubilden. In *Bleak House* visualisiert der Erzähler das Miasma auf den Mauern des Armenfriedhofs und bringt, im moralischen Duktus Chadwicks, das sexuelle Geheimnis von Lady Dedlock implizit mit diesen krankheitsbringenden Ausdünstungen in Verbindung. Die Idee, man müsse das Miasma sichtbar machen, um sanitäre wie moralische Reformen durchzusetzen, findet sich ausdrücklich in *Dombey and Son* (1846/48): Ganz im Sinne von Foucaults Analysen des 19. Jahrhunderts ist hier der Erzähler bestrebt »[to] take the house-tops off«, um die verborgenen Winkel der Stadt ans Tageslicht zu bringen, in denen »Vice and Fever propagate together« (Kap. 47). Auf Dombeys Eisenbahnreise kann dieser, da die Eisenbahntrasse von den Viktorianern quer durch die Londoner Slums gelegt wurde, in einige der »wretched rooms« blicken, »where want and fever hide themselves in many wretched shapes« (Kap. 20). Dickens wie Chadwick übernahmen zwar die stereotype Korrelation zwischen Krankheit und moralischer Verderbtheit, verbanden diese jedoch mit einem Streben nach Besserung.

Reformatorische Impulse

Der Doktor und der Detektiv

Das Sichtbarmachen des Unsichtbaren war ein gemeinsames Bestreben des Mediziners und des Kriminologen, und beide Diskurse vermischten sich im 19. Jahrhundert. In *Middlemarch* werden die ›verborgenen

Konvergenzen zwischen Medizin und Kriminologie

Künste‹ Lydgates von Dorfbewohnern mit geheimen Mordanschlägen in Verbindung gebracht: Wissenschaft wird hier zur Verschwörung, der Gelehrte zum Kriminellen. Umgekehrt waren Ansteckungsvorgänge nur mit detektivischen Mitteln aufzuspüren: Ein historisches Beispiel sind die Arbeiten William Farrs, der 1854 die Zusammenhänge zwischen verseuchtem Trinkwasser und Cholera-Erkrankungen nachwies. In *Bleak House* muss die Ansteckung Esthers und Jos ebenso über eine längere Beweiskette zurückverfolgt werden. Gleichzeitig spürt Inspector Bucket, hauptamtlicher Detektiv in diesem Roman, der Vergangenheit von Lady Dedlock nach; moralische und physische Ansteckung werden in einer Krimi-Handlung verbunden. Zwar wird Esthers Krankheit nie benannt, und widersprüchliche Symptome lassen keine eindeutige ›Diagnose‹ durch die Leser zu; doch wichtiger als das konkrete Krankheitsbild ist für Dickens die symbolische Funktion der Ansteckung als Beweis für die unsichtbare Verkettung von Schicksalen, von ›guten‹ und ›bösen‹ Taten, innerhalb des gesellschaftlichen Organismus.

Sherlock Holmes als Mediziner   Auch der berühmteste literarische Detektiv der viktorianischen Zeit, Conan Doyles Sherlock Holmes, vereint die diagnostischen Fähigkeiten des Arztes und des Kriminologen. Vorbild für Holmes war bekanntlich Doyles Edinburgher Medizinprofessor, der Bakteriologe Joseph Bell. Doctor Watson, ein Allgemeinarzt, stellt hierzu die Kontrastfolie eines weniger scharfsinnigen, allerdings menschlicheren Praktikers dar, dem Holmes' spezialisiertes Wissen in Bakteriologie, Chemie und mikroskopischer Anatomie sowie seine kaltblütige Kombinationsgabe fehlen. Bei Watsons erstem Treffen mit Holmes in *A Study in Scarlet* (1887) ist letzterer, umgeben von Mikroskopen und Reagenzgläsern, mit der Entwicklung eines Verfahrens zum Nachweis kleinster Blutspuren beschäftigt. »The Science of Deduction« überschreibt Doyle die ersten beiden Kapitel, und Holmes' logische Beweisketten, die ihn zum Täter führen, entstammen der deterministischen, also zufallslosen Welt der viktorianischen Naturwissenschaft. Seine besondere Gabe besteht darin, dass er die individuelle Person zugunsten abstrakter Logik vergessen kann. Dies ist typisch für das Ende des 19. Jahrhunderts: Während Lydgate in *Middlemarch* noch Wert darauf legte, die individuellen Krankheiten von »John« oder »Elizabeth« über abstrakte Fallstudien zu stellen, setzte sich die Betonung von ›Fällen‹ statt Personen mit Aufkommen des statistischen Denkens immer mehr durch.

Medizin und statistische Kriminologie   Aus der statistischen Denkweise der Jahrhundertwende resultierten auch die in England aufmerksam rezipierten kriminologischen Methoden des Mediziners und Phrenologen Cesare Lombroso, der seine Degenerationstheorien v.a. anhand von Fotoserien verurteilter Verbrecher erstellte, an welchen er physische Merkmale für Degeneration (angewachsene Ohrläppchen, niedrige Stirn, starke Behaarung usw.) identifizierte.

Physiognomien russischer Verbrecherinnen, aus C. Lombroso & G. Ferrero, *Das Weib als Verbrecherin und Prostituirte* [sic!] (1894)

Ebenso konvergierten Medizin und Kriminologie bei Francis Galton, einem der ›Väter‹ der medizinischen Statistik, der u.a. Analysemethoden für Fingerabdrücke entwickelte (vgl. Rothfield 1992: 143) und mithilfe von übereinander kopierten Fotos Krimineller versuchte, die ›Essenz des Bösen‹ sichtbar zu machen (Mighall 2003: 152–53). Der Blick des Mediziners und des Kriminologen auf die Menschheit steht hier, im Sinne Foucaults, für das Bestreben einer lückenlosen Überwachung und Sozialdisziplinierung.

›Transzendentale Medizin‹

Die Schauerromane von Stevenson und Stoker verarbeiteten viele Elemente dieser medizinischen Kriminologie; gleichzeitig griffen sie auf eine literarische Tradition zurück, die Medizin und das Übernatürliche verband, wie z.b. Shelleys *Frankenstein*, Poes »The Facts in the Case of M. Valdemar« (1845) oder Eliots »The Lifted Veil« (1859). In *Jekyll and Hyde* benutzt Stevenson hierfür erstmals den Begriff »transcendental medicine« (Kap. 9). Dr Jekylls medizinisches Experiment erschafft in Mr Hyde die monströse Verkörperung seiner niederen psychischen Impulse – eine Verbindung von Übernatürlichem mit zeitgenössischer psychologischer Theorie über multiple Persönlichkeiten. Hier scheint das Sichtbarmachen des Unsichtbaren gelungen: Ein Leitmotiv ist das Verlangen vieler Figuren, das Gesicht Hydes zu sehen oder sogar zu fotografieren und somit sein Wesen zu erfassen. Im Einklang mit der kriminologischen Typologie Lombrosos wird Hyde als evolutionär regressiv klassifiziert, als »ape-like« (Kap. 4). Andererseits wird diese Korrelation des Visuellen mit dem Metaphysischen demontiert, indem sich die Essenz des Bösen gerade nicht in Hydes Gesichtszügen, sondern in einer undefinierbaren ›Aura‹ manifestiert. Zudem baut der Roman strukturell auf dem Prinzip der Fehldiagnose oder falschen Fährte auf; die ersten Leser und Leserinnen mussten bis zum vorletzten Kapitel, in dem sich die Transformation von Hyde in Jekyll vor den Augen Dr Lanyons vollzieht, die Existenz zweier verschiedener Personen annehmen. Da es auch Anklänge an die zeitgenössischen Morde Jack the Rippers gibt – aufgrund der gekonnten Sezierung der Leichen vermuteten die Zeitungen ja damals, der (nie identifizierte) Mörder sei ein Arzt (Mighall 2003: 157) –, bleibt über weite Strecken des Romans die Möglichkeit bestehen, die Geschehnisse rational, nämlich als Kriminalfall zu erklären.

Die Opposition zwischen dem Praktiker Watson und dem Wissenschaftler Holmes, oder auch der Schulmedizin Lanyons und der transzendentalen Medizin Jekylls, wiederholt sich in den Arztfiguren Dr Seward und Professor Van Helsing in Stokers *Dracula*: Der engstirnigen Empirie des Irrenarztes steht das »open mind« Van Helsings gegenüber, eines Experten für »obscure diseases« (Kap. 9), der neben fortschrittlichen medizinischen Techniken wie der Bluttransfusion auch okkultes Wissen in die Erkenntnisfindung einbezieht. Draculas »very marked physiognomy« wird allerdings ausdrücklich als Symptom des »criminal type« à la Nordau und Lombroso klassifiziert (Kap. 25), was dem übernatürlichen Wesen einiges von seinem Schrecken nimmt – wie andere unliebsame Elemente der viktorianischen Gesellschaft, Kriminelle oder Bettler, wird er als regressiv eingestuft und schließlich eliminiert. Auch hier handelt es sich um einen Detektiv-Plot. Damit man sie erkennen kann, muss die vampirische ›Infektion‹ zunächst vorstellbar werden, wie Van Helsing anlässlich der späteren ›Erkrankung‹ Minas betont: »I can see the characteristics of the vampire coming in her face. […] [I]t is to be seen if we have eyes to notice without to prejudge.« (Kap. 24) Die vampirischen Ansteckungswege werden durch Rekonstruktion der Ereignisse identifiziert; mit neuester westlicher Technologie (Stenographie, Phonograph, Telegraphie) gelingt es den Vampirjägern, ihre Erlebnisse zu einer Gesamterzählung zusammenzufügen. Die Zeit, die mit Fehldiagnosen verloren wird, kostet Lucy das Leben. Ironischerweise haben die Bluttransfusionen, die Lucy retten sollen, mit der vampirischen ›Blutentnahme‹ einiges gemeinsam: In der (sexuell konnotierten) Transfusion wird das Blut aller männlichen Protagonisten mit dem Lucys vermischt, worauf sich das nichts ahnende Mädchen den Männern seltsam ›nahe‹ fühlt. Auch der Sieg über Dracula wird so zumindest mit einem kleinen Fragezeichen versehen, denn durch die unsichtbaren Ansteckungswege von Lucy zu Dracula zu Mina zu ihrem kleinen Sohn ist Draculas Blut in diesen jüngsten Spross der Vampirjäger gelangt. Seine Fortpflanzung über den Tod hinaus ist somit womöglich doch gelungen.

Gewaltsame Klassifikationen: Eugenik und Rassenkunde

Wie die Beseitigung krimineller Bedrohungen durch Sherlock Holmes ist auch der Triumph über Dracula als Wiederherstellung des bedrohten Staatskörpers lesbar. Die Schurkenfiguren bei Doyle, Dickens oder Collins sind meist entweder Ausländer oder degenerierte Einheimische. Stokers Erzählung nimmt durch den Gegensatz zwischen exotischem Eindringling und westlich-zivilisierter Welt zeitgenössische imperiale Diskurse auf: »Transylvania become[s] the testing ground for evolutionary superiority, […] for measuring the fitness of [Britain's] declining ›imperial race‹« (Vrettos 1983: 175). Wurden Bakteriologen wie Robert Koch oder Pasteur in medizinischen Texten zu ›soldatischen Verteidigern‹ der Reichsgrenzen stilisiert, so lässt sich an der exotischen Figur Draculas, der eine Invasion Englands qua Infizierung unternimmt, Angst vor Gegen-Kolonialisierung ablesen. In seinem Sieg über Draculas »hostile penetration of the healthy body« (Otis 1999: 5) wehrt Van Helsing eine imperiale Bedrohung ab. Auch Rider Haggards Abenteuerroman *She* (1887) handelt von imperialer Bedrohung durch einen überlegenen Körper: Die scheinbar unsterbliche She erwägt eine Invasion Englands, endet aber schließlich, in evolutionärer Regression im Zeitraffer, als affenartiges Skelett. Ähnlich verglichen zeitgenössische Berichte die Opfer der asiatischen Cholera in England aufgrund ihres

Metaphorische Verbindung von Ansteckung und Invasion

durch Wasserentzug geschwärzten Äußeren mit ›niedrigeren‹, v.a. afri-kanischen Rassen, »monkeys rather than men« (O'Connor 2000: 44). Die Toten sahen aus wie Ergebnisse einer pathologischen Regression – oder einer unheimlichen Invasion kolonialisierter Rassen in das Mut-terland. Die Vergleiche zwischen Epidemie und Invasion bildeten den gebetsmühlenartigen Subtext nahezu aller viktorianischen Krankheits-beschreibungen.

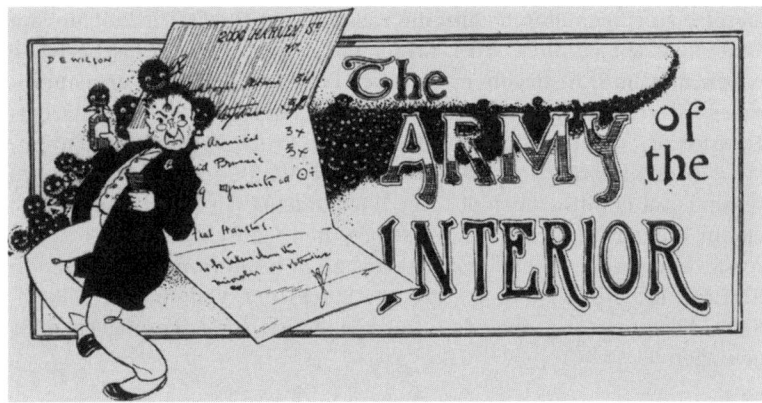

D.E. Wilson, »The Army of the Interior«, aus R. Machray & J.A. Browne, *Pearson's Magazine* (1899). Bakterien werden hier als angreifende Armee dargestellt

Viktorianische Rassenkunde, Euthanasie, Eugenik

Foucault hat den Körper als Ort für Disziplinartechniken gelesen, als Projektionsfläche rassischer oder geschlechtlicher Differenz und Aus-grenzung, und damit eine wichtige Perspektive auf die Medizin- wie Literaturgeschichte etabliert. Schon im 18. Jahrhundert klassifizierte man zwar unterschiedliche Menschenrassen – und die kaukasische Rasse als überlegen; Georges Buffon und Georges Cuvier brach-ten die ›Negerrasse‹ mit den Gesichtszügen von Affen in Verbindung. Im 19. Jahrhundert erhielt dies jedoch eine neue Qualität durch die Evolutionstheorie, die erlaubte, einzelne Menschen ›primitiven‹ Ent-wicklungsstadien zuzuordnen. Mit der Gründung von Ethnological Society (1843) und Anthropological Society (1863) wurde die Ras-senkunde institutionalisiert; das Aufklärungs-Ideal von der Perfektibi-lität jedes einzelnen Individuums wurde zunehmend mit »scheinbar wissenschaftlichen Argumenten« verdrängt (Sarasin 2001: 30). Sowohl die ›positivistische Kriminologie‹ Lombrosos (Mighall 2003: 152f.) als auch die Rassenkunde lassen sich als Versuche lesen, in eine beun-ruhigende Welt unsichtbarer Vernetzungen wieder klare Grenzen einzuführen. Auch die extremen Vorschläge, mithilfe gezielter Euge-nik und Euthanasie den Volkskörper von unliebsamen Elementen zu

reinigen, waren Versuche einer Grenzziehung zwischen ›normalen‹ und
›anormalen‹ Körpern. Unter anderem plädierten Herbert Spencer in
»The Study of Sociology« (1873) und Ernst Haeckel in *Die Lebenswun-
der* (1904) gegen die künstliche Lebensverlängerung von ›Schwach-
sinnigen‹ und unheilbar Kranken. Die Frage nach der Euthanasie, der
gezielten Tötung Alter und Kranker, wurde in viktorianischer Science
Fiction, etwa in Edward Bulwer-Lyttons *The Coming Race* (1871) und
Percy Gregs *Across the Zodiac* (1880) aufgeworfen. Die von Galton und
Karl Pearson vorangetriebene ›Wissenschaft‹ der Eugenik, der gezielten
Weiterzüchtung wünschenswerter (und Unterdrückung nicht wünschenswerter) Erbanlagen gewann an Boden, wobei Galton seine Visionen u.a. in einem utopischen Roman, *Kantsaywhere* (1911), nieder-
legte.

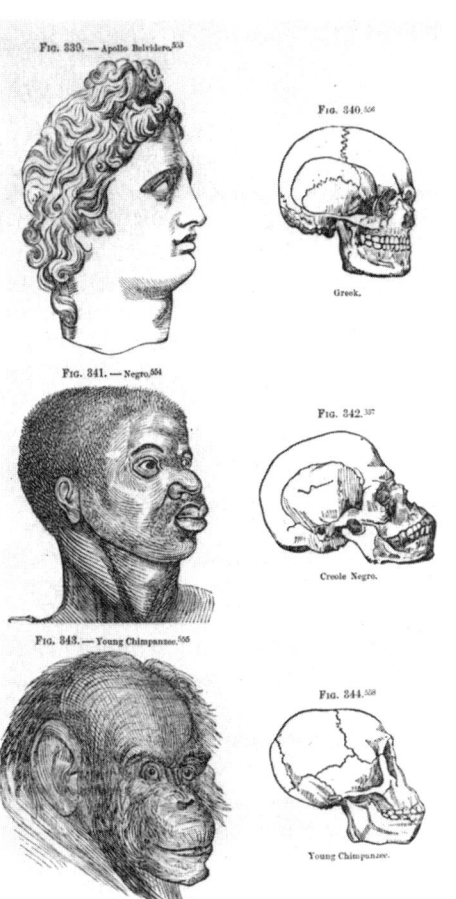
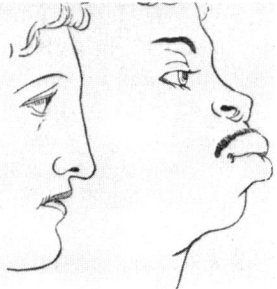

Köpfe und Schädel von Apol-
lo, einem ›Neger‹ und einem
Schimpansen, aus S.G. Morton, *Types of Mankind* (1854)

Rassenkunde und Eugenik bei H.G. Wells

Die Science Fiction von H.G. Wells lässt sich als Reaktion auf solche Sichtweisen lesen: Wells beschrieb eugenische Maßnahmen, Massen-Epidemien oder die Degeneration ganzer Bevölkerungsgruppen und machte damit die Kehrseiten der medizinischen Imagination des späten 19. Jahrhunderts sichtbar. In *When the Sleeper Wakes* (1898) ist London im Einklang mit ›prophetischen‹ medizinischen Pamphleten der Zeit zu einer unterirdischen Stadt mit muskelschwachen, fahlweißen Bewohnern geworden. Ähnlich differenziert sich die Menschheit in *The Time Machine* (1895) in unterirdische Morlocks und ätherische Eloi aus. *The Island of Doctor Moreau* (1896) stellt die Experimente eines größenwahnsinnigen Arztes vor; zunächst erfolgreich in Bluttransfusion und Krebsforschung, wendet er sich Experimenten in ›beschleunigter Evolution‹ zu und versucht, aus Tieren Menschen zu machen. Grauenhafte Zwischenwesen entkommen aus seinem Labor, wobei diese *Beast People* wiederum Lombrosos kriminellen Typen entsprechen. In *War of the Worlds* (1898) werden die Eroberer vom Mars, die sich wie technologisierte Vampire durch Blutinjektionen ernähren und halb England in Schutt und Asche legen, schließlich von Bakterien dahingerafft: »[T]here are no bacteria in Mars, and directly these invaders arrived, directly they drank and fed, our microscopic allies began to work their overthrow« (Buch 2, Kap. 8) – in Umkehrung der üblichen Metaphorik sind hier die Bakterien nicht Invasoren, sondern Verteidiger.

Krankheit als Sinnbild des Imperialismus

Die Verbindung von Krankheit und feindlicher Invasion hielt sich in der britischen Literatur bis in den Modernismus; Krankheit wurde nun allerdings auch kritisches Sinnbild für die eigenen Expansionsbestrebungen. Nicht zuletzt sind der Tod von Kurtz und die Krankheit Marlows in Joseph Conrads *Heart of Darkness* (1899/1902) Symbole für die prekäre imperiale Vision Großbritanniens.

Medizinischer Diskurs und Literatur

Viktorianische Medizin, literarischer Diskurs und die ›zwei Kulturen‹

Kulturwissenschaftliche und diskursgeschichtliche Untersuchungen medizinischer Aspekte in der viktorianischen Literatur zeigen also, über eine bloße Motiv- und Themenanalyse hinaus, dass die medizinische Sichtweise auf Mensch und Körper eng mit zentralen viktorianischen Identitätskonzepten und Gesellschaftsentwürfen verknüpft ist. Im Schnittpunkt der bereits im 18. Jahrhundert erstarkten Anthropologie sowie von Evolutionstheorie und statistischem Denken des ausgehenden 19. Jahrhunderts besteht zwischen medizinischen und literarischen Realitätsentwürfen der viktorianischen Zeit ein enger Austausch: Mit dem Streben nach restloser Aufdeckung von Kausalitäten, nach Durchdringen der Oberfläche und Vorstoßen ins Unsichtbare, und mit der im Laufe des 19. Jahrhunderts erfolgenden Verlagerung des Erkenntnisinteresses vom Individuum auf das Kollektiv teilt der medizinische Diskurs wesentliche Impulse z.b. mit dem literarischen Modus des Realismus und Naturalismus, ist aber auch anschlussfähig an die frühe Science Fiction und – besonders im Bereich der Psychiatrie – an die viktorianischen Sensationsromane. Im Viktorianismus existierte die Trennung zwischen den ›zwei Kulturen‹, der Literatur und den Naturwissenschaften noch nicht, welche C.P. Snow in *The Two Cultures* (1959) für das 20. Jahrhundert postuliert: Es lässt sich ein reger Austausch von Thematik, Metaphorik und narrativen Strukturen zwischen viktorianischen Medizintraktaten und – auf den ersten Blick nicht mit medizinischen Fragestellungen beschäftigten – literarischen Texten konstatieren. Während die Literatur einerseits, so in Eliots Romanen, die Methoden medizinischer Diagnostik in der Perspektive des allwissenden Erzählers auf die Spitze treibt, kommt ihr andererseits, so in Wells' Dystopien, die kritische Reflexion medizinischer Klassifikationen zu. Indem sie den medizinischen Diskurs mit anderen, teilweise gegenläufigen Diskursen kombinieren, ordnen literarische Texte diesen in größere soziale Zusammenhänge ein und beleuchten z.B. politische Fragen nach Vernetzung und Abgrenzung menschlicher Gesellschaften aus medizinisch-biologischer Perspektive. Gleichzeitig zeigen sie auch die Gefahren auf, die eine totale Medikalisierung des Alltags mit sich bringt – eine Position zwischen Faszination und kritischer Distanz, welche literarischen Texten bis heute zu Eigen ist.

Ansgar Nünning

Das Britische Empire in der viktorianischen Literatur

In a Fit of
Absence of Mind
Das Britische Empire genoss zwar noch zu Beginn der 1880er Jahre im
›Mutterland‹ keinen guten Ruf, aber zumindest hatten sich zu dieser
Zeit eine ganze Reihe von Apologeten gefunden, die ihm zu gebühren-
der Wertschätzung verhelfen wollten. So kritisierte John Robert Seeley
in seiner berühmten Geschichte Englands frühere Geschichtswerke,
weil sich diese v.a. auf die Innenpolitik konzentriert hatten. In *The Expansion of England* (1883) stellte er hingegen das vermeintlich zentrale
Charakteristikum englischer Geschichte dar: das Wachstum des Britischen Empire, das Königin Viktoria zu Ende des 19. Jahrhunderts über
ein Viertel der Weltbevölkerung herrschen ließ. In einer viel zitierten
Phrase wies Seeley darauf hin, dass die Briten ihr Weltreich *in a fit of
absence of mind* gewonnen hätten und es nun mit Missachtung straften
– und tatsächlich hatte Benjamin Disraeli, der das Empire in seiner *Crystal Palace Speech* von 1872 erstmals zu einem wichtigen Thema britischer
Politik erklärte, zunächst einige Mühe, seine Zeitgenossen von der Bedeutung des Weltreichs zu überzeugen.

Akzeptanz und
Popularisierung
des Empire
　　Nun mochte der Prozess der Expansion mit relativ wenig Aufmerksamkeit bedacht werden, und auch die Worte ›Empire‹ sowie
›Imperialismus‹ wurden sehr lange abschätzig betrachtet, weil sie mit
Militarismus, Despotismus, Herrschaft und Abhängigkeit assoziiert wurden und dem englischen Selbstbild zuwiderliefen. Dennoch war es
den Viktorianern nicht unbekannt, dass sie überseeische ›Besitzungen‹
hatten; besonders die importierten exotischen Luxusgüter waren für
viele aus dem Alltag nicht mehr wegzudenken. Es gab zwar verein-
zelte kritische Stimmen, die phasenweise recht populär waren, aber
diese konnten den langsamen, sich fast unmerklich vollziehenden Prozess, der schließlich in der Akzeptanz, sogar Hochschätzung des Empire mündete, nicht verhindern. Gegen Ende des Jahrhunderts waren
imperiale Werte zu wichtigen Bestandteilen des britischen Selbstbildes
geworden.

An der Popularisierung des Empire waren nicht nur politische Reden, sondern auch Predigten, Geschichtsbücher, Reiseberichte, Romane, Dramen und Gedichte maßgeblich beteiligt. Zwischen dem Britischen Empire und der viktorianischen Literatur gibt es eine Reihe von Wechselwirkungen: Zum einen schlagen sich das Wissen um das Empire und die mit der kolonialen Expansion verbundenen politischen, sozialen, ökonomischen und kulturellen Probleme in der Themenselektion und in typischen Darstellungsverfahren der viktorianischen Literatur nieder. Zum anderen wirkten die von der Literatur entwickelten fiktionalen Wirklichkeitsentwürfe auf die Gesellschaft zurück und erfüllten wichtige Funktionen im Hinblick auf die Popularisierung und Legitimierung der imperialen Ideologie.

Wechselwirkungen zwischen Britischem Empire und Literatur

Die viktorianische Literatur, in der das Empire eine mehr oder weniger große Rolle spielt (im Folgenden kurz als ›Empire-Literatur‹ bezeichnet) hat maßgeblich mit dazu beigetragen, die Denk- und Empfindungsweisen des britischen Imperialismus zu prägen und zu verbreiten. Die meisten Viktorianer kannten das eigene Weltreich nicht aus eigener Anschauung, sondern nur aus britischen Büchern, die recht einseitige, anglo-zentrische Sichtweisen anderer Länder und Völker verbreiteten. Die aktive, wirklichkeitskonstruierende Rolle der viktorianischen Literatur bestand v.a. darin, dass sie neue Vorstellungen vom Britischen Weltreich, von anderen Ländern und Völkern, aber auch von den Besonderheiten der eigenen Kultur ausdrückten und erzeugten. Die Empire-Literatur prägte nicht nur die in England verbreiteten Bilder Indiens, des Orients und des ›Schwarzen Kontinents‹, sondern hatte auch weit reichenden Einfluss auf Großbritanniens gewandeltes Selbstbild als imperiale Nation bzw. Weltreich. Außerdem entwarf sie Modelle für interkulturelle Beziehungen, die sich stets am Muster von Herrschaft und Unterordnung bzw. Kolonialisten und Kolonisierten orientierten. Daher betont Edward Said (1994: xii) zu Recht, dass die Empire-Literatur das kulturelle Wissen der Zeit nicht bloß reflektiert, sondern auch erweitert; gerade Romane seien »immensely important in the formation of imperial attitudes, references, and experiences« gewesen.

Aktive Rolle der Empire-Literatur

Aus kultur- und mentalitätsgeschichtlicher Sicht liegt das Interessante eines Großteils der viktorianischen Empire-Literatur jedoch v.a. darin, dass in der literarischen Auseinandersetzung mit dem Empire fast alle wichtigen Kulturthemen der Zeit reflektiert werden. Das Britische Weltreich erscheint wie ein Brennglas oder ein Spiegel, in dem die viktorianische Kultur ihr idealisiertes Ebenbild erblickte, bisweilen aber auch wie eine Projektionsfläche, auf der kollektiv verdrängte Aspekte erscheinen, wie Patrick Brantlinger (1988: 195) am Beispiel des Mythos von Afrika als ›Schwarzem Kontinent‹ treffend bemerkt: »So Dark Continent turned into mirror, reflecting on one level the heroic and saintly

Empire-Literatur als Spiegel viktorianischer Werte

self-images the Victorians wanted to see, but on another casting the ghostly shadows of guilt and regression.«

Gattungen der
Empire-Literatur

Das Spektrum der Gattungen, in denen das Empire eine mehr oder weniger große Rolle spielt, ist denkbar breit. Es reicht von den in der viktorianischen Literatur äußerst populären Melodramen über eine Vielzahl von Abenteuer- und Jugendromanen, historische Romane und Romanzen sowie *Eastern tales* bis zu dezidiert pro-imperialistischer und teilweise sogar unverhohlen chauvinistischer Lyrik. Hinzu kommt eine große Bandbreite nicht- bzw. semifiktionaler Textsorten wie Tagebücher, Autobiographien und Biographien sowie Reisebeschreibungen, Geschichtswerke und (pseudo)wissenschaftliche Abhandlungen. Neben der im engeren Sinne imperialistischen Literatur, die seit 1880 eine Blütezeit erlebte und die imperialistische Expansionspolitik idealisierte, gibt es in der viktorianischen Epoche einen regelrechten Boom von Empire-Literatur, wobei v.a. einige der Berichte viktorianischer Entdecker – z.B. David Livingstones *Missionary Travels* (1857) und Henry Morton Stanleys *How I Found Livingstone* (1872) sowie *In Darkest Africa* (1890) – zu regelrechten Bestsellern avancierten.

Hauptphasen der
Empire-Literatur

Obgleich die britische Expansion schon seit den Entdeckungsfahrten im 16. und 17. Jahrhundert von der englischen Literatur kommentierend begleitet wurde, rückte das Empire erst in der viktorianischen Literatur in den Mittelpunkt des öffentlichen Bewusstseins. In der Auseinandersetzung mit dem Empire in der englischen Literatur des 19. Jahrhunderts lassen sich grob drei Phasen unterscheiden (vgl. Brantlinger 1994: 561): Einen ersten Höhepunkt erreichte das Interesse am Empire in der Romantik (ca. 1789–1830er Jahre). In der zweiten Phase, die von der frühviktorianischen Zeit bis ca. 1880 reicht, spielt das Empire – von den literarischen Reaktionen auf einige Schlüssel- und Medienereignisse wie z.B. die so genannte ›Indian Mutiny‹ (1857) abgesehen – in vielen Werken zwar scheinbar nur eine Nebenrolle, aber gerade deshalb bildet es eine Art Schlüssel zu einem Verständnis zentraler Probleme der Epoche. In den Mittelpunkt der Literatur und des öffentlichen Interesses rückt das Empire in der spätviktorianischen Literatur. In dieser dritten Phase, die von etwa 1880 bis zum Beginn des Ersten Weltkriegs reicht, entsteht eine neue Tradition von dezidiert imperialistischer Literatur.

Das Empire in der
Domestic Novel:
Mansfield Park
(1814)

Sogar in den scheinbar unpolitischen, auf einen engen regionalen Umkreis und nur wenige Familien beschränkten Romanen von Jane Austen zeigt sich, dass das Britische Empire auch dann, wenn es nicht bewusst reflektiert wurde, doch fraglos akzeptiert wurde. Während der Reichtum, der in exotischen Ländern erwirtschaftet wurde, in vielen viktorianischen Romanen die Rolle eines *deus ex machina* übernimmt und etwa der Tod eines entfernten Verwandten aus Übersee unverhofft das zum Familienglück benötigte Vermögen beschert, so ist es in Austens *Mansfield Park* (1814) der Vater der Familie, Sir Thomas Bertram, der zu seiner Plantage nach Antigua reist. Obgleich seine Erlebnisse dort nicht beschrieben werden, gelingt es ihm offensichtlich, die anstehenden Probleme zu lösen, denn nach seiner Rückkehr ist das finanzielle Wohlergehen der Familie gesichert. Dass die brutale Ausbeutung von Sklaven das schöne Leben der Bertrams, die so viel um Pflicht und Anstand geben, finanziert, wird nicht thematisiert. Der Titel des Romans stellt jedoch noch eine andere Verbindung zwischen dem Landsitz der Bertrams und der Sklaverei her, denn Lord Mansfield erklärte 1772 in einem Aufsehen erregenden Gerichtsurteil, dass jeder Sklave, der seinen Fuß auf englischen Boden setze, frei sei, und trat im Parlament für die Abschaffung des Sklavenhandels ein.

In vielen Klassikern der früh- und hochviktorianischen Epoche spielt das Britische Empire als räumlicher Bezugspunkt bzw. als Teil des kulturellen Wissens der Zeit eine interessante Nebenrolle. Einerseits steht das Empire in Klassikern des Romans des 19. Jahrhunderts wie Charlotte Brontës *Jane Eyre* (1847), W.M. Thackerays *Vanity Fair* (1847–48) und Charles Dickens' *Great Expectations* (1860–61) auf den ersten Blick allenfalls im Hintergrund. Figuren, die in die britischen ›Besitzungen‹ reisen, pflichtbewusste Christen, die dort zu missionieren gedenken, Offiziere, die im Empire ihre Karriere gemacht oder Kriminelle, die dort viel Geld erwirtschaftet haben und dadurch die Geschicke der daheim Gebliebenen zu lenken vermögen, spielen in diesen hochgeschätzten Werken nur Nebenrollen. Andererseits werden auch in diesen Romanen oftmals Vorstellungen vermittelt, die zentrale Bestandteile der imperialistischen Ideologie darstellen. So bildet etwa die in vielen Romanen wichtige Hochschätzung von Arbeit, Pflichtgefühl, Entsagung, Missionseifer, Ernst- und Gewissenhaftigkeit, Mäßigung, Affektkontrolle, Durchhaltevermögen und nicht zuletzt auch von Reichtum eine entscheidende Triebfeder für die imperiale Expansion. Diese Werte sind zugleich zentrale Bestandteile viktorianischer Kultur, so dass imperialistische Prinzipien durch vorherrschende Wertvorstellungen gestützt werden und gleichsam im Zentrum viktorianischer Mentalitäten verankert sind.

In Brontës Klassiker *Jane Eyre* spielt das Empire für den Handlungsverlauf eine bedeutende Rolle; so wurde Janes zu guter Letzt ererbtes Vermögen auf Madeira erwirtschaftet und sie selbst überlegt ernsthaft, als Partnerin ihres Cousins St John Rivers nach Indien zu gehen, um dort ein selbstentsagendes, gottgefälliges Leben als Missionarin zu führen. Berühmt geworden ist jedoch die Darstellung von Rochesters erster Frau Bertha (Antoinette) Mason, die Janes Heirat mit Rochester im Wege steht und deren Schicksal später aus postkolonialer Perspektive in Jean Rhys' bahnbrechendem Werk *Wide Sargasso Sea* (1966) beleuchtet wurde. In *Jane Eyre* dient Bertha der Darstellung des Gegenbilds tugend-

Imperialistische Werte in britischer Literatur

Die Briten und die ›Anderen‹: Stereotype in Jane Eyre (1847)

hafter englischer Weiblichkeit: Sie wird mit Sexualität, Geisteskrankheit und dem Bösen in Beziehung gebracht, erscheint als wahres Monster, als unnatürliche Bestie mit einem »demoniac laugh«, als »tigress«, die im Wahn erst versucht, ihren Bruder umzubringen und danach ihren Ehemann: »The clothed hyena rose up, and stood tall on its hind-feet [...] and laid her teeth to his cheek« (Kap. 26). Ihr dunkler Teint und ihr »grizzled hair« (ebd.) weisen diese Kreolin, die Rochester auf einer Reise nach Übersee kennen lernte, als Repräsentantin der kolonisierten ›Anderen‹ aus. Bertha ist alles, was die tugendhafte Engländerin Jane nicht ist: sinnlich, irrational, hinterhältig, physisch stark und unbeherrscht.

Die Imperial Idea als Ideologie spätviktorianischer Literatur

In der imperialistischen Literatur der 1880er und 1890er Jahre rückt das Empire als Schauplatz, Thema und politische Ideologie in den Mittelpunkt vieler literarischer Werke. Autoren wie Henry Rider Haggard, Henry Newbolt und Rudyard Kipling trugen maßgeblich mit dazu bei, die ideologischen Leitgedanken des Imperialismus – teils explizit und unverblümt, teils drapiert in spannende Abenteuergeschichten – zu propagieren und zu popularisieren. Besonders ausgeprägt ist der Bezug zum Empire daher in den damals äußerst populären Genres der Abenteuer- und Jugendromane.

Mentalität und Wertehierarchien

Da kollektive Wertvorstellungen der Zeit in den Figuren, Plots und Motiven der Empire-Literatur in verdichteter Form zum Ausdruck kommen, bildet dies eine Art Schlüssel zu einem Verständnis zentraler Werte und Normen des Viktorianismus. Zudem ging die koloniale und imperiale Expansion mit einem kulturellen Export der Essenz von *Englishness* bzw. *Britishness* einher, der v.a. auf das ausgeprägte britische Sendungsbewusstsein zurückzuführen ist. Zu den charakteristischen Einstellungen, Denk- und Empfindungsweisen sowie Werthierarchien zählen etwa Schlüsselbegriffe der viktorianischen Zeit wie Optimismus, Ernsthaftigkeit (*seriousness* bzw. *earnestness*) und der tief verwurzelte Glaube an Fortschritt, aber auch Dogmatismus, Rigidität und Engstirnigkeit sowie das Bedürfnis nach Orientierung an Autoritäten, was sich u.a. in den hierarchischen Gesellschaftsstrukturen niederschlug, die in den Kolonien etabliert wurden. Diese von vielen Roman- und Dramenfiguren verkörperten und von Sprechern zahlloser Gedichte explizit artikulierten Wertvorstellungen verweisen ihrerseits auf ökonomische, religiöse und machtpolitische Motive, die hinter der kolonialen und imperialen Expansion standen und die in der Empire-Literatur facettenreich beleuchtet werden.

Worship of Force, Muscular Christianity und Ritterlichkeit

Die Empire-Literatur verhalf auch dem in der viktorianischen Epoche sehr einflussreichen Konzept der *muscular Christianity* zu großer Popularität. Dieses neue Männlichkeitsideal verband physische Kraft, religiöse Gewissheit und moralische Stärke mit der Fähigkeit, die Umwelt zu kontrollieren. Wichtig war v.a. die Rolle von Sport, wobei Ausdauer-, Team- und Kampfsportarten besonders geschätzt wurden. Die in dem Konzept der tatkräftigen ›muskulösen Christlichkeit‹ implizierte Verherrlichung von Stärke, Kampf und Gewalt beruht auf der Auffassung, dass diese von Gott gebilligt würden und mit Christlichkeit zu vereinbaren seien, weil sie – v.a. im Falle des Empire – einem guten Zweck dienten. Als Gegengewicht zu männlicher Stärke fungierten in dem Ideal der *muscular Christianity* Tugenden wie Selbstbeherrschung, *tenderness*, selbstlose Aufopferung eigener Bedürfnisse zum Wohle anderer sowie Ritterlichkeit.

Beispielhaft treten viele der genannten Werte sowie das Ideal der *Christian manliness* in Charles Kingsleys äußerst populärem historischen Roman *Westward Ho!* (1855) hervor. Obgleich die spannend erzählte Geschichte der Abenteuer des fiktiven Helden Amyas Leigh in der Elisabethanischen Epoche angesiedelt ist, werden vor dem Hintergrund der englischen Entdeckungsfahrten genau jene Tugenden gefeiert, denen Großbritannien den Aufstieg zum Weltreich verdankt: Mut und Entschlossenheit, Kampfgeist und Durchhaltevermögen, körperliche Stärke sowie Eintreten für Gott und die englische Nation zählen zu jenen Eigenschaften, durch die sich die englischen Helden auszeichnen. Im Medium des historischen Romans inszeniert Kingsley mit seiner Darstellung der heroischen Triumphe englischer Helden über die mächtigen Spanier ein abenteuerliches episches Szenario, das britische Tugenden verherrlicht. Kingsleys Roman fungiert nicht zuletzt deshalb als imperiale Propaganda, weil er den beschämenden Misserfolgen der britischen Armee im Krimkrieg (1854–56) ein idealisierendes Selbstbild entgegensetzte, das in Erinnerung rief, wozu die Briten vermeintlich prädestiniert waren.

Imperiale Propaganda in Charles Kingsleys historischem Roman Westward Ho! (1855)

Wie in vielen anderen Empire-Romanen werden die Engländer von Kingsley als eine überlegene Rasse dargestellt, die jederzeit fähig ist, selbst übermächtigen Gegnern wie den Spaniern Paroli zu bieten. Davon, dass Spanien zur Zeit Elisabeths I. über enorm große und unermesslich reiche Gebiete verfügte, während sämtliche englischen Unternehmungen des 16. Jahrhunderts kläglich scheiterten, ist in Kingsleys Idealisierung der *Empire builder* nichts zu spüren: »It was the men of Devon, the Drakes and Hawkinses, Gilberts and Raleighs, and a host more of ›forgotten worthies,‹ whom we shall learn one day to honour as they deserve, to whom [England] owes her commerce, her colonies, her very existence« (Kap. 1). Mit seiner verklärenden Darstellung brachte Kingsleys Roman Jahrzehnte vor Disraelis *Crystal Palace Speech* und Seeleys *Expansion of England* ein neues britisches Selbstbild zum Ausdruck, in dem imperialen Kerngedanken ein wichtiger Platz eingeräumt wurde.

Britische Überlegenheit und imperiale Expansion

Heroes and
Hero-Worship

Die idealisierende Darstellung der kampfeslustigen englischen Protagonisten entspricht dem viktorianischen Hang zur Heldenverehrung,
die in einem der bekanntesten Werke von Thomas Carlyle, *On Heroes,*
Hero-Worship, and the Heroic in History (1841), einen frühen Höhepunkt
findet. In der Empire-Literatur schlägt sich diese Heldenverehrung u.a.
in der Vorliebe für Themen wie Ehre, Ruhm oder Heldentum nieder. Zu
dieser Zeit wurden v.a. Eroberer und Generäle verehrt, deren Ruhm auf
Durchsetzungskraft und Gewalt beruhte. Besonders deutlich wird dies
etwa an militärischen Führungspersönlichkeiten wie General Charles
Gordon, Henry Havelock und Henry Lawrence, die in einer Vielzahl
von Werken als Inbegriff englischer Tugenden und als heldenhafte Märtyrer stilisiert wurden, die als vorbildliche *Empire builder* ihr Leben für
das Britische Weltreich geopfert hätten.

The White Man's
Burden

Die ambivalente Mischung aus entschlossener Verwirklichung eigener Ziele und Pflichtbewusstsein, die zugleich als ein Akt der Selbstaufopferung ausgegeben wird, findet ihren charakteristischen Ausdruck
in der Vorstellung, dass es die vermeintliche Pflicht der Weißen (insbesondere der Angelsachsen) sei, sich selbstlos für die ›Zivilisierung‹
anderer Völker und Rassen einzusetzen. Dieses Sendungsbewusstsein
hat Kipling in dem Gedicht »The White Man's Burden« (1899), das die
imperialistische Mission zu einem ebenso selbstlosen wie verdienstvol-
len Akt im Dienste der Zivilisation hochstilisiert, auf eine einprägsame
Formel gebracht. Aus heutiger Sicht treten allerdings die Widersprüche
der imperialistischen Ideologie schon in den ersten Zeilen des Gedichts
offen zutage:

> Take up the White Man's burden –
> Send forth the best ye breed –
> Go bind your sons to exile
> To serve your captives' need; (Z. 1–4)

Das Gentleman-
Ideal als Inbegriff
viktorianischer
Normen und Leit-
begriffe

Die Empire-Literatur reflektiert damit nicht nur ein breites Spektrum
zentraler Werte und Normen der viktorianischen Kultur, sondern sie
hat diese auch maßgeblich mitgeprägt. Besonders deutlich wird dies etwa zum einen an dem Ideal des *paternalism*, an der Pflicht des Mannes,
sich um Schutzbefohlene – nicht bloß Frauen, Kinder und Bedienstete,
sondern auch die unteren Schichten und die kolonialisierten Völker
– zu kümmern und im Gegenzug Gehorsam von ihnen zu verlangen.
Zum anderen trug die Empire-Literatur – allen voran die Romanzen
von Haggard – maßgeblich dazu bei, das Ideal des *Christian gentleman*
zu popularisieren. Diese typisch viktorianische Variante des englischen
Gentleman zeichnet sich dadurch aus, dass auf der Grundlage von
finanzieller Unabhängigkeit moralische Stärke mit zuvorkommenden
Umgangsformen verbunden und Stärke sowie Tatendrang mit christ-

lichen Werten vereint werden. In Haggards Roman *Allan Quatermain* (1887), einer Fortführung seines ebenso populären *King Solomon's Mines* (1885), ist Sir Henry Curtis ein solcher Gentleman, der perfekte Umgangsformen mit protestantischen Überzeugungen und der nötigen physischen Statur vereint; er ist »altogether a magnificent specimen of the higher type of humanity [...] I have never seen wider shoulders or a deeper chest« (Kap. 1).

Darüber hinaus zeugen viele Werke der Empire-Literatur von einer tief sitzenden Furcht vor anderen Rassen, auf die man all das projizierte, was man an der eigenen nicht anerkannte. Dabei wird deutlich, dass zwischen *class* und *race* eine funktionale Äquivalenz bestand, denn der Hierarchie der Klassen entspricht die der Rassen. Ebenso wie die imperiale Expansion der Zivilisierung anderer Völker und Rassen dienen sollte, war auch das Ziel der ›Erziehung‹ der Unterschichten – bei gleichzeitiger Aufrechterhaltung der sozialen Kontrolle – ein wichtiges Kulturthema der Epoche. Der oftmals unverhohlene Rassismus, der ein leidvolles Leitmotiv der Empire-Literatur darstellt, diente nicht zuletzt der Erklärung und Rechtfertigung der Beherrschung vermeintlich ›unterlegener‹, ›minderwertiger Rassen‹. In *Allan Quatermain* gibt es – wie in vielen vergleichbaren Werken – zwei Kategorien von ›Wilden‹: die ›schlechten‹, unbeherrschten, verräterischen und grausamen, die unterdrückt bzw. vernichtend geschlagen werden müssen (hier verkörpert durch die Masai), und die ›guten‹, die wiederum in zwei Gruppen unterteilt werden können: die kindesgleichen, naiven und dankbaren Afrikaner aus dem Umkreis des Missionshauses, die dem Geistlichen MacKenzie so dankbar sind, dass sie für ihn in den Tod gehen würden, und die wenigen unkorrumpierbaren stolzen Krieger, die wie der treue Zulu Umslopogaas die Briten bedingungslos unterstützen. Obgleich alle drei Figurentypen offensichtlich der Bestätigung der britischen Überlegenheit und der Legitimation kolonialer Expansion dienen, sind besonders die Romane Haggards wesentlich komplexer als häufig angenommen.

In der Empire-Literatur kommen aber nicht nur zentrale Einstellungen und Werte der viktorianischen Epoche zum Ausdruck, sondern auch kollektive Ängste: »anxieties concerning the dissolution of masculine identity, the degeneration of the British ›race,‹ the moral collapse of imperial ideology, and the decline of the great tradition of English letters« (Arata 1996: 89). Dazu zählen auch Ängste vor einer Degeneration der Briten, die sich als unfähig erweisen könnten, über andere Völker zu herrschen, sowie vor der Bedrohung der eigenen Nation durch eine barbarische Invasion. Ausgemalt werden solche Schreckensvisionen einer umgekehrten Kolonialisierung (*reverse colonization*) in populären Romanen wie H.G. Wells' *The War of the Worlds* (1898) und Bram Stokers *Dracula* (1897; vgl. Arata 1996). Inwiefern populä-

Klasse und Rasse

Kollektive Ängste

re Werke die imperiale Bedrohung metaphorisch mit der Ansteckung durch gefährliche Krankheiten verbinden, wurde bereits im vorherigen Kapitel erörtert.

Rhetorik und
Metaphorik der
Empire-Literatur

Zu den literarischen Verfahren, durch die sich die meisten Werke auszeichnen, gehören die Vorliebe vieler Romanautoren für einen melodramatischen Handlungsverlauf, bestimmte Erzählmodelle und Mythen, eine imperialistische Rhetorik sowie eine eigentümliche Empire-Metaphorik. Insbesondere die Bestseller berühmter viktorianischer Forschungsreisender etablierten ein bestimmtes Erzählmodell mit einem (oder mehreren) weißen männlichen Protagonisten im Zentrum, der sich unerschrocken in die tiefste Wildnis vorwagt, sich mit zahlenmäßig oft enorm überlegenen, aber in jeder anderen Hinsicht unterlegenen ›Wilden‹ herumschlagen muss und alles nur für einen edlen Zweck tut. Dieses Modell prägt die Handlungsstruktur und Figurenkonstellation zahlloser Jugend- und Abenteuerromane, die vielfach nach dem Muster von *quest romances* aufgebaut sind und in denen der britische Held aus einer spektakulären, entscheidenden Schlacht ebenso sieg- wie ruhmreich hervorgeht und oftmals mit Schätzen beladen nach Hause zurückkehrt.

Imperialistische Rhetorik

Zum Kernbestand der Empire-Literatur gehört neben diesen Mythen v.a. eine imperialistische Rhetorik, die darauf abzielte, die Mythen, Stereotype und Topoi, die sie verbreitete, als ›natürlich‹ erscheinen zu lassen. Kennzeichnend für den Diskurs des Imperialismus ist die Häufung von Stereotypen, insbesondere die des ›Afrikaners‹ und des ›Orientalen‹. Repräsentationen des Orients betonten nicht nur Despotismus und Willkür; typisch war außerdem dessen Feminisierung als ein schrankenloser erotischer Raum, in dem sinnliche Leidenschaften zügellos ausgelebt werden (vgl. Said 1978).

Metaphorik des Empire

Ein weiteres Kennzeichen der Empire-Literatur ist ihre Vorliebe für Metaphern. Zum einen wurden das Britische Weltreich als Ganzes sowie das Verhältnis zwischen England und seinen Kolonien meist metaphorisch umschrieben. Zum anderen enthält der Diskurs des Imperialismus eine Vielzahl weiterer Metaphern, die meist von bestimmten historischen Erfahrungen ausgehen und die geschichtliche Expansion Englands sowie dessen politisches Verhältnis zu seinen Kolonien bildlich zu erfassen versuchen. Solche Metaphern für das Empire sind kein bloßer Redeschmuck, sondern erkenntnisprägende Denkmodelle, die großen Einfluss auf die Art und Weise hatten, wie die historische Entwicklung des Empire und die vom Imperialismus aufgeworfenen Probleme wahrgenommen und beurteilt wurden. Typische Beispiele dafür sind etwa die Rede von den Kolonien als ›Besitztümern‹ (*possessions*) des ›Mutterlandes‹ und die Fiktion von den ›leeren Flecken‹ (*blank spaces*) auf den Landkarten.

Ein weiteres typisches Sprachbild des imperialistischen Diskurses ist die aus dem *public school*-Kodex stammende Darstellung des Krieges als

Sport, die nahe legt, sich auf dem Schlachtfeld genau so zu verhalten wie auf dem Sportplatz – und umgekehrt. Zahlreiche Beispiele für solche Metaphern finden sich in der Lyrik von Henry Newbolt, dessen Gedicht »Vitaï Lampada« (1897) mit der dreifachen Wiederholung des Verses »›Play up! play up! and play the game!‹« (Z. 8) das wohl bekannteste Paradigma für die Metaphorisierung des Krieges als Spiel und Sport in der spätviktorianischen Literatur ist. Wie die Wendung »To love the game beyond the prize« (Z. 10) aus dem Gedicht »Clifton Chapel« (1897) bereits andeutet, stellte der Kampf einen Wert an sich dar, in dem man Stärke, Durchhaltevermögen und Geschick beweisen konnte.

Krieg als Sport

Der in quantitativer und qualitativer Hinsicht vorherrschende Bereich, aus dem die bildspendenden Elemente für den Bildempfänger ›Empire‹ stammen, ist das Feld der Verwandtschaftsbeziehungen. Metaphern aus diesem Bereich fügen sich zur Leitvorstellung vom Empire als Familie zusammen. Mit ihrer suggestiven Beschwörung von Loyalität und Emotionen unterstreicht die Familienmetaphorik die vorgebliche Einheit des Empire. Die Herrschaft Englands über seine Kolonien wird als ein soziales und persönliches Verhältnis gedeutet, das den engen emotionalen Bindungen zwischen Eltern und ihren Kindern entspricht. Die wichtigste Funktion der Familienmetaphorik bestand darin, dass sie Zeitgenossen mit dem Empire vertraut machte, indem sie komplexe militärische, ökonomische und politische Beziehungen zu fremden, oft unbekannten Gebieten in Verwandtschaftsgrade übersetzte und die Werte des Familienlebens auf das Verhältnis zwischen England und seinen Kolonien projizierte.

Das Empire als Familie

Besonders die Lyrik verwendet Empire-Metaphern in ebenso zahlreicher wie variantenreicher Weise. Zu den Dichtern, die sich besonders intensiv mit dem Empire auseinandergesetzt haben, zählen v.a. der Hofdichter Alfred Lord Tennyson, Kipling sowie weniger bekannte Lyriker des viktorianischen Fin de Siècle wie William Ernest Henley, Newbolt und John Davidson. Besonders deutlich kommt die Metapher vom Empire als Familie in patriotischen Gedichten Tennysons und Kiplings zum Ausdruck. Dass Tennyson als ›The True Poet of Imperialism‹ und Kipling sogar als ›Laureate of Empire‹ gepriesen wurden, ist Ausdruck der großen Bedeutung, die diesen Dichtern für die Popularisierung imperialistischer Ideen beigemessen wurde. Der Epilog zu Tennysons *Idylls of the King* (1859), das Gedicht »To the Queen« aus dem Jahre 1873, verdeutlicht sehr gut, wie durch die Bildersprache emotionale Aspekte des Familienlebens auf die politischen Beziehungen zwischen Mutterland und Kolonie projiziert wurden:

Empire-Lyrik

> […] The loyal to their crown
> Are loyal to their own far sons, who love
> Our ocean-empire with her boundless homes. (Z. 27–29)

Fictions of Empire   Literarische Werke hatten maßgeblichen Anteil daran, die Denk- und Empfindungsweisen, die kollektiven Vorstellungen sowie die Werte und Normen, auf denen die imperiale Expansion beruhen, zu popularisieren und zu legitimieren. Sie entwarfen äußerst populäre und einflussreiche fiktionale Modelle des Empire und des Imperialismus und verbreiteten bzw. bestärkten damit zugleich die ideologischen Fiktionen des Imperialismus und des Orientalismus (vgl. Said 1978). Zu den wichtigsten dieser Fiktionen, die durch die Empire-Literatur erzeugt, bestärkt und legitimiert wurden, zählte der tief sitzende Glaube an die Überlegenheit der britischen Nation und ›Rasse‹, die damit einhergehende Überzeugung, dass die kolonialisierten Völker und Rassen nicht nur rückständig und unterlegen, sondern auch auf die Hilfe der ›zivilisierten‹ Nationen angewiesen seien, sowie die Annahme, dass die koloniale und imperiale Expansion ein edler, selbstloser und verantwortungsvoller Akt im Dienste der Zivilisation sei und dass niemand so prädestiniert dafür sei, die ›Bürde des weißen Mannes‹ zu tragen, wie die Briten. Darin gründen zugleich die engen Wechselbeziehungen, die zwischen der Empire-Literatur, der viktorianischen Kultur, dem Britischen Weltreich und dem Diskurs des Imperialismus bestehen.

Nostalgie und Kritik   Aufgrund dieser engen Wechselbeziehungen haben die von der viktorianischen Literatur geschaffenen Helden, Mythen und Metaphern des Empire bis heute einen festen Platz in Großbritanniens kulturellem Gedächtnis. Natürlich lässt sich schon aufgrund der Komplexität, die die Empire-Literatur selbst zu ihrer Blütezeit zwischen 1880 und 1915 auszeichnete, keine lineare Entwicklung der Beschäftigung mit dem Empire in der britischen Literatur des 20. Jahrhunderts verfolgen. Bereits Robert Louis Stevensons Desavouierung der britischen Führungstugenden in Novellen wie *The Beach of Falesá* (1892), Joseph Conrads kritische Beleuchtung suspekter britischer Gouverneure und Händler in *Almayer's Folly* (1895) sowie *Heart of Darkness* (1899/1902) und E.M. Forsters komplexes Porträt britisch-indischer Beziehungen in *A Passage to India* (1924) zeugen von einer zunehmend kritischen Auseinandersetzung mit imperialistischen Werten. Auch der Prozess der Dekolonialisierung ließ die literarische Verarbeitung imperialer Wertvorstellungen nicht versiegen; vielmehr eröffnen Darstellungen aus postkolonialer Perspektive, die im letzten Kapitel erörtert werden, einen völlig neuen Blick auf das Empire. Obgleich die Bandbreite der Empire-Literatur heute von nostalgischer Verklärung imperialer Mythen bis zu deren Revision reicht, stellt die Erinnerung an das einstige Weltreich immer noch einen bedeutenden Bestandteil der britischen Gegenwartsliteratur und des kollektiven Gedächtnisses dar.

Stefan Welz

Arbeit und Technologie im literarischen Diskurs des Viktorianismus

In der Zeit des industriell-kapitalistischen Aufschwungs, der sich im Eng- Bedeutung
land des 19. Jahrhunderts auf exemplarische Weise vollzog, kam der der Arbeit im
menschlichen Arbeit ein nie gekannter Stellenwert zu: »The nineteenth Viktorianismus
century was the Golden Age for the idea of work. It saw the acceptance
of universal conscription in the army of labor, the spectacle of the whole
race toiling« (Tilgher 1958: 90). Auch ohne Bezugnahme auf Adam
Smiths *The Wealth of Nation* (1776) oder *Das Kapital* (1867) von Karl
Marx, auf Thomas Carlyles *Past and Present* (1843) oder die *Principles of
Political Economy* (1848) von John Stuart Mill, auf John Ruskins *Unto
This Last* (1862) oder die Utopie *News from Nowhere* (1890) von William
Morris offenbart sich in dieser allgemeinen Feststellung der besondere
Charakter einer Epoche, in der Arbeit nicht nur als allgegenwärtige,
lebensweltliche Tatsache erschien, sondern ebenso als mobilisierende
Idee. Als solche erlangte sie eine Bedeutung, die ihren vorherigen Platz
in Religion oder Ethik weit überstieg und sie aus zeitgenössischer Sicht
zur Ursache allen menschlichen Fortschritts werden ließ.

Arbeit und Technologie bedürfen aufgrund ihrer ökonomischen Be- Arbeit und
deutung kaum einer Rechtfertigung als eigenständige Untersuchungs- Technologie
gegenstände. Durch ihre hohe Synthese- und Vernetzungsfähigkeit als diskursive
empfehlen sie sich darüber hinaus als Kulturthemen ersten Ranges. Konstrukte
Aus kulturwissenschaftlicher Sicht stellen sich beide Bedeutungsfelder
als mit Wertungen und Konnotationen angereicherte Konstrukte dar,
die eng mit anderen Konzepten wie *Industrial Revolution, Protestant work
ethic, economic man, working class,* Empire und *self-help* verknüpft sind. Ein
solcher Ansatz wählt aus dem Spektrum des gegenwärtigen Methoden-
pluralismus vorzugsweise diskurskritische und historisch-anthropologi-
sche Herangehensweisen aus: Ersteres ergibt sich aus dem aufgezeigten
Charakter des Untersuchungsgegenstands, Letzteres aus dem Wesen
der Arbeit. Dieses lässt sich als planvolle Tätigkeit oder Aktivität des
Menschen bestimmen, wobei die unternommenen physischen und psy-

chischen Anstrengungen auf ein Ergebnis abzielen. Somit vereint die
Arbeit sowohl einen Verlaufs- als auch einen Resultatsaspekt. Die an
thropologische Relevanz der Arbeit, die als entscheidendes Bindeglied
der Beziehung Mensch-Natur wirkt, ist unmittelbar mit dem Werkzeug
verbunden und legt eine integrative Betrachtung von Arbeits- und
Technologieproblematik nahe.

Die Vielfalt des Arbeitsthemas in der viktorianischen Literatur

Probleme der
literarischen und
ästhetischen
Darstellung

Die Doppelbedeutung von Arbeit als historisches Faktum und ideelles
Konstrukt lässt vermuten, dass sich auch die viktorianische Literatur
mit ihrer lebensweltlichen Themenwahl und ihrem Selbstverständnis
als moralische Vermittlungsinstanz der Thematik angenommen hat.
Doch der literarische Blick auf die menschliche Arbeit im 19. Jahrhundert weist mehrere Paradoxa auf. Arbeit steht selten im Zentrum
literarischer Werke, da der Zeitgeschmack stärker nach Heroischem,
Unterhaltsamem oder Exzeptionellem verlangte. Die religiösen und biblischen Anklänge verliehen der Arbeit darüber hinaus große Ernsthaftigkeit, weshalb sich ein Dilettieren oder Scherzen über das Thema von
selbst verbot. Carlyle, der von ewiger Erhabenheit und Heiligkeit der
Arbeit sprach, gab den Ton vor. Die Autoren und Autorinnen, die diese
Thematik gestalteten, entstammten zumeist der *middle class* und hatten
oft nur mittelbaren Zugang zu *factories, workshops* und *machinery*. Hinzu
kamen ästhetische Schwierigkeiten, die insbesondere aus dem Prozesscharakter von Arbeit erwachsen und deren literarische Darstellung
– im Unterschied zur Beschreibung von kurzen, intensiven Erfahrungsmomenten – langwierig und repetitiv erscheinen lassen. Das erklärt
zum Teil, weshalb für die literarische Untersuchung von arbeitsrelevanter Problematik eher längere Prosatexte lohnend sind, obwohl sich
auch Gedichte, in denen die ländliche Arbeitswelt besungen wird oder
das viktorianische Melodrama mit seinen vielfältigen Bezügen zum Arbeitsalltag einfacher Leute zur Analyse anbieten.

Arbeitsthematik
in *Industrial Novels*

Allen Einschränkungen zum Trotz ist das Arbeitsthema in den viktorianischen Romanen allgegenwärtig, selbst dort, wo es vordergründig
keine Rolle spielt. Die literarische Umsetzung beschränkt sich dabei
nicht nur auf Motivik, Hintergrundgestaltung oder moralisch-didaktische Absichten wie in den *industrial novels* von Elizabeth Gaskell (*Mary
Barton*, 1848; *North and South*, 1855), Charles Dickens (*Hard Times*, 1854),
Benjamin Disraeli (*Sybil, or The Two Nations*, 1845), Charles Kingsley (*Alton Locke*, 1850) oder George Eliot (*Felix Holt*, 1866). Trotz des kritischen
Impetus, mit dem Ungerechtigkeiten und Missstände der Arbeitswelt
aufgegriffen werden und einer daraus resultierenden Ablehnung des
unkontrollierten Laisser-faire-Kapitalismus, propagieren die *industrial*

novels das industrielle Zeitalter und weisen zum Teil idealisierende Züge auf. Allerdings stellen derartige Texte nur einen Ausschnitt der viktorianischen Arbeitswelt dar, dessen Gestaltung noch dazu moralisch-didaktisch überfrachtet wurde. Dies schmälert aber nicht die Ausstrahlung, die von ihnen ausging und so unterschiedliche soziale Bewegungen wie die Christian Socialists, das Young England Movement und selbst die Chartists beeinflusste. Die Romane sensibilisierten die öffentliche Meinung nachhaltig, woraus zahlreiche Initiativen, zumeist in Form von *charity*, erwuchsen.

Die Untersuchung von Arbeit in der viktorianischen Literatur wird gerade dort bedeutsam, wo sie strukturell dem gesamten Text unterliegt oder besonders wichtig für die Figuren ist. Beides trifft z.B. auf Dickens' Roman *Dombey and Son* (1846/48), eine minutiöse Studie des viktorianischen Kaufmannmilieus, oder Charlotte Brontës autobiographisch inspirierte Gestaltung der viktorianischen *governess* in *Jane Eyre* (1847), *Villette* (1853) und *The Professor* (1857) zu. Allerdings versucht eine kulturwissenschaftliche Betrachtung die aus einem traditionellen Mimesisverständnis erwachsenden allzu engen Analogieschlüsse zwischen literarischem Text und kulturhistorischer Rekonstruktion zu vermeiden. Dadurch kann das in den Romanen idealisierte Bild der viktorianischen Gouvernante objektiviert werden, ohne die darin angelegten emanzipatorischen und sozialkritischen Tendenzen zu ignorieren.

Das Thema Arbeit im Dienst der Moral- und Sozialkritik

Im 19. Jahrhundert erlangte die literarische Verarbeitung von Arbeit als Idee häufig erst dann Bedeutung, wenn sie mit den relevanten philosophischen, ökonomischen und politischen Tendenzen zusammengedacht wurde, wie das in George Eliots viktorianischem Reformresümee *Middlemarch* (1872) oder in Edward Bulwer-Lyttons demokratiekritischer Utopie *The Coming Race* (1871) geschieht, wo in Umkehrung viktorianischer Reformbestrebungen die schweren Arbeiten der Zukunftsgesellschaft von Kindern verrichtet werden. Arbeit wird aber auch in Opposition zur voranschreitenden Industrialisierung und Urbanisierung beschrieben, indem handwerkliche (George Eliot, *Silas Marner*, 1861) und bäuerliche Tätigkeiten ästhetisiert und idealisiert werden. Derartige Topoi durchziehen – zumeist in Verbindung mit Landschaftsdarstellungen – die gesamte Literatur des 19. Jahrhunderts. Noch Thomas Hardy bedient sich ihrer ausgiebig in *Tess of the D'Urbervilles* (1891), wo er die Getreideernte schildert, bei der sich Garbenbinder auf dem Feld »like dancers in a quadrille« (Kap. 14) bewegen. Literarische Sensibilität für das Arbeitsthema wird auch in so unterschiedlichen Romanen wie George Gissings *New Grub Street* (1891), der die radikale Umgestaltung des literarischen Marktes behandelt, oder in den ins Exotische verlagerten Seefahrtserzählungen Joseph Conrads erkennbar. Auch diese Texte enthalten Aussagen über die mentalitätsprägenden Konsequenzen der

Differenzierte literarische Behandlung der Arbeitsthematik

sich verändernden Arbeitswelt im 19. Jahrhundert. Eine Erweiterung des Bedeutungsfelds Arbeit erfolgte am Ausgang der Viktorianischen Epoche in der Verquickung traditioneller Darstellungsformen mit neuen technologischen, wissenschaftlichen und sozialdarwinistischen Positionen. In Rudyard Kiplings Short Stories und Gedichten (»McAndrew's Hymn«, 1894) ist diese neue Qualität der Gestalt des Ingenieurs, in H.G. Wells' Utopien den moralisch zweifelhaften Forschern eingeschrieben, wie jenem Vivisektionisten aus *The Island of Dr. Moreau* (1896), für den das vor ihm liegende Etwas »no longer an animal, a fellow creature, but a problem« (Kap. 14) darstellt.

Kontinuität und Wandel   Dieser skizzenhafte Überblick verdeutlicht bereits, dass – analog zu bekannten Periodisierungsmodellen des Viktorianismus – drei Phasen in der Wahrnehmung unterschieden werden können: eine frühe, in der Arbeit eng mit der aufkommenden Industrialisierung verbunden ist und überwiegend moralisch gewertet wird; eine mittlere, die häufig nostalgische Verklärungen und einen Rückgriff auf das Ideal ländlicher Tätigkeit erkennen lässt, und eine Spätphase, in der eine Verschmelzung von Arbeit, Wissenschaft und Technologie erfolgt, was auf das 20. Jahrhundert vorverweist. Im literarischen Arbeitsdiskurs des Viktorianismus werden somit drei teilweise gegenläufige Tendenzen ersichtlich. Zum einen herrscht eine literarische Kontinuität, die das Ideal der Handarbeit von der vorindustriellen Zeit bis zur Jahrhundertwende nahezu ungebrochen fortschreibt. Zum anderen waltet ein Fortschrittsdenken, das die Veränderungen der Arbeitswelt anhand des Aufstiegs vom niederen Landarbeiter oder bemitleidenswerten Industriearbeiter zum selbstbewussten *skilled worker* und Ingenieur positiv nachzeichnet. Neben diesen beiden Tendenzen werden auch Sprünge erkennbar, die sich aus plötzlichen, drastischen Veränderungen der Arbeits- und Lebenswelt für bestimmte Berufsgruppen ergeben und zumeist dramatische Folgen für die Figuren haben. Die letztere Tendenz wird am Ausgang des Viktorianismus zur dominierenden und erfasst auch einst privilegierte Tätigkeitsbereiche wie die des Künstlers, Intellektuellen oder Wissenschaftlers.

Idealisierung und Realismus   Ein weiteres Paradoxon des Arbeitsdiskurses in der viktorianischen Literatur liegt in dessen weitgehender Inkongruenz im Vergleich zu dem, was von Parlamentsdebatten, wissenschaftlichen Abhandlungen oder Statistiken in die zeitgenössische Arbeitsdebatte eingebracht wurde. Dies gilt auch für Zeitzeugenberichte wie Harriet Martineaus in Erzählform abgefasste *Illustrations of Political Economy* (1832–34) oder Friedrich Engels' Beschreibung des Elends der Arbeiter in den Slums von Manchester in *Die Lage der arbeitenden Klasse in England* (1845). Bei den viktorianischen Autoren firmierte Arbeit relativ problemlos unter einem generischen Sammelbegriff und präsentierte sich als menschliche Daseinsform an sich. Der historische Wandel der Arbeitswelt wurde daher nicht bewusst reflektiert. Ähnlich der Natur schien Arbeit schlichtweg gegeben, als Hintergrund, der keiner besonderen Erwähnung bedurfte. Wenn das Sujet in literarischen Texten hervortritt, werden brennende Probleme wie Arbeitsteilung, Entfremdung, Arbeitsorganisation und Massenproduktion kaum explizit behandelt. Vielmehr stehen moralische oder ästhetische Bewertungen im Vordergrund, die zumeist positiv ausfallen, was mit der weit verbreiteten Nostalgie für vorindustrielle Lebensformen, der Verherrlichung ländlicher oder handwerklicher Arbeit oder der religiösen Arbeitsethik zusammenhängt.

Die Inkongruenz zwischen dem literarischen und anderen Arbeitsdiskursen im Viktorianismus lässt sich anschaulich an einem der symbolträchtigsten viktorianischen Bilder zur Arbeitsthematik erläutern, das der präraffaelitische Maler Ford Madox Brown unter dem Titel *Work* in den Jahren 1856–63 geschaffen hat. Aus Browns Bild spricht mit der Zentralfigur des muskulösen Straßenarbeiters die uneingeschränkte Verherrlichung der Handarbeit, wenngleich die eng damit verknüpften negativen Aspekte von Trunksucht und Rohheit wie auch das Oben und Unten der Sozialhierarchie nicht ausgespart bleiben. Deutlich fällt die Ablehnung von Faulheit und Müßiggang aus, die zu Unmännlichkeit und Degeneration führen, wie in der zweifelhaften Gestalt des Blumen-

Funktionen des literarischen Arbeitsdiskurses

Ford Madox Browns *Work* (1856–63), mit freundlicher Genehmigung der Manchester City Galleries

verkäufers am unteren linken Bildrand erkennbar wird. Die hässlichen und finsteren Aspekte der Arbeitswelt fehlen jedoch gänzlich. Der wissende Betrachter vermisst rauchende Fabrikschlote, Frauen- und Kinderarbeit oder die Darstellung deprimierender Sozialverhältnisse. Auch die Büroarbeit, *the day's work* für tausend Angehörige der Mittelklasse, findet keinen Platz im Bild. Die vorn rechts erkennbaren Geistesgrößen Carlyle und Frederick Denison Maurice verkörpern eher das gefeierte Ahnherrentum der Arbeitsidee als den Geistesarbeiter. Die thematische Unvollständigkeit und die satirisch überzeichnete Symbolträchtigkeit entspringen jedoch keinem Unvermögen oder der Selbstzensur, sondern verdeutlichen, dass die Zeitgenossen und Zeitgenossinnen problemlos eine mentalitätsbedingte Verbindung zwischen künstlerischen und anderen relevanten Diskursen des Alltags und somit eine umfassendere soziale Kontextualisierung des Arbeitsthemas vornehmen konnten. Der literarische Arbeitsdiskurs erfüllte demnach eine arbeitsteilige Funktion innerhalb des Ensembles viktorianischer Ideen, die je nach Intention des Autors und der historischen Entwicklungsphase moralisch-kritisch, alternativ, beschwichtigend oder affirmativ ausfallen konnte. Aus kulturgeschichtlicher Perspektive zeigt sich der allgemeine Arbeitsdiskurs jener Zeit als ein Strang verschiedener Einzeldiskurse, die jeweils unterschiedliche Perspektiven, Facetten und Nuancen in die gesellschaftliche Debatte einbringen. Der partizipierende literarische Diskurs fungierte dabei vorrangig als moralisches Korrektiv oder ästhetische Sublimierung, um den zeitgenössischen Leser mit der rauen Wirklichkeit industrieller und sozialer Umbruchsprozesse zu versöhnen und in Zeiten des tief greifenden Wandels rückzuversichern. Eine multidiskursive kulturwissenschaftliche Analyse, die die aus der Aufarbeitung literarischer Texte gewonnenen Erkenntnisse berücksichtigt, vermag die Intentionen der viktorianischen Autoren und Autorinnen in einen erweiterten Kontext zu stellen, woraus sich neue Perspektiven für die Interpretation der Literatur ergeben können.

Kulturgeschicht-liche Vernetzung — Aus den bisherigen Überlegungen wird deutlich, dass Arbeit in der Literatur des 19. Jahrhunderts mehr als nur eine motivisch-deskriptive Funktion erfüllt und daher einer Untersuchung bedarf, die über bloße thematische Dimensionen hinausweist. Dabei geht es weniger um ein empirisch-ökonomisches Erfassen von Arbeit, was den damit beschäftigten Fachwissenschaften belassen bleibt, denn um die Analyse von Konnotationen und Werten, die derartige Darstellungen diskursiv erzeugen. Solcherart erscheint Arbeit in der viktorianischen Literatur, mit Ausnahme dort, wo gegen ihre Pervertierung polemisiert wird, als konstitutive gesellschaftliche wie auch individuelle Kraft. Anders als noch in der Romantik, wo ihr der fade Beigeschmack kapitalistischen Erwerbsstrebens anhaftete, erhält sie nunmehr den Status eines lebensweltlichen Faktums. Aufgrund ihrer Allgegenwart wird ihre Darstellung mit Kulturthemen wie Industrialisierung und Maschinenwelt, Religion und Ethik, Empire und Stadt, Familie und Besitzstand, Künstlertum und Markt verbunden. Für eine Untersuchung dieser Auffächerung bedarf es kulturwissenschaftlicher Brückenschläge, da der literarische Diskurs über Arbeit allein nicht repräsentativ, sondern auf Austausch angelegt ist. Erst die themenrelevante Textanalyse und deren kulturwissenschaftliche Einbettung vermögen zur Erhellung und Rekonstruktion zeitgenössischer Vorstellungen von Arbeit beizutragen. Das wird möglich im Andocken an die vielfältigen Arbeitsdiskurse des Viktorianismus, seien sie philosophischer, politisch-ökonomischer oder ethisch-religiöser Natur, die einen Spannungsbogen vom Utilitarismus über die Politische Ökonomie bis zum Sozialdarwinismus aufzeigen. Als ergänzendes Gegenstück zur Literatur bieten sich derartige Texte nicht zuletzt deshalb zur kulturwissenschaftlichen Erschließung an, weil sie häufig vom literarischen Diskurs durchdrungen sind.

Literarische Gestaltung von Arbeit bei Rudyard Kipling

Im Gegensatz zur traditionellen literaturgeschichtlichen Aufarbeitung des Viktorianismus, die sich vorwiegend mit den wenigen gesicherten, aber einseitigen Erkenntnissen zur *industrial novel* und zur Lage der arbeitenden Klasse begnügt, ermöglicht die kulturwissenschaftliche Kontextualisierung eine der Komplexität der Werke angemessene Aufarbeitung des Themas. Die Leistungsfähigkeit eines kulturwissenschaftlichen Lesens literarischer Texte lässt sich am Beispiel der Arbeitsthematik in der Kurzgeschichte »The Bridge-Builders« (1893) von Rudyard Kipling demonstrieren. Sie gilt als Schlüsseltext für das Weltverständnis des anglo-indischen Autors und dessen Verhältnis zum britischen Empire. Erwachsen aus Kiplings journalistischer Arbeit im Punjab tritt in dem Text erstmals eine technische Leistung gleichberechtigt neben das idealistische Streben der Protagonisten, die sich durch aufopferungsvolle Arbeit Naturgewalten unterwerfen. Darauf verweist bereits der Titel – ein Bindestrichkompositum, mit dem die feste Verknüpfung von Mensch und Technik angezeigt wird. In der Parallelisierung von technizistischem Realismus und phantastischen Elementen greift Kipling Topoi vom idealen Empire und arbeitsamen Kolonisten, vom technokratischen Fortschrittsdenken und selbstlosen Arbeitseifer, von Alltag und Exotik, aber auch Generations- und Hierarchieprobleme sowie Kritik an der Kolonialadministration auf. Visionär erweitert erlangt die Arbeitsproblematik im Text eine universelle Dimension, indem ein hierarchisch geordneter Kosmos, in dem Mensch, Technik, Natur und Götter sinnstiftend zueinander in Beziehung treten, literarisch gestaltet wird.

Universelle Dimension der Arbeitsproblematik

In »The Bridge-Builders« schließen sich an die Einleitungsinformationen über Vorgeschichte, Figuren und Setting rasch abfolgende Handlungsmomente an: Nach drei Jahren Bautätigkeit wird eine fast vollendete Brücke über den Ganges von einer Flutwelle bedroht. Der leitende englische Ingenieur Findlayson, sein jüngerer Kollege Hitchcock und der einheimische Tausendsassa Peroo treten zur Rettung ihrer Schöpfung an. Entkräftet von den enormen Anstrengungen bietet Peroo seinem Chefingenieur Malwa-Opium gegen den Hunger an, so dass sich der Text in realistische Rahmenhandlung und Opiumvision gliedert. Unter der Wirkung des Rauschmittels werden Findlayson und Peroo Zeugen eines visionären Götterrats. Vor diesen bezichtigt *Mother Gunga*, die personifizierte Naturgewalt des Flusses, die *Bridge-Builders* – »men who believe that their God is toil« (Kap. 13) – der Verletzung ihrer Rechte und fordert Bestrafung. Im Rat der Götter findet sie nicht die erhoffte Unterstützung, weshalb das Bauwerk den Fluten widersteht. Findlayson und Peroo werden von Hitchcock mit einem Dampfschiff von der Insel gerettet.

Arbeit ist von zentraler Bedeutung in diesem Text. Unübersehbar ist die Fülle der Bezüge, die sich im Kollektiv der Arbeitenden, in deren Tätigkeiten wie auch im Arbeitsresultat, der Brücke, am deutlichsten aber in der Gestalt des Ingenieurs als Demiurg und Selbsthelfer manifestieren. Gerade dieser schöpferische Bote einer neuen Zeit gewann in den letzten Dekaden des 19. Jahrhunderts an öffentlichem Interesse und verdrängte den skeptischen, vereinzelten Intellektuellen als gesellschaftliche Leitfigur. Auf ihn wurden wichtige Bedürfnisse projiziert, die aus dem sozialen Umbau der Industriegesellschaft erwuchsen: Als gut ausgebildeter Spezialist repräsentierte er individuelles Schöpfertum, als respektabler Avantgardist verband er fundiertes Wissen mit neuen Herausforderungen und als Pragmatiker vermittelte er zwischen Fortschrittsdenken, Interesse für Technik und einer zunehmend technisierten Alltagswelt. Findlayson erscheint daher als Mensch mit besonderen Qualitäten – einsatzfreudig, verantwortungsbewusst, selbstlos, zuverlässig. Aus der ihm zugeschriebenen Schöpferkraft folgt jedoch nicht die Unabhängigkeit von einem letzten Willen, den Kipling hinter den Religionen aufscheinen sah und dem aus seiner Sicht der Mensch unterworfen bleibt.

Das Brückenmotiv erscheint als Kollektivmetapher, die individuelle Unterschiede überbrücken helfen soll, kann aber auch als kultureller Brückenschlag im Sinne einer idealistischen Empire-Vision interpretiert werden. Die erfolgreiche Überbrückung des Flusses markiert ferner ein Unterwerfen roher Naturgewalten und spielt damit auf das Verhältnis zwischen westlicher Fortschrittsmentalität und indischer Kultur an. Wichtig ist zusätzlich die Frage, die durch das Spiel affirmativer und subversiver Momente im Text aufgeworfen wird: Entspringt Kiplings Geschichte einem unkritischen kolonialen Empire-Verständnis oder spricht aus der aufgezeigten Bedeutungslosigkeit menschlichen Strebens angesichts höherer Mächte ein prinzipieller Pessimismus? Politisch wäre Kipling Ersteres zuzugestehen, wohingegen der an zentraler Stelle erfolgende Ausspruch des Gottes Ganesh: »Let the dirt dig in the dirt ere it return to the dirt« (Kap. 13) eher auf eine nihilistische Aussage hinauszulaufen scheint.

Bei einer kulturwissenschaftlichen Annäherung werden daher Kiplings Empire-Verständnis, sein Aktivismuskonzept und sein Freimaurertum ebenso berücksichtigt wie seine Verwurzelung im protestantischen Arbeitsethos. Das in seinen Texten beständig wiederkehrende Konzept Arbeit war nicht irgendeine individuelle Überlebensstrategie, sondern präsentierte sich als bedeutendes Erfolgs- und Strukturprinzip in einer komplexen Welt mit unbekannten Herausforderungen. Kipling rekurriert auf das allseits praktizierte Modell der Kolonisierung durch Arbeit, jedoch erfolgt dies im Geiste Carlyles, der alle Arten von Arbeit als sinnvoll ansah. Nihilistische Interpretationen, die den Sinn des Arbeitsprinzips grundsätzlich in Frage stellen, würden daher weder Kiplings Erfahrungswelt noch seinen Überzeugungen gerecht werden. Zweifellos unterlag dem Arbeitskult das Wissen um die drohende existentielle Leere und Anarchie. Doch dies stellte sich Kipling als generelle Herausforderung des Lebens und erst in zweiter Linie als philosophisches Problem dar.

Arbeit als Erfolgs- und Strukturprinzip

In der Kurzgeschichte »The Bridge-Builders« wird der Gegensatz von sinnstiftender menschlicher Arbeit und existentieller Nichtigkeit menschlichen Tuns in einer fiktiven philosophischen Debatte verhandelt und zugunsten der ersteren Tendenz beantwortet. Kiplings Vision läuft auf eine langfristige Veränderung der indischen Mentalität unter dem pragmatischen Einfluss der westlichen Zivilisation hinaus. Der durch Eisenbahn- und Telegrafenverbindungen, Brücken und Kanalbauten ausgelöste Prozess erschien ihm unumkehrbar, was auf seinen Glauben an eine technologische Fortschrittsteleologie hindeutet. Dennoch liegt für Kipling das letzte menschliche Kriterium in der Arbeit; diese ist für ihn nicht nur Schutz gegen das Unbegreifliche des fremden Subkontinents und Mittel der Kolonisierung, sondern eine allgemeinmenschliche Qualität, die einem sinnvollen Weltenprojekt zugrunde liegt. Das zukünftige Verhältnis zwischen zivilisierten Einheimischen und zivilisierenden Kolonialisten verbleibt dabei allerdings im Ungewissen eines vagen Fraternitätsgedankens, der Kiplings idealistischer Empire-Idee entspringt und nationale Unabhängigkeitsbestrebungen ignoriert. Zeitlebens war für ihn die idealistische Arbeitsordnung nur mit dem weißen Mann an der Spitze denkbar.

Kiplings Empire als idealisierte Arbeitswelt

Technik und Technologie

Technologie-
begriff

Die Kurzgeschichte »The Bridge-Builders« zeigt, dass im 19. Jahrhundert eine zunehmende Annäherung zwischen den Diskursen von Arbeit und Technologie erfolgte, die sich unter dem Eindruck der wissenschaftlichen Triumphe in den letzten Dekaden beschleunigt vollzog und den Typus des technisch versierten Arbeitshelden in Gestalt des Ingenieurs oder Wissenschaftlers hervorbrachte. Methodisch erscheint daher eine getrennte Betrachtung von Arbeit und Technologie in viktorianischer Literatur nur selten sinnvoll. Für eine übergreifende Sicht gibt es historische und ökonomische Gründe, denn der Begriff ›Industrial Revolution‹ bezeichnet neben der Ablösung einer agrarisch dominierten Gesellschaft durch eine industrielle auch das Zusammenwirken sozialer und technischer Momente dieses Prozesses. Diese Einheit war auch den Ökonomen der Zeit bekannt und erfuhr bei Marx in der Triade von Arbeitskraft, Arbeitsinstrument sowie Arbeitsgegenstand eine systematische Untersuchung. Der Technologiebegriff, der um 1820 noch weitgehend unbekannt war, wurde dem Doppelaspekt dadurch gerecht, dass er den Terminus ›Technik‹ in ein umfasenderes Konzept einbindet. Dieses beinhaltet nach Lewis Mumford (1984) das umfassende Zusammenwirken von Technik und sozialer Organisation und bezeichnet die Gesamtheit von Praktiken, deren sich soziale Gruppen zur materiellen Versorgung innerhalb ihrer Zivilisation bedienen.

Unterschiede
zwischen den
Diskursen

Trotz dieser nahe liegenden Zusammenschau unterscheiden sich die literarischen Diskurse zu beiden Bedeutungsfeldern erheblich. Die technischen Bezüge in der viktorianischen Literatur sind nicht so allgegenwärtig wie Arbeit und darüber hinaus stärker motivisch geprägt, was aus dem Gegenstandscharakter der Maschine resultiert. Zudem bestimmte der moralische Imperativ der kapitalismuskritischen Romantiker, dass Technik und Maschinen dem Menschen nachgeordnet seien. War die Arbeit aus vorindustriellen Zeiten und aufgrund religiöser Wertzuweisungen überwiegend positiv konnotiert, so haftete der Technik als scheinbarer Verursacherin der frühindustriellen Sozialmisere das Menetekel des moralisch Negativen an. Dem unterlag nicht zuletzt auch die Auseinandersetzung zwischen mechanistischem und organischem Weltbild. Die frühe Technikphobie in England fand ihren eindrucksvollsten historischen Ausdruck in der Maschinenstürmerei der Ludditen, Textilarbeiter, die gegen die Entwertung ihrer Arbeitskraft durch billigere Maschinen aufbegehrten. Gestützt auf die Erinnerungen ihres Vaters, nutzte Charlotte Brontë diese Ereignisse als thematischen Aufhänger in ihrem Roman *Shirley* (1849). Der sozialer Not entspringende Topos der menschenverachtenden Technik wurde u.a. von Charles Dickens, Samuel Butler, John Ruskin und William Morris aufgegriffen und fortgeschrieben. In seiner Beschreibung der fiktiven Industriestadt Coketown im Roman *Hard Times* (1854) bedient sich z.B. Dickens in paradigmatischer Weise zahlreicher technikkritischer Stereotype:

> It was a town of machinery and tall chimneys, out of which interminable serpents of smoke trailed themselves for ever and ever, and never got uncoiled. It had a black canal in it, [...] and vast piles of building full of windows where there was a rattling and a trembling all day long, and where the piston of the steam-engine worked monotonously up and down like the head of an elephant in a state of melancholy madness. (Kap. 5)

Mechanistisch, eintönig, stumpfsinnig sind Adjektive, die hier der Dampfmaschine zugeschrieben werden, jenem Pulsgeber der Industrialisierung, der in einer unzivilisierten, unbewohnbaren Welt rast- und seelenlos schlägt. Die unterschwellige Bedrohung, die von solch einem Inferno ausging, provozierte fortan eine weit verbreitete Technikskepsis, die einerseits Zukunftsangst erzeugte und andererseits verklärende Nostalgie beförderte. Ganz anders verhielt es sich in den Vereinigten Staaten, wo die später einsetzende Industrialisierung und Technisierung von Autoren wie Ralph Waldo Emerson als Mittel zur Naturbezwingung enthusiastisch begrüßt wurde.

Trotz aller moralischen Vorbehalte waren sich auch die Viktorianer wohl bewusst, dass dem Aufstieg Englands zum *workshop of the world* gerade die forcierte Maschinisierung zugrunde lag. So finden sich zahlreiche literarische Texte, aus denen Bewunderung für die technischen Leistungen spricht, wie z.B. im Gedicht »The Great Northern Express« (1904) von Bertram Dobell, einem Vertreter der *railway poetry:*

> It rushes on, the embodiment of Force,
> Devouring Distance and defeating Time,
> Majestically carving out its course
> With calm assurance, confidence sublime. [...]
> 'Tis thus that Suns and Planets rush through Space, [...]
> But at the bidding of what Power they race,
> What energy Daemonic or Divine
> Controls them, or if blind stern Law doth rule,
> We may not learn in any earthly school.

Bei aller Begeisterung schwingt aber auch hier unüberhörbare Besorgnis mit, artikuliert im Verweis auf die dämonische Qualität der technischen Kräfte, die sich dem menschlichen Verstand und dessen Kontrolle anscheinend entziehen. Folglich pendelte das den viktorianischen Texten eingeschriebene Technikverständnis zwischen pragmatischer Akzeptanz und irrationaler Furcht. Diese wurde noch verstärkt durch den zunehmenden Zweifel an der Religion, so dass es schien, als beanspruchten

Technikkritik

die technischen Triebkräfte einen Stellenwert, der allein Gott oder dem Menschen vorbehalten war. Diese dämonische Qualität der unbeseelten Maschinenwelt leistete den moralischen Vorbehalten weiteren Vorschub. Von Seiten der Naturwissenschaften gab es Versuche, positive Sichtweisen zu befördern, indem sie unter Verweis auf die greifbaren Erfolge an ein technikbegeistertes Massenpublikum appellierten. Dem arbeiteten allerdings viele Künstler und Intellektuelle entgegen, die sich als Korrektiv einer zügellosen Technikentwicklung verstanden. Das verbreitete den sich abzeichnenden Riss zwischen Künstlern und Intellektuellen, die warnend ihre Stimme erhoben, und Naturwissenschaftlern und ›Männern der Tat‹.

Technik als neues literarisches Sujet
Allerdings war die sich herausbildende Massengesellschaft so eng mit dem technisierten Alltag der großen Städte in Form von Gasbeleuchtung und elektrischem Licht, von Transportmitteln und Telegraf verbunden, dass eine auf Authentizität angelegte Literatur die Technik nicht mehr ignorieren konnte und wollte. Vielen Autoren und Autorinnen bot sich hier eine Quelle für neue Sprache und Metaphorik, wie das in den Automobilgedichten »The Song of Speed« (1903) von William Henley oder »The Testament of Sir Simon Simplex Concerning Automobilism« (1908) von John Davidson sichtbar wird. Neue Erfindungen wie der Dynamo, jene gefeierte symbolische Kraftmaschine, die Kinematographie, der drahtlose Funk, das Automobil oder das Flugschiff entsprangen der engen Verbindung von Wissenschaft und Technik und fanden Eingang in die Literatur. Dabei erfolgte nicht nur eine thematische Anverwandlung, auch antizipierende Momente werden erkennbar. Auf diesem Boden gedieh die literarische Technikutopie, die unter der Bezeichnung *scientific romance* – der Begriff ›Science-Fiction‹ wurde erst in den 1920er Jahren geprägt – Technikinteresse und Technikskepsis auf unterhaltsame Weise verband. So verschmelzen in H.G. Wells' *The Time Machine* (1895) technisches Wissen, Neugier und Imagination. Es spricht für den ambivalenten Charakter solcher Technikutopien, wenn ein Zeitgenosse wie E.M. Forster seine Short Story »The Machine Stops« (1909) als Kritik an dem seiner Meinung nach ungebremsten Technikoptimismus H.G. Wells verstand, während heutige Leser dessen Utopien doch eher als Warnung verstehen. Kulturwissenschaftliche Untersuchungen technologischer Aspekte in der viktorianischen Literatur vermögen neben Aussagen über die vorherrschenden Mentalitätsvorstellungen daher auch ein nuanciertes Bild der Technikrezeption zu liefern. Ein solcher historischer Facettenreichtum ist notwendig, um dem ambivalenten Technik-, Arbeits-, und Fortschrittsverständnis der Viktorianer – und in der Folge auch unserem eigenen – gerecht zu werden.

Modernismus

Vera Nünning

Einführung

›Modernismus‹ ist deshalb ein besonders problematischer Epochenbegriff, weil er einerseits eine ganze Epoche benennt, die in etwa die erste Hälfte des 20. Jahrhunderts umfasst, andererseits aber einige spezifische, relativ klar umrissene und teilweise miteinander konkurrierende Avantgarde-Bewegungen bezeichnet, die nur einen kleinen Teil der damals produzierten Kunst und Literatur ausmachen. Manchmal wird die recht unspezifische Bezeichnung ›Moderne‹ verwendet, deren Beginn bisweilen schon im frühen 19. Jahrhundert angesetzt wird. Modernistische Charakteristika finden sich in vielen Nationalliteraturen, wobei sowohl in Bezug auf die Blütezeit dieser Merkmale als auch in Bezug auf ihre jeweilige Ausprägung nationalspezifische Unterschiede zu verzeichnen sind. Im Allgemeinen wird der Modernismus in der Zeit von den 1890er bis zu den 1930er Jahren angesiedelt; allerdings lassen sich einige Vorläufer bereits in der Mitte des 19. Jahrhunderts aufspüren. In Großbritannien übte der Modernismus v.a. unmittelbar vor und nach dem Ersten Weltkrieg (ca. 1915–1930) in der Phase des so genannten *high modernism* den größten Einfluss aus.

Fortschreitende Industrialisierung und Technisierung gingen mit dem Verfall traditioneller Strukturen und maßgeblichen Veränderungen der Lebens- und Arbeitswelt einher: Uhren und Fließbänder regierten den Arbeitsprozess, die Großstädte wuchsen weiter an, soziale Spannungen verschärften sich, das Oberhaus wurde entmachtet und Suffragetten versuchten das Wahlrecht für Frauen mit militanten Mitteln zu erlangen. Neue Verkehrsmittel – besonders Auto und Flugzeug – und die enorme Erleichterung der Kommunikation durch drahtlose Telegraphen sowie Telefone veränderten die Raum- und Zeiterfahrung. Dass sich technischer und kultureller Wandel immer schneller vollzogen, zeigt sich auch an der Verbreitung von Haushaltsgeräten wie Kühlschränken und Elektroherden, die Frauen nicht nur das Ausüben eines Berufs erleichterten, sondern auch die Anstellung von Bediensteten erübrigten und einer Privatisierung des Familienlebens Vorschub leisteten. Trotz der zeitweise erschreckend hohen Massenarbeitslosigkeit nahmen Mode und Konsum eine immer größere Bedeutung ein, und neue Medien wie Radio und Film trugen zur Veränderung der Freizeitgestaltung bei.

Kritik am Viktorianismus Im Zuge dieser neuen Erfahrungen wurden zentrale Werte und Überzeugungen des Viktorianismus in Zweifel gezogen. Die Stellung von Frauen, die 1918 und 1928 das Wahlrecht bekamen, veränderte sich auch infolge der Aufgaben, die sie während des Ersten Weltkriegs übernommen hatten, maßgeblich, und die nostalgische Verklärung der Familie verlor an Bedeutung. Sinn und Zweck des Empire waren seit dem Ende der Burenkriege im Jahre 1902 heftig umstritten, und es erschien zunehmend ungewiss, ob Großbritannien seine außenpolitische Vormachtstellung würde behalten können. Zweifel an der Religion verbreiteten sich ebenso wie Zweifel an der Fähigkeit des Menschen, die Wirklichkeit überhaupt objektiv oder auch nur angemessen erfassen zu können. Diese Unsicherheiten wurden verstärkt durch neueste Erkenntnisse in Wissenschaft und Philosophie. Friedrich Nietzsche verkündete die Umwertung aller Werte, sprachphilosophische Einsichten machten auf die Arbitrarität des Verhältnisses zwischen Sprache und Wirklichkeit aufmerksam und Albert Einsteins Relativitätstheorie, der in der britischen Presse große Aufmerksamkeit zuteil wurde, erschütterte sogar den Glauben an die Messbarkeit der Zeit.

Problematik von Identität Der Verlust früherer Gewissheiten brachte die Grundfesten der viktorianischen Wirklichkeitsauffassung ins Wanken und führte die Kontingenz menschlichen Handelns vor Augen. Feste Bezugspunkte waren rar geworden, und sogar der Mensch wurde zum Problem. Im Gefolge von Sigmund Freud, dessen Schriften seit 1909 ins Englische übersetzt wurden, verbreiteten sich Zweifel an der grundsätzlichen Rationalität menschlicher Bewusstseinsprozesse: Während Viktorianer noch an ein einheitliches, autonomes Selbst glauben konnten, wurde im Modernismus selbst die menschliche Psyche zu einer ungewissen Größe. Auf der einen Seite erschwerten die fundamentalen Umwälzungen, die zunehmend auch die Beziehung zwischen den Geschlechtern sowie unterschiedlichen sozialen Schichten und Ethnien umfassten, eine Verankerung in stabilen äußeren Strukturen, auf der anderen Seite gewährte nicht einmal der Blick ins Innere mehr Halt. Persönliche ebenso wie gruppenspezifische und nationale Identitäten waren keine festen Größen mehr, und die Problematik von Identität wurde zu einem Kulturthema des 20. Jahrhunderts. Wie sich die Anfänge der Auseinandersetzung mit neuen Identitätskonzepten in Literatur und Malerei gestalteten, ist daher Thema eines eigenen Kapitels.

Veränderungen in der Literatur Die neuen Erkenntnisse führten zu gravierenden Änderungen von Formen und Inhalten literarischer Werke: Insgesamt lässt sich in fast

allen Genres eine Subjektivierung und Psychologisierung der Wirklich-
keitserfahrung beobachten. Die subjektive Weltsicht der Figuren rückt
in den Vordergrund, wobei in Romanen oft multiperspektivische Darstellungsweisen vorherrschen, in denen verschiedene Sichtweisen un-
verbunden nebeneinander stehen. Traditionelle Darstellungsverfahren
erscheinen vor dem Hintergrund der neuen Erfahrungen als obsolet,
und insbesondere in Lyrik und Erzählliteratur wird mit neuen Techniken experimentiert. Gleichzeitig wurden die Differenzen zwischen
experimentellen und traditionellen Künstlern und Künstlerinnen deutlich markiert. Schon in den 1890er Jahren war es anspruchsvollen und
innovativen Autoren durch das Ende der Vormachtstellung der Leihbi-
bliotheken viel schwerer gemacht worden, ein größeres Lesepublikum
zu erreichen. Im 20. Jahrhundert verschärfte sich diese Tendenz: Heute
als eher traditionell eingestufte Autoren wie Arnold Bennett und der
Literaturnobelpreisträger John Galsworthy hatten zwar einen guten
Ruf und bezogen aus den Einnahmen ihrer Werke auch ein gutes Einkommen, aber die mittlerweile als Klassiker geltenden modernistischen
Schriften von James Joyce, Virginia Woolf, T.S. Eliot und D.H. Lawrence
waren weder populär noch hoch angesehen; vielmehr hatten diejenigen, die die Erwartungen des Lesepublikums in inhaltlicher Hinsicht
durchbrachen und, wie Lawrence, vor der Schilderung von Sexualität
nicht Halt machten, mit der Zensur zu kämpfen.

Die Merkmale des Modernismus prägen nur einen kleinen Teil der | Populärliteratur
Literatur dieser Zeit. Populär waren in dieser von Massenkonsum ge- | und Veränderun-
prägten Epoche hingegen realistische (oft gesellschaftskritische) Roma- | gen in der
ne, Romanzen und Kriminalromane, die zu Beginn des Jahrhunderts | Medienlandschaft
ein *golden age* erlebten. Hohe Auflagenzahlen und Verbesserungen im
Bildungssystem hatten zur Folge, dass Schriftsteller nun teilweise aus
der Unterschicht stammten. Gleichzeitig kam es zu Verschiebungen in
der Medienlandschaft: Das Radio wurde zu einer wichtigen Kommuni-
kationsform, und Filme zogen große Aufmerksamkeit auf sich. Dabei
bestanden vielfältige Vernetzungen zwischen Film und Literatur: Der
Regisseur Sergej Eisenstein erklärte, seine Montagetechnik aus den
Romanen von Charles Dickens gelernt zu haben, während die *camera-
eye*-Technik vom Einfluss des Films auf die Erzählliteratur zeugt. Wie
das Kapitel zur Populärkultur in den dreißiger Jahren zeigt, fanden
bedeutende Kulturphänomene in unterschiedlichen Verhaltensweisen,
Medien und Literaturformen ihren Ausdruck, und auch Filme und Romane, die nicht zur ›Höhenkammliteratur‹ zählen, setzten sich mit den
Problemen von Erinnerung und nationaler Identität auseinander.

Das Gefühl der Ungewissheit wurde bestärkt durch tief greifende | Der Erste Welt-
politische Ereignisse wie die Gründung des Irish Free State und die rus- | krieg und die
sische Revolution, die auch in England deutliche Spuren hinterließen. | *Red Thirties*

Die Erfahrung von Sinnverlust verbreitete sich besonders im Gefolge des Ersten Weltkriegs, der angesichts der unermesslichen Zahl von Opfern allein an der Westfront tief in das kollektive Gedächtnis einging und in zahlreichen Werken der ›Hoch-‹ und ›Populärliteratur‹ verarbeitet wurde. Wie literarische Texte und deren Formen dabei umgekehrt auch Erinnerungskulturen zu modellieren vermochten, zeigt das Kapitel zu Literatur und Erinnerung in den 1920er Jahren. Zusätzlich beeinflussten die drängenden Probleme der darauf folgenden Jahre – Weltwirtschaftskrise, langsame Auflösung des Empire, Aufkommen des Faschismus in Deutschland, Spanien und Italien sowie der spanische Bürgerkrieg – das Literaturverständnis dieser Zeit. Angesichts dieser weltpolitischen und zivilisationsgefährdenden Entwicklungen erteilte die so genannte ›Auden-Generation‹ in den 1930er Jahren den Formexperimenten des *high modernism* eine Absage und produzierte Werke, die zur politischen und sozialen Bewusstseinsbildung beitragen sollten.

Jens Zwernemann

Das Bild des Menschen in modernistischer Literatur und Malerei

Einer viel zitierten Aussage Virginia Woolfs zufolge war es »on or about December 1910« (Woolf 1928 [1924]: 4), als sich der menschliche Charakter und mit diesem alle zwischenmenschlichen Beziehungen, Religion, Politik und Literatur grundlegend änderten. Dabei erschienen die Jahre um 1910 nicht nur Woolf, sondern auch vielen ihrer Zeitgenossen als Phase des Umbruchs: Arbeiterunruhen und Streiks, die Brandstiftungen der sich zunehmend radikalisierenden Suffragetten, die Zuspitzung der Irlandfrage und nicht zuletzt der Tod König Eduards VII. im Mai 1910 ließen sowohl die soziale als auch die politische Situation Großbritanniens unsicher erscheinen.

England um 1910

Selbst die Welt der Kunst war gegen tief greifende Erschütterungen nicht länger gefeit, wie das empörte Londoner Publikum ebenfalls 1910 feststellen musste. Der Wortführer der italienischen Futuristen, Filippo Tommaso Marinetti, war in die britische Hauptstadt gekommen, um dort lautstark die Prinzipien einer neuen, aggressiven Kunst zu verkünden, die Fortschritt und Krieg glorifizierte, jegliche Tradition aber verachtete. Für noch mehr Furore sorgte die von dem Kunstkritiker und Maler Roger Fry kuratierte Ausstellung ›Manet and the Post-Impressionists‹, die im November des Jahres eröffnet wurde. Mit dieser, später als *First Post-Impressionist Exhibition* bezeichneten Schau machte Fry erstmals ein größeres englisches Publikum mit Werken der wichtigsten Vertreter der kontinentalen Avantgarde bekannt, die er, in Ermangelung einer pressewirksamen Bezeichnung, ad hoc als ›Post-Impressionisten‹ titulierte. In ihrer geradezu anstößigen Missachtung der Regeln akademischer Kunst riefen die gezeigten Werke, zu denen Arbeiten Pablo Picassos, Paul Gauguins, Vincent van Goghs und Paul Cézannes zählten, bei einem Großteil der Ausstellungsbesucher und -besucherinnen v.a. Unverständnis und Verärgerung hervor: Man sah sich durch die vermeintlich unbeholfenen Darstellungen provoziert und glaubte, in ihnen ein weiteres Symptom des allgemeinen Wertezerfalls zu erkennen.

First Post-Impressionist Exhibition

Kunst und Gesellschaft Dabei hatte sich bereits gegen Ende des 19. Jahrhunderts künstlerischer Unmut gegen die ästhetischen Prinzipien des Viktorianismus geregt. Insbesondere dem zentralen Anliegen viktorianischer Kunst, das Publikum durch eine möglichst realistische Darstellung der Welt nicht nur zu unterhalten, sondern auch moralisch zu belehren, hatten die Ästhetizisten in den 1890er Jahren eine deutliche Absage erteilt und stattdessen die Idee des *l'art pour l'art* propagiert. Auch die Mehrheit der Modernisten betonte das Primat der ästhetischen Qualität eines Kunstwerks und die strikte Trennung von Kunst und Gesellschaft – war es doch laut Woolf nicht länger die Aufgabe der Literatur, den Lesern und Leserinnen Dogmen zu predigen oder das Loblied des Britischen Empire zu singen.

Kunst und Realität Belehrende Inhalte sollten demzufolge aus Malerei und Literatur verbannt werden, und auch die Forderung nach möglichst naturgetreuen Darstellungen wurde verabschiedet. Nicht die mimetische Reproduktion der Realität, sondern die Schaffung neuer Formzusammenhänge stand nun im Mittelpunkt der Kunst: »Thou shalt create form« (Bell 1914: 44) wurde Clive Bell zufolge zum obersten Gebot für alle bildenden Künstler und Künstlerinnen. An die Stelle der moralischen Erbauung trat somit das ästhetische Erlebnis, hervorgerufen durch »significant form[s]« (ebd.: 12f.), d.h. durch Kombinationen von Form und Farbe.

Kunst und Identität Diese Diskussionen hatten jedoch auch eine über das rein Ästhetische hinausgehende Bedeutung, da Kunst im Modernismus als ein primäres Medium der menschlichen Selbstdefinition fungierte: »Art becomes one of the, if not the, paradigm medium in which we express, hence define, hence realize ourselves« (Taylor 1999: 476). Damit waren v.a. zwei zentrale Probleme verbunden: Zum einen stellte sich den Künstlerinnen und Künstlern die Frage nach der Beschaffenheit des menschlichen ›Selbst‹ und zum anderen bedurfte es künstlerischer Ausdrucksformen, mittels derer sich das jeweilige Menschenbild adäquat darstellen ließ. Die lebensechte Reproduktion der sichtbaren Oberfläche, wie sie in realistischer Kunst betrieben worden war, sollte nun durch eine tiefer gehende »search for the real« (Pound 1916: 98) abgelöst werden, durch die man auch zur ›wahren‹ Natur des Menschen vorzudringen hoffte. Dabei wurde jedoch deutlich, dass die traditionellen Vorstellungen von menschlicher Identität nicht länger angemessen waren.

Das Aufbrechen des Selbst War man ursprünglich davon ausgegangen, dass der Mensch ein einheitliches und stabiles Selbst besitze, mit einer unsterblichen Seele als Zentrum, so war bereits am Ende des 19. Jahrhunderts das Aufbrechen dieses Selbst diagnostiziert worden. Während etwa Henry Rider Haggard im Vorwort zu *Allan Quatermain* (1887) die menschliche Natur noch als »the one fixed unchangeable thing« beschrieb, stellte Ernst Mach fest, dass das ›Ich‹ keine klar umgrenzte, konstante Einheit sei, sondern

sich vielmehr ständig verändere – schließlich erklärte er es schlichtweg
für »unrettbar« (1886: 18).

Das Subjekt in der Literatur des späten 19. Jahrhunderts

Auch in der Literatur des ausgehenden 19. Jahrhunderts wurde die
Vorstellung von der Einheitlichkeit des menschlichen Subjekts hinterfragt. Robert Louis Stevensons *The Strange Case of Dr Jekyll and Mr Hyde*
(1886) etwa thematisiert die moralische Dualität des Menschen – »the
thorough and primitive duality of man« (Kap. 10) – und verweist dabei
sowohl auf zeitgenössische Theorien über multiple Persönlichkeiten,
wie bereits in Kapitel 12 erörtert wurde, als auch auf das bereits in der
Romantik beliebte Doppelgänger-Motiv: Dem angesehenen Arzt Dr Jekyll gelingt es, die von ihm unterdrückten Aspekte seiner Persönlichkeit
zu isolieren und sich zeitweise in den abstoßenden und gewalttätigen
Mr Hyde zu verwandeln. Dadurch hofft er, die dunkle Seite seines Wesens unerkannt ausleben zu können. Er verliert aber zunehmend die
Kontrolle über sein Alter Ego, bis dieses schließlich die Oberhand gewinnt und Jekyll nicht mehr in der Lage ist, seine ursprüngliche Gestalt
anzunehmen.

> Dichotomie des Selbst

Auch in Oscar Wildes *The Picture of Dorian Gray* (1890/91) erfolgt eine
Dissoziation der Titelfigur von ihren negativen Charaktereigenschaften.
Obschon Dorian von seinen schändlichen Handlungen unberührt zu
bleiben scheint, wirken sie auf sein Porträt ein, das sich zunehmend
deformiert. Die Vorstellung vom Selbst als »thing simple, permanent,
reliable, and of one essence« wird dabei von Dorian ausdrücklich ver-
worfen; für ihn ist der Mensch »a being with myriad lives and myriad
sensations, a complex multiform creature« (Kap. 11). Diese Annahme,
die Jekyll ähnlich formuliert, wird jedoch dadurch diskreditiert, dass
sie von moralisch fragwürdigen Figuren artikuliert wird; außerdem erscheint jeweils am Ende der Tod des Protagonisten als einziger Ausweg
aus dieser ›unnatürlichen‹ Aufspaltung des Selbst, so dass beide Romane letztlich als Bestätigung der traditionellen Auffassung von menschlicher Identität gelesen werden können.

> Die Pluralisierung des Selbst

Joseph Conrads *Heart of Darkness* (1899/1902) wiederum wirft nicht
nur Fragen nach der Beschaffenheit und Erkennbarkeit des Selbst auf,
sondern äußert auch Zweifel daran, ob sich dieses überhaupt kommunizieren lässt. Für den Erzähler Marlow wird die Reise, die er auf der
Suche nach Kurtz, dem Repräsentanten einer belgischen Handelsgesellschaft im Kongo unternimmt, zu einer Reise in sein eigenes Ich.
Als Marlow den ehemals brillanten Kurtz schließlich im Dschungel
aufspürt, muss er feststellen, dass dieser offenbar den Verstand verloren und sich zu einem blutrünstigen Potentaten entwickelt hat. War

> Die Unsagbarkeit des Selbst

er ursprünglich ein Musterbild europäischer Zivilisation, so zeigt sich nun, dass hinter der schützenden Fassade der Kultiviertheit primitive Instinkte verborgen lagen, die bald sein Wesen dominieren. Ein Zentrum des Selbst scheint es bei Kurtz jedoch, wie Marlow bemerkt, nicht mehr zu geben: »He was hollow at the core« (Conrad 1996 [1902]: 74). Im Sterben gewinnt Kurtz zwar »complete knowledge« (ebd.: 86), kann aber das Erkennen seines eigenen ›Herzens der Finsternis‹ nur noch mit den Worten »The horror! The horror!« (ebd.) ausdrücken.

Das Selbst in modernistischer Literatur

Das Subjekt als Vielheit

Im Modernismus wird die traditionelle Vorstellung von der Einheitlichkeit des Selbst schließlich zunehmend als bloße Fiktion abgelehnt und von Friedrich Nietzsches Hypothese vom Subjekt als Vielheit verdrängt. D.H. Lawrence etwa mahnte seinen Freund Edward Garnett, der eine frühe Fassung von *The Rainbow* (1915) gelesen und sich von der Figurendarstellung befremdet gezeigt hatte, in einem Brief: »You mustn't look in my novel for the old stable ego of the character« (1981, II: 183). Altmodische Annahmen über die menschliche Psychologie, erklärte Lawrence, entsprächen nicht länger der neuen Einstellung, die er zu seinen Figuren habe. Er wolle sie nicht als einheitliche Individuen auffassen, sondern vielmehr in früheren ›Zustandsformen‹ darstellen. Eine »search for the real« im Sinne Ezra Pounds war sein Ziel, wobei er hoffte, das eigentliche Wesen seiner Charaktere in einer überindividuellen Sphäre aufzuspüren.

Masken des Selbst

Auf die Suche nach seinem Selbst begibt sich auch das lyrische Ich in T.S. Eliots »The Lovesong of J. Alfred Prufrock« (1915/17) und sieht sich dabei mit schier unlösbaren Problemen konfrontiert. In einer Welt der Abendgesellschaften und Teestunden ist es ihm unmöglich, sein wahres Ich zu erkennen. Stattdessen dominiert ein Spiel der Verstellung – »To prepare a face to meet the faces that you meet« (Z. 27) – und der oberflächlichen Fremddefinition durch den gefürchteten Blick der anderen: »[t]he eyes that fix you in a formulated phrase« (Z. 56). Es sind lediglich die verschiedenen sozialen »masks of the self« (Pound 1916: 98), die den unterschiedlichen Facetten des Ich einen Anschein von Einheit geben, gleichzeitig aber auch ein Erkennen der authentischen Form des Selbst unmöglich machen. Jegliche Selbsterkenntnis scheitert für Prufrock v.a. daran, dass es ihm unmöglich ist, effektiv zu kommunizieren. Die Replik seiner Gesprächspartnerin »[t]hat is not what I meant, at all« (Z. 110) durchzieht leitmotivisch das Gedicht und auch die nie artikulierte »overwhelming question« (Z. 10), die sich als Frage nach der eigenen Identität interpretieren lässt, erscheint nicht nur unbeantwortbar, sondern völlig unaussprechlich (vgl. Brown 1989: 32).

Der Dialog der Künste im Modernismus

Die Veränderungen, die das traditionelle Menschenbild im Modernismus erfuhr, lassen sich als »transmediales«, d.h. die Mediengrenzen überschreitendes Phänomen (Rajewsky 2002: 12) beschreiben, das als zentrales Kulturthema sowohl in der Literatur als auch in anderen Künsten – unabhängig voneinander – behandelt wurde. Es ist jedoch auch eine Betrachtung aus intermedialer Perspektive möglich, bei der die Beziehungen und Wechselwirkungen zwischen einzelnen Medien untersucht werden. Letztere bietet sich hierbei umso mehr an, als gerade im Modernismus die *sister-arts*-Tradition, deren Relevanz für die Frühe Neuzeit bereits im dritten Kapitel dargestellt wurde, erneut an Bedeutung gewann. Das enge Verhältnis der Künste kann dabei insbesondere auf ein gemeinsames Grundproblem zurückgeführt werden: Obgleich die künstlerischen Prinzipien des 19. Jahrhunderts von einer jungen Generation von Künstlern und Künstlerinnen zunehmend abgelehnt wurden, gab es anfangs kaum befriedigende Alternativen. In dem Bestreben, in ihrem eigenen Medium eine *écriture moderne* zu entwickeln, die den veränderten Gegebenheiten in einer adäquaten Form Rechnung trüge, sahen sich viele Künstler und Künstlerinnen auch in anderen Medien nach möglichen Lösungen um. Besonders die Musik übernahm dabei eine Vorbildfunktion, da sie als nicht-mimetische Kunstform das von konkreten Inhalten losgelöste ästhetische Erleben in den Mittelpunkt stellt.

Intermediale
Perspektive

Viele Schriftsteller und Schriftstellerinnen glaubten jedoch, auch von der traditionell als Schwesterkunst der Literatur angesehenen Malerei noch viel lernen zu können, zumal die Innovationen der Maler und Malerinnen die ihren zu übertreffen schienen. Zwar hoben nur wenige die Beziehung zwischen Malerei und Literatur so prononciert hervor wie Gertrude Stein, die in ihren Texten das literarische Pendant zu Picassos kubistischen Gemälden sah, aber dennoch wurde die Malerei für viele Autoren und Autorinnen zu einem wichtigen Impulsgeber: »[P]ainting and writing have much to tell each other: they have much in common« konstatiert Woolf in *Walter Sickert* (1934: 22) und verweist damit auf die Tatsache, dass das horazische *ut pictura poesis* auch im Modernismus noch Gültigkeit besaß. Nicht nur in Avantgardekreisen wie der Bloomsbury Group oder dem Vortizismus wurden bewusst mediale Grenzen überschritten; auch einzelne Künstler und Künstlerinnen, wie Denton Welch, Mina Loy oder Wyndham Lewis arbeiteten in mehr als einem Medium. Ein weiteres prominentes Beispiel einer künstlerischen Doppelbegabung ist Lawrence. Seine Gemälde, deren ästhetischer Wert selbst von wohlwollenden Zeitgenossen als eher gering eingestuft wurde, riefen aufgrund ihrer Betonung von Sexualität die Sittenwächter

Malerei und
Literatur

auf den Plan und teilten schließlich das Schicksal seiner Romane *The Rainbow* (1915) und *Lady Chatterley's Lover* (1928): Sie galten als pornographisch und fielen der Zensur zum Opfer.

Die Vortizisten

Der Mensch als Vortex

Für die Vortizisten war der Dialog der Künste von Anfang an Teil ihres Programms. Was die Schriftsteller und Schriftstellerinnen, Maler und Malerinnen und Bildhauer verband, die sich unter der Leitung von Pound und Lewis zu dieser relativ kurzlebigen Bewegung (1914–18) zusammenschlossen, war v.a. ein gemeinsames künstlerisches Ziel: *Make it New!* Den blutleeren Epigonen, mit denen Lewis in seinen Romanen *Tarr* (1918) und *The Apes of God* (1930) scharf ins Gericht ging, setzten die Vortizisten das Bild eines aktiven und kreativen Menschen entgegen, der dem Ideal eines *vortex* entsprechen sollte. Dieser ›Strudel‹, den Pound im »First Vorticist Manifesto« als »point of maximum energy« (Lewis 2002 [1914]: 153) definierte, ist dabei als ruhender Punkt zu verstehen, von dem aus das ihn umgebende Chaos beobachtet und ordnend verändert werden kann. Diese Konzentration auf einen energetischen Mittelpunkt hin stellt auch den wesentlichen Unterschied zu den Futuristen dar, für deren englisches Pendant man die Vortizisten, zu ihrem Leidwesen, häufig hielt. Der scheinbaren Explosion des Bildraums futuristischer Gemälde und der daraus resultierenden Verschmelzung der dargestellten Personen mit ihrer Umwelt stellten die Vortizisten eine Implosion in den *vortex* entgegen. Vortizistische Figuren, etwa in William Roberts' *Behind the Scenes* (1920), zeichnen sich neben ihrem kubistischen und häufig maschinen-ähnlichen Aussehen insbesondere dadurch aus, dass sie klar gegen ihre Umgebung abgegrenzt sind und sich – außer in völlig abstrakten Kompositionen – nicht mit dieser verbinden.

Vortographs

Dabei gingen auch die Vortizisten nicht mehr davon aus, dass das menschliche Selbst eine Einheit sei. Dies wird z.B. in Alvin Langdon Coburns *Vortographs* deutlich, einer Reihe von Fotografien, bei denen mit Hilfe von Spiegeln die einheitliche Perspektive prismenartig aufgebrochen wurde. In dieser Technik fertigte Coburn 1917 mehrere Porträts von Pound an, die die Vorstellung von der Pluralisierung des Subjekts mit der Idee des *vortex* verbinden. Durch die mehrfache Auffächerung des Profils wird auf die verschiedenartigen Aspekte der Persönlichkeit Pounds hingewiesen; dabei sind die schattenrissartigen Facetten so um die Bildmitte angeordnet, dass der Eindruck entsteht, als befände sich dort der *vortex*, »aus dem sich immer neue Aspekte des Ich entfalten« (Gaßner 1996: 29). Die einzelnen Profildarstellungen sind darüber hinaus in ein Gerüst aus hellen und dunklen Linien eingefasst, durch deren Kontrast nicht nur Bewegung angedeutet wird, sondern auch eine Rhythmisierung des Bildraums erfolgt. Dies verdeutlicht die zentrale Rolle, die der Rhythmus für die Vortizisten spielte. Schon in Bezug auf die *vers-libre*-Lyrik des Imagismus hatte Pound die Bedeutung des Rhythmus betont, und der je individuelle Eigenrhythmus der Person wurde nun als maßgebliches Charakteristikum angesehen. Daraus erklärt sich nach Hubertus Gaßner (1996: 26f.) die Vorliebe vortizistischer Malerei für sich bewegende bzw. tanzende Figuren – eine Präferenz, die sich auch auf die Aufführungen der Ballets Russes zurückführen lässt, die seit 1910 in London für Aufsehen sorgten. Die Vortizisten sahen demnach den Menschen nicht länger durch verschiedenartige gesellschaftliche Masken definiert, sondern durch den *vortex*, der als Energiezentrum das Selbst vor der völligen Auflösung bewahre.

Paul Cézanne und Bloomsbury

Von Clive Bell enthusiastisch als Wegbereiter einer neuen Kunst gefeiert, wurde Paul Cézanne zum wichtigsten künstlerischen Vorbild der Bloomsbury Group, zu deren Mitgliedern neben Bell und Fry auch Woolf und ihre Schwester Vanessa Bell zählten. Insbesondere Cézannes Weigerung, mimetische Ab-Bilder der Realität zu erzeugen und sein beständiges Ringen nach einer adäquaten Form der Darstellung, der ›réalisation‹, wie er es nannte, machten ihn zu einem der einflussreichsten Künstler des 20. Jahrhunderts; von seinen Werken sahen sich nicht nur Maler und Malerinnen, sondern auch Schriftstellerinnen und Schriftsteller wie Stein und Ernest Hemingway inspiriert.

Paul Cézanne

Nachdem er in den 1870er Jahren eine Zeit lang dem Impressionismus nahe gestanden hatte, erschien Cézanne der Versuch, den flüchtigen Augenblick auf die Leinwand zu bannen, bald als unbefriedigend und er wollte der impressionistischen Auflösung der Objekte eine neue Festigkeit entgegensetzen. So soll er seinem ›Eckermann‹ Joachim Gasquet gegenüber bemerkt haben, dass man ein ›Gerüst‹ brauche, mit dessen Hilfe man nicht nur die veränderlichen Aspekte des Motivs einfangen könne, sondern auch die ihm zugrunde liegende, unveränderliche Ordnung. Dieses Gerüst schien sich durch eine Reduktion der Objekte auf drei einfache geometrische Figuren abbilden zu lassen: »Traiter la nature par le cylindre, la sphère, le cône« (Gasquet 1978 [1921]: 120) ist zu einem der bekanntesten Aussprüche Cézannes geworden und avancierte nicht nur zum Credo der Kubisten, sondern machte seine Werke auch zu Paradebeispielen für Clive Bells und Frys Konzept der *significant form*.

Stabilität und Wandel

Neben dem Versuch, das verborgene Wesen der Dinge zu enthüllen, zeichnete sich Cézannes künstlerisches Schaffen insbesondere durch die enorme Bedeutung aus, die er der visuellen Erfahrung des Künstlers

Primat der visuellen Erfahrung

beimaß. Nichts sollte so gemalt werden, wie man ›wusste‹, dass es aussieht, sondern stets nur so, wie man es auch tatsächlich sah. Dies führte u.a. dazu, dass er der seit der Renaissance weitgehend als verbindlich geltenden Zentralperspektive eine polyfokale Sichtweise entgegenstellte, da er selbst im Prozess des Malens sein Motiv nicht durchgehend vom selben Standpunkt aus betrachtete.

Paul Cézannes *Les Cinq Baigneurs* (1892–94) (V. 587)
Paris, Musée d'Orsay/RF1982–41; Foto: Daniel Arnaudet, RMN; Vertrieb: bpk Berlin

Die Generalisierung des Menschen

Cézannes Ziel, in einem Bild das Beständige und das Veränderliche zu einem harmonischen Ganzen zu verbinden, zeigt sich auch in einer seiner zahlreichen Darstellungen von Badenden. Dieses Gemälde, an dem er in den Jahren 1892–94 arbeitete, zeichnet sich insbesondere durch seine Bewegtheit aus. Auffällig ist, dass die Konturen der auf den ersten Blick sehr kompakt wirkenden Figuren bei genauem Hinsehen undeutlicher werden. Dieser Effekt wird v.a. durch zwei Techniken erzeugt: Zum einen durch die kurzen, fast senkrecht über die Bildoberfläche verlaufenden Pinselstriche, mit denen Figuren und Landschaft gleichermaßen modelliert werden, und zum anderen durch die Farben, die zur Darstellung der Körper benutzt werden. Diese finden sich auch in der die Badenden umgebenen Natur und werden in den Übergängen nur graduell verändert. Durch diese *liaison des couleurs*, verbunden mit der einheitlichen Malweise, erfolgt insgesamt eine Öffnung der Figuren gegenüber der Landschaft, mit der sie zu einer harmonischen Einheit verbunden werden, ohne sich dabei völlig in ihr aufzulösen. Darüber hinaus werden die badenden Männer nicht länger als identifizierbare Individuen dargestellt; indem Cézanne die Gesichtszüge kaum ausarbeitete, »generalisierte [er] den Menschen zu einem tektonisch farbigen System« (Einstein 1926: 44).

Die Frage nach der Identität des Menschen und das Verhältnis von Malerei und Literatur waren auch für Virginia Woolf stets von zentraler Bedeutung. Dass die Annahme eines einheitlichen Selbst für sie nicht mehr akzeptabel war, bezeugt ein Tagebucheintrag aus dem Jahr 1924: »We're splinters & mosaics; not, as they used to hold, immaculate, monolithic, consistent wholes« (1978, II: 314). In ihren Romanen setzte sie sich intensiv mit dem Zerfall des Subjekts auseinander, suchte aber zugleich nach Alternativen zur traditionellen Vorstellung von menschlicher Identität. Dabei diente ihr die stark an Cézanne orientierte Malerei der Bloomsbury Group als Anregung zur Lösung ihrer eigenen künstlerischen Probleme.

Virginia Woolf

In *Mrs Dalloway* (1925) thematisiert Woolf nicht nur, wie im folgenden Kapitel ausgeführt wird, die traumatische Erfahrung des ersten Weltkriegs, sondern stellt anhand der beiden Protagonisten Clarissa Dalloway, einer Dame der gehobenen Gesellschaft, und Septimus Warren Smith, einem ehemaligen, an *shell shock* leidenden Soldaten, auch den Zerfall des Subjekts dar. Obschon sich beide Figuren nie begegnen, vereint sie eine fundamentale Unsicherheit bezüglich ihres Selbst. Septimus, der von Stimmen verfolgt wird, glaubt, in einer kosmischen Einheit aufzugehen, in der sich die Grenzen seines Ich auflösen und auch für Clarissa Dalloway bedarf es einiger Anstrengung, um die unterschiedlichen Komponenten ihres Wesens zumindest nach außen hin zu vereinen: »That was her self when some effort, some call on her to be her self, drew the parts together, she alone knew how different, how incompatible and composed so for the world only into one centre« (Woolf 2000 [1929]: 32). Das vermeintlich einheitliche Selbst wird somit primär als soziale Maske verstanden, und es scheint, als sei es erstrebenswert, sich dieser zu entledigen. Eine Befreiung aus diesem Selbst, so stellt sich heraus, kann aber stets nur temporär sein, soll sie nicht zum völligen Verlust der eigenen Identität führen. Dies geschieht jedoch im Fall von Septimus, für den die Versuche seiner Ärzte, sein ›normales‹, d.h. einheitliches und gesellschaftskonformes Ich wiederherzustellen schließlich so bedrohlich werden, dass er Selbstmord begeht. Um dieser Tendenz zur völligen Auflösung des Selbst zu begegnen, bedienen sich die übrigen Romanfiguren verschiedener Strategien zur Bestätigung ihrer Identität. Mrs Dalloway etwa helfen der Blick in den Spiegel und die Erinnerung an ihre Jugend, um sich ihres eigenen Selbst zu versichern.

Mrs Dalloway (1925): Zerfall des Subjekts

Intermedialität in
Mrs Dalloway
Da in *Mrs Dalloway* nicht auf Malerei rekurriert wird, liegt keine explizite intermediale Bezugnahme vor. Es lassen sich aber dennoch Parallelen zum Post-Impressionismus feststellen, die sich v.a. auf einer allgemein ästhetischen Ebene bewegen: Neben dem Versuch, die Oberfläche des Sichtbaren zu durchdringen, um zu den »dark places of psychology« (Woolf 1984 [1919]: 152) ihrer Figuren vorzudringen, verbindet Woolf und Cézanne insbesondere ein zentrales Problem: die Dichotomie von Auflösung und Stabilität.

To the Lighthouse
(1927): Auflösung
und Stabilität
»The gradual dissolution of everything / This is to be contrasted with the permanence of – what?« (Woolf 1983 [1927]: 51). Mit dieser Notiz am Rand ihres Manuskripts von *To the Lighthouse* (1927) griff Woolf eine Frage auf, die sie schon in *Mrs Dalloway* beschäftigt hatte: Wie lässt sich ein Gleichgewicht von Auflösung und Stabilität erzeugen? Doch nicht nur die Autorin sah sich mit diesem Problem konfrontiert – auch ihre Figuren versuchen auf unterschiedliche Weise, das sie umgebende Chaos zumindest für einen Moment in Ordnung zu verwandeln. Versammelt im Ferienhaus der Familie Ramsay auf der Isle of Skye sehen sie sich den destruktiven Kräften von Zeit, Natur und schließlich Krieg gegenüber. »To make of the moment something permanent« (Woolf 2000 [1925]: 218), wie es eine der Sommergäste, die Malerin Lily Briscoe nennt, wird insbesondere mit Hilfe der Kunst, verstanden im weitesten Sinne, möglich. Die augenscheinlichsten Beispiele für dieses Bestreben sind Mrs Ramsays ›Kunst‹ ein Dinner zu veranstalten, das allen Anwesenden ein Gefühl von Sicherheit und Harmonie gibt, sowie Lilys Versuch, ein Bild von Mrs Ramsay und deren Sohn zu malen. Dabei vertritt Lily in ihrem Ringen um eine Form der *réalisation*, die ihrer eigenen Sichtweise angemessen ist, eine dezidiert post-impressionistische Ästhetik. Ein deutliches Echo einer wohl v.a. durch Fry und Bell vermittelten Cézanne-Rezeption Woolfs findet sich in Lilys Erkennen der doppelten Natur der Realität, die aus Form und Farbe besteht: »Beneath the colour there was the shape« (ebd.: 28). Schließlich stellt sie Mutter und Kind als »triangular purple shape« (ebd.: 72) dar und reduziert sie somit, ganz im Sinne Cézannes, auf ein ›Grundgerüst‹ aus Form und Farbe.

»A Wedge-
Shaped Core of
Darkness«
Auch Mrs Ramsay erkennt, dass sie die Hülle ihrer sichtbaren Erscheinung durchdringen muss, um zu ihrem wahren Selbst vorzudringen. In einem epiphanischen Moment der Selbsterkenntnis, in dem die Last ihrer sozialen Rolle von ihr abfällt, entdeckt sie, dass sich das Zentrum ihres Selbst nur noch als abstrakte Form, als »wedge-shaped core of darkness« (ebd.: 85), erfahren lässt. Dabei bleibt jedoch auch dieser ›keilförmige Kern‹ letztlich ein ›Herz der Finsternis‹, über das keine konkreten Aussagen gemacht werden können: Angesiedelt in einer Sphäre fundamentaler menschlicher Gemeinsamkeiten liegt er jenseits von individuellen Merkmalen und sozialen Masken.

In *To the Lighthouse* lassen sich eine Reihe von Bezügen zur Malerei des Post-Impressionismus feststellen: So weist der Roman eine polyperspektivische Darstellungsweise auf, und am Beispiel der künstlerischen Suche Lily Briscoes werden zentrale Aspekte post-impressionistischer Ästhetik erörtert. Was Woolf und Cézanne jedoch v.a. verbindet, ist der Versuch, das Transitorische und das Beständige gleichermaßen darzustellen. Für Woolf bedeutet dies, dass sie nicht nur der zunehmenden Auflösung des Subjekts nachging, sondern zugleich dem Zerfall entzogene Komponenten des Selbst aufzeigte. Der Kunst wird dabei eine primäre Rolle bei der Erzeugung von Stabilität – auch bezogen auf das Selbst – zugewiesen. Darüber hinaus verweist Woolfs Reduktion des Menschen auf einen allgemeinen Kern aus Form und Farbe auf das Beispiel Cézannes; durch diese Anlehnung an die Malerei gelang es Woolf, das Unsagbare der menschlichen Identität auszudrücken. Hierbei orientierte sie sich fraglos auch an den Werken ihrer Schwester, die in Gemälden wie *Frederick and Jessie Etchells Painting* (1912) ebenfalls auf die ›tektonisch farbigen‹ Verallgemeinerungen Cézannes zurückgriff, um eine »reality beyond the individual ego« (Gillespie 1988: 131) darzustellen. Woolf erweist sich damit als eine jener *raiders*, von denen sie in ihrem Essay über den Maler Walter Sickert sagt, sie wären nicht nur den Möglichkeiten des eigenen Mediums verhaftet, sondern unternähmen auch künstlerische Beutezüge in fremde Territorien.

Intermedialität in *To the Lighthouse*

Vanessa Bells
Frederick and Jessie Etchells Painting
(1912)
© Tate, London 2005
und Henrietta Garnett

Ausblick

»Identity is a very strange thing, and I can't begin to explain it«, konstatiert eine der Romanfiguren in Peter Ackroyds *The House of Doctor Dee* (1994 [1993]: 82f.) und unterstreicht damit neben der Komplexität dieses Themas die Tatsache, dass die Frage nach der Identität des Menschen auch in der Gegenwart nichts von ihrer Aktualität verloren hat. Für viele modernistische Künstler und Künstlerinnen wurde die Vorstellung vom Aufbrechen des einheitlichen Subjekts begleitet von dem Versuch, das Selbst in der einen oder anderen Weise doch noch zu retten – sei es als Energiezentrum oder als abstrakter Kern. Kunst fungierte dabei als wesentliches Mittel, um dieses Ziel zu erreichen. Doch während für den Modernismus der Blick unter die Oberfläche wesentlich war, steht heute die Inszenierbarkeit des Selbst hoch im Kurs: Die Formel »Rent-a-Self – Authentizität ist out« (Luz 2001: 87) zeigt die Möglichkeiten eines gezielten und wiederholbaren »Re-Inventing« (ebd.) der eigenen Identität auf, die durch die Annahme der Pluralität des Selbst eröffnet werden. Der Verlust eines einheitlichen und unveränderlichen Ich wird dabei weit weniger als Bedrohung, denn vielmehr als Chance zu einem häufig lustvollen Spiel mit Masken verstanden.

Astrid Erll

Der Erste Weltkrieg in Literatur und Erinnerungskultur der 1920er Jahre

Weltkrieg, Literatur und Erinnerung in den ›wilden Zwanzigern‹

Die *Roaring Twenties* waren nicht nur ein Jahrzehnt der modernistischen Kunst, der Massen- und Populärkultur, der Sozialdemokratie und der Gewerkschaftsbewegung, der Emanzipation der Frau und schließlich der Liebäugelei mit radikalen politischen Strömungen wie Kommunismus und Faschismus – die 1920er Jahre waren auch ein Jahrzehnt des Gedächtnisses. In Großbritannien wie in beinahe ganz Europa wurde das Erinnern (individuell und kollektiv) auf vielfältige Weise praktiziert und problematisiert. *[Randnotiz: ›Jahrzehnt des Gedächtnisses‹]*

Die ›Gedächtnislastigkeit‹ jener spannungsreichen Dekade hängt eng mit der Erfahrung des Ersten Weltkriegs (1914–18) zusammen. Die über vier Jahre andauernden Materialschlachten, in denen mehr Menschen getötet wurden als in allen kriegerischen Auseinandersetzungen des 19. Jahrhunderts zusammen, stellten für die Briten eine einzigartig traumatische Erfahrung dar. Zu den *legacies of war* (Winter 1995) gehörten daher nicht nur die direkten sozialen, ökonomischen und (welt)politischen Kriegsfolgen, wie die hohe Zahl der Kriegsopfer, die enorme Schuldenlast, innenpolitische Krisen und schließlich die Tatsache, dass das Britische Empire seine Vormachtstellung einbüßte und die USA zur Weltmacht aufstiegen. Viele Briten und Britinnen fühlten sich zudem als Zeugen eines tiefen Epocheneinschnitts. Samuel Hynes (1990: xi) hat diese Vorstellung auf den Begriff ›*the sense of a gap in history*‹ gebracht. Die kulturelle Ordnung der eduardianischen Vorkriegszeit schien nach 1918 unwiederbringlich verloren, britische Tradition, Mentalität und Wissensbestände in ihren Grundfesten erschüttert. *[Randnotiz: Der Weltkrieg als A Gap in History]*

Welchen Sinn sollte man dem Krieg aus der Rückschau zumessen? Waren zentrale, aus dem 19. Jahrhundert überkommene Konzepte und Werte – ›Empire‹, ›Ehre‹ und ›Heldentod‹ – angesichts der beispiellosen Grauen eines modernen Maschinenkriegs als sinnlos entlarvt worden? *[Randnotiz: Erinnerungskultur und kollektives Gedächtnis]*

Wie sollte man der knapp 650.000 Toten allein auf britischer Seite gedenken? Und was konnte man nach Europas ›Urkatastrophe des Zwanzigsten Jahrhunderts‹ (vgl. Kennan 1981) noch für die Zukunft hoffen? Dies sind typische Fragen einer Erinnerungskultur. Kulturelle Sinnsysteme – soziale, nationale, religiöse oder ethnische Identität (›wo kommen wir her‹, ›wer sind wir?‹) sowie Werte und Normen (›was sollen wir tun?‹) – werden stets über den Rückgriff auf die Vergangenheit und im Blick auf die Zukunft konstruiert, legitimiert und stabilisiert. Solche ›Erinnerungsprozesse‹ sind eng mit der Form der Erzählung verbunden. Ob es sich um begrenzte Lebenserfahrung oder welthistorische Ereignisse handelt – die Narration macht aus kontingentem vergangenen Geschehen sinnhafte Geschichten und ist damit ein Grundverfahren des kollektiven Gedächtnisses.

Literatur als Medium der Erinnerungskultur Literatur ist – neben dem Denkmal, dem historiographischen Text, dem Ritual oder der Fernsehdokumentation – ein Medium der Erinnerungskultur. Sie ist eine Manifestationsform von Kollektivgedächtnis. In ihren erinnerungskulturellen Kontexten können literarische Texte zwei grundlegende Funktionen erfüllen: Gedächtnisbildung und Gedächtnisreflexion. Mit ihren (narrativen) Wirklichkeits- und Vergangenheitsdarstellungen formen literarische Werke Erinnerungskulturen aktiv mit. Das gilt bereits für Homers Epen und William Shakespeares Historien, für die an Karl I. erinnernden Dramen und Balladen der Restaurationszeit, die historischen Romane des 19. Jahrhunderts und schließlich für die ›Holocaust-Literatur‹ der Gegenwart. Literatur ist an der Herausbildung von identitätsstiftenden Mythen und sinnhaften Geschichtsversionen beteiligt und unterzieht diese Prozesse häufig zugleich einer kritischen Beobachtung. In den 1920er Jahren wurden literarische Texte zu besonders wirkmächtigen Gedächtnismedien. Sie prägten und prägen das Bild vom ›*Great War*‹ – wie der Weltkrieg in Großbritannien noch immer genannt wird.

Fundamente der britischen Kriegserinnerung: Die Lyrik der *Soldier Poets*, 1914–18

Soldier Poets und kulturelle Paradigmen Die bis heute vielleicht einflussreichste Gattung der Weltkriegsliteratur, die auch die Erinnerung in den 1920er Jahren deutlich mitformte, war die Kriegslyrik der so genannten *soldier poets* – zumeist junge Offiziere, die direkt von den *public schools* oder den Universitäten Cambridge und Oxford als Freiwillige in den Krieg gezogen waren. Sie verfassten ihre Gedichte in den Schützengräben, unter dem unmittelbaren Eindruck der Materialschlachten. Paul Fussell (1980) hat allerdings gezeigt, dass dabei gar nicht so sehr ›authentisches Erleben‹, sondern vielmehr ›kulturelle Paradigmen‹ Eingang in die Literatur fanden. Kulturelle Paradigmen sind dem kulturellen Gedächtnis entstammende Darstellungs-

und Deutungsmuster, wie etwa die Themen und Formen bestehender Kriegs- und Abenteuerliteratur, der Natur- und Hirtendichtung (viele der *soldier poets* sind der pastoralen Tradition verpflichtete Georgianer) oder schließlich der Komödie und Tragödie. Diese kulturspezifischen Schemata fanden auch in den Gedichten der *soldier poets* ihren Niederschlag. Die Kriegslyrik verweist damit weniger auf das – in vieler Hinsicht neuartige, kaum darstell- und noch weniger deutbar erscheinende – Weltkriegsgeschehen als auf die Aktualität und Deutungsmacht einer literarischen Tradition, die Erfahrung auch und gerade in widrigsten Umständen präformiert und sinnhaft strukturiert.

Zwei Phasen der Weltkriegslyrik sind deutlich voneinander zu unterscheiden. Die erste Phase steht im Kontext der allgemeinen Kriegsbegeisterung. Hunderte von patriotischen Gedichten waren bereits in den ersten Kriegswochen entstanden. Ein bis heute bekannter Vertreter jener frühen lyrischen Reaktionen auf den Weltkrieg ist Rupert Brooke, in dessen Gedichten sich die Aufbruchsstimmung seiner Generation artikuliert. Zeittypisch ist besonders seine apokalyptische Deutung des Krieges. So beginnt das Gedicht »Peace«, das den Auftakt des 1915 entstandenen Sonettzyklus *The Soldier* bildet, mit den Versen »Now God be thanked Who has matched us with His hour / And caught our youth, and wakened us from sleeping.« Der Krieg verspricht den Ausbruch aus, die Reinigung von, ja die Zerstörung der als dekadent und beklemmend empfundenen Vorkriegswelt. Das Sonett »The Soldier« (»If I should die, think only this of me: / That there's some corner of a foreign field / That is for ever England«) wurde in der Heimat zu einer Sensation. Bereits im Frühjahr 1915 kam Brooke vor Gallipoli selbst zu Tode. Damit ging er in das britische kulturelle Gedächtnis als Verkörperung des Opfers ein, das eine junge, heldenhafte und patriotisch gesinnte Generation im Ersten Weltkrieg für Großbritannien erbracht hat.

Phase I: Patriotische Kriegslyrik (Rupert Brooke)

Um 1916, nach der katastrophalen Schlacht an der flandrischen Somme, ist eine tief greifende Veränderung der Kriegslyrik zu verzeichnen, die in der literarischen Tradition bis dahin wohl einzigartig ist. Auf breiter Basis erfolgte eine Wendung hin zu offener Kritik des Krieges. Nicht zuletzt durch die zahlreichen Antikriegsgedichte, die zwischen 1916 und 1918 entstanden, sind die Grauen insbesondere des Stellungskriegs an der Westfront bis heute fest im britischen Gedächtnis verwurzelt: Bereits im Herbst 1914 war der Vormarsch der Deutschen in Belgien und Nordfrankreich zum Stillstand gekommen. Die gegnerischen Armeen gruben sich ein und führten in den folgenden vier Jahren einen *war of attrition* – einen Zermürbungskrieg. In groß angelegten Offensiven wurden hunderttausende Soldaten im Niemandsland (dem oft nur wenige hundert Meter breiten Abschnitt zwischen den gegnerischen Gräben) getötet. Die weitgehend aus der Zivilbevölkerung rekrutierten britischen

Wendepunkt 1916

Freiwilligen-Heere wurden durch die hoch technisierte Kriegsführung (Granatwerfer, Giftgas, Panzer, Minen) zu bloßem ›Menschenmaterial‹ reduziert. Kampagnen wie die erwähnte Somme-Schlacht, in der gleich am ersten Tag 19.000 Opfer zu beklagen waren und in deren Verlauf 615.000 Alliierte und 500.000 deutsche Soldaten für eine Verschiebung der Frontlinie um dreizehn Kilometer getötet wurden, oder das so genannte ›Second Ypres‹ (1917) stehen für die Sinnlosigkeit des Krieges.

Offizieller Fotograf Australiens, Angriff auf Passchendaele (12.10.–6.11.1917): Soldaten im Niemandsland während der 3. Schlacht um Ypern, mit freundlicher Genehmigung des Imperial War Museum, London

Phase II: Kritische Kriegslyrik (Autoren, Verfahren, Themen)

In den Gedichten von Frontsoldaten wie Richard Aldington, Robert Graves, Ivor Gurney, Wilfried Owen, Herbert Read, Isaac Rosenberg, Siegfried Sassoon, Charles Sorley und Edward Thomas fanden die Grauen des Ersten Weltkriegs eindrückliche literarische Gestaltung. Kriegskritik äußerte sich v.a. in der Wahl neuer poetischer Verfahren und Themen: Statt einer für die patriotische Kriegspanegyrik charakteristischen *high diction* (›honour‹, ›glory‹, ›England‹), der Thematisierung großer Schlachten und der Glorifizierung ihrer Helden, steht nun die Darstellung der alltäglichen, schockierenden Wirklichkeit des Ersten Weltkriegs im Vordergrund. Authentizität verbürgt dabei häufig eine schlichte Sprache, die nicht selten Wendungen des *soldiers' slang* (»going over the top«, »blighty«) aufweist. Themen sind das Leben in den Schützengräben, Grauen, Leid und Tod, die Begegnung mit dem Feind, Kriegstraumatisierung, aber auch Freundschaft und Aufopferungsbereitschaft unter Kameraden. Zugleich erheben viele Gedichte bittere Anklage gegen die Selbstgefälligkeit der Zivilgesellschaft, die Propaganda und Ästhetisierung des Krieges, Kriegsgewinner, Klerus und den militärischen Stab.

John Nashs *Over The Top*. 1st Artists' Rifles at Marcoing, 30th December 1917, mit freundlicher Genehmigung des Imperial War Museum, London

Gerade die kritische Kriegslyrik der Jahre 1916–18 hat die Erinnerung an den Ersten Weltkrieg in den 1920er Jahren präformiert. Vor allem hat sie eine zentrale Erinnerungsfigur in das britische kollektive Gedächtnis eingeschrieben: die Legende von der *lost generation* (vgl. z.B. Owens »Anthem for Doomed Youth«, 1917). Sie besagt, dass eine ganze ›verlorene Generation‹ junger Männer von der heimatlichen Gesellschaft – und insbesondere von den kriegstreiberischen *old men* – rücksichtslos einem sinnlosen Krieg geopfert wurde. Wer nicht fiel, kehrte traumatisiert aus dem Feld zurück und war unfähig, sich in der zivilen Nachkriegswelt zurechtzufinden. Die in dieser einzigen Erinnerungsfigur verdichteten Antagonismen – Heimat vs. Front, Alt vs. Jung, Männer vs. Frauen – sorgten für sozialen Sprengstoff in den 1920er Jahren.

Erinnerungsfigur Lost Generation

Literatur als Medium der Erinnerungskultur in den frühen 1920er Jahren

Die Rede von den *Golden*, *Gay* oder *Roaring Twenties* impliziert, dass der Krieg bald nach seinem Ende vergessen oder verdrängt wurde und man das Leben in vollen Zügen genoss. Tatsächlich war die Kriegserfahrung aber geradezu eingewoben in die kulturelle Textur jener Zeit. Kaum eine Familie, die nicht einen Gefallenen zu beklagen hatte. Kriegsinvaliden prägten das Straßenbild. Der jahrelange Krieg, Hunger und Propaganda hatten bei Soldaten und Zivilisten tiefe Narben hinterlassen. Auch wenn sie dem heutigen Betrachter angesichts der vielfältigen ästhetischen Experimente und Innovationen der 1920er Jahre weniger auffallen – Medien und kulturelle Praktiken, die den Krieg und seine Opfer in Erinnerung riefen, waren allgegenwärtig. Bereits in den ersten Nachkriegsjahren entstanden Denkmäler und Rituale, die bis heute in

Medien der Kriegserinnerung in den 1920er Jahren

der britischen Erinnerungskultur einen festen Platz einnehmen: Am 11. November 1920, dem zweiten Jahrestag des *Armistice Day*, wurde der von Edwin Lutyens konzipierte Cenotaph (griech. für ›leeres Grabmal‹) in Whitehall enthüllt und der unbekannte Soldat in Westminster Abbey begraben. Beide Denkmäler stehen bis heute im Mittelpunkt des *Remembrance Day* mit seinen *two minutes silence*. In ganz Großbritannien, Belgien und Nordfrankreich wurden unter der Leitung der Imperial War Graves Commission Denkmäler und Kriegsfriedhöfe geschaffen. Rudyard Kipling, der im Krieg selbst seinen Sohn verloren hatte, wählte die zentralen Inschriften (etwa den Bibelvers »Their name liveth for evermore«) aus. Doch nicht nur Totengedenken, auch die Darstellung und Aufarbeitung des Kriegsgeschehens hatten Konjunktur: Journalistische Texte, politische Pamphlete, Geschichtsschreibung, Memoiren, Fotos, Hörspiele, Filme und nicht zuletzt die zahlreichen mündlichen Erzählungen der Veteranen dienten in den 1920er Jahren als Medien einer komplexen Erinnerungskultur.

Nicholls Horace, Der unbekannte Soldat auf dem Weg nach Westminster Abbey, London, Remembrance Day 1920. Man sieht außerdem den von Sir Edwin Lutyens entworfenen und an diesem Tag enthüllten Cenotaph, mit freundlicher Genehmigung des Imperial War Museum, London

Krieg in der Populärliteratur

Die literarischen Kriegsdarstellungen jener Zeit sind vor dem Hintergrund dieser Medien-Landschaft zu verstehen. Gerade an der Literatur der 1920er Jahre zeigen sich die verschiedenen Facetten und Funktionen von Literatur als Medium der Erinnerungskultur. So nutzte die populäre Unterhaltungsliteratur den Krieg als *setting*. In Spionageromanen (etwa von John Buchan und H.C. McNeile, alias ›Sapper‹), der Kriminalliteratur (Agatha Christies erstem Roman *The Mysterious Affair at Styles*, 1920) oder den großen Familiensagas (wie John Galsworthys *The Forsyte Saga*, 1906–21, und R.H. Mottrams *The Spanish Farm*-Trilogie, 1925–26) dient der Krieg der Spannungserzeugung und als Hintergrund zur Zeichnung von Zeitbildern. *Middle-brow*-Autoren, mehr dazu im folgenden Kapitel, produzierten erste Kriegsromane, die, anders als ihre pazifistischen Gegenstücke Ende des Jahrzehnts, zum Teil deutlich chauvinistische und kriegsbejahende Tendenzen aufweisen: Gilbert Frankaus *Peter Jackson* (1920) und Ernest Raymonds *Tell England* (1922) etwa sind klar in der Tradition der imperialistischen Jugend- und Abenteuerromane des 19. Jahrhunderts zu verorten. Diese frühen Kriegsromane sind Ausdruck der zeitgenössischen Erinnerungskultur. Sie verweisen auf kursierende Nationalstereotypen (Deutsche als *the Hun* oder *beasts*), auf Vorstellungen wie ›der Krieg als Sport‹ und auf kulturspezifische Werte wie den unbedingten Glauben an das Empire.

William Orpens *To the Unknown British Soldier Killed in France.* Dies ist die erste Version eines Auftragswerks zum Gedenken an die britischen Gefallenen. Das bittere Anklage ausdrückende Gemälde rief bei seiner Enthüllung 1923 sehr widersprüchliche Reaktionen hervor. Fünf Jahre später wird Orpen das Werk in einer zweiten Fassung retuschieren: Die gespenstischen Gestalten, Engel und Girlanden werden entfernt. Übrig bleibt ein feierliches Symbol für die Opfer des Ersten Weltkriegs, mit freundlicher Genehmigung des Imperial War Museum, London

In der modernistischen Literatur scheint der Krieg auf den ersten Blick keine Rolle zu spielen. Eine genauere Betrachtung erweist allerdings, wie nachhaltig das Kriegsvokabular, die Erinnerungsfiguren des *gap in history* und der *lost generation* sowie die Kulturthemen ›Propaganda‹, ›Tod‹ und ›Traumatisierung‹ auch die Texte des *high modernism* prägen. So stellt T.S. Eliots Schlüsseltext des Modernismus, *The Waste Land* (1922), auch eine düstere Bestandsaufnahme der Kriegserfahrung dar.

Modernistische Lyrik: T.S. Eliot und Ezra Pound

Die ersten Zeilen (»April is the cruellest month, breeding/ Lilacs out of the dead land«) sind nicht nur eine intertextuelle Wiederaufnahme und negative Wendung des Anfangs der zwischen 1385–92 verfassten *Canterbury Tales* von Geoffrey Chaucer (»Whan that April with his showres soote / The droughte of March hath perced to the roote«); es klingt in ihnen auch die Erfahrung des Weltkriegs an, denn Anfang der 1920er Jahre wusste jede/r, dass das Frühjahr eine beliebte Zeit für die zumeist abertausende von Toten fordernden Offensiven an der Westfront war. Ezra Pound gestaltet die Erinnerungsfigur ›verlorene Generation‹ in einem seiner *Mauberley*-Gedichte – »E.P. Ode pour l'election de son sepulchre« (1920) – mit den Versen

There died a myriad,
And of the best, among them,
For an old bitch gone in the teeth,
For a botched civilization.

Der Krieg in Parenthese: Virginia Woolfs To The Lighthouse (1927)

An Virginia Woolfs *To the Lighthouse* (1927) zeigt sich beispielhaft, dass der Weltkrieg in der Literatur der klassischen Moderne im wahrsten Sinne des Wortes ›in Parenthese‹ dargestellt und erinnert wurde (artikulieren wird diese Denkfigur übrigens David Jones mit dem Titel seines Kriegsepos *In Parenthesis*, 1937). Die Struktur von Woolfs Roman entspricht dem Geschichtsbild der zeitgenössischen Erinnerungskultur: Eine aus der Rückschau idyllisch anmutende eduardianische Vorkriegszeit wird im ersten Teil (»The Window«) dargestellt. Fragmentarisiert hingegen erscheint die Erinnerung an den Ersten Weltkrieg in dem äußerst kurzen zweiten Teil (»Time Passes«). Der Schluss (»The Lighthouse«) spielt in der von Verlust und Zerstörung gekennzeichneten Nachkriegszeit. Die Zeit des Weltkriegs ist ein Bruch im Verlauf der Handlung: Von seinen Opfern wird nur in eckigen Klammern berichtet.

Kulturthema Shell Shock: Mrs Dalloway (1925)

Mrs Dalloway (1925) ist einer der am deutlichsten auf den Krieg Bezug nehmenden Romane des *high modernism*. Mit der Figur des Kriegsveteranen Septimus Warren Smith, die schon im Kapitel zur Identität in Literatur und Malerei des Modernismus betrachtet wurde, gestaltet Woolf ein zentrales erinnerungskulturelles Problem der 1920er Jahre: die Kriegstraumatisierung bzw. den – sich in Angstattacken, Alpträumen, Gedächtnisverlust oder plötzlichen Lähmungserscheinungen äußernden – *shell shock*. Diese neuartige Form der Kriegsinvalidität ließ die menschliche Psyche zu einem zentralen Kulturthema werden, das in der Tagespresse, in medizinischen Journalen und auch in der Literatur verhandelt wurde. Septimus' unwillkürliche Erinnerungen an seinen gefallenen Offizier Evans, sein fortschreitender Wahnsinn und schließlich sein Selbstmord gewähren Einblicke in die Auswirkungen der Kriegserfahrung auf das Individuum und zeigen zugleich die Unfähigkeit der Gesellschaft, mit den Folgen des Weltkriegs angemessen umzugehen. Die Virulenz des Themas *shell shock* in der britischen Erinnerungskultur bis heute zeigt sich etwa an Pat Barkers *Regeneration*-Trilogie (1991–95), in der unter anderem das (geschichtlich belegte) Aufeinandertreffen von Sassoon und Owen in einem Sanatorium für Kriegstraumatisierte inszeniert wird.

Literarische Texte, in denen das Kriegsgeschehen auch auf der Handlungsebene zur Darstellung kommt (oft ein Definitionskriterium für die Gattung ›Kriegsroman‹), hat von den Vertretern des *high modernism* in den 1920er Jahren nur Ford Madox Ford verfasst. In der knapp neunhundert Seiten starken Tetralogie *Parade's End* (1924–28) um Christopher Tietjens, seine hinterhältige Ehefrau Sylvia und seine als *new woman* zu bezeichnende Geliebte Valentine Wannop wird die Erfahrung des Weltkriegs anhand von typisch modernistischen Darstellungsverfahren – interner Fokalisierung, anachronischem Erzählen und Multiperspektivität – in Szene gesetzt. Ford, der in den Jahren 1914–18 selbst noch Kriegspropaganda verfasst hatte (wie übrigens viele seiner Kollegen, u.a. Kipling, Arnold Bennett und H.G. Wells), unterzieht den Zusammenhang von Krieg und englischer Mentalität in *Parade's End* einer kritischen Betrachtung: *Englishness* und *Toryism*, das Klassensystem und überkommene Geschlechterverhältnisse werden ebenso hinterfragt wie die Rolle von Politikern und militärischem Stab bei der Kriegsführung und schließlich die Mechanismen der Propaganda mit ihren Gerüchten und Gräuelgeschichten. Mit Tietjens' Gedächtnisverlust nach einem Einsatz an der Westfront inszeniert auch Ford das Kulturthema der Kriegstraumatisierung.

Die Erfahrung des Krieges sowie die daraus hervorgehenden Kulturthemen und Erinnerungsfiguren der 1920er Jahre hielten also auch in die Werke des *high modernism* Einzug. Die genannten Texte – aber auch z.B. Dorothy Richardsons *Pilgrimage* (1915–38), Katherine Mansfields *short story* »The Fly« (1923) und D.H. Lawrences *Lady Chatterley's Lover* (1928) – sind Ausprägungen eines in den 1920er Jahren weit verbreiteten *war and memory-writing*. Es ist v.a. der reflexive Umgang mit Tradition, Kriegserfahrung und Trauma, durch den sich die Literatur der klassischen Moderne auszeichnet. Sie ist damit ein *Medium der Beobachtung* und kritischen Reflexion erinnerungskultureller Prozesse. Zu einem *Medium der Herausbildung* und Veränderung von Kollektivgedächtnis wurde Literatur hingegen erst Ende des Jahrzehnts, als Kriegsromane einen Boom erlebten und die soziale Erinnerung eines breiten Lesepublikums modellierten.

Modernistischer Kriegsroman: Ford Madox Fords Parade's End (1924–28)

Modernismus als Reflexion der Erinnerungskultur

War Fiction-Boom (1928–30):
Literatur als Antwort auf erinnerungskulturelle Herausforderungen

Boom der pazifistischen War Books

Trotz der Fülle von Gedächtnismedien, die im Laufe der 1920er Jahre entstanden, galt für die meisten Briten und Britinnen, was Hynes in seiner Kulturgeschichte des Weltkriegs (1990: 424) festhält: »[O]ne fact was accepted – that for most of the Twenties the war had not been significantly imagined, in any form.« Erst verhältnismäßig spät, knapp ein Jahrzehnt nach Kriegsende, ist ein Phänomen zu beobachten, das die Zeitgenossen ›war fiction-Boom‹ tauften: Eine veritable Flut von Kriegsromanen traf auf ein begeistertes Lesepublikum, wobei nur ein einziges Drama erfolgreich war: R.C. Sherriffs *Journey's End* (1929). Neu an diesem Boom der ausgehenden 1920er Jahre war dreierlei: Erstens wurde Kriegsliteratur zu einem Massenphänomen – und zwar international. In den Jahren 1928–30 erschienen einige hundert Kriegsromane, nicht nur in Großbritannien, sondern in ganz Europa und den USA. Insbesondere die Texte der deutschen Wiederkehr des Weltkriegs in der Literatur wurden für die britische Leserschaft übersetzt. Zweitens unterscheiden sich die so genannten *war books* von den populären Kriegsdarstellungen der frühen 1920er Jahre durch ihre höchst kritische Bestandsaufnahme: Grauen des Weltkriegs und – mit dem Titel eines wichtigen Vorläufers des Booms – *Disenchantment* (C.E. Montague, 1922) der ›verlorenen Generation‹ stehen im Vordergrund. In Großbritannien hängt diese geradezu pazifistische Ausrichtung der Kriegsliteratur eng mit einer Wandlung des politischen Klimas um die Mitte des Jahrzehnts zusammen. Der Dawes-Plan (1924), die Abkommen von Locarno (1925), der Briand-Kellog Pakt zur Ächtung des Krieges (1928), das zweite Labour-Kabinett unter James Ramsay MacDonald (1929–31) mit dem überzeugten Pazifisten Tom Shaw als Kriegsminister und selbst Vertreter der Konservativen wie Winston Churchill trugen gegen Ende des Jahrzehnts zu einer allgemein kriegskritischen Stimmung bei, in deren Kontext der *war fiction*-Boom erst seine Wirkung entfalten konnte.

War Books Controversy und kollektive Texte

Die dritte Besonderheit des Kriegsliteratur-Booms ist die Rezeptionspraxis der zeitgenössischen Leserschaft. Die *war books* fanden nicht nur in großen Teilen der Gesellschaft Anklang, sondern wurden auch weit über das Feuilleton hinaus äußerst kontrovers diskutiert. In der legendären *war books controversy* meldeten sich Schriftsteller und Literaturkritiker, aber auch Politiker, Lehrer, Kriegsveteranen und viele andere Leser zu Wort, um – interessanterweise – immer wieder um die eine Frage zu kreisen: Vermitteln die *war books* die ›Wahrheit‹ über den Krieg oder sind ihre Vergangenheitsversionen verzerrt bis hin zur ›Lüge‹ – wie es etwa Jerrold Douglas in seinem berühmten Pamphlet *The Lie about the War* (1930) behauptet. Diese Kontroverse ist ein Indikator dafür, dass die literarischen Kriegserzählungen zu gedächtnisbildenden Medien avanciert waren. Man erwartete von ihnen die Vermittlung von ›Wahrheit im Sinne des kollektiven Gedächtnisses‹: stimmige und an bestehende Erinnerungen anschlussfähige Narrationen, die der scheinbar sinnlosen, als fragmentiert, kontingent und oft genug traumatisch wahrgenommenen Kriegserfahrung Form – und damit auch: Sinn – verliehen.

Literarische Texte, die durch solche leserseitigen Zuschreibungen und Funktionalisierungen zu Medien der Herausbildung und Transformation von kollektivem Gedächtnis werden, sind ›kollektive Texte‹ (vgl. Erll 2003). Die Geschichte, die die *war books* erzählen, ist letztlich immer wieder die Gleiche: Ein junger Soldat kommt an die (vorzugsweise West)Front, kämpft dort einige Zeit, verliert seinen besten Kameraden, ist desillusioniert von der Wirklichkeit des Krieges, fällt schließlich oder kehrt in eine ihm fremd gewordene Heimat zurück. Kollektive Texte, wie die *war books* der 1920er Jahre, werden weniger wegen der Neuheit ihrer Themen oder ihrer ästhetischen Innovationen gelesen, als aufgrund der Tatsache, dass sie ihrer Leserschaft Antworten auf erinnerungskulturelle Herausforderungen bieten. Diese Antworten sind selten explizit formuliert. Häufig drücken sie sich in der formalen Gestaltung des literarischen Werkes aus.

Kollektive Texte

Ein zentrales erinnerungskulturelles Problem Ende der 1920er war die ›Doppelgesichtigkeit‹ des Weltkriegs: Er war für die Zeitgenossen eine in begrenzten sozialen Gruppen gemachte Lebenserfahrung *und* (welt)historisches Ereignis; er gehörte zum lebensweltlichen Nahhorizont *und* (als zum nationalen Mythos verdichtetes Geschehen) zum monumentalen Fernhorizont. Der Krieg verlangte damit nach Erinnerung und Deutung innerhalb von zwei, in der kulturwissenschaftlichen Gedächtnisforschung unterschiedenen Gedächtnisrahmen – dem kommunikativen und kulturellen Gedächtnis (vgl. J. Assmann 1992). Kriegstraumata sowie die scheinbare Nicht-Kommunizierbarkeit der Grauen an der Front auf der einen Seite und *the sense of a gap in history* auf der anderen erschwerten allerdings die Erinnerung in *beiden* Systemen des kollektiven Gedächtnisses.

Herausforderung I:
Kommunikative
und kulturelle
›Gedächtnislücken‹

Wie antworteten die Texte des Booms auf diese Herausforderung – etwa die literarischen Kriegserinnerungen der *soldier poets*, wie Edmund Blundens *Undertones of War* (1928), Robert Graves' *Good-bye to all that* (1929) und Siegfried Sassoons *Memoirs of an Infantry Officer* (1930)? Den drei *war memoirs* ist gemeinsam, dass sie bereits durch ihre deutlich autobiographische Prägung eng mit den Ressourcen des kommunikativen Gedächtnisses verbunden sind, dass sie diesen Gedächtnis-Rahmen durch die Wahl ihrer Darstellungsformen (wie etwa Ich-Erzählsituation und Detailrealismus) auch literarisch inszenieren und damit einen

Sassoon, Blunden,
Graves

›kommunikativen Modus‹ etablieren. Der Leser gewinnt Einblicke in den Alltag und die Atmosphäre des Lebens an der Westfront, wie sie andernfalls wohl nur in Gesprächen mit Veteranen zu erhalten wären. Zugleich aber stiften die Texte kulturelles Gedächtnis: Blundens *Undertones* ist durchzogen von intertextuellen Verweisen auf Werke, Sprache und Formen der Pastorale – einer Gattung, die in Großbritannien als typisch englisch begriffen wurde. In Graves' Text gerät der Krieg zu einer theatralischen Farce – ein an den Nationaldichter Shakespeare gemahnendes Verfahren. In Sassoons *Memoirs* schließlich wird ein dem englischen kulturellen Gedächtnis entstammendes Gentleman-Ideal inszeniert. In Zeiten des *gap in history* vollziehen die Texte damit durchaus einen Rückgriff auf nationale Traditionen; sie verflechten die kulturellen Paradigmen der Pastorale, der Komödie und des Gentleman-Ideals mit der lebensweltlichen Kriegserfahrung. Dabei aktualisieren sie allerdings nicht die kriegerisch-imperialistischen Mentalitäten und Heldenbilder des 19. Jahrhunderts, sondern verweisen auf das 16. und das 18. Jahrhundert – Perioden, die für die Herausbildung einer friedlichen englischen Zivilgesellschaft stehen.

Manning und Williamson   Auch die stärker fiktionalisierten Kriegsromane des Booms, die durch eine heterodiegetische Vermittlung des Geschehens Distanz schaffen, sind dominant im kommunikativen Modus verfasst. Großen Raum nimmt stets die Darstellung von Erfahrungsspezifität ein: *Effet de réel*, Soziolekt und die Fokussierung auf sinnliche Eindrücke, Gedanken, Gefühle und Ängste von Fokalisierungsinstanzen auf der Handlungsebene gehören zu den Strategien, mit denen die Vergangenheit des Weltkriegs als eine alltagsweltliche Erfahrung für die Leserschaft erinnerbar wird. In Frederic Mannings *The Middle Parts of Fortune* (1929) – für Ernest Hemingway das beste Kriegsbuch – trägt insbesondere *soldiers' slang* zur Evozierung der Atmosphäre einer vergangenen Lebenswelt bei. Der John Bullock genannte Protagonist in Henry Williamsons *The Patriot's Progress* (1930) steht als ein englischer ›Jedermann‹ – ›John Bull‹ – für die Kriegserfahrung tausender einfacher Soldaten. Aber auch diese beiden Romane verweisen bereits durch ihre Titel – Anspielungen auf Shakespeares *Hamlet* (1600/01) und John Bunyans *The Pilgrim's Progress* (1678) – zugleich auf das kulturelle Gedächtnis. Damit zeigen sie, dass die (literarische) Tradition ihre Deutungsmacht angesichts des Weltkriegs nicht ganz eingebüßt hat. Die Wirkungspotentiale des gleichen Verfahrens zur Etablierung eines kulturellen Modus, der intertextuellen Bezugnahme auf kanonische Werke, sind aber jeweils andere: Während bei Manning die Shakespeare-Zitate auf überzeitliche Konstanten (den Krieg und das Schicksal – Fortuna – als Elemente einer *conditio humana*) verweisen, dient die Anspielung auf den protestantischen Bestseller bei Williamson v.a. der Ironisierung des englischen Fortschrittglaubens.

Eine zweite Herausforderung für die Erinnerungskulturen der 1920er Jahre stellten Erinnerungskonkurrenzen dar. Erinnerung und Deutung des Weltkriegs variierten gemäß dem Alter (alte vs. junge Generation), Art der Teilhabe am Krieg (Front vs. Stab und Front vs. Heimat), Klasse, Milieu, ideologischer Überzeugung und Geschlecht. In diesem Feld der *contested memories* spielte die zentrale antagonistische Erinnerungsfigur des Weltkriegs – die schon in der Kriegslyrik thematisierte *lost generation* – eine zentrale Rolle. Wer aber durfte sich zur ›verlorenen Generation‹ zählen? Und wer war verantwortlich für deren Schicksal?

Richard Aldingtons *Death of a Hero* (1929) ist eine bittere, zynische Anklage der *lost generation*, die sich nicht nur gegen die Elterngeneration richtet, sondern – in einer neuartigen Wendung der bestehenden Legende – auch gegen Frauen und diejenigen jungen Männer, die nicht an der Front gekämpft haben. Der Antagonismus zwischen (männlich konnotierter) Front und (weiblich konnotierter bzw. verweiblichter) Heimat wird damit bei Aldington stärker akzentuiert als der zwischen Jung und Alt. Der Grund dafür liegt in der Tatsache, dass es sich bei *Death of a Hero* um eine kaum verhüllte Abrechnung mit den erfolgreichen Modernisten handelt, die, wie etwa Eliot, Lawrence und Pound, beinahe alle *noncombatants* waren. Ihnen wird nicht nur der Status ›lost generation‹ abgesprochen; Zivilisten und Pazifisten werden gar als Feinde der Soldaten in der eigenen Gesellschaft dargestellt. Eine diametral entgegengesetzte Gestaltung erfährt die antagonistische Erinnerungsfigur ›verlorene Generation‹ in Evadne Prices unter dem Pseudonym Helen Zenna Smith veröffentlichtem Roman *Not so quiet…* (1930). Es ist einer der wenigen von einer Frau verfassten Frontromane, an dem zugleich die intertextuelle und transnationale Dimension der Kriegsliteratur Ende der 1920er Jahre deutlich wird. *Not so quiet…* spielt an auf *Im Westen Nichts Neues* (1929), auf Erich Maria Remarques internationalen Massenerfolg, der nicht nur in Deutschland, sondern auch in Großbritannien (unter dem Titel *All Quiet on the Western Front*) zum Schlüsseltext der verlorenen Generation wurde. Price übernimmt Plotstruktur, Erzählstimme, ja einige Dialoge bis ins Detail – allerdings mit dem einen Unterschied, dass es sich um weibliche Helden handelt, die als Krankenwagenfahrerinnen an der Westfront ihre traumatischen Erfahrungen machen. Der Roman zeichnet sich damit durch den Versuch aus, anhand des bewährten Remarque'schen Modells und in kritischer Distanz zu den ›Männerphantasien‹ von Autoren wie Aldington die Erinnerung an eine ›verlorene Generation der Frauen‹ in das kollektive Gedächtnis einzuschreiben.

Am Beispiel der 1920er Jahre zeigen sich die verschiedenen Facetten des Verhältnisses von Literatur und Erinnerungskultur: Während die Unterhaltungsliteratur der frühen 1920er Jahre v.a. Ausdruck der Erinnerungskultur (mit ihren Mentalitäten und Denkweisen) ist, sind die

---

Marginalien:

Herausforderung II: Erinnerungskonkurrenzen

Aldington und Price

(Kriegs)Literatur und (britische) Erinnerungskultur: Facetten

Werke des *high modernism* Medien der reflexiven Selbstbeobachtung. Im *war fiction*-Boom werden Kriegserzählungen schließlich zu ›kollektiven Texten‹ – zu breitenwirksamen Medien des kollektiven Gedächtnisses, die sich nicht nur aus ihren erinnerungskulturellen Kontexten speisen, sondern diese auch aktiv mitprägen, indem sie kommunikatives und kulturelles Gedächtnis modellieren und Erinnerungskonkurrenzen literarisch aushandeln. Im Jahrzehnt des Gedächtnisses kommt auch Literatur als ein Medium der Erinnerungskultur zu ihrer vollen Ausprägung. Bis heute ist die Erinnerung an den ›Great War‹ in der britischen Gesellschaft (ganz anders als in Deutschland und auch im Unterschied zum Zweiten Weltkrieg) von zentraler Bedeutung. Eingebettet in eine solche lebendige Erinnerungskultur bleibt auch die Kriegsliteratur der 1920er Jahre als eine wichtige Form der medialen (Re)Konstruktion und Repräsentation von kollektiver Krisenerfahrung aktuell.

Ina Habermann

Modifikationen des Modernismus: Medialität, Identität, Populärkultur

Modifikationen des Modernismus

Spricht man im Kontext der englischen Literatur von der Moderne, so ist damit meist der *high modernism* gemeint. Allerdings ist festzustellen, dass sich unter den im engeren Sinne als modernistisch bezeichneten Autorinnen und Autoren kaum Engländer befinden und dass der Modernismus als künstlerische Strömung im Wesentlichen von Kontinentaleuropäern, Iren und Exilamerikanern getragen wird. Christoph Bode spricht von einer dreifachen Marginalität des *high modernism*, der nicht nur von Außenseitern verfasst und von einem kleinen Kreis Interessierter wahrgenommen wird, sondern der auch eine »Poetik der Marginalität« entwirft, die die Sprache von den »Grenzen des Sagbaren« aus revolutioniert (Bode 1998: 246). Erst in späteren Jahrzehnten wurden die Werke des *high modernism* – z.B. James Joyces *Ulysses* (1922), T.S. Eliots *The Waste Land* (1922), Gedichte von William Butler Yeats und Romane von Virginia Woolf wie etwa *Mrs Dalloway* (1925) – in der Literaturkritik als ›Höhenkammliteratur‹ kanonisiert und als paradigmatischer Ausdruck ihrer Epoche angesehen. Letzteres ist auch nicht falsch, denn eine Art der adäquaten Auseinandersetzung mit einer komplexen Lebenswelt ist ein ebenso komplexer fiktionaler Text, der mit Formexperimenten und innovativen Darstellungsweisen auf die Herausforderungen und Verunsicherungen einer sich rasant verändernden Welt reagiert. Daneben darf jedoch nicht vergessen werden, dass es viele andere, quantitativ sogar einflussreichere Formen der fiktionalen Auseinandersetzung mit der modernen Lebenswelt gegeben hat.

Marginalität des High Modernism

Hier setzt die kulturwissenschaftlich orientierte Literaturwissenschaft an, die im Interesse einer Analyse gesamtkultureller Phänomene die Werke des literarischen Höhenkamms erstens in neue literarische Kontexte stellt und damit andere Erkenntnisinteressen neben das Kriterium der ästhetischen Qualität treten lässt, die diese Werke zweitens in Ver-

Anliegen kulturwissenschaftlicher Literaturwissenschaft

bindung mit anderen Medien betrachtet und sie drittens als kulturelle Artefakte im Rahmen weiterreichender kultureller Diskurse analysiert. Dabei ist zu betonen, dass die kulturwissenschaftliche Literaturwissenschaft literarische Texte nicht etwa als sozialhistorische Quellen auffasst, sondern als spezifischen Beitrag zu zeitgenössischen Diskursen, vielleicht vergleichbar einer Instrumentengruppe in einem Symphonieorchester. Im vorliegenden Kapitel gilt das Interesse einer Hermeneutik der Kultur, d.h. einem tieferen Verständnis der Wechselwirkungen zwischen der materialen, der sozialen und der mentalen Dimension, die die Gesamtheit und die Dynamik von Kulturen ausmachen. Besonderes Augenmerk liegt dabei auf der Konstruktion des zentralen kulturellen Mythos der *Englishness* bzw. *Britishness* und dessen Rolle bei der Herausbildung von kollektiver Identität im Rahmen einer Erinnerungskultur.

Wasteland – Boys Peeing, Fotografie des Mass-Observation Fotografen Humphrey Spender, Bolton Museum Art Gallery and Aquarium

Von Augenbrauen – den hohen, den tiefen und den mittleren

Wandel der Literaturszene im frühen 20. Jahrhundert

In welcher Weise sich Modernisten wie Wyndham Lewis und Ezra Pound vom Vergangenen absetzten und neuen Strömungen wie dem Vortizismus den Weg bereiteten, wurde bereits im Kapitel zum Bild des Menschen im Modernismus erörtert. Parallel zu solcher avantgardistischer bildender Kunst und *highbrow*-Literatur entstand jedoch auch eine moderne Massenkultur. Durch bessere Bildungschancen war das Lesepublikum stark angewachsen, und technologischer Fortschritt bei den Druckverfahren erleichterte den Übergang von der teuren, im 19. Jahrhundert üblichen *three-decker novel* zu billigen einbändigen Ausgaben. Es bildete sich ein literarischer Massenmarkt, in dessen Kontext die Beziehungen der Autoren zu ihren Verlagen zunehmend von Agenten geregelt wurden. Neue Magazine erschienen und etablierten mit ihrer Nachfrage die Kurzgeschichte als beliebtes Genre, und eine Reihe neuer Verlage wurde gegründet, so etwa Mills & Boon im Jahre 1908, dessen Name mittlerweile metonymisch für die Populärromanze steht. »Between the fall of the three-decker and the outbreak of the First World War were twenty years in which fiction was perhaps the most important sector of the leisure industry« (Kemp/Mitchell/Trotter 1997: 328).

In dieser Expansionsphase des literarischen Marktes stand eindeutig die Erzählliteratur im Zentrum und es entstand eine Reihe von neuen Genres, deren Wurzeln freilich vielfach ins 19. Jahrhundert zurückreichen; die Autoren des Oxford Companion zur eduardianischen Erzählliteratur nennen unter anderem »Boer War fiction«, »crime fiction«, »exoticism«, »fantasy fiction«, »feminist fiction«, »historical romance«, »horror stories«, »invasion scare stories«, »marriage problem fiction«, »Ruritanian romance«, »science fiction«, »spy fiction« und »suburban fiction« (ebd.: xxiii). Vieles davon ist *lowbrow writing*, die Produktion von Bestsellern zur Unterhaltung. An die in einem mitteleuropäisch anmutenden Phantasiereich angesiedelte *Ruritanian romance* von Anthony Hope, *The Prisoner of Zenda* (1894), knüpfen Texte wie Elinor Glyns *Three Weeks* (1907) an, ein Roman, der durch eine Initiationsszene auf einem Tigerfell berühmt wurde. Großen Erfolg hatten auch ›exotische‹ Geschichten aus dem Empire wie etwa Ethel M. Dells *The Way of an Eagle* (1912) oder die Wüstenromanze *The Sheik* (1919) von E.M. Hull, im Jahr 1921 ebenso erfolgreich verfilmt mit Rudolph Valentino als Scheich.

Ein weiteres großes und spezifisch britisches Segment innerhalb dieses literarischen Feldes bildet das so genannte *middlebrow writing*. Dieser Begriff entstand – in Anlehnung an die amerikanische Unterscheidung von *highbrow* und *lowbrow*, die vor dem Ersten Weltkrieg in Großbritannien auftauchte – in den späten Zwanziger Jahren. Dieses *middlebrow writing* verbindet Unterhaltung mit einem gewissen künstlerischen Ehrgeiz und einer diagnostischen, sozialkritischen Komponente. Es knüpft an Traditionen aus dem 19. Jahrhundert an, besonders an den Industrie- und Sozialroman sowie den *new woman*-Roman, und der realistische Erzählmodus wird fortgeführt. Selbstbild und Bewertung der britischen Gesellschaft – sowohl in klassen- und geschlechtsspezifischer Hinsicht als auch in Bezug auf Europa und das Empire – werden in solchen Texten sehr direkt thematisiert. Auffällig viele Autorinnen sind in diesem Bereich vertreten, so etwa May Sinclair mit Romanen wie *Kitty*

Genres der Erzählliteratur

Middlebrow Writing

Tailleur (1908), aber auch kanonisierte Autoren wie H.G. Wells, John Galsworthy und E.M. Forster sowie im Bereich des Dramas George Bernard Shaw.

Probleme literari-
scher Wertung
Selbstverständlich gibt es, wie bei allen Systematisierungen, eine Reihe von Texten, die schlecht in dieses Drei-Ebenen-Modell passen wollen. Kompliziert wird es bei Autoren wie Rudyard Kipling oder auch Rider Haggard, deren ›exotische‹ Geschichten aus dem Empire vom Genre her zur Populärliteratur zählen und daher vom kunstbeflissenen Leser nur mit Handschuhen anzufassen sind, die aber aufgrund ihrer Vielschichtigkeit schlecht mit schematisch zusammengestrickter Massenware in einen Topf geworfen werden können. Doch sind solche wertenden Systematisierungen auch nicht das Ziel der kulturwissenschaftlichen Literaturwissenschaft, sondern das Erkenntnisinteresse richtet sich unabhängig von der ›Augenbrauenhöhe‹ auf die Funktion der Texte für die Konstruktion englischer bzw. britischer Identität. Auffällig an dem wachsenden Strom von Texten und der Differenzierung und Erweiterung des Genrespektrums ist ein pikareskes Element; die Texte schweifen in die geographische Ferne und tauchen in die historische Tiefe, was, folgt man der Theoriebildung von Jan und Aleida Assmann zum kulturellen Gedächtnis, auf eine Rekonfigurierung des kulturellen Gedächtnisses am Ende der Viktorianischen Ära hindeutet.

Funktionen des
Romans
Flankiert wird diese üppige Textproduktion von einer literaturkritischen Debatte um die Funktion des Romans, an der sich bedeutende und recht unterschiedliche Autoren beteiligten, so etwa Henry James, Wells, D.H. Lawrence, Woolf, Arnold Bennett, Forster und Rebecca West. Diese Debatte erinnert daran, dass fiktionale Texte, seien sie noch so experimentell in der Form, von Menschen und ihren Erfahrungen mit der Lebenswelt handeln. Individuen und Gemeinschaften versichern sich durch die Konstruktion einer (gemeinsamen) Vergangenheit ihrer gegenwärtigen Identität. Wie im vorigen Kapitel dargelegt, stellt der Erste Weltkrieg in dieser Hinsicht einen besonders wichtigen Einschnitt dar, doch der Wandlungsprozess beginnt früher. Auch die modernistische *highbrow*-Literatur ist, u.a. durch ihre radikale Thematisierung von Fragen der Wahrnehmung und der Subjektivität, Teil dieses Prozesses. Allerdings tendieren Modernisten dazu, eine ästhetische Einheit an die Stelle einer als verloren betrachteten – oder generell unerreichbaren – Einheit im Leben zu setzen. Realistische Texte sind in ihrer inhaltlichen Auseinandersetzung mit der modernen Welt zuweilen sozialkritischer und politisch radikaler, obwohl das kritische Potential häufig durch *closure*, d.h. durch einen mehr oder weniger aufgepfropft wirkenden, harmonisierenden Schluss relativiert wird. Auch die Populärliteratur verhandelt die brisanten Themen und Entwicklungen der modernen Welt, wenngleich oft nicht mit hohem Reflexionsgrad, so

doch in sehr moderner Form, zu den Bedingungen einer konsum- und marktorientierten Massenkultur.

Obwohl somit zunächst alle literarischen Texte des frühen 20. Jahrhunderts an der Rekonfigurierung des kulturellen Gedächtnisses teilhaben, wird ihnen doch unterschiedliches kulturelles und symbolisches Kapital zugemessen. Die (universitäre) Institutionalisierung und Professionalisierung der englischen Literaturwissenschaft in den Dreißiger Jahren, wie sie etwa von F.R. Leavis vorangetrieben wurde, basiert auf Wertungen und Qualitätsurteilen, so dass die Absetzung von Massenkultur und Unterhaltung der Disziplin seit ihrer Gründung eingeschrieben ist. Der institutionalisierten Literaturwissenschaft kam es, wieder mit Jan und Aleida Assmann gesprochen, hauptsächlich auf Kanonisierung an, also auf die Festschreibung und Sicherung eines hoch geschätzten Textbestandes, der für die Bildung kollektiver Identität im engeren Sinne zur Verfügung steht. Gesellschaftlich vorgeprägte Hierarchisierungen führen dann beispielsweise dazu, dass weiblich konnotierten Genres wie dem Melodrama oder der *gothic novel* durch die Verabsolutierung bestimmter Wertsetzungen eine geringe kulturelle Bedeutung zugeschrieben wird. Solche Zuschreibungen sind von großer politischer und sozialer Wichtigkeit, denn sie bestimmen, was ins kollektive Gedächtnis aufgenommen und weiter tradiert werden soll, da es die Identität der Gemeinschaft sowohl zum Ausdruck bringt als auch in der Gegenwart und für die Zukunft formt, und was als Ausnahme und Randerscheinung zu gelten hat und daher getrost in Vergessenheit geraten darf. Folgerichtig arbeitete man am Kanon der englischen (d.h. de facto der englisch*sprachigen*) Literatur.

Kanonisierung

Solche Entwicklungen machten es lange Zeit möglich, die literarische Szene der Dreißiger Jahre – analog zu Hugh Kenners Bezeichnung des *high modernism* als *Pound Era* – metonymisch als Auden-Generation zu bezeichnen. Gemeint ist hier eine Gruppe von Literaten im Umkreis des Dichters W.H. Auden, namentlich Christopher Isherwood, Stephen Spender, Louis MacNeice und Cecil Day Lewis, die sich aus sozialistischer bzw. kommunistischer Perspektive mit ihrer Zeit auseinandersetzten. Dies wird üblicherweise im Kontext einer durch die Weltwirtschaftskrise und die Ausbreitung des Faschismus geprägten politischen Radikalisierung gesehen. Weitere kanonisierte Autoren sind George Orwell, Aldous Huxley, Graham Greene und Evelyn Waugh. Die feministische Literaturwissenschaft der letzten Jahre hat dazu beigetragen, dieses Bild der Dreißiger Jahre zu modifizieren und zu ergänzen, indem etwa an Schriftstellerinnen wie Storm Jameson, Rebecca West, Stevie Smith, Sylvia Townsend Warner, Elizabeth Bowen, Ivy Compton-Burnett, Rosamond Lehmann, Vita Sackville-West und Jean Rhys oder auch Daphne du Maurier erinnert wurde.

Die Dreißiger
Jahre

Titelblatt der Zeitschrift *Tit-Bits* anläßlich der Krönung Georgs VI. am 12. Mai 1937

Dekanonisierung Die kulturwissenschaftliche Literaturwissenschaft setzt demgegenüber noch einen anderen Akzent. Kanonisierte Autorinnen und Autoren erscheinen in einem anderen Licht, wenn ihre Texte wieder im Rahmen einer umfassenden zeitgenössischen Intertextualität situiert werden, aus dem sie durch die Kanonisierung, die ja einen Prozess der Selektion darstellt, herausgehoben wurden. So kann es aufschlussreich sein, Autoren und Autorinnen wie Joseph Conrad, Joyce und Woolf als Beiträger und Beiträgerinnen des populären Magazins *Tit Bits* zu sehen und ihre Texte in Zusammenhang mit den journalistischen Arbeiten von Winifred Holtby, Huxley oder J.B. Priestley zu bringen oder, wie David Trotter (1993: 52) anregt, Conrads Roman *Chance* (1913) neben anderen eduardianischen »novels of finance« zu lesen, statt ihn immer nur als Dokument des Niedergangs zu zitieren, weil er stilistisch nicht recht zu den hoch geschätzten früheren Romanen wie etwa *Nostromo* (1904) passen will. Ebenso könnte man die Tatsache ernst nehmen, dass Joyces moderner Odysseus in der Werbung arbeitet, so wie auch

Dorothy Sayers, Autorin von Kriminalromanen, religiösen Theaterstücken und Dante-Übersetzerin. Nancy Paxton (2000) diskutiert Forsters kanonisierten Roman *A Passage to India* (1924) im Zusammenhang mit den Kolonialromanzen der anglo-indischen Autorin Maud Diver, um die Aufmerksamkeit wieder auf üblicherweise ausgeblendete Aspekte textueller Repräsentationen des British Empire zu lenken. William Greenslade (2000) liest Forsters Kurzgeschichte »The Story of a Panic« (1904) mit Kenneth Grahames Kindergeschichte *The Wind in the Willows* (1908), um einer Naturmythologie auf die Spur zu kommen, die für die neue Definition von *Englishness* im frühen 20. Jahrhundert eine entscheidende Rolle spielt. Solche Projekte arbeiten am Abbau der Werthierarchien, damit die *Golden Twenties* und die *Red Thirties* wieder in bunt zu sehen sind.

Als die Bilder laufen lernten …

Die Einbindung der Literatur in einen intermedialen Zusammenhang könnte in der Moderne spannender nicht sein, und zwar sowohl bei den klassischen Medien wie der Malerei als auch in Bezug auf die neuen Medien Radio und Film. Nach der Gründung der BBC im Jahr 1922 wurde das Radio schnell zum Massenkommunikations- und Unterhaltungsmedium, das allerdings, seit 1927 als Anstalt öffentlichen Rechts, mit der Ausstrahlung von *Radio Drama*, klassischer Musik und informativen Sendungen auch seinem von Direktor Sir John Reith immer wieder formulierten ›Bildungsauftrag‹ nachkam. In Bezug auf die Konstruktion kollektiver Identität ist das Radio höchst interessant, da es die Grenzen zwischen Öffentlichkeit und Privatsphäre verschiebt. Das Öffentliche wirkt in das Private hinein und konstituiert über die simultan verbreitete Botschaft die Nation als Gemeinschaft von Hörern, weshalb sich das Radio auch sehr gut für Propagandazwecke einsetzen ließ. Einen Eindruck von der Wirkmächtigkeit dieses Mediums gibt die Massenpanik, die 1938 in den USA während der Übertragung des auf Wells' *The War of the Worlds* (1898) basierenden Hörspiels von Orson Welles ausbrach. Hunderttausende nahmen die im Stil einer Nachrichtensendung bzw. Life-Reportage geschilderte Invasion von Außerirdischen für bare Münze und viele begaben sich auf die Flucht oder versteckten sich im Keller.

Radio

Dem Akustischen stand das Visuelle in nichts nach. 1895 ließen die Gebrüder Lumière Bilder eines in den Bahnhof einfahrenden Zuges über die Leinwand flimmern, und von diesem Zeitpunkt an trat der Film einen unaufhaltsamen Siegeszug an. Zunächst im Sinne einer Medienkombination integriert in die Nummernfolge der populären *music halls*, entwickelte sich der Film schnell zu einem eigenständigen Un-

Film

terhaltungsmedium, und bereits 1929 entstand mit Alfred Hitchcocks *Blackmail* der erste britische Tonfilm. Allerdings stand die britische Filmindustrie trotz ihrer Vielfältigkeit und Kreativität immer im Schatten Hollywoods. Kann man mit einer gewissen Berechtigung von einer Europäisierung der Hochkultur sprechen, so steht dem eine Amerikanisierung der Populärkultur gegenüber, die sich in Konsumverhalten und Werbung und v.a. im Kino ausdrückte, das jede Woche ein Millionenpublikum anzog – und dies nicht etwa nur in großen Städten, sondern im ganzen Land. Auch hier befördert also die flächendeckende Verbreitung des neuen Mediums eine Homogenisierung und Gemeinschaftsbildung. Intermediale Beziehungen sind extrem vielfältig, so dass es bei ihrer kulturwissenschaftlichen Betrachtung angezeigt ist, begrifflich zu differenzieren und Phänomene der Transmedialität, des intermedialen Bezugs und des Medienwechsels zu unterscheiden.

Transmedialität: Literatur und Film   Bestimmte gesellschaftliche Themen und Diskurse, die in der Literatur aufscheinen, lassen sich erst durch eine transmediale, d.h. medienübergreifende Betrachtung adäquat analysieren. So bietet es sich z.b. an, das Werk Orwells, und insbesondere Texte, die sich nicht recht in die klassische Einteilung literarischer Genres fügen wollen, im Zusammenhang mit dem Film zu diskutieren (vgl. Sinyard 1986: 55–69). Denkt man an den – von John Grierson entscheidend geprägten – britischen Dokumentarfilm der Dreißiger Jahre, so lässt sich etwa Orwells *The Road to Wigan Pier* (1937) sinnvoll als Intertext zu Alberto Cavalcantis dokumentarischem Kurzfilm *Coal Face* (1935) oder Arthur Eltons und Edgar Ansteys *Housing Problems* (1935) betrachten. Text und Filme befassen sich in reformpolitischer Absicht und in einem dokumentarisch-realistischen, aber keineswegs kunstlosen Darstellungsmodus mit den Arbeitsbedingungen der Bergleute und den Lebensbedingungen der *working class* – ein brisantes Thema im krisengeschüttelten Großbritannien der Dreißiger Jahre. Umgekehrt entstehen wichtige Texte im Umkreis des Films, so dass es eigentlich keinen Grund gibt, warum Orwells *The Road to Wigan Pier* besondere literaturwissenschaftliche Aufmerksamkeit erfahren sollte, nicht aber beispielsweise das Werk des amerikanischen Filmkritikers und Drehbuchautors James Agee oder die in der Zeitschrift *Close Up* veröffentlichten Filmkritiken der modernistischen Autorin Dorothy Richardson.

Intermediale Bezüge   Intermediale Bezüge aktualisieren die Verfahren der Bedeutungskonstitution eines Mediums in einem anderen. Dabei genügt es noch nicht, wenn das andere Medium nur als Bestandteil der Dingwelt erscheint, d.h. wenn etwa im Film ein Radio als Teil einer Zimmereinrichtung zu sehen ist, sondern der spezifische Charakter des anderen Mediums muss eine Rolle spielen. Ein zentrales Beispiel ist hier die Simulation von Visualität in Erzähltexten. Die moderne Krise visueller

Wahrnehmung und die damit zusammenhängende Problematisierung der Repräsentation von Wirklichkeit bringen letztlich – anknüpfend an die Fotografie – den Film erst hervor, sozusagen als technische Umsetzung des Begehrens, die bewegte Welt dingfest zu machen. So erscheint vieles, was in lockerer Metaphorik als ›cinematographische Schreibweise‹ bezeichnet wird, eher als ein transmediales Phänomen, d.h. als Effekt eines Diskurses über die Wahrnehmung, an dem die Schrift und die visuellen Medien gleichermaßen beteiligt sind. Gemeinsam ist allen Medien das Interesse an Prozesshaftigkeit, Bewegung und Polyperspektivität, das auch in der zeitgenössischen Philosophie thematisiert wird, etwa in Henri Bergsons einflussreichem, ganzheitlichem Konzept der *durée*, der Erlebniszeit.

Alan Spiegel (1976) bezeichnet eine bestimmte Form von modernem visuellen Erzählen, die er bei Gustave Flaubert erstmals realisiert sieht, als ›*concretized form*.‹ Visuell verfahrende Autoren wie Flaubert oder auch Charles Dickens ordnen die beschriebene Welt jedoch noch analog zum Bühnenraum. Von dieser ›konkretisierten Form‹ ausgehend führt eine Entwicklungslinie zu einer radikalen Hinterfragung der Wahrnehmung und damit zu einer Interiorisierung und Psychologisierung des Erzählens in der modernen Prosa, die andere zur ›filmischen Schreibweise‹ im engeren Sinn. Bei letzterem intermedialen Bezug von Text und Film werden in einem Medium die Verfahrensweisen des anderen aktualisiert, indem die Literatur den ›filmischen Blick‹ übernimmt. Dieser ist distanziert, leidenschaftslos und radikal perspektiviert, denn die Kamera ist objektiv und subjektiv zugleich; sie erfasst *alles*, was *aus ihrer Perspektive* sichtbar ist. Spiegel zitiert beispielhaft eine Szene aus Joyces *Ulysses*, in der Stephen Dedalus, den Kopf in die Hand gestützt, aufs Meer hinausblickt: »Across the threadbare cuffedge he saw the sea« (ebd.: 63). Gerade die Einschränkung des Blickfelds erzeugt hier einen der Kameraeinstellung analogen Effekt.

Visuelles Erzählen

Der direkteste intermediale Bezug ist schließlich gegeben, wenn Autoren wie Huxley oder Greene ihr Erzählen selbst als *camera eye*-Technik beschreiben. Folgerichtig vollziehen sie auch gelegentlich den Medienwechsel und schreiben für den Film. Allgemein ermöglicht die Kenntnis des Filmischen ein anderes Lesen und Schreiben und fügt der Kommunikation zwischen Autor und Leser eine mediale Dimension hinzu. In der Moderne schärfte die Konfrontation mit dem Film den Blick für die spezifische Leistungsfähigkeit und die Grenzen der Sprache.

Camera Eye-Technik

Die Bedeutung des Medienwechsels – eines zentralen Themas kulturwissenschaftlicher Analysen – zeigt sich in der Zeit des britischen Stummfilms auch an den recht engen Beziehungen zwischen Theater und Film: Viele Dramen, wie auch andere literarische Texte, dienten als Grundlage für Verfilmungen, und manche Schauspieler standen gar

Medienwechsel: Theater und Film

am selben Tag vor der Kamera und auf der Bühne. Mit dem Tonfilm wandelte sich die Beziehung eher zu einem Konkurrenzverhältnis, was auch für die Erzählliteratur gesagt werden kann, obwohl immer ein bedeutender Anteil der Filmproduktion auf literarischen Vorlagen beruhte. Die gebildete Mittel- und Oberschicht, die die Theater des Londoner West End frequentierte, sah allerdings noch lange auf den Film herab, und trotz des kommerziellen Erfolgs v.a. des amerikanischen Kinos bemühte sich Hollywood gelegentlich, das Ansehen des Films durch prestigeträchtige Projekte zu steigern; z.B. mit William Dieterles auf Max Reinhardts Inszenierung beruhender Verfilmung von William Shakespeares *A Midsummer Night's Dream* (1935), unterlegt mit der Musik von Felix Mendelssohn-Bartholdy.

Literatur-
verfilmung:
*The Thirtynine
Steps* (1935)

The Thirtynine Steps
(1935), Regie Alfred
Hitchcock, mit Robert
Donat und Madeleine
Carroll

Literaturverfilmungen populärer Werke sind auch für die Untersuchung von Kulturthemen und Diskursen über (nationale) Identitätsbildung im Modernismus oft sehr aufschlussreich. Die Konstruktion von *Britishness* kann etwa anhand eines Vergleichs zwischen dem Spionage-Thriller *The Thirtynine Steps* (1935) des englischen Regisseurs Alfred Hitchcock und der gleichnamigen Romanvorlage des populären Autors John Buchan von 1915 analysiert werden. Buchan inszeniert die Bildung kollektiver britischer Identität angesichts feindlicher Infiltrierung im intertextuellen Bezug auf koloniale Abenteuergeschichten à la Kipling und Rider Haggard. Hitchcock reduziert den patriotischen Aspekt und lädt die Geschichte mit erotischer Spannung auf, indem er den Helden mit Handschellen an eine widerwillige Blondine gefesselt vor Polizei und feindlichen Agenten durch die schottischen Highlands fliehen lässt. Damit trägt der Film im Tempo, der Inszenierung des Geschlechterverhältnisses und der innovativen *mise-en-scène* bereits die Handschrift des *master of suspense*, worauf man auch in Hollywood aufmerksam wurde. Hitchcock positioniert seinen Film als Fluchtpunkt vielfältiger intermedialer Bezüge. Zermürbend schrillt das Telefon, und die moderne Nachrichtentechnik trägt die Kunde von der angeblichen Mordtat des Helden ohne Zeitverlust bis in den letzten Winkel Schottlands, wobei ein faszinierender visueller Kontrast zwischen archaischer Landschaft und moderner Technik geschaffen wird. Außerdem beginnt und endet die Geschichte in einer Londoner Music Hall, und beim dramatischen Showdown stellt sich heraus, dass ein Gedächtniskünstler die bedrohten Staatsgeheimnisse auswendig gelernt hatte. Mr Memory wird auf offener Bühne erschossen, und die Blondine hat ihren Widerwillen vergessen.

Tut-ench-Amun *doing the Lambeth Walk*

Das frühe 20. Jahrhundert steht, wie bereits im Kontext der Literatur deutlich wurde, im Zeichen einer Rekonfiguration des kulturellen Gedächtnisses, was sich mentalitätsgeschichtlich u.a. in einem großen Interesse an Mythen ausdrückt. Auf historischer Ebene untersuchte man die verschiedensten Mythologien – ägyptische, indische, griechische, keltische – auf anschlussfähige Gründungserzählungen und Sinnmuster. Der Anthropologe Sir James Frazer veröffentlichte unter dem Titel *The Golden Bough* zwischen 1890 und 1915 ein zwölfbändiges Kompendium mythischer Motive, das reißenden Absatz fand. Auch die Durchsetzung politischer Selbstbestimmung in Irland verband sich mit einer nationalen Mythologie, wie sie von Yeats und anderen Literaten im Rahmen des *Irish Revival* formuliert wurde. In England gründete der exzentrische Werbedesigner John Hargrave 1920 mit dem *Kibbo Kift* eine bemerkenswerte Bewegung, die einen ›altenglischen‹ Naturkult pflegte und in Riten mit eklektischer Ikonographie indianische, germanische, keltische und ägyptische Motive zu einer archaisierenden und damit zugleich spezifisch modernen Ästhetik zusammenfügte. Zu Beginn der Dreißiger Jahre politisierte sich der *Kibbo Kift* und wandelte sich, wiederum zeittypisch, zum ›Green Shirt Movement of Social Credit‹. Als ›primitiv‹ betrachtete afrikanische Kunst stand hoch im Kurs, und es entstand eine Begeisterung für Ägypten, die sich 1922 nach Howard Carters Entdeckung des Grabes Tut-ench-Amuns im Rahmen des ersten wirklich modernen Medienereignisses zu einem *Tut craze* auswuchs. Man tanzte den ›Tutankhamen Rag‹, trug Kleid, Schuhe und Tasche mit ägyptischen Motiven und saß auf Stühlen im Stil des *Egyptian art deco* (vgl. North 1999: 19–27). Charakteristisch für die Moderne ist dabei nicht nur der eklektische und globale Charakter dieser Phänomene, sondern auch die Tatsache, dass die Arbeit am Mythos und am kulturellen Gedächtnis bis in die Freizeitgestaltung und die warenförmigen Beziehungen der Massenkultur hineinwirkte.

Mythos, kulturelles Gedächtnis und Massenkultur

Trained themselves
For the fight
Made ready;
Still seeking
The key
To the riddle
Of these days.

The Kinlog (1927), die Annalen des *Kibbo Kift,* aus dem Ausstellungskatalog des Museum of London, *Twenties London,* hrsg. Cathy Ross, 2003

Mass Observation   Dieser diachronen Bewegung entspricht eine synchrone, denn die Gesellschaft begann auch, gewissermaßen im Sinne systemtheoretischer Komplexitätssteigerung, sich selbst zu beobachten. Der Ethnologe Bronislaw Malinowski kehrte aus Papua Neu-Guinea zurück und forderte, auch die Ethnologie als Wissenschaft müsse ›nach Hause kommen‹ und die neue Technik des *fieldwork* an der eigenen Gesellschaft erproben. Der Ruf blieb nicht ungehört, und im Jahr 1937 gründete eine Gruppe von Künstlern und Ethnologen (Charles Madge, Humphrey Jennings, Tom Harrison) die *Mass Observation,* deren Ziel es war, möglichst viele Beobachter ihr Tun aufzeichnen zu lassen und aus den so entstehenden Sinngeweben ein tieferes Verständnis für die Gesellschaft und Lösungsmöglichkeiten für soziale Probleme zu gewinnen. Mit dem ihr eigenen Sinn für Demokratisierung beschrieb die *Mass Observation* auch kulturelle Phänomene wie die Verbreitung des Lambeth Walk, einem Tanz aus dem populären Musical *Me and My Girl* (1937) von L. Arthur Rose und Douglas Furber, das 1939 unter dem Titel *The Lambeth Walk* mit dem beliebten Lupino Lane in der Hauptrolle von Albert de Courville verfilmt wurde (vgl. Richards 1998: 108–13). Dieser sensationell populäre Tanz symbolisierte die Selbstbehauptung und Lebensfreude der *working class* gegenüber einer vermeintlich blutleeren Aristokratie und eignet sich daher als Ansatzpunkt für eine Analyse der medialen Repräsentation sozialer Differenzkategorien wie Klasse und Geschlecht.

Identität und Gedächtnis

Joyces *Ulysses* und Eliots *The Waste Land* sind in ihrer Aneignung der Mythologie »hypoleptisch« im Sinne Jan Assmanns, d.h. sie beziehen sich »auf Texte der Vergangenheit in der Form einer kontrollierten Variation« (Assmann 2000: 281). Im Kontext der Rekonfigurierung des kulturellen Gedächtnisses erzeugen sie eine »kontrapräsentische Erinnerung« (ebd.), die den Mythos als eigene Geschichte reklamiert und damit die fragmentierte Alltagserfahrung der Moderne in einem historischen Sinnsystem verankert. Auch in Texten der späten Zwanziger und frühen Dreißiger Jahre ist die Erinnerung zentral; sie manifestiert sich hier oft in einem Hang zur Elegie und zu dystopischen Entwürfen, der allenfalls durch Visionen mystisch-religiöser Natur aufgefangen wird, wie sie u.a. im Spätwerk von Eliot oder in J.R.R. Tolkiens *Lord of the Rings* (1954) zum Tragen kommen. Im Diskurs über die nationale Identität wird die Verunsicherung dann in dem Maße von der Affirmation abgelöst, wie sich propagandistische Elemente verstärken. Besonders der Film spielt hier eine wichtige Rolle, so dass der Zweite Weltkrieg als *Golden Age of British Cinema* gilt. Im Angesicht der Bedrohung von außen transformiert sich die Dynamik der Erinnerungskultur zu einem nationalistischen Impuls, der eine möglichst homogene, vom kollektiven Gedächtnis getragene nationale Identität erzeugt.

Literatur als Medium der Erinnerungskultur

»These fragments I have shored against my ruins,« formuliert Eliot am Ende von *The Waste Land* (Z. 430) mit Blick auf seine Zitat- und Montagetechnik, und letztlich besteht Kultur immer aus einer solchen Ansammlung von Bruchstücken, die in unterschiedlicher Weise zusammensetzbar sind. So präsentiert dieses Kapitel auch keine ›große Erzählung‹, sondern eher einen Blick in ein Kaleidoskop, dessen bunte Muster und immer neue Konfigurationen deutlich machen, dass die Reflexion der Kultur ein unabschließbarer – und sehr reizvoller – Prozess ist. Letztlich geht es darum, eine Welt zu verstehen, die mehr zu bieten hat als Höhenkämme, auch wenn es dort oben sehr schön sein kann.

The Waste Land (1922)

Vom Zweiten Weltkrieg bis zur Gegenwart

Vera Nünning

Einführung

Die neutrale Überschrift ›Vom Zweiten Weltkrieg bis zur Gegenwart‹ deutet bereits an, dass für diese Zeitspanne bislang keine befriedigende Bezeichnung gefunden wurde. In Analogie zur ›Moderne‹ hat sich zwar der Begriff ›Postmoderne‹ eingebürgert, aber eine präzise zeitliche Eingrenzung dieser Epoche wird meist gar nicht erst versucht; statt dessen hat sich die Einsicht durchgesetzt, dass typisch postmodernistische Darstellungsverfahren nur in relativ wenigen Werken der britischen Literatur eine bedeutende Rolle spielen. Gleichzeitig ist offensichtlich, dass der Zweite Weltkrieg einen wichtigen Wendepunkt markiert. Nach dem Krieg begann in Großbritannien der Aufbau des *Welfare State,* und ein Anstieg der Subventionen für Kunst und Bildung ermöglichte es erstmals einer etwas größeren Zahl von Mitgliedern aus der Unterschicht, an allen Bereichen des Literatursystems mitzuwirken. Andererseits konnte auch die Tatsache, dass Großbritannien im Zweiten Weltkrieg erneut zur Seite der Sieger gehört hatte, nicht darüber hinwegtäuschen, dass die Stellung als Weltmacht unwiederbringlich verloren war. Die Bildung eines nationalen Selbstbildes, das der neuen Situation Rechnung trug, wurde erschwert durch die Dekolonialisierung, wirtschaftliche Schwierigkeiten und neuerdings durch die *devolution,* d.h. die Rückführung politischer Entscheidungsgewalt in die Mitgliedsnationen des United Kingdom, Wales, Schottland und Irland. Tony Blairs Versuch, mit der New Labour Regierung einen nationalen Imagewechsel einzuleiten und Engländer, Schotten, Waliser und Nordiren – einschließlich der ethnischen Minderheiten – hinter dem Banner der *Cool Britannia* zu einer ›Modellnation für das 21. Jahrhundert‹ zu vereinen, sorgte dafür, dass die Diskussion um die nationale Identität heute noch nicht abgeschlossen ist.

Der Neubeginn nach dem Krieg gestaltete sich auch im Literatursystem zunächst schwierig. Erst in den 1950er Jahren trat eine neue Generation von Dramatikern und Dramatikerinnen, Lyrikern und Romanciers hervor, die eine kritische Bilanz der gesellschaftlichen Situation im Britannien der Nachkriegszeit zog: Die so genannten *angry young*

Epochen-abgrenzung

Angry Young Men

men befassten sich mit Klassengegensätzen, repressiven Machtstrukturen und der Blasiertheit des Establishment; oft kreisen ihre Werke um unangepasste junge Intellektuelle, denen der soziale Aufstieg trotz Intelligenz und Witz nicht recht gelingen will. Der Oberbegriff *angry young men* ist zwar umstritten, zumal er eine Dramatikerin wie Shelagh Delaney ausblendet, er wird aber u.a. deshalb verwendet, weil er zeitspezifische Konstruktionen von *masculinity* andeutet.

Interesse an Gender — In der Nachkriegsgeneration reagierten Konzepte von Männlichkeit u.a. auf Veränderungen der politischen Lage sowie der Freizeitgestaltung. In der Literatur der Nachkriegsjahre grenzen sich männliche Figuren, ähnlich wie Vorbilder aus Filmen und der populären Musikszene als Anti-Helden von traditionellen, ›eduardianischen‹ Männlichkeitskonstrukten ab. Frauenfiguren veränderten sich demgegenüber zunächst nur geringfügig: gerade in der Literatur der *angry young men* werden sie oft aus männlicher Perspektive als eindimensionale Typen dargestellt, die gängigen Klischees entsprechen. Dies änderte sich mit der zweiten Frauenbewegung, die das Bewusstsein für die Benachteiligung von Frauen und die Einseitigkeit der traditionellen Frauenrollen schärfte, und in deren Folge ein breites Spektrum von ›Frauenliteratur‹ entstand, das die Probleme der Protagonistinnen einfühlsam beleuchtete. Zu Beginn des neuen Millenniums hat sich die Gewichtung wieder verschoben: Die so genannten *new men* versuchen, spezifisch männliche Gefühlswelten zu entdecken, und Autorinnen sowie Autoren spielen mit verschiedenen Geschlechter-Masken und -Maskeraden, die im Konzept der Metrosexualität ihren vorläufigen Höhepunkt gefunden haben. Parallel dazu werden in der so genannten Pop-Literatur konsumorientierte Formen von Identität entworfen.

Have Fun! — Die Entwicklung einer Konsum- und ›Spaßgesellschaft‹ wurde schon durch die Liberalisierung in den 1960er Jahren begünstigt. In der *permissive society* verloren viele frühere Tabubereiche an Bedeutung, der Literatur wurden neue Wirklichkeitsbereiche erschlossen, und die Zensur wurde gelockert: Dass ein Buch wie *Lady Chatterley's Lover* erst seit 1960 in Großbritannien vertrieben werden darf, erscheint angesichts der heutigen Allgegenwart von Sexualität fast schon skurril. Der kulturelle Imperativ, der im 19. Jahrhundert noch auf die Formel ›*Work!*‹ gebracht werden konnte, wurde allmählich ersetzt durch die Aufforderung ›*Have Fun!*‹ Konsum und Vergnügen spielen eine zunehmend größere Rolle, und auch von der Literatur wird immer weniger erwartet, ethische Werte zu vermitteln, verborgene Wahrheiten aufscheinen zu lassen oder die gesellschaftliche Entwicklung bzw. Kulturthemen der Zeit kritisch zu reflektieren.

Kommerzialisierung von Literatur — Die Kommerzialisierung des Freizeitverhaltens machte auch vor der Literatur nicht Halt, und eine immer engere Vernetzung zwischen Verlagen und anderen (Groß)Unternehmen prägt nicht nur Vertrieb und Marketingstrategien literarischer Werke, sondern entscheidet auch darüber, was gedruckt wird. Literarische Ereignisse werden genauso ›gesponsert‹ wie andere ›Events‹ auch, und zur Verleihung des renommierten Booker Prize kann man jährlich beobachten, wie Literatur nach allen Regeln der Kunst medienwirksam vermarktet wird.

Eng mit der Kommerzialisierung verbunden ist die ständig wachsende Bedeutung der Medien. Durch neue Formen der elektronischen Datenverarbeitung und Informationsvermittlung ist die Welt zum *global village* geworden, wobei die Wahrnehmung der Wirklichkeit zusätzlich stark durch das Fernsehen beeinflusst wird. Die Vermischung von Information und Unterhaltung sowie die medienspezifische Aufarbeitung von Nachrichten führen zu einer Inszenierung bzw. Erzeugung von Wirklichkeit als Medienereignis. Dass die Inszenierung etwa von Politik mindestens genauso wichtig ist wie deren Inhalte, ist seit der berühmten Fernsehdebatte zwischen Nixon und Kennedy während des Wahlkampfes von 1960 überdeutlich geworden; einen neuen Höhepunkt des Medienmanagements liefert die New Labour Regierung unter Blair. Das geschärfte Bewusstsein für Performanz und die mediengerechte Konstruktion von Ereignissen und Bildern kennzeichnet jedoch nicht nur die moderne Mediendemokratie, sondern alle Bereiche der Gesellschaft, auch das Literatursystem.

Bedeutung audiovisueller Massenmedien

Die Verbindung zwischen Literatur und anderen Medien zeigt sich u.a. daran, dass Autoren und Autorinnen oftmals für mehrere Medien gleichzeitig tätig sind, und an ihrer ›Medienpersona‹ arbeiten, um die eigenen Produkte adäquat vermarkten zu können. Zudem ist das gesamte Literatursystem nun fest im größeren Medienverbund verankert und auf vielfältige Weise mit anderen Medien vernetzt. Besonders eng sind die Beziehungen zu Film und Fernsehen. Viele der bedeutenden Romane werden bereits ›multimedial‹, d.h. im Hinblick auf ihre Verwertung in verschiedenen Medien, konzipiert. Daher hat sich ein Wechselverhältnis zwischen Literatur, Film und Fernsehen herausgebildet, in dem Themen wie auch Darstellungsverfahren, Motive und Genrekonventionen unbekümmert ausgetauscht werden. Einen Einblick in diese intermedialen Wechselwirkungen bietet das Kapitel zu multimedialen Koppelungen in der Literatur seit 1945.

Literatur im Medienverbund

Die enge Verzahnung von Literatur und Film deutet bereits an, dass früher voneinander getrennte Genres nun häufig nicht mehr klar voneinander geschieden werden können. Vielmehr kommt es auf unterschiedlichen Ebenen zur Vermischung von Gattungen: Hybride Werke wie etwa Antonia Byatts Roman *Possession* (1990) vereinigen Erzählweisen unterschiedlicher Subgenres innerhalb einer Gattung, und sogar die Grenzen zwischen Fiktion und Dokumentation sind oft nicht mehr klar

Hybridisierung

erkennbar. Mischformen wie *docu-drama* oder Infotainment erfreuen sich ebenso großer Popularität wie (fiktionale) Biographien und Autobiographien. Die zunehmende Ausdifferenzierung von Gattungen und Schreibweisen in der Postmoderne geht daher einher mit einer Tendenz zur Hybridisierung.

Interkulturalität   Alle genannten Entwicklungen – von der Kommerzialisierung über die Verankerung im Medienverbund bis zur Hybridisierung – kennzeichnen auch die Literatur, die von (früheren) Immigranten aus dem Commonwealth geschrieben wird. Die Einwanderungswellen, die auf die Dekolonialisierung folgten, bereicherten nicht nur die englische Küche, sie förderten auch eine stetig wachsende Zahl von Autoren und Autorinnen zu Tage, deren ethnische Wurzeln außerhalb der britischen Inseln liegen. Diese Schriftsteller und Schriftstellerinnen, deren Bedeutung für die in Großbritannien produzierte Literatur in den letzten Jahrzehnten enorm gestiegen ist, leben oftmals nicht in der ersten Generation in ihrer Wahlheimat; viele sind in England sozialisiert und daher sowohl in der englischen Kultur als auch in der ihrer Vorfahren verankert. Ihre ebenso innovativen wie facettenreichen Werke stellen den wohl wichtigsten Beitrag zur Geschichte der englischen Literatur seit 1945 dar. Das letzte Kapitel dieses Bandes beschäftigt sich daher mit der Interkulturalität in der Literatur der ethnischen Minderheiten, die sich unter anderem mit der Problematik persönlicher und nationaler Identität auseinander setzt.

Marion Gymnich

Gender in der Literatur seit den 1960er Jahren

Vorstellungen von Geschlechterbeziehungen sowie von geschlechtstypischen oder geschlechtsspezifischen Attributen und Verhaltensmustern bilden keine überzeitlichen und kulturübergreifenden Konstanten; sie sind vielmehr stets das Produkt einer bestimmen Epoche und Kultur. Konzepte von Weiblichkeit und Männlichkeit werden in einer Gesellschaft in unterschiedlichen Diskursen, so etwa dem medizinischen, dem psychologischen, dem politischen oder auch dem juristischen Diskurs, konstruiert, verbreitet und verfestigt. Der Einsicht in die kulturelle und historische Variabilität und damit in den Konstruktcharakter der Kategorie Geschlecht versucht die Differenzierung zwischen *sex* (biologischem Geschlecht) und dem nicht notwendig aus biologischen Geschlechtsunterschieden resultierenden Konstrukt *gender* (sozialem Geschlecht) Rechnung zu tragen. Diese terminologische und konzeptuelle Unterscheidung wird von vielen feministischen Theoretikerinnen und Theoretikern vertreten, hat aber v.a. den Forschungszweig der *Gender Studies* maßgeblich beeinflusst, der sich in den 1980er Jahren etablierte. Dass sich Auffassungen davon, was Männlichkeit und Weiblichkeit ausmacht und was Geschlechterbeziehungen – u.a. im Rahmen der Strukturen von Ehe und Familie – prägt, im Verlauf der englischen Kulturgeschichte mehrfach signifikant verändert haben, verdeutlichen auch die Wandlungen im 18. Jahrhundert, die im Kapitel zur Empfindsamkeit erörtert werden. Einen der wichtigsten Einschnitte in der Entwicklung der Vorstellungen von Männlichkeit und Weiblichkeit bilden die 1960er und 1970er Jahre.

Die kritische und kontroverse Auseinandersetzung mit dem Themenkomplex Geschlecht in diesen beiden Jahrzehnten ist insbesondere auf die Impulse der zweiten Frauenbewegung zurückzuführen, die Ende der 1960er Jahre entstand. Das britische Women's Liberation Movement formierte sich unter dem Einfluss der amerikanischen Frauenbewegung seit 1969 durch die Gründung zahlreicher Frauengruppen sowie durch eine von Sheila Rowbotham und Sally Alexander organisierte Konferenz in

Oxford (1970) und die erste große Demonstration der Frauenbewegung in London (1971). Der Beginn der zweiten Frauenbewegung in Großbritannien wird oft auch mit der Fünfzigjahrfeier anlässlich der Erlangung des Frauenwahlrechts im Jahr 1968 gleichgesetzt. Die öffentliche Diskussion in den 1960er und 1970er Jahren wurde maßgeblich durch die feministische Kritik an traditionellen Vorstellungen von Männlichkeit und Weiblichkeit sowie an der gesellschaftlichen Ungleichbehandlung der Geschlechter bestimmt; seit den 1980er Jahren verlor die politisch organisierte Frauenbewegung an Impetus, und das Interesse an *masculinities* sowie an grundsätzlichen Aspekten der gesellschaftlichen Konstruktion von (Zwei)Geschlechtlichkeit wuchs. Zur *gender*-Debatte seit den 1960er Jahren entscheidend beigetragen hat neben der Frauenbewegung auch die Lesben- und Schwulenbewegung, das Gay Liberation Movement, das die öffentliche Präsenz und Akzeptanz von Homosexualität förderte.

Gender und Literatur seit den 1960er Jahren

Literatur kann in sehr unterschiedlicher Weise auf in einer Gesellschaft kursierende Vorstellungen von Männlichkeit und Weiblichkeit reagieren. Oft bestätigen literarische Werke im Wesentlichen die in anderen Diskursen konstruierten Auffassungen von Geschlecht, aber im fiktionalen Freiraum werden Geschlechtervorstellungen auch kritisiert, und es können Alternativen zur gesellschaftlichen Geschlechterordnung entworfen werden. Seit den 1960er Jahren entstand eine Fülle von literarischen Texten, in denen das Funktionspotential von Literatur als Instrument feministischer Kritik zum Tragen kommt. Das zunehmende öffentliche Interesse an feministischen Fragestellungen ermöglichte zudem Neuerungen im britischen Literaturbetrieb, die das Entstehen und die Verbreitung feministisch geprägter Literatur begünstigten: Verschiedene feministisch ausgerichtete Verlage wurden gegründet (z.B. Virago im Jahr 1973 und The Women's Press im Jahr 1978), und 1974 entstand mit Onlywomen Press ein Verlag, der gezielt lesbische Autorinnen und Leserinnen anzusprechen sucht. Außerdem konstituierten sich nach Beginn der zweiten Frauenbewegung feministische Theatergruppen (u.a. Women's Company, New Women's Theatre und Monstrous Regiment), die – in Anlehnung an die Tradition des *suffrage play*, die im Kontext der ersten Frauenbewegung entstanden war, – das Theater für den Kampf um weibliche Emanzipation nutzten, indem sie erstens Stücke mit oft provokativer feministischer Thematik aufführten und zweitens an der Aufführung ausschließlich oder zumindest primär Frauen beteiligten.

Feministische Kritik in der Literatur der 1960er bis 1980er Jahre

Betonung der Geschlechterdifferenz

Die zweite Frauenbewegung setzte sich nicht nur für die gesellschaftliche Gleichberechtigung von Frauen ein (*equal rights feminism*), sondern auch für die Anerkennung von Werten und Eigenschaften, die als weiblich betrachtet wurden, z.b. Emotionalität oder Naturnähe. Dies ging bisweilen mit essentialistischen Vorstellungen von Geschlecht einher. So wurde eine Gleichberechtigung der Geschlechter keineswegs mit einer Aufhebung der Geschlechterdichotomie gleichgesetzt, sondern Geschlechterdifferenzen wurden oft sogar nachdrücklich betont. In der feministischen Literatur wurde die Beziehung zwischen Männern und Frauen dominant als Kluft oder gar als Geschlechterkampf dargestellt: Beziehungen zwischen den Geschlechtern erscheinen als durch divergierende psychische Dispositionen, diskrepante Erfahrungen und unvereinbare Bedürfnisse bestimmt. Bisweilen werden in literarischen Texten nahezu mythische Vorstellungen von genuiner Weiblichkeit beschworen, die freilich angesichts der gesellschaftlichen Privilegierung des Männlichen erst wiederentdeckt werden müssen. So fordert etwa die Protagonistin in Michèle Roberts' Roman *The Book of Mrs Noah* (1993 [1987]: 43): »I want to be everything: I want to be virgin, amazon, lesbian, mother, lover of men, artist, friend«. Androgyne Konzepte von Geschlecht, wie sie beispielsweise in Roberts' *The Visitation* (1983) entwickelt werden, bilden hingegen eher die Ausnahme und sind auch im Feminismus durchaus umstritten, da sie vielfach als Aufgabe von Weiblichkeit zu Gunsten von männlich geprägten Vorstellungen interpretiert werden.

Auf weibliche Emanzipation wird in literarischen Texten weniger durch die Repräsentation weiblicher Rollenvorbilder referiert als durch eine Problematisierung der Ursachen für fehlende weibliche Emanzipation. Literarische Texte befassen sich immer wieder mit den sozialen und psychischen Barrieren, die vielen Frauen eine Emanzipation aus traditionellen Geschlechterverhältnissen erschweren. Doris Lessings *The Summer before the Dark* (1973) beispielsweise inszeniert das mangelnde Verständnis, das Emanzipationsbestrebungen der Protagonistin Kate Brown in der Familie und im Bekanntenkreis entgegengebracht wird. Häufig wird auch die Sozialisation in Familie und Schule als entscheidender Faktor für eine Aufrechterhaltung traditioneller Geschlechterverhältnisse dargestellt. Roberts' *The Visitation* schildert etwa, dass die Eltern an ihren Sohn Felix aufgrund seines Geschlechts völlig andere Erwartungen stellen als an dessen Zwillingsschwester Helen. Zugleich gestehen sie den Zwillingen unterschiedliche Handlungsfreiräume zu. Im Sozialisationsprozess wird Helen insgesamt der Eindruck vermittelt, dass Frauen minderwertig seien, was sie noch als Erwachsene belastet und zum Entstehen einer schweren psychischen Krise beiträgt.

Weibliche Emanzipation

Die Kritik an herkömmlichen Frauenbildern und an der traditionellen gesellschaftlichen Rollenverteilung, d.h. an der Festlegung von Frauen auf die Rollen als Ehefrau, Mutter und Hausfrau, war ein zentrales Anliegen der zweiten Frauenbewegung. Dass Frauen nach dem

Kritik an Geschlechterrollen und Frauenbildern

zweiten Weltkrieg erneut verstärkt auf den häuslichen Bereich beschränkt wurden, kritisierte z.b. die amerikanische Feministin Betty Friedan in ihrer einflussreichen Studie *The Feminine Mystique* (1963). Fiktionale Literatur inszeniert die feministische Kritik an weiblichen Rollenmustern und an Frauenbildern vielfach durch die Gegenüberstellung von Frauenfiguren, an denen exemplarisch soziale und psychische Folgen der Erwartungen, die aufgrund ihres Geschlechts an Frauen gestellt werden, aufgezeigt werden (z.b. negative Sanktionen aufgrund einer starken Ausrichtung auf eine berufliche Karriere oder psychische Krisen infolge einer Beschränkung auf die Hausfrauenrolle). In Fay Weldons Roman *Female Friends* (1975) etwa verkörpern die unattraktive Karrierefrau Marjorie, die attraktive, egoistische und sexuell aktive *femme fatale* Grace und die aufopfernde, selbstlose Ehefrau, Hausfrau und Mutter Chloe in satirisch überspitzter Form drei gängige Frauenbilder. Caryl Churchills Drama *Top Girls* (1982) verleiht der Auseinandersetzung mit den Implikationen weiblicher Rollenmuster und Frauenbilder zusätzlich eine historische Komponente, indem es der modernen Karrierefrau Marlene historische und literarische Frauenfiguren gegenüberstellt, die unterschiedliche Frauenbilder und die mit diesen verbundenen Probleme repräsentieren. Zu diesen Figuren zählen die duldsame Ehefrau ›Patient Griselda‹ aus Geoffrey Chaucers mittelenglischen *Canterbury Tales* und ›Pope Joan‹, die als Johannes angeblich von 854–856 Papst war, die sich also als Mann ausgegeben und die Machtposition eines Mannes für sich beansprucht hat. Das Frauenbild der Hexe, das aufgrund seines subversiven, anti-patriarchalischen Potentials auch immer wieder von der Frauenbewegung beschworen wurde, wird z.b. in Churchills Drama *Vinegar Tom* (1976) und in Eva Figes' *The Seven Ages* (1986) aufgerufen, um weiblichen Widerstand gegen traditionelle Rollenmuster zum Ausdruck zu bringen.

Stereotype
Männerbilder

Die Problematisierung konventioneller weiblicher Rollen und die Kritik an patriarchalischen Strukturen geht in der feministischen Literatur häufig mit einer relativ stereotypen Darstellung männlicher Figuren einher. Diese fungieren zumeist nur als Nebenfiguren mit geringer psychologischer Komplexität und dienen oftmals primär als Zielscheibe feministischer Kritik. Männer figurieren insbesondere als selbstgefällige Paschas und als untreue, gefühlskalte oder verständnislose Ehemänner bzw. Liebhaber, die die Frauen ihrer Umgebung weiterhin auf traditionelle Geschlechtsrollen festzulegen versuchen. Väter erscheinen v.a. als konservative Patriarchen, die weder ihren Ehefrauen noch ihren Töchtern Freiräume für die eigene Entwicklung zugestehen und die bestrebt sind, die Frauen in ihrer Familie an einer Emanzipation aus konventionellen Geschlechtsrollen zu hindern. Diesen Typus verkörpert etwa Harry Bretton in Elizabeth Taylors Roman *The Wedding Group*

(1968), der in autoritärer, despotischer Weise das Leben seiner Kinder und Enkelkinder zu bestimmen sucht, oder Bill Potter in A.S. Byatts *The Virgin in the Garden* (1978).

Angesichts der gemeinsamen Erfahrung von gesellschaftlicher Benachteiligung propagierte die zweite Frauenbewegung das Ideal weiblicher Solidarität, die Entwicklung eines Bewusstseins von Schwesterlichkeit, ›sisterhood‹, als wichtige Voraussetzung für die Überwindung der Benachteiligung von Frauen. Diese Idealvorstellung findet in der Literatur auch darin Niederschlag, dass häufig Frauenfiguren – v.a. Mütter, Großmütter, Freundinnen und Töchter – als Mentorinnen fungieren, die die Protagonistin zur Reflexion über die Geschlechterordnung anregen oder ihr eine neue, positive Sichtweise von Weiblichkeit vermitteln. In Figes' Roman *The Seven Ages*, einer Art Chronik der Unterdrückung von Frauen, die sich über verschiedene Zeitebenen vom frühen Mittelalter bis in die Gegenwart erstreckt, kommt immer wieder solidarisches Handeln unter Frauen als Reaktion auf männliche Unterdrückung und Brutalität zum Tragen. Auch Pat Barkers *Union Street* (1982) stellt weibliche Solidarität als Gegengewicht zu männlicher Gewalt gegenüber Frauen dar. Das Ideal weiblicher Solidarität wird in der Literatur aber auch ironisch in Zweifel gezogen, z.B. in dem Roman *Praxis* (1978) von Fay Weldon, der u.a. die Rivalität von zwei Schwestern schildert, oder in Louise Pages Drama *Golden Girls* (1984), das um die zwischen Solidarität und Rivalität angesiedelten Beziehungen innerhalb einer Gruppe von Sportlerinnen kreist.

> Weibliche Solidarität

Die Auseinandersetzung mit Mutterschaft spielte in dem Women's Liberation Movement u.a. in Zusammenhang mit den politischen Forderungen nach dem Recht auf Schwangerschaftsverhütung und -abbruch sowie nach der Bereitstellung freier Kinderbetreuung durch den Staat eine wichtige Rolle. Die praktischen und emotionalen Probleme, die sich für eine junge Frau durch eine ungewollte Schwangerschaft und durch die Belastung als allein erziehende Mutter stellen, werden in Margaret Drabbles Roman *The Millstone* (1965) anhand der Protagonistin und Ich-Erzählerin Rosamund Stacey aufgezeigt. Während die Mutterschaft jedoch von Rosamund ebenso wie von der Protagonistin in Drabbles *The Waterfall* (1969) trotz aller Schwierigkeiten als positive, bereichernde Erfahrung erlebt wird, zeichnen andere Romane ein dominant negatives Bild von der Mutterrolle. Penelope Mortimers *The Pumpkin Eater* (1962) und Lessings *The Summer Before the Dark* setzen den Akzent auf die Einschränkungen für die weibliche Lebensgestaltung, die v.a. aus der übermäßigen Identifikation mit der Mutterschaft resultieren. So stellt Kate Brown, die Protagonistin von *The Summer before the Dark*, rückblickend fest: »anything that was not a child seemed a horizon too distant ever to be reached again« (1983 [1973]: 92).

> Ambivalente Sicht der Mutterrolle

Mütter und
Töchter

Wichtige Impulse für die Auseinandersetzung mit der Mutterschaft gaben Nancy Chodorows *The Reproduction of Mothering* (1978) und Dorothy Dinnersteins *The Mermaid and the Minotaur* (1976), denen zufolge psychische Dispositionen, zwischengeschlechtliche Interaktionsmuster sowie patriarchalische Gesellschaftsstrukturen maßgeblich darauf zurückzuführen sind, dass die Kinderbetreuung überwiegend in der Hand von Frauen liegt. In der Literatur figurieren Mütter teilweise als ›Komplizen‹ patriarchalischer Strukturen, indem sie ihre Töchter im Sinne der traditionellen Geschlechterrollen erziehen. Die Beziehung zwischen Müttern und Töchtern wird teilweise aber auch sehr positiv dargestellt – als eine Beziehung, in der sich Solidarität und gegenseitiges Verständnis zwischen Frauen entwickeln kann. So erlebt die Protagonistin in Maureen Duffys *That's How It Was* (1962) stets massive praktische und emotionale Unterstützung durch die Mutter und empfindet ein starkes Gefühl von Solidarität mit dieser. Margaret Forsters Roman *Mother, Can You Hear Me?* (1981), dessen Titel bereits auf die Kommunikationsstörungen zwischen Mutter und Tochter anspielt, stellt zwei Mutter-Tochter-Beziehungen gegenüber. Zunächst gestaltet sich sowohl das Verhältnis der Hauptfigur Angela Bradbury zu ihrer Mutter als auch das zu ihrer Tochter Sadie als äußerst konfliktreich. Am Ende des Romans kommt es jedoch zu einer Annäherung zwischen Angela und Sadie, was auf die Möglichkeit einer positiven, freundschaftlichen Beziehung zwischen Müttern und Töchtern, jenseits des Stereotyps der perfekten Mutter, verweist.

Der weibliche
Körper

Zu den Veränderungen, welche die Vorstellungen von Weiblichkeit im Zuge der zweiten Frauenbewegung erlebten, zählt die Tendenz zu einer Enttabuisierung des weiblichen Körpers und weiblicher Sexualität, was mit dem Erschließen neuer Themenbereiche in der Literatur in Zusammenhang steht. In Roberts' *The Visitation* wird die erste Menstruation der Protagonistin thematisiert, und in Weldons *Puffball* (1980) werden in zehn Kapiteln mit dem Titel »Inside Liffey« parallel zur äußeren Handlung die physiologischen Veränderungen im Körper der schwangeren Liffey beschrieben. Schon der Handlungsort von Sue Townsends Erstlingsdrama *Womberang* (1979) – das Wartezimmer in einer gynäkologischen Klinik – verweist auf einen Bereich, der zuvor ausgespart wurde. Pages Drama *Tissue* (1978) kreist um eine Brustamputation, der sich die Protagonistin Sally unterziehen muss, wobei die Bedeutung des Körpers und der Geschlechtsmerkmale für die Selbstdefinition der Frau durch provozierende Äußerungen wie »If you don't want children, why do you need a breast?« (I.1) problematisiert wird. Oft geht es auch um die Probleme, die Frauen mit ihrem Körper haben. Die Schwierigkeiten von Frauen, mit ihrem Körper zurecht zu kommen, illustrieren z.B. die an Anorexie leidende Figur Violet in Pam Gems' Drama *Dusa, Fish, Stas & Vi* (1976) oder die Protagonistin und Ich-Erzählerin in Drabbles *The*

Waterfall, die über sich selbst sagt »I am always so ill at ease in my body, so estranged from it, always nervously approaching it and withdrawing from it, unable to take it calmly.« (1971 [1969]: 194)

Ein Aspekt der Enttabuisierung des weiblichen Körpers ist auch der offenere Umgang mit den sexuellen Bedürfnissen von Frauen sowie mit weiblicher Homosexualität. Während die Darstellung weiblicher Homosexualität in Radclyffe Halls *The Well of Loneliness* (1928) noch einen Skandal auslöste und zu einem gerichtlichen Verbot des Romans führte, sind lesbische Figuren in der feministischen Literatur seit den 1970er Jahren unter dem Einfluss von Gay Liberation Movement und zweiter Frauenbewegung immer häufiger anzutreffen. Roberts' *A Piece of the Night* (1978) stellt lesbische Partnerschaften als positive Alternative zu heterosexuellen Beziehungen dar. Jeanette Wintersons ›Coming-out‹-Roman *Oranges Are Not the Only Fruit* (1985) schildert den Prozess, in dem die jugendliche Protagonistin sich ihrer Homosexualität bewusst wird und sich schließlich trotz massiver negativer Sanktionen seitens ihrer sozialen Umgebung, insbesondere ihrer Mutter, zu ihrer Homosexualität bekennt.

Darstellung von Sexualität und Homosexualität

Auch männliche Homosexualität wird seit den 1970er Jahren mit zunehmender Offenheit und Häufigkeit in der Literatur dargestellt, so dass *gay and lesbian fiction* inzwischen als eigene Sparte der zeitgenössischen englischen Literatur gehandelt wird, zu deren prominentesten Vertretern der Autor Alan Hollinghurst zählt. Hollinghursts Erstlingsroman *The Swimming-Pool Library* (1988) etwa stellt in sehr offener Form homosexuellen Geschlechtsverkehr dar und thematisiert das Problem der gesellschaftlichen Marginalisierung von Homosexuellen vor dem Hintergrund eines Bildes der britischen Schwulenszene im 20. Jahrhundert, das sich vom Ersten Weltkrieg bis in die Zeit vor dem Ausbruch der Angst vor AIDS in den 1980er Jahren erstreckt. In Hollinghursts Roman *The Spell* (1998), der in den 1990er Jahren angesiedelt ist, stellen die vier Hauptfiguren Identitätsentwürfe homosexueller Männer unterschiedlicher Generationen im heutigen England gegenüber.

Homosexualität in der Gay and Lesbian Fiction

Die Definitionen von weiblicher und männlicher Identität variieren ganz erheblich in Abhängigkeit davon, ob Geschlechtsidentität im Sinne essentialistischer Vorstellungen als – zumindest im Kern – genuin weibliche bzw. männliche Identität oder aber als dynamischer Prozess der fortwährenden Auseinandersetzung mit interaktiven Konstruktionen von Weiblichkeit und Männlichkeit aufgefasst wird. In der Frauenbewegung wie auch in dem Gay Liberation Movement wurden vielfach essentialistische Konzepte von Geschlechtsidentität propagiert, um diese im Sinne feministischer bzw. homosexueller *identity politics* für den Kampf um die Anerkennung der Interessen und Rechte der Gruppe zu funktionalisieren. Geschlechtsspezifische Identitätskonstitution galt vielfach

Geschlechtsidentität und Identity Politics

als Voraussetzung für die Entwicklung eines politischen Bewusstseins und somit als Basis politischen Handelns. Wissenschaftlerinnen wie Nancy Chodorow (*The Reproduction of Mothering*) und Carol Gilligan (*In a Different Voice*, 1982) entwickelten Konzepte einer spezifisch weiblichen Identität, die sich durch die besondere Bedeutung einer Situierung in Beziehungen, einen *sense of self-in-relationship*, von männlicher Identität unterscheidet. Bei Frauenfiguren in feministischer Literatur wird oft die zentrale Bedeutung von Beziehungen (zu Partnern, Kindern, Freunden oder Eltern) für weibliche Identitätsentwicklung dargestellt, wobei die Implikationen dieses *sense of self-in-relationship* durchaus ambivalent sind, da diese Form der Selbstdefinition nicht nur positiv als Alternative zu männlichen Identitätskonzepten betrachtet wird, sondern häufig als Hindernis für weibliche Emanzipation erscheint, so etwa in Lessings *The Golden Notebook* (1964) und *The Summer before the Dark*.

Gender und Klassenzugehörigkeit
Anders als die amerikanische Frauenbewegung hat sich das britische Women's Liberation Movement, das recht stark von sozialistischem und marxistischem Gedankengut beeinflusst war, intensiv mit der Problematik der sozialen Klassen auseinandergesetzt. Diese Thematik schlägt sich allerdings nur vergleichsweise selten in der feministischen Literatur nieder, denn zumeist stehen Figuren aus der Mittelschicht im Zentrum. Zu den wenigen Autorinnen, die sich intensiv mit den Zusammenhängen zwischen *gender* und *class* auseinandersetzen, zählt Pat Barker. In ihrem Roman *Union Street* etwa werden sieben Frauenfiguren unterschiedlichen Alters aus einem nordenglischen Arbeiterviertel gegenübergestellt, die divergierende Rollenmuster verwirklichen und an denen exemplarisch die Lebenswirklichkeit von Frauen aus der Arbeiterschicht aufgezeigt wird. In *Blow Your House Down* (1984) schildert Barker den Alltag von Frauen aus der Arbeiterschicht zwischen Prostitution und der Arbeit in einer Hühnerfabrik. Duffy setzt sich in ihrem Erstlingsroman *That's How It Was* mit dem Thema der Emanzipation aus der Arbeiterschicht durch Schulbildung auseinander. Da eine Emanzipation aus der Arbeiterschicht für Paddy, die Protagonistin von Duffys Roman, nahezu gleichbedeutend mit Ansätzen zu einer Emanzipation aus der traditionellen weiblichen Geschlechtsrolle ist, wird der Zusammenhang der Faktoren *gender* und *class* in diesem Roman betont.

Der Übergang von feministischen zu *gender*-orientierten Sichtweisen seit den späten 1980er Jahren

Neukonzeptualisierung des biologischen Geschlechts
Während in der zweiten Frauenbewegung der Schwerpunkt auf einer Kritik an traditionellen Vorstellungen von Männlichkeit und Weiblichkeit lag, wird seit Ende der 1980er Jahre und noch mehr seit Beginn der 1990er Jahre zunehmend auch die vermeintliche Stabilität des bi-

ologischen Geschlechts in Frage gestellt. Angeregt durch wegweisende Studien wie Judith Butlers *Gender Trouble* (1990) und *Bodies that Matter* (1993) unterminieren viele Ansätze aus dem Bereich der *Gender Studies* die kategorische Unterscheidung von sozialem Geschlecht (*gender*) als Konstrukt und biologischem Geschlecht (*sex*) als Faktum. Butler z.B. vertritt die These, dass auch das vermeintlich stabile biologische Geschlecht lediglich ein soziales, diskursiv erzeugtes Konstrukt sei, dass also eine gesellschaftliche Aufteilung in zwei Geschlechter keineswegs notwendig oder unumstößlich sei. Die zunächst als innovativ betrachtete Trennung von *sex* und *gender* impliziert, dass es ein biologisches Geschlecht gibt, welches bereits vor dem Wirksamwerden gesellschaftlicher Diskurse existierte, was laut Butler nachhaltig dazu beiträgt, die gesellschaftliche Struktur der Geschlechterdichotomie zu verfestigen. Butlers Neukonzeptualisierung der Kategorie *sex*, die eine breite Wirkung entfaltet hat, jedoch in der Geschlechterforschung keineswegs generell anerkannt wird, beeinflusst auch die Sicht von Homosexualität, ist es doch das vermeintliche Faktum des biologischen Geschlechts, auf dem die normative Festschreibung von Heterosexualität und die damit einhergehende gesellschaftliche Marginalisierung Homosexueller beruht. Kritik an der Annahme eines stabilen biologischen Geschlechts üben auch literarische Texte, die sich mit dem Phänomen der Transsexualität beschäftigen, so etwa Rose Tremains Roman *Sacred Country* (1992), der das Schicksal der transsexuellen Mary Ward schildert, die bereits als Sechsjährige das Gefühl hat, in einem falschen Körper gefangen zu sein.

Als äußerst einflussreich hat sich zudem Butlers Konzept der Performativität von Geschlecht erwiesen. Das Geschlecht konstituiert sich laut Butler ausschließlich in performativen Akten, d.h. in der interaktiven Inszenierung von Geschlecht durch das Individuum (z.B. über Handlungen, Gesten oder Kleidung). Die performative Herstellung von Geschlecht erfolgt nicht in einem einmaligen Akt, sondern Geschlecht wird immer wieder neu erzeugt. In Bezug auf den performativen Charakter der Kategorie Geschlecht scheinen literarische Werke die Erkenntnisse der *Gender Studies* bisweilen bereits vorweggenommen zu haben. Brigid Brophys experimenteller Roman *In Transit* (1969) beispielsweise antizipiert die Einsicht in die Performativität von Geschlecht zumindest partiell, indem er die Aufmerksamkeit der Leser und Leserinnen auf die diversen Mechanismen lenkt, mittels derer *sex* und *gender* in sozialen Interaktionen erzeugt werden. Die Hauptfigur dieses Romans, die an einer hartnäckigen ›Geschlechtsamnesie‹ leidet, hinterfragt wiederholt Faktoren wie Kleidung, Sprache und Verhaltensmuster, um Aufschluss über ihr Geschlecht zu erhalten, scheitert dabei jedoch immer wieder. Dies suggeriert, dass das Geschlecht alles andere als eindeutig und stabil

Performativität von Geschlecht

ist. Weldons *Splitting* (1995) unterstreicht den performativen Charakter der Kategorie Geschlecht durch die Protagonistin, die eine multiple Persönlichkeitsspaltung aufweist und deren interaktive Inszenierung von Geschlecht in Abhängigkeit davon, welche der Teilpersönlichkeiten gerade die Oberhand hat, ganz erheblich variiert.

Cross Dressing und Maskerade   Die Performativität von *gender* wird in literarischen Texten insbesondere durch jene Strategien inszeniert, die unter den Stichworten *cross (gender) dressing* bzw. Maskerade subsumiert werden. Im Theater bildet die Strategie des *cross-gender casting*, von der z.b. häufig in den Dramen Caryl Churchills Gebrauch gemacht wird, eine Möglichkeit, auf den Konstruktcharakter, die Performativität von Geschlecht zu verweisen. In Erzähltexten wird *cross dressing* zum einen auf der Handlungsebene thematisiert, so etwa in Peter Ackroyds *Dan Leno and the Limehouse Golem* (1994). *Cross dressing* steht in Ackroyds Roman zum einen mit Auftritten auf der Bühne der Music Hall in Verbindung, bei denen die Titelfigur Dan Leno gerade durch unterschiedliche Verkleidungen als Frau erfolgreich ist; zum anderen wird *cross dressing* aber auch mit der Frage nach Geschlechtsidentität, sexueller Orientierung und sexueller Perversion in Verbindung gebracht, so etwa gleich zu Beginn des Romans, wenn eine männliche Figur das Kleid einer soeben erhängten Frau anzieht. In narrativen Texten kann aber auch, wie dies in Wintersons *Written on the Body* (1992) der Fall ist, auf der Ebene der erzählerischen Vermittlung eine Maskerade inszeniert werden. In *Written on the Body* wird es den Lesern und Leserinnen unmöglich gemacht, der Erzählinstanz und der mit dieser in Personalunion stehenden Figur eindeutig ein biologisches Geschlecht zuzuweisen. Statt dessen werden Spekulationen über das Geschlecht der Figur und Erzählinstanz ausgelöst, wodurch Mechanismen, aufgrund derer Geschlechtszuweisungen vorgenommen werden, ersichtlich und zugleich problematisiert werden.

Masculinities   Im Zuge der Entwicklung feministischer Kritik zu einer breiter ausgerichteten, *gender*-orientierten Gesellschaftskritik wuchs seit den späten 1980er Jahren auch das Interesse an der Konstruktion von Männlichkeitskonzepten und deren psychischen Implikationen für Männer. Barkers *Regeneration*-Trilogie (1991–1995) etwa thematisiert die Konflikte, die sich für Soldaten im Ersten Weltkrieg aus dem Widerspruch zwischen den von ihnen internalisierten Männlichkeitskonstrukten – mit zentralen Komponenten wie Risikofreudigkeit und Heroismus – einerseits und den Ängsten und Traumata angesichts der Gräuel des Krieges andererseits ergeben. Den Soldaten gelingt es vielfach nicht, ihre Reaktionen mit den anerzogenen Vorstellungen von Männlichkeit in Einklang zu bringen: »They'd been trained to identify emotional repression as the essence of manliness. Men who broke down, or cried, or admitted to feeling fear, were sissies, weaklings, failures. Not *men*.«

(1992 [1991]: 48) In Graham Swifts *Ever After* (1992) werden Aspekte männlicher Identitätsentwicklung exemplarisch an dem Protagonisten Bill Unwin aufgezeigt, für den die problematische Beziehung zu seinem Vater und seinem Stiefvater sowie die Selbstdefinition im Kontext romantischer Liebesvorstellungen zentrale Koordinaten seiner Identität darstellen.

In Nick Hornbys Romanen *Fever Pitch* (1992), *High Fidelity* (1995) und *About a Boy* (1998), die nicht zuletzt durch erfolgreiche Verfilmungen einem breiteren Publikum bekannt geworden sind, konkretisiert sich die Auseinandersetzung mit Männlichkeitskonzepten insbesondere in der Frage nach der Rolle des Mannes innerhalb von Beziehungen. Die Protagonisten von Hornbys Romanen sehen sich durch selbstbewusste, emanzipierte Frauen und deren Erwartungen in ihrer Männlichkeit verunsichert und versuchen, dieser Erfahrung z.B. durch ständigen Partnerwechsel (*About a Boy*) oder auch durch eine Flucht in die als männlich aufgefasste Welt des Fußballs und männlicher Sportfans (*Fever Pitch*) zu entgehen. Die von den Figuren selbst formulierten Männlichkeitskonzepte – z.B. das des souveränen Frauenhelden – werden auf der Handlungsebene immer wieder ironisch unterlaufen, denn sie erweisen sich als nicht tragfähig. In *About a Boy* wird das Männlichkeitskonzept der Hauptfigur Will zudem dadurch auf die Probe gestellt, dass er plötzlich für einen Jungen, dem er zufällig begegnet, die Vaterrolle übernehmen soll – eine Rolle, die in seinem Lebensentwurf bislang keinen Platz hatte.

Neue Konstruktionen von Männlichkeit: Nick Hornby

Seit den 1960er Jahren ist eine Fülle von literarischen Werken entstanden, denen ein spezielles gesellschaftskritisches Funktionspotential zugesprochen werden kann: Sie setzen sich in kritischer Form mit den Implikationen der Kategorie Geschlecht auseinander, verweisen auf die Probleme der traditionellen Geschlechterordnung und bieten bisweilen auch Ansätze zu einer Überwindung dieser Probleme an. In den 1960er bis 1980er Jahren kam in solchen Werken oft ein feministischer Impetus zum Tragen; so genannte ›Frauenliteratur‹ diente gleichzeitig dem *consciousness-raising*. Seit den späten 1980er Jahren werden jedoch vermehrt generelle Fragen bezüglich der Konstitution von Geschlecht aufgeworfen. Der breite Raum, den Literatur, die sich schwerpunktmäßig mit *gender*-relevanten Themen beschäftigt, in der englischen Literatur seit den 1960er Jahren einnimmt, reflektiert nicht nur das große Interesse an den Kulturthemen *gender* und Geschlechtsidentität; vielmehr diente diese Literatur auch der Entwicklung, Modifizierung und Verbreitung neuer Vorstellungen über die Bedeutung von Geschlecht, deren Bindung an feministische Denkweisen seit den 1980er Jahren gelöst wurde und nunmehr von breiter gesellschaftlicher Relevanz ist.

Literatur als Kritik an Geschlechterkonzepten

Angela Krewani

Multimediale Reflexivität in der Literatur nach 1945

Permeabilität
englischer Medien Englische Medien haben sich in ihrer Geschichte per se durch eine erhöhte Permeabilität ausgezeichnet, wie gerade die Wechselwirkungen zwischen Text, Theater, Hörfunk und audiovisuellen Massenmedien belegen. In den letzten Jahrzehnten des 20. Jahrhunderts erfuhr diese Entwicklung jedoch eine so starke Beschleunigung, dass weite Teile literarischen Erzählens nicht mehr unbedingt an das Medium Buch gebunden sind, sondern in dem intermedialen Raum von Buch, Film und Fernsehen stattfinden. Die intermedialen Reflexionen von Text, Film und Fernsehen lassen sich am besten auf der Grundlage eines erweiterten Literaturbegriffs in den Blick nehmen, der Literatur nicht nur in den Medien Buch bzw. Theater verortet, sondern ihr in den audiovisuellen Massenmedien ebenfalls einen Platz zuweist: Film und Fernsehen werden demnach als zusätzliche Orte der Literaturproduktion begriffen.

Multimedialer
Reflexionsraum
›Literatur‹ Geht man von einem multimedialen Reflexionsraum ›Literatur‹ aus, erübrigen sich Fragestellungen, die bislang mit den Kategorien der ›Literaturverfilmung‹ erfasst wurden, denn dieses Konzept gründet auf der Annahme eines ›Urtextes‹, der möglichst unbeschädigt in andere, zumeist audiovisuelle Medien übertragen wird. Zwar nicht ausgesprochen, aber impliziert ist oft der Gedanke, dass es sich bei Film und Fernsehen um – im Vergleich zum Medium Buch – den literarischen Verfahren nicht angemessene Medien handelt. Dies verstellt jedoch den Blick für die zahlreichen ästhetischen, strukturellen wie institutionellen Wechselwirkungen zwischen literarischen Texten und audiovisuellen Massenmedien. Die Institutionalisierung audiovisueller technischer Medien hat audiovisuelle Mediensysteme entstehen lassen, die in vielerlei Hinsicht – wie z.B. Narrativität, Fiktionalität, Figurenpsychologie – auf Literatur zurückgreifen und deren Elemente in anders gearteten technischen und kulturellen Kontexten reformulieren. Im Rahmen einer kulturwissenschaftlichen Perspektive können literatur- und medienwissenschaftliche Fragestellungen miteinander ver-

bunden werden, wobei der Betrachtungsschwerpunkt im Folgenden auf cross-medialen Prozessen liegt, die sich in immer stärkerem Maße durchsetzen. Die Forschungsperspektive der Literaturwissenschaft wird dadurch auf audiovisuelle Massenmedien und andere visuelle Träger in Richtung einer integrativen Medienkulturwissenschaft erweitert.

Die *Angry Young Men* und das Free Cinema –
Der Beginn einer anscheinend wunderbaren Freundschaft

Historischer Ausgangspunkt der kulturwissenschaftlichen Perspektivierung von Literatur und audiovisuellen Massenmedien sind die Dramen der *angry young men*, die im Rahmen der Free Cinema-Bewegung um Lindsay Anderson verfilmt wurden. Die Texte der *angry young men* werden oft als Bruch mit dem *drawing-room play* hin zum *working class*-orientierten *kitchen-sink drama* eingeschätzt. Die Bezeichnung ›angry young man‹ geht auf den zornigen Antihelden Jimmy Porter aus John Osbornes Drama *Look Back in Anger* zurück, das am 8. Mai 1956 uraufgeführt wurde. Aber auch viele Romanciers verfassten Texte, die charakteristische Merkmale der *angry young men* aufweisen. Kingsley Amis' *Lucky Jim* erschien schon ein Jahr vor Osbornes Drama; als typisch gelten auch John Braines *Room at the Top* (1967), Alan Sillitoes *Saturday Night and Sunday Morning* (1958) und Keith Waterhouses *Billy Liar* (1959). Diese antibürgerlichen, sehr realistischen Texte üben Kritik am Establishment, indem sie der Protesthaltung vermeintlich ›zorniger junger Männer‹ gegenüber bürgerlichen Wertmaßstäben und der britischen Klassengesellschaft Ausdruck verleihen. Darüber hinaus wird oft der politische Impetus dieser Dramen und Romane hervorgehoben, der sich u.a. in der Durchbrechung von Tabus zeigt. Dass viele dieser Texte kurz nach ihrem Erscheinen verfilmt wurden, wird in den meisten Literaturgeschichten nur am Rande erwähnt.

> Familienähnlichkeiten der Werke der *Angry Young Men*

Rückt man die Verfilmung der Texte in den Mittelpunkt der Betrachtungen, eröffnet sich eine völlig anders geartete Perspektive: Während diese sozialkritischen, äußerst realistischen Texte im Theater als Wendepunkt empfunden wurden, stellen sie im Rahmen der englischen dokumentarischen Tradition keinen Bruch dar, sondern schaffen eine Kontinuität: Schon kurz vor Ausbruch des Zweiten Weltkriegs produzierten John Grierson und Basil Wright Dokumentarfilme wie *Drifters* (1929) und *Night Mail* (1936), die Leben und Arbeit der englischen *working class* zum Inhalt hatten. Besonders *Night Mail* ist in diesem Kontext sehr interessant, da der aus dem Off gesprochene Text des ansonsten rein dokumentarischen Films aus der Feder W.H. Audens stammt, hiermit also ein frühes Beispiel filmischen und literarischen Zusammenwir-

> Englische Dokumentarfilmtradition

kens vorliegt. Die von Grierson initiierte sozialkritische Sichtweise auf das Leben der Arbeiterklasse schrieb sich ungebrochen im englischen Dokumentarfilm fort und beeinflusste auch die Werke der *angry young men*. Die Filmbewegung des Free Cinema – gegründet von Anderson, Tony Richardson und Karel Reisz – berichtete in realistischer Manier verstärkt aus sozialen Brennpunkten und Arbeiterklassengebieten, aber diese Filme fanden weder das Interesse der Filmkritik noch des Publikums.

Verbindung von Dokumentarfilm und Literatur

In den Spielfilmen des Free Cinema werden die visuellen und narrativen Ästhetiken des Dokumentarfilms synergetisch mit einem gerade entstandenen literarischen Genre kombiniert, das seinerseits im Film bereits vorhandene dokumentarische Zielsetzungen aufgreift und reformuliert. Der Rückgriff von Anderson und Reisz auf die Dramen und Romane der *angry young men* ist damit eine konsequente ästhetische Weiterführung ihres dokumentarischen Programms, das nun mit literarischen Sujets und Darstellungsverfahren angereichert wird. Der Bezug zu den literarischen Vorlagen, deren Inhalt sich nahtlos in das sozialkritisch dokumentarische Weltbild der Filmemacher einfügte, führte zu einem verstärkten Anteil an Aufmerksamkeit für die Filme, die plötzlich als Spielfilme rezipiert wurden, was die englische Spielfilmindustrie neu belebte. Die engen Beziehungen zwischen Theater und Film zeigen sich auch in personalen Verbindungen; so arbeitete Richardson, der die Regie bei der Uraufführung von Osbornes *Look Back in Anger* führte, als Filmemacher in der Free Cinema-Gruppe um Anderson mit und gründete gemeinsam mit Osborne die Produktionsfirma Woodfall Films. Durch die Verfilmung von *Look Back in Anger* verhalf Richardson zum einen der literarischen Bewegung der *angry young men* zu großer Popularität, andererseits verschaffte er dem Free Cinema ein aufsässiges Image, das die Dokumentarfilme gelegentlich vermissen ließen. In den Verfilmungen der *angry young men* war somit der Grundstein für eine (filmhistorisch gesprochen) dokumentarische oder (literaturwissenschaftlich gesprochen) sozialkritische *kitchen-sink*-Ästhetik entstanden, die in ihrem weiteren Verlauf nicht nur die Literatur, sondern auch die Modi audiovisueller Darstellung nachhaltig prägte.

Literatur und Fernsehspiel

Diese Form der sozialkritisch-dokumentarischen Darstellung der *working class* schrieb sich kontinuierlich in den Medien Literatur, Theater, Film und Fernsehen fort. Da viele Autoren und Regisseure sowohl für das Theater, wie auch für Film und Fernsehen arbeiteten, stellte sich hier eine ästhetische Kontinuität ein, die von vielen Literaturgeschichten außen vor gelassen wird. Insbesondere zwischen dem sozialkritischen Drama der 1960er Jahre und den ebenfalls sehr kritischen Fernsehproduktionen bestanden personelle Kontinuitäten: So produzierten

Bühnenautoren wie David Hare, Alan Bennett oder Stephen Poliakoff Fernsehspiele für die BBC. Sendeplatzbezeichnungen wie ›Armchair Theatre‹ oder auch ›Play for Today‹ signalisierten deutlich die Kontinuität mit dem Theater. Das Fernsehspiel (*single drama*), das während der sechziger und siebziger Jahre geprägt wurde, ist gewissermaßen eine ›literarische‹ Form und damit ein Format, das immer als die höchste Kunstform des Fernsehens verstanden werden will. Insbesondere der Regisseur Stephen Frears, der in den 1980er Jahren im Rahmen der Filmrenaissance des *New British Cinema* einen größeren Bekanntheitsgrad erlangte, arbeitete im Rahmen des Fernsehspiels und dessen dokumentarischer Ästhetik v.a. mit dem Dramatiker Bennett zusammen, dessen Drehbücher er verfilmte.

Während die Filmproduktionen – allen voran diejenigen des *New British Cinema* – inzwischen seitens der Filmgeschichtsschreibung teilweise sehr ausführlich aufgearbeitet wurden, blieb den literarisch und bildästhetisch sehr anspruchsvollen Fernsehproduktionen eine angemessene Würdigung bislang versagt. Besonders deren vielfältige Beziehungen zu den Medien Buch und Theater stellen ein noch kaum bearbeitetes Forschungsfeld dar, wobei v.a. die Einflüsse des Fernsehens auf das Theater noch nicht geklärt sind. Allerdings lässt sich nachverfolgen, dass viele literarische Autoren zunehmend für das Fernsehen arbeiten. Ein gutes Beispiel für diesen Medienwechsel ist der Autor und Literaturwissenschaftler Malcolm Bradbury, dessen Campusroman *The History Man* (1975) im Jahr 1981 von Christopher Hampton als Vierteiler mit hervorragender Besetzung für die BBC verfilmt wurde. Im Anschluss daran verfasste Bradbury das Skript für den Mehrteiler *Anything More Would Be Greedy* (1989), der besonders die gesellschaftliche Entwicklung der Thatcherzeit kritisiert.

Fernsehen, Buch und Theater

Der Erfolg des englischen Films in den 1980er Jahren ist zu einem großen Teil auf die Beteiligung von Schriftstellern am Filmskript zurückzuführen. Der Regisseur Frears arbeitete in den Filmen *My Beautiful Laundrette* (1985) und *Sammy and Rosie Get Laid* (1987) mit dem Autor Hanif Kureishi zusammen, der die Drehbücher verfasste, Neil Jordan kooperierte für den Film *Company of Wolves* (1984) mit Angela Carter, die ihre Erzählungen aus *The Bloody Chamber* (1979) zu einem Drehbuch für den Film umschrieb. Viele Autoren wie Kureishi und Ian McEwan arbeiten zunehmend für literarische und audiovisuelle Medien. So hat Kureishi nicht nur die Skripte für Frears Filme *My Beautiful Laundrette* und *Sammie and Rosie Get Laid* geschrieben, sondern in dem Film *London Kills Me* (1991) neben der Verfassung des Skripts auch Regie geführt. *Sammie and Rosie Get Laid* greift etwa in der zentralen Figur des Schwarzen Victoria die mythische Figur des blinden Sehers Tiresias auf und spielt mit Bezügen auf T.S. Eliots Gedicht »The Waste Land« (1922), in

Literarisch-filmische Zusammenarbeit

dem Tiresias ähnlich wie Victoria die Funktion eines allwissenden Führers durch eine verfallene Stadt zukommt.

Audiovisuelle
Strukturen als
Wahrnehmungs-
dispositiv

Ein direkter Einfluss audiovisueller Formen auf Literatur ist schwierig nachzuweisen, da es bislang keine klaren Analysekategorien gibt und sich die Auswirkungen filmischer Medien auf Literatur zumeist nur metaphorisch beschreiben lassen. Allerdings zeigt sich in den Texten vieler Autoren, in welchem Ausmaß audiovisuelle Strukturen mittlerweile zu einem allgemeinen Wahrnehmungsdispositiv geworden sind. Gerade Kureishi gehört zu den Autoren, in dessen Texten unterschiedliche Einflüsse von Bildmedien und Populärkultur paradigmatisch verhandelt werden. In dem Roman *The Black Album* (1995) konfrontiert Kureishi islamischen Fundamentalismus und postmoderne Populärkultur, welche sich durch das lustvolle Spiel mit Fragmenten aus Literatur, darstellender Kunst, Film und Popmusik auszeichnet. Die Sympathie des Autors gehört deutlich einer zeitgenössischen Kultur, die sich eben nicht durch ideologische Einengung und Konzentration auf das Buch definiert, sondern die eine spielerische Mischung aus Literatur, Film, Videoclips und Popmusik anbietet.

Dennis Potter – Literaturproduktion im Fernsehen

Dennis Potter:
Literarische
Verfahren im
Fernsehen

Obgleich der 1994 verstorbene Autor Dennis Potter fast ausschließlich für das Fernsehen gearbeitet hat, verstand er sich immer als literarischer Autor, der in seinen Werken die Grenzen der jeweiligen Medien reflektiert wie auch mit ihnen spielt. In seinen Produktionen werden intermediale Referenzen auf Literatur, Theater (speziell die Formen des Vaudeville und des Musicals), Film und Fernsehen intensiviert. Begonnen hatte Potter im Kontext des *single drama* für die BBC, das den von Grierson begründeten sozialkritischen Realismus des Dokumentarfilms im Fernsehspiel fortführte. Allerdings hatte Potter immer Interesse an visuellen und narrativen Experimenten. Seine Forderungen nach größerer Experimentierbereitschaft im Fernsehen, dessen realistische und naturalistische Darstellungsverfahren er ablehnte, begründete er unter Bezug auf modernistische Romanciers:

> Isn't there the attempt on the part of many a modernist novelist, for example, to demonstrate way beyond any reasonable doubt that his or her work is not, not, NOT composed out of the apparent omnipotence of Naturalism, but is indeed a *work* which points inwards to itself and to its processes. (1984: 30f.)

Modernistische
Darstellungs-
verfahren

Dementsprechend übertrug Potter literarische Experimente der Moderne – wie inneren Monolog, Fragmentarisierungen, zeitliche Asynchronität – und der Postmoderne – Aufspaltung einer einheitlichen Subjektivität, intertextuelle Referenzen, das Spiel mit Zitaten wie auch *pastiche* und Parodie – in seine Fernsehproduktionen. Diese differieren deutlich von dem in den 1980er Jahren konventionalisierten dokumentarischen Realismus vieler Fernsehproduktionen und verleihen dem Fernsehen ein experimentelles, quasi ›literarisches‹ Potential, indem sie seine ästhetischen Möglichkeiten konsequent ausloten.

Potters profiliertestes Werk ist der 1986 für die BBC produzierte Mehrteiler *The Singing Detective*, der hier als nicht an das Medium Buch gebundene Literatur verstanden wird. Er bietet sich an für eine Analyse im Rahmen einer kulturwissenschaftlich orientierten Literaturwissenschaft, da er die Ästhetiken und Diskurse einzelner Medien zusammenfasst, kommentiert und korreliert. Eine Betrachtungsweise im Rahmen von Einzeldisziplinen könnte die Komplexität dieser Produktion, die sich im intermedialen Raum von Film, Fernsehen und Literatur bewegt, nicht mehr erfassen.

Korrelation verschiedener Ästhetiken

Potters Protagonist Philip Marlow ist Verfasser trivialer Detektivromane – von *pulp fiction* –, welcher mit einer schweren Hautkrankheit fiebernd in einem Londoner Hospital liegt. Im Gegensatz zu Raymond Chandlers Detektivfigur Philip Marlowe und dessen intermedialer Fortführung im *film noir* ist Potters Marlow durch seine Krankheit zur Innenschau gezwungen. Die in Marlows Bewusstsein zusammenlaufenden Erzählstränge bilden eine Form des televisuellen *consciousness*, so dass sie als Fiktionen des Protagonisten aufgefasst werden können. Diesen Erzählsträngen ist jeweils ein medienspezifischer Diskurs zugeordnet; die Krankheitsgeschichte Marlows ist gemäß der Konventionen des Fernsehspiels dargestellt, seine Kindheitsgeschichte gemäß derer des nostalgisch rückblickenden Spielfilms. Die dritte – und aus intermedialer Perspektive sicherlich die interessanteste Ebene – bildet der Inhalt von Marlows Detektivroman und dessen Verarbeitung im Rahmen eines Filmskripts, das mit intertextuellen und intermedialen Verweisen auf den *film noir* und dessen literarische Vorgänger, die *hardboiled detective novels* arbeitet. Damit integriert Potter sowohl filmische als auch literarische Genrekonventionen in seine Fernsehproduktion. Im Rahmen dieser narrativen Struktur entfaltet Potter ein beziehungsreiches Spiel mit intertextuellen Verweisen um den Komplex der jeweils spezifischen darstellerischen Konventionen. Der im Krankenhaus liegende Philip Marlow ist nicht nur Namensvetter von Chandlers Detektivfigur des Philip Marlowe; zusätzlich verweist Marlow im Dialog mit einer Krankenschwester auf den Dramatiker Christopher Marlowe und markiert damit die einstmalige Distanz zwischen traditioneller Elite und zeitgenössischer Massenkultur.

Integration filmischer und literarischer Diskurse

Marlow: ›You'd think – phoo! – you'd think my mother would have had more sense than to call me Philip, wouldn't you! I mean with a name like Marlow. Philip Marlow. I haven't got an ›e‹ on the end, but it sounds the same. [...] Philip Marlowe! You've heard of him surely? Christ Almighty. What else could I have done except write detective stories? She could have called me Christopher.‹ (*The Singing Detective* 1986)

Intertextuelle und intermediale Verfahren

Gemäß den intertextuellen und intermedialen Verfahren finden sich in den Dialogen, sowohl im Krankenhaus als auch in den *film noir*-Passagen, ständig Querverweise, Zitate und Anspielungen. So überblendet auch Marlows einleitende Selbstcharakterisierung spezifische diskursive Momente: »I had on my best pyjamas, the ones with the red stripes and blue forget-me-nots. I was all dressed up and talcomed under the armpits. A million dollars was about to call.« Diese Referenz auf die Anfangspassagen von Chandlers Roman *The Big Sleep* von 1948 stellt nicht nur ein lustvolles Spiel mit intertextuellen Referenzen dar, wie es der englische Roman seit den 1970er Jahren treibt, sondern markiert zudem Intention und Grenzen der jeweiligen Mediendiskurse, indem dem im Bett liegenden Autor von *pulp fiction* die Sätze des Detektivs Philip Marlowe in den Mund gelegt werden, der in *The Big Sleep* natürlich nicht von seinem »best pyjama« spricht, sondern feststellt, dass er seinen »powder-blue suit« (Kap. 1) trägt. Solcherart ermöglicht *The Singing Detective* nicht nur das subtile Versteckspiel mit literarischen und filmischen Referenzen, sondern die jeweiligen Zitate und der *parodistische* Zugriff auf das ›Original‹ markieren mediale Konventionen, indem die im *film noir* entwickelten Dialoge im Fernsehspiel wieder aufgegriffen und rekontextualisiert werden. Interessanterweise finden sich hier in einem Fernsehfilm postmoderne Darstellungsverfahren, die im englischen Roman der Gegenwart – im Gegensatz zu amerikanischen Romanen – nie besonders stark ausgeprägt waren.

Von Bridget Jones zurück zu Jane Austen: Eine moderne *Comedy of Manners*

Intermediale Gemeinsamkeiten

Film und Literatur zeichnen sich seit den 1980er Jahren durch eine Reihe von Gemeinsamkeiten aus, die sich u.a. in der Themenwahl zeigen. In Bezug auf *Englishness* und das Bild, das in unterschiedlichen Medien von den Besonderheiten Großbritanniens vermittelt wird, schlägt sich dies v.a. in der Auseinandersetzung mit dem von Margaret Thatcher favorisierten Bild des ›Merry Old England‹ nieder. Viele Gemeinsamkeiten ergeben sich schon dadurch, dass Filme auf kanonisierte Werke der englischen Literatur zurückgreifen, um ein nostalgisches Bild der britischen Vergangenheit zu entwerfen. Als eines der ersten Beispiele nostalgischer Literaturverfilmung gilt die mit viel Aufwand produzierte Serie *Brideshead Revisited* (1981), die die gleichnamige Romanvorlage Evelyn Waughs im Sinne der englischen Heritage-Tradition mit beträchtlicher visueller Ausgestaltung nostalgisch reproduziert.

Eine Betrachtung, die sich auf die Feststellung von Gemeinsamkeiten und Unterschieden zwischen Filmen und Romanen beschränkt, wird jedoch der Komplexität der intermedialen Vernetzungen nicht gerecht. Inzwischen haben sich Hybride herausgebildet, die im Zwischenraum von Literatur-, Film- und Fernsehproduktion zu verorten sind. Eines der prominentesten Beispiele hierfür sind die Beziehungen zwischen Roman und Film, die um Bridget Jones' *diary* kreisen. Auf der Basis von Helen Fieldings Roman *Bridget Jones' Diary: A Novel* (1997) wurde 2001 ein gleichnamiger Film produziert, eine englisch-amerikanische Koproduktion, die wiederum von Fielding in ihrem zweiten Roman *Bridget Jones: The Edge of Reason* (1999) thematisch aufgegriffen wird. Die Bezüge zwischen diesen Werken können mit herkömmlichen Kategorien von ›Verfilmung‹ oder ›Buch zum Film‹ nicht adäquat erfasst werden; vielmehr bietet es sich an, von einem reziproken Geflecht intermedialer Beziehungen auszugehen.

Geflecht intermedialer Beziehungen

Sowohl die Romane als auch der Film zu *Bridget Jones* verwenden die Konventionen der *comedy of manners*, die besonders durch die vielfachen Verfilmungen von Jane Austens Romanen als bedeutende Verfahren eines zeitgenössischen filmischen Genre etabliert wurden, das stark auf literarische Traditionen verweist. Die übliche Differenz zwischen Literatur und Verfilmung wird in Fieldings zweitem Roman produktiv umgesetzt, indem dieser ein intermedial vielfältiges Beziehungsgeflecht herstellt: Den Angaben der Autorin zufolge war Austen Patin für diese zeitgenössische *comedy of manners*, in der es um nicht viel anderes als den ›richtigen Mann‹ geht. Schon eine der ersten Filmszenen, die das Treffen zwischen Bridget Jones und Mark Darcy zum Inhalt hat, verweist auf die entsprechende Situation in Austens *Pride and Prejudice* (1813), in der es um ein Zusammentreffen von Elizabeth und Mr Darcy geht. Auch Plotstruktur, Dialoge, Figurencharakterisierung und der leicht ironische Unterton entsprechen Austens Romanen. Die literarische Referenz auf Austen innerhalb der

Jane Austens Comedy of Manners als Patin

Colin Firth als Mr Darcy in der BBC-Produktion (1995)

filmischen Diegese wird unterstützt und fortgeführt durch außerdiegetische Entscheidungen wie das Casting für den Film: Mark Darcy, der unwillige Liebhaber in *Bridget Jones*, wird gespielt von dem Schauspieler Colin Firth, der wiederum in der 1995er BBC-Produktion von *Pride and Prejudice* den Mr Darcy verkörpert.

Verfilmung in der Literatur

In ihrem zweiten Roman nimmt Fielding in unterschiedlicher Weise auf die Verfilmung ihres Werks Bezug. Der Schauspieler Firth ist der große Schwarm der Protagonistin Bridget, die inzwischen als Journalistin tätig ist. In diesem Rahmen soll sie ein Interview mit besagtem Schauspieler führen: Das Interview scheitert allerdings, weil Bridget beständig über die Fernsehproduktion von Austens *Pride and Prejudice* reden will. Dieses Interview ist insofern ein gutes Beispiel für intermediale Referenzen in literarischen Texten, als der Roman hier auf eine beliebte Romanverfilmung Bezug nimmt, die in gewisser Weise Vorbild sowohl für Fieldings erste Erzählung über Bridget Jones als auch deren Verfilmung stand. In diesem Sinne ergibt sich eine Form der zirkulären Selbstreflexivität, die nicht mehr auf ›Wirklichkeit‹, sondern nur noch auf Medienprodukte verweist.

Literatur im audiovisuellen Medienverbund

Wie diese intermedialen Referenzen verdeutlichen, wachsen Literatur und audiovisuelle Massenmedien beständig enger zusammen. Während sich im Free Cinema die Medien noch gegenseitig befruchteten, ihre Basis aber nicht offen darlegen, finden sich schon bei Potter gegenseitige mediale Referenzen, die dann schließlich in den Werken zu *Bridget Jones* offen ausgespielt werden. Bei Bridget Jones kommt hinzu, dass auch institutionelle, produktionstechnische Entscheidungen semantisch aufgeladen werden. Da die intermedialen Beziehungen, die schon in der Renaissance stark ausgeprägt waren, im Verlauf des 20. Jahrhunderts immer intensiver geworden sind, sollten kulturgeschichtliche Studien zur Literatur dieser Zeit nicht nur die Beziehungen zwischen literarischen Werken, deren gesellschaftlichen Rahmenbedingungen sowie wichtigen Kulturthemen in den Blick nehmen. Die soziokulturellen Gegebenheiten des Medienverbundes erfordern vielmehr – ebenso wie die zunehmende Selbstreflexivität von Literatur (im weiteren Sinne) – auch eine Betrachtungsweise, die die Referenzen, Vernetzungen und Wechselwirkungen zwischen verschiedenen Werken aus unterschiedlichen Medien berücksichtigt.

Roy Sommer

Von der Einwandererliteratur zum multikulturellen Millennium

Als im Jahr 1948 ein aus der Karibik zurückkehrendes Truppentrans- Dekolonisierung
portschiff, die HMS Windrush, mehrere hundert Arbeitsmigranten nach
England brachte, zeichnete sich bereits ab, dass dieses in der zeitgenössischen Presse sowie im Parlament kontrovers diskutierte Ereignis
den Beginn eines tief greifenden Wandels der britischen Gesellschaft
markieren würde. Der Zerfall des Britischen Empire, der nach der Unabhängigkeit Indiens (1947) nicht mehr aufzuhalten war, bedeutete
nämlich keineswegs das Ende der Beziehungen zwischen dem ehemaligen ›Mutterland‹ des Weltreichs und seinen Kolonien. Der Prozess der
Dekolonisierung verstärkte vielmehr die Migrationsbewegungen aus
den ehemaligen Kolonien nach Großbritannien, da deren Staatsbür-
gern dort ursprünglich das Zuzugs- und Bleiberecht zustand. Angesichts
rapide steigender Einwanderungszahlen beendete die britische Regierung ab den 1960er Jahren jedoch die traditionelle *open door policy* und
schaffte sukzessive alle Privilegien für Bürger aus den Commonwealth-
Staaten ab.

Dennoch war durch die Zuwanderung in der Nachkriegszeit der Multikulturelle
Grundstein für die ethnische und kulturelle Diversifizierung gelegt, Gesellschaft
die mittlerweile auch offiziell als charakteristisches Merkmal der britischen Gesellschaft anerkannt wird. So würdigte der britische Thronfol-
ger Prinz Charles anlässlich des fünfzigsten Jubiläums der Ankunft der
HMS Windrush nicht nur die Leistungen der ›Windrush Generation‹,
sondern bekannte sich in seiner Rede auch explizit zum Konzept der
multikulturellen Gesellschaft:

> I knew of the beginnings of organised immigration from the West Indies
> in the late Forties, and have watched the subsequent growth of the black
> community into what we have today. I grew up with the controversies sur-
> rounding the gradual acceptance not only that such a community existed,
> but that it was here to stay. I have seen those controversies subside as sub-

sequent generations – certainly that of my sons – have grown up knowing only a multicultural Britain. By multicultural, I mean not a Britain where different cultures co-exist in sealed compartments, but one inhabited by individuals whose own culture has been enriched by contact with people from different ethnic and religious backgrounds. I am proud to be part of such a Britain. (<www.princeofwales.gov.uk/speeches>)

Black British? Die in dieser Rede verwendete Formulierung »black community« hat sich als Sammelbezeichnung für die Angehörigen unterschiedlicher ethnischer Minoritäten eingebürgert: Die Commission for Racial Equality führt in ihrem *factsheet* »Ethnic Minorities in Britain« neben den nationalen Kategorien Indian, Pakistani, Bangladeshi und Chinese auch so genannte *hyphenated identities* wie Black Caribbean, Black African und Black Other auf und unterscheidet zudem noch Other-Asian und eine Sammelkategorie Other für diejenigen Minoritäten, die keiner der benannten Gruppen zugehören. Diese Vielzahl zeigt, warum der homogenisierenden Konstruktion *Black British* immer wieder selbst die Fortführung von Stereotypisierungen und damit letztlich die Ausgrenzung des ›Anderen‹ unterstellt wird. Dem steht die subversive Aneignung und programmatische Aufwertung diskriminierender Etikettierungen wie ›*black*‹ durch die Repräsentanten der Minoritäten selbst gegenüber, die seit den 1960er Jahren zu den zentralen Strategien des postkolonialen Diskurses zählt. So ist mittlerweile Henry Louis Gates zufolge der Begriff ›*blackness*‹ zum Synonym für Jugendkultur avanciert: »In no small measure, black culture simply *is* youth culture in London today« (zit. nach Owusu 2000: 174).

Writing Back An dieser anti-rassistischen Umdeutung von *blackness* und der damit verbundenen multiethnischen Neukonzeption (*reinvention*) von *Englishness* bzw. *Britishness* hatte die Literatur bedeutenden Anteil. Am Beispiel der *Black British Literature* lässt sich daher auch eine zentrale Prämisse funktionsgeschichtlicher Ansätze der Literaturgeschichtsschreibung exemplarisch verdeutlichen: Literatur reagiert nicht nur auf kulturelle Entwicklungen, indem sie diese mimetisch reflektiert, sondern sie konstruiert selbst neue Geschichts- und Identitätsentwürfe, stellt dadurch eurozentrische Repräsentationen des Empire sowie homogenisierende Vorstellungen von Nationalkultur in Frage und mischt sich in subversiver Absicht in kulturelle und politische Diskurse ein. Dieses Anschreiben gegen koloniale Traditionen, aber auch gegen rassistische Diskriminierung und soziale Marginalisierung wird in Anlehnung an eine Formulierung Salman Rushdies als *writing back* bezeichnet (vgl. Ashcroft et al. 2002).

Postkoloniale Poetik Konzepte wie *writing back* oder *rewriting* charakterisieren die postkoloniale Poetik der *fictions of migration* (vgl. Sommer 2001), die sich durch den thematischen Fokus auf Prozesse der individuellen und kollektiven Selbstfindung (Identität) und der Fremdheitszuschreibung (Alterität) konzentrieren und dabei durch explizite narrative Thematisierung, aber auch autoreflexive oder illusionsstörende Darstellungsverfahren den Konstruktcharakter von Repräsentationen offen legen. Weitere Merkmale der postkolonialen Poetik sind die Inszenierung bipolarer Gegensätze wie der Opposition zwischen dem Zentrum (Großbritannien) und der Peripherie (den ehemaligen Kolonien) oder der kulturellen Minderheit (›us‹) und der Mehrheit (›them‹); zu ihnen zählt auch der revisionistische Blick auf die Geschichte des Empire und die Tradition des eurozentrischen Orientalismus im Sinne Edward Saids. Diese Fokussierung wird unterstützt durch die stark ausgeprägte Tendenz zur Intertextualität, die sich nicht nur – mit dem Ziel des *rewriting* – auf den Kanon der britischen Literatur bezieht, sondern auch auf indigene literarische Traditionen.

Versucht man, die mittlerweile über fünfzigjährige Geschichte der multikulturellen Literatur in Großbritannien abrissartig zu skizzieren, stellt sich die Frage nach den Ordnungskriterien und Darstellungsprinzipien. Mittlerweile hat sich als grobe Orientierungshilfe die Unterscheidung zwischen der ersten Generation der Immigrantinnen und Immigranten (1950er–1970er) und der zweiten Generation der in Großbritannien geborenen und aufgewachsenen Angehörigen ethnischer Minderheiten (seit den 1980er Jahren) auch in der Literaturgeschichtsschreibung durchgesetzt. Die Unterscheidung verweist auf unterschiedliche generische und thematische Präferenzen: Während die erste Generation das Genre des Migrationsromans nutzt, um eigene Migrationserfahrungen literarisch zu (re)inszenieren, kann der Bildungsroman mit seinem Fokus auf die Selbstfindung des Individuums in der Auseinandersetzung mit der Gesellschaft als paradigmatisches Genre der zweiten Generation gelten (vgl. Sommer 2001; Stein 2004). Natürlich können solche Korrelierungen soziologischer und literaturwissenschaftlicher Kategorien nur als erste Anhaltspunkte fungieren, ohne normative Ansprüche zu erheben. Der Vollständigkeit halber sei an dieser Stelle auch noch darauf hingewiesen, dass auch die Zugehörigkeit der im Folgenden vorgestellten Autoren und Autorinnen zur englischen bzw. britischen Literatur nicht unumstritten ist, da sich viele von ihnen zwei oder mehr Kulturen zugehörig fühlen. Zudem können, wie im Fall des in Trinidad geborenen und gestorbenen Sam Selvon, ihre Werke häufig zugleich den anglophonen Literaturen ihrer Herkunftsländer zugerechnet werden, wodurch die Ambiguitätstoleranz der traditionell an nationalen Grenzen orientierten Literaturgeschichtsschreibung gefordert wird.

Die *Black British Literature* lässt die britische Literaturgeschichte in der zweiten Hälfte des 20. Jahrhunderts in neuem Licht erscheinen: Wäh-

Das Generationenmodell

The Lonely Londoners (1956)

rend z.B. mit dem Jahr 1956 traditionell in erster Linie die Uraufführung von John Osbornes Drama *Look Back in Anger* verbunden wird, das der streitbaren Nachkriegsgeneration der *angry young men* ihren Namen gab, gilt aus der alternativen Perspektive der postkolonialen Literaturkritik die Publikation von Selvons Roman *The Lonely Londoners* als das zentrale literarische Ereignis des Jahres. Dieses Werk ist der erste Teil der so genannten Moses-Trilogie, die durch die Romane *Moses Ascending* (1975) und *Moses Migrating* (1983) komplettiert wird. Selvons Protagonist Moses Aloetta, ein karibischer Immigrant, lässt sich – anders als Osbornes Protagonist Jimmy Porter – nicht zu Schimpftiraden hinreißen, sondern schildert mit einer eindringlichen Mischung aus Humor und Ironie, aber auch Verzweiflung, das triste Schicksal der Windrush-Generation. In den Straßen und Arbeitsämtern des durch unverhohlenen Rassismus geprägten London zerbricht für die meisten Einwanderer der Traum von der besseren Zukunft: Die aus den Schulbüchern des Empire und den Klassikern der englischen Literatur scheinbar so vertraute ›Heimat‹ verweigert aller multiethnischen Commonwealth-Rhetorik zum Trotz (seit 1948 bezeichnete sich dieser Staatenbund offiziell als *multiracial organization*) den Neuankömmlingen die angestrebte Integration. Ein diasporisches Gemeinschaftsgefühl – Moses vermietet ein geerbtes Haus an seine Landsleute – und die damit verbundene Ghettobildung sind die unvermeidlichen Konsequenzen. Wie der biblische Moses versucht auch Selvons Hauptfigur, seine Landsleute zu ermutigen, doch der Roman entlässt den Leser mit einem offenen, aber deutlich pessimistisch gestimmten Schlussbild: Moses steht alleine und hoffnungslos in einer Sommernacht am Ufer der Themse.

Sprache   Auch wenn der trostlose Handlungsverlauf und die deprimierende Schlussgebung des Romans keinen Anlass zu Optimismus geben, ist doch ein charakteristisches Merkmal von Selvons Roman, nämlich sein an die Umgangssprache der karibischen Einwanderer angenäherter Sprachstil, richtungsweisend, da er mit der Verwendung des *Creole* (die sprachwissenschaftlich korrekte Bezeichnung lautet ›*English-lexicon Creole*‹) – »significantly different from metropolitan English« (Mühleisen 2001: 258) – bewusst und unübersehbar linguistische Elemente der ›anderen‹ Kultur der Immigranten in die britische Literatur einführt. Die Subversivität dieser Aufwertung der eigenen Sprache, deren Status aufgrund ihrer Verbindung mit Sklaverei und Kolonialismus mit dem offiziellen *British English* nicht vergleichbar war, zur »national ›anti-language‹ in the urban centres of Britain« (ebd.: 264) und damit zur »metaphor for new ›imagined communities‹« (ebd.), wird erst deutlich, wenn man sich zwei Aspekte vor Augen führt. Zum einen mussten sich Selvon und andere Autoren, die das *Creole* benutzten, gegen eine eurozentrische Sprachauffassung durchsetzen, die die kolonialen Varianten des Englischen abwertend als ›*corruptions*‹ der Standardsprache klassifizierten (vgl. ebd.). Zum anderen galt für die meisten Autoren aus den Kolonien England als Mekka der Literatur und die Publikation bei einem britischen Verlag als Höhepunkt der eigenen Karriere – die Wahl des *Creole* als Literatursprache war diesem Ziel sicher nicht förderlich.

Selvons Roman ist nicht nur einer der Gründungstexte der *Black British Literature* insgesamt, sondern gilt auch als Vorreiter des interkulturellen Migrationsromans in Großbritannien. Dieses Genre, das sich bei den Autoren und Autorinnen wie beim Publikum nach wie vor großer Beliebtheit erfreut, lässt sich durch eine Reihe gattungsspezifischer Merkmale charakterisieren. Dazu zählen die Fokussierung auf eine Hauptfigur, das chronologische Erzählen (eine Ausnahme ist hier Caryl Phillips' Roman *The Final Passage* (1985), dessen Handlungs- und Zeitstruktur durch Rückblicke gekennzeichnet ist), die pessimistische Schlussgebung, die meist auf die Desillusionierung der Migranten und Migrantinnen angesichts der unüberwindlichen Schwierigkeiten hinausläuft, sowie die leitmotivische Konfrontation von alter und neuer Heimat. Ein rekurrentes Thema der Migrationsromane ist das Gefühl des nicht Dazugehörens, das in dem Titel von Joan Rileys Roman *The Unbelonging* (1985) programmatisch zum Ausdruck gebracht wird.

Ein weiteres häufig wiederkehrendes Thema ist die *gender*-Problematik: Migrationsromane wie Buchi Emechetas *Second Class Citizen* (1974) und Rileys *The Unbelonging*, aber auch Kirajit Ahluwalias Autobiographie *A Circle of Light* (1997) stellen die geschlechtsspezifischen Aspekte der Diskriminierung kultureller Minderheiten in den Vordergrund. Ein Hauptproblem der Migranten, das sich zu Ungunsten der Frauen auswirkt, ist die soziale Isolation der diasporischen Gemeinschaft, in der traditionelle Kontrollinstanzen wie die Großfamilie oder die dörfliche Gemeinschaft nicht mehr existieren und sich stattdessen eine Politik des Wegsehens und Aussitzens etabliert (*Circle of Light*). Die Konsequenzen reichen von Misshandlungen und sexualisierter Gewalt bis hin zu Missbrauch, Vergewaltigung und Inzest (*The Unbelonging*). Daneben entwerfen insbesondere Autorinnen in ihren Romanen häufig starke Frauenfiguren als Protagonistinnen, die als interkulturelle *role models* fungieren können.

In diesem Sinne verfolgen die Romane der ersten Generation der Migranten und Migrantinnen in der Regel aufklärerische Ziele: Sie wollen auf solche Missstände innerhalb der ethnischen Minderheiten ebenso aufmerksam machen wie auf die rassistische Diskriminierung, der ihre Protagonisten als Individuen, aber auch als Teil eines Kollektivs ausgesetzt sind. Zu den literarischen Strategien, derer sich etwa Emecheta in *Second Class Citizen* bedient, um die Sympathien des Lesers und der Leserin zu gewinnen, zählen Erzählerkommentare, die insbesondere bei

Migrationsroman

Gender

Sympathie-lenkung

der westlichen Leserschaft für interkulturelles Verständnis werben. Ein Beispiel hierfür findet sich zu Beginn des zweiten Kapitels (»Escape into Elitism«), in dem die Kindheit der Protagonistin Adah in der patriarchalen Gesellschaft Nigerias geschildert wird: »One might think on this evidence that Africans treated their children badly. But to Adah's people and to Adah herself, this was not so at all: it was custom.«

Perspektiven-
wechsel

Ein weiteres Mittel der Sympathielenkung, das zu interkulturellem Verstehen beitragen soll, ist die Fokalisierung – die Ereignisse werden aus Adahs subjektiver Sicht geschildert, so dass insbesondere nach der Emigration das Gefühl der Fremdheit nachvollziehbar dargestellt wird. Dabei wird deutlich, dass die Angehörigen ethnischer Minoritäten nicht nur der konkreten rassistischen Diskriminierung ausgesetzt sind, wie sie etwa in den Schildern mit der Aufschrift »Sorry, no Coloureds!« zum Ausdruck kommen, denen Adah bei der Wohnungssuche in London begegnet. Ebenso gravierend ist der Kulturschock, der nur durch den konsequenten Perspektivenwechsel aus westlicher Sicht überhaupt nachvollziehbar wird. Die Grenzen der nigerianischen Klassengesellschaft sind unter den Einwanderern in Großbritannien aufgehoben, wie Adah nach ihrer Ankunft im dritten Kapitel (»A Cold Welcome«) feststellen muss: »Then, to her horror, she saw that she had to share the house with such Nigerians who called her madam at home; some of them of the same educational background as her paid servants.« Auch mit den englischen Methoden der Kindererziehung, mit denen sie im Verlauf des vierten Kapitels (»The Daily Minders«) konfrontiert wird, hat Emechetas Protagonistin Schwierigkeiten:

> At home in Nigeria, all a mother had to do for a baby was wash and feed him and, if he was fidgety, strap him on to her back and carry on with her work while that baby slept. But in England she had to wash piles and piles of nappies, wheel the child round for sunshine during the day, attend to his feeds as regularly as if one were serving a master, talk to the child, even if he was only a day old! Oh, yes, in England, looking after babies was in itself a full-time job.

›Ethnischer
Rassismus‹

Adahs Situation wird durch den Mangel an Solidarität zwischen den Angehörigen der in London lebenden Minoritäten noch erschwert. Zu Beginn des sechsten Kapitels (»Sorry, no Coloureds«) zieht sie eine ernüchternde Bilanz: Die Diskriminierung durch andere Nigerianer, v.a. aber durch die Angehörigen anderer ethnischer Minoritäten, die miteinander um Wohnraum und Arbeitsplätze konkurrieren und aus der retrospektiven Distanz ihre jeweilige Heimat auf- und die der anderen abwerten, verstärkt das Gefühl der Isolation und Ausgrenzung. Dieses Phänomen des so genannten ›ethnic racism‹ in der Diaspora zählt zu den wiederkehrenden Motiven der *Black British Literature* und findet sich nicht nur im Migrations-, sondern auch im Bildungsroman der zweiten Generation, etwa in Diran Adebayos *Some Kind of Black* (1996).

Adebayos erfolgreicher Debütroman, der mit dem Saga Prize und dem Newcomer-Preis der Writers' Guild of Great Britain ausgezeichnet wurde, greift die zentralen Themen des multikulturellen Alltags im London der Gegenwart auf. Eine besondere Rolle spielt dabei die Identitätsproblematik. Der Protagonist Dele, Sohn nigerianischer Einwanderer und Student an der Universität in Oxford, ist nicht nur ein Mitglied der *black community*, sondern bewegt sich als Londoner Jugendlicher auch in der Party- und Drogenszene am Rande der Illegalität. Überdies findet er als exotischer ›Mr Mention‹ Anklang bei seinen weißen Kommilitonen, insbesondere den Frauen. Sein Leben zwischen diesen drei Welten ist geprägt von dem für Einwandererfamilien typischen Generationenkonflikt, von innerkulturellen Auseinandersetzungen zwischen den so genannten ›Nigerian-Nigerians‹, d.h. besonders heimatverbundenen Afrikanern auf der einen Seite, und Afro-Briten wie Dele auf der anderen Seite, für die die ethnische Herkunft im kosmopolitischen London nur von untergeordneter Bedeutung ist. Hinzu kommen die interkulturellen Konflikte zwischen der schwarzen Minorität und der weißen Bevölkerungsmehrheit, aber auch zwischen den einzelnen Minoritäten selbst, etwa zwischen Nigerianern und Jamaikanern.

Some Kind of Black orientiert sich am Genre des Adoleszenz- oder Bildungsromans, das die multikulturelle Erzählliteratur der zweiten Generation dominiert. Diese legt weniger Gewicht auf die Differenz zwischen alter und neuer Heimat, die den Migrationsroman kennzeichnet, vielmehr zeigt sie am Beispiel ihrer in Großbritannien geborenen, meist jugendlichen Protagonisten, dass sich im Spannungsfeld zwischen Assimilation und Integration neue Identitätsformationen ergeben. Als Pionier dieser spezifischen Variante des Bildungsromans gilt der Drehbuchautor, Regisseur und Romanautor Hanif Kureishi, dessen erster Roman *The Buddha of Suburbia* (1990) im viel zitierten ersten Satz des Ich-Erzählers bereits die für das Genre typische Ambiguität anklingen lässt: » My name is Karim Amir, and I am an Englishman born and bred, almost « (Kap. 1). Die Unentschlossenheit, die in dem ›fast‹ anklingt, charakterisiert auch den Protagonisten Shahid in Kureishis Roman *The Black Album* (1995). Der junge Literaturstudent Shahid erlebt im Jahr 1989, dessen zentrales Ereignis die Publikation von Rushdies umstrittenem Roman *The Satanic Verses* und die daraufhin vom iranischen Staatsführer Ayatollah Khomeini verhängte Todesstrafe (*fatwa*) ist, eine Liebesaffäre mit seiner Dozentin Deedee. Daneben schließt er sich einer Gruppe radikal-islamischer Studenten an, deren Anführer Riaz an einer Sammlung religiöser Gedichte arbeitet. Shahid erklärt sich bereit, das Manuskript abzutippen. Dabei beginnt er jedoch, stilistische und

Some Kind of Black (1996)

Bildungsroman

später inhaltliche Korrekturen vorzunehmen, bis aus dem religiösen Traktat ein pornographisches Werk wird. Diese beinahe unbewusst ablaufende Veränderung wird durch Shahids Literaturstudium motiviert: Der strikten Korangläubigkeit seiner Freunde setzt er die epistemologische Funktion der westlichen Literatur entgegen. Shahids ästhetisch motiviertes Umschreiben wird von seinen muslimischen Freunden als Provokation aufgefasst und mit Gewalt quittiert. Diese subtile Reinszenierung der Auseinandersetzung um die *Satanic Verses* (Rushdie wurde aufgrund seiner kontroversen Darstellung des Propheten Mohammed Blasphemie vorgeworfen) wird im Handlungsverlauf durch die von Riaz und seiner Gruppe öffentlichkeitswirksam inszenierte Bücherverbrennung zusätzlich verstärkt. Shahid löst sich zwar daraufhin von den Islamisten, doch seine Hinwendung zu Deedee, die die kosmopolitische Haltung der beziehungsunfähigen Intellektuellen und das postmoderne Credo des *anything goes* verkörpert, ist, wie die letzten Sätze des Romans verdeutlichen, nur eine Bindung auf Zeit: »›Until it stops being fun,‹ she said. ›Until then,‹ he said.«

Ambivalenz Die ambivalente Haltung von Shahid, aber auch von Dele in *Some Kind of Black* ist charakteristisch für das Dilemma, dem sich die Protagonisten und Protagonistinnen multikultureller Erzählliteratur ausgesetzt sehen: Die Stellung zwischen den Kulturen (*in-betweeness*) lässt sich nicht auf einfache Weise lösen, sondern führt immer wieder zu Interessenkonflikten, die die Frage nach der individuellen und der kollektiven Identität betreffen. Das Hin- und Hergerissensein der literarischen Figuren zwischen unterschiedlichen eigenen Selbstentwürfen auf der einen, und von außen zugeschriebenen Eigenschaften auf der anderen Seite, spiegelt die Situation der Autoren, die sich nicht für ein Entweder-oder, sondern für das Sowohl-als-auch entscheiden. Kureishi bringt dies in einer Stellungnahme zu seiner eigenen Position als Repräsentant der *Asian British Literature* auf den Punkt: »You know, I want to feel free not only to be an Asian writer. I am going to be a writer who is also Asian« (MacCabe 1999: 52).

Literatursystem Die 1990er Jahre sind durch das zunehmende Interesse des Literatursystems an der *Black British Literature* gekennzeichnet. Neu gegründete Verlage wie X-Press und Black Amber Press spezialisierten sich auf diesen (damals noch wenig einträglichen) Bereich und erprobten ungewöhnliche Distributionswege: Victor Headleys Roman *Yardie*, den etablierte Verlage wie Penguin und Harper Collins abgelehnt hatten, wurde 1991 als erste Buchpublikation von X-Press in einer limitierten Auflage von tausend Exemplaren herausgebracht und ohne professionellen Vertrieb verkauft, bevor Pan Books die Rechte erwarben (vgl. Wood 2002: 19). Mit dem 1995 zur Unterstützung des *Black British writing* ins Leben gerufenen Saga Prize wurde zudem ein Literaturpreis etabliert, der sich explizit die Förderung der *Black British Literature* zum Ziel setzt. Die Entwicklung der letzten Jahre zeigt allerdings deutlich, dass sich die multikulturelle Literatur mittlerweile von dem Außenseiter-Image befreit hat: Die beiden Autorinnen Monica Ali und Zadie Smith sind praktisch über Nacht zu Pop-Stars der Literaturbranche avanciert, deren Erfolg derzeit nur von J.K. Rowling übertroffen wird.

Die 1974 geborene Zadie Smith ist die prominenteste Vertreterin der *Black British Literature*. Ihr im Jahr 2000 erschienenes Romandebüt *White Teeth* wurde mittlerweile nicht nur in mehrere Sprachen übersetzt, sondern auch mit zahlreichen Preisen ausgezeichnet. Der multiperspektivische Roman erzählt drei einander mehrfach kreuzende, interkulturelle Familiengeschichten, die Figuren mit jamaikanischem, bangladeschischem und jüdischem Hintergrund zusammenbringen und die zentralen Themen der multikulturellen Literatur der letzten fünfzig Jahre aufgreifen – darunter Assimilation und Ausgrenzung, kollektive Identität, kulturelle Hybridität und *Englishness*. Im Mittelpunkt der Handlung stehen die beiden ungleichen Freunde Archie Jones und Samad Iqbal, die sich während des Zweiten Weltkriegs als Soldaten in der britischen Armee kennen lernen und nach Kriegsende mit ihren Kindern Irie bzw. den eineiigen Zwillingen Millat und Magid Nachbarn im Londoner Stadtteil Willesden werden. Die gegenläufige Entwicklung der beiden Söhne Samads, die beide nicht der Idealvorstellung ihres Vaters entsprechen, bringt die anti-essentialistische Haltung des Romans zum Ausdruck: Während Millat sich weitgehend assimiliert, mutiert Magid zum radikalen Fundamentalisten. Am Schluss haben beide Brüder kurz hintereinander Geschlechtsverkehr mit Irie, die daraufhin schwanger wird – so dass sich der Vater und damit die Herkunft des ersten Vertreters der dritten Generation der Familien Jones und Iqbal nicht eindeutig bestimmen lässt.

Die offensichtliche Konstruiertheit des Plots, der die Inszenierung kultureller Hybridität auf der Figurenebene auf die Spitze treibt, verstärkt noch die ironischen Erzähleräußerungen, die den Roman als einen spielerischen Meta-Kommentar zur multikulturellen Debatte erscheinen lassen und ihn deutlich von dem dokumentarischen Realismus Courttia Newlands abheben. Wie die jüngsten Erfolge von Ali, deren Roman *Brick Lane* (2003) im ersten Jahr nach dem Erscheinen bereits über 100.000 Exemplare verkauft und u.a. eine Nominierung für den Booker Prize erreicht hat, und Andrea Levy zeigen, scheint sich gerade diese ironische Sicht auf die ernsten Probleme der multikulturellen Gesellschaft verkaufsfördernd auszuwirken: Während angesichts der Rassenunruhen in Burnley, Oldham und Bradford im Jahr 2001 (der *Cantle Report*, der die Ursachen analysiert und Handlungsempfehlungen gibt, ist unter <www.homeoffice.gov.uk/comrace/cohesion> im

Zadie Smith

Ironie und Unterhaltung

Internet einsehbar) die Perspektiven für das reale Zusammenleben eher pessimistisch beurteilt werden, verspricht Smiths unterhaltsame Fiktion vom *happy multicultural land* trotz aller Verwicklungen ein *happy ending*.

Trends Will man am Ende dieses kurzen Abrisses der Entwicklung der multikulturellen Literatur in Großbritannien einen Ausblick wagen, lassen sich zwei Trends identifizieren. Zum einen bedient sich die *Black British Literature*, die sich traditionell auf die Genres des Migrationsromans und des Bildungsromans konzentriert hat, zunehmend auch anderer Genres aus dem Bereich der kommerziellen Unterhaltung. Beispiele hierfür liefern im literarischen Bereich die multikulturellen Kriminalromane von Headley (*Yardie*) oder neuerdings auch Courttia Newland (*Snakeskin*, 2002), die konventionelle Handlungsstrukturen der *detective story* mit multiethnischen Figurenkonstellationen und identitätspolitischen Leitmotiven verbinden. Im Fernsehen zeugen die so genannten ›*ethnic sitcoms*‹ von der wachsenden Akzeptanz multikultureller Themen im massenorientierten Comedy-Bereich: Sie befreien sich zunehmend vom Hauch des politisch korrekten und vornehmlich (intellektuelle) Randgruppen ansprechenden *ethnic drama* im Stil der Filme von Stephen Frears. Die Geschichte der *ethnic sitcom* in Großbritannien beginnt mit *Love Thy Neighbour* (1972–76) und *The Fosters* (1976–77), setzt sich in den 1980ern und 1990ern mit der von Mustapha Matura und Farrukh Dhondy entwickelten Sitcom *No Problem!* (1983–85) fort und gipfelt in der Serie *Desmond's* (1989–95), der bislang erfolgreichsten multikulturellen Comedy-Produktion. Somit zeichnet sich im Bereich des britischen Fernsehens eine ähnliche Entwicklung ab wie in der Literatur, deren Selbstbild und Außenwahrnehmung die Werke von Autoren wie Rushdie, Kureishi oder Newland nachhaltig geprägt haben.

Multikultur als Marketingstrategie? Auch kommerziell erfolgreiche Kinoproduktionen wie der auf einem Theaterstück von Ayub Khan-Din beruhende Film *East is East* (1999) oder der Kassenschlager *Bend It Like Beckham* (2002), der den Lebenstraum seiner fußballbegeisterten Protagonistin in Hollywood-Manier Wirklichkeit werden lässt, sind Anzeichen für eine Popularisierung der Multikultur. Angesichts der Etablierung eines Sets typischer Erzählstrategien, rekurrenter (Generationen)Konflikte (verständnislose Eltern der Einwanderergeneration vs. assimilierte Kinder) und konventionalisierter Handlungsstrukturen (die Renaissance des traditionellen *marriage-plot* unter multikulturellen Vorzeichen) scheint sich – so der zweite Trend – *ethnicity* nach der Weltmusik nun auch im Film und in der Literatur als Marketingstrategie und gewinnbringendes ›Markenzeichen‹ durchzusetzen. Sensationserfolge wie Smiths *White Teeth*, Alis *Brick Lane* oder – noch aktueller – Andrea Levys unerwartet mit dem mit 30.000 Pfund dotierten Orange Prize for Fiction ausgezeichneter Roman *Small Island* (2004) über karibische Einwanderer der Windrush

Generation antizipieren eine Entwicklung, die man als Kommerzialisierung der *Black British Literature* bezeichnen könnte: Die Mischung multikultureller Figurenkonstellationen und Konflikte mit Humor und (Selbst)Ironie scheint sich als massenkompatibles Genre mit wieder erkennbaren Konventionen zu etablieren. Eine zunehmend globalisierte Welt verlangt eben nach einer nicht nur inter*nationalen*, sondern auch inter*kulturellen* Unterhaltungsliteratur. Auch wenn der ursprünglich subversive, politisch motivierte Impetus der *Black British Literature* in kritischer Distanz zur kommerziellen Ethno-Literatur sicherlich auch weiterhin Autoren und Autorinnen inspirieren und Leser sowie Leserinnen anziehen dürfte, zeichnet sich diesseits des Millenniums somit eine neue Phase der britischen Literatur ab – die Verschmelzung bislang getrennter literarischer Traditionen und Marktsegmente.

Anhang

Auswahlbibliographie

Kulturgeschichtliche Literaturwissenschaft: Einführende Literatur (Vera Nünning)

Bachmann-Medick, Doris (Hg.). *Kultur als Text: Die anthropologische Wende in der Literaturwissenschaft.* 2., aktual. Aufl. Tübingen et al.: Francke, 2004.

Bachmann-Medick, Doris. »Kultur als Text? Literatur- und Kulturwissenschaften jenseits des Textmodells.« In: Ansgar Nünning & Roy Sommer (Hgg.). *Kulturwissenschaftliche Literaturwissenschaft: Disziplinäre Ansätze – theoretische Positionen – transdisziplinäre Perspektiven.* Tübingen: Narr, 2004, 147–59.

Böhme, Hartmut, Peter Matussek & Lothar Müller. *Orientierung Kulturwissenschaft: Was sie kann, was sie will.* Reinbek: Rowohlt, 2002.

Easthope, Antony. *Literary into Cultural Studies.* London et al.: Routledge, 1991.

Engel, Manfred. »Kulturwissenschaft/en – Literaturwissenschaft als Kulturwissenschaft – kulturgeschichtliche Literaturwissenschaft.« *KulturPoetik* 1.1 (2001): 8–36.

– & Uwe Spörl. »Auswahlbibliographie zur kulturgeschichtlichen Literaturwissenschaft.« *KulturPoetik* 1.1 (2001): 141–58 [Teil 1: Theorie und Methodendiskussion]; *KulturPoetik* 1.2 (2001): 290–322 [Teil 2: Angewandte Kulturwissenschaft].

Glaser, Renate & Matthias Luserke (Hgg.). *Literaturwissenschaft – Kulturwissenschaft: Positionen, Themen, Perspektiven.* Opladen: Westdeutscher Verlag, 1996.

Glauser, Jürg & Annegret Heitmann (Hgg.). *Verhandlungen mit dem New Historicism: Das Text-Kontext-Problem in der Literaturwissenschaft.* Würzburg: Königshausen & Neumann, 1999.

Grabes, Herbert. »Literaturwissenschaft – Kulturwissenschaft – Anglistik.« *Anglia* 114.3 (1996), 376–95.

–. »Literary History and Cultural History: Relations and Difference.« In: Herbert Grabes (Hg.). *Literary History/Cultural History: Force-Fields and Tensions. REAL: Yearbook of Research in English and American Literature* 17 (2001), 1–34.

Kohl, Stephan et al. (Hgg.). *Anglia* 114.3: *Literaturwissenschaft und/oder Kulturwissenschaft.* Tübingen: Niemeyer, 1996.

Lauer, Gerhard. »Historizität und Interessantheit: Anmerkungen zum Innovationsanspruch der Literaturwissenschaft als Kulturwissenschaft.« In: Hartmut Kugler (Hg.). *www.germanistik2001.de: Vorträge des Erlanger Germanistentags.* Bd. 2. Bielefeld: Aisthesis, 2002, 925–44.

Nünning, Ansgar. »Literatur, Mentalitäten und kulturelles Gedächtnis: Grundriß, Leitbegriffe und Perspektiven einer anglistischen Kulturwissenschaft.« In: Ansgar Nünning (Hg.). *Literaturwissenschaftliche Theorien, Modelle und Methoden: Eine Einführung.* Trier: WVT, 1998 [1995], 173–98.

– & Vera Nünning (Hgg.). *Konzepte der Kulturwissenschaften: Theoretische Grundlagen, Ansätze, Perspektiven.* Stuttgart: Metzler, 2003.

– & Roy Sommer. »Kulturwissenschaftliche Literaturwissenschaft: Disziplinäre Ansätze, theoretische Positionen und transdisziplinäre Perspektiven.« In: Ansgar Nünning & Roy Sommer (Hgg.). *Kulturwissenschaftliche Literaturwissenschaft: Disziplinäre Ansätze – theoretische Positionen – transdisziplinäre Perspektiven.* Tübingen: Narr, 2004, 9–29.

Posner, Roland. »Kultur als Zeichensystem: Zur semiotischen Explikation kulturwissenschaftlicher Grundbegriffe.« In: Aleida Assmann & Dietrich Harth (Hgg.). *Kultur als Lebenswelt und Monument.* Frankfurt a.M.: Fischer, 1991, 37–74.

Schönert, Jörg. »Literaturwissenschaft – Kulturwissenschaft – Medienkulturwissenschaft: Probleme der Wissenschaftsentwicklung.« In: Renate Glaser & Matthias Luserke (Hgg.). *Literaturwissenschaft – Kulturwissenschaft: Positionen, Themen, Perspektiven.* Opladen: Westdeutscher Verlag, 1996, 192–208.

Sommer, Roy. *Grundkurs Cultural Studies/Kulturwissenschaft Großbritannien.* Barcelona, Stuttgart et al.: Klett, 2003.

Voßkamp, Wilhelm. »Literaturwissenschaft und Kulturwissenschaften.« In: Henk de Berg & Matthias Prangel (Hgg.). *Interpretation 2000: Positionen und Kontroversen. Festschrift zum 65. Geburtstag von Horst Steinmetz.* Heidelberg: Winter, 1999, 183–99.

Voßkamp, Wilhelm. »Literaturwissenschaft als Kulturwissenschaft.« In: Ansgar Nünning & Vera Nünning (Hgg.). *Konzepte der Kulturwissenschaften: Theoretische Grundlagen, Ansätze, Perspektiven.* Stuttgart: Metzler, 2003, 73–85.

Winko, Simone. »Diskursanalyse, Diskurgeschichte.« In: Heinz L. Arnold & Heinrich Detering (Hgg.). *Grundzüge der Literaturwissenschaft.* München: dtv, 1996, 463–78.

Entstehung eines neuen Menschenbildes: Der Homo oeconomicus in der Frühen Neuzeit (Laurenz Volkmann)

Weiterführende Literatur

Breuer, Horst. *Vorgeschichte des Fortschritts: Studien zur Historizität und Aktualität des Dramas der Shakespearezeit: Marlowe – Shakespeare – Jonson.* München: Wilhelm Fink, 1979.

Greenblatt, Stephen. *Shakespearean Negotiations: The Circulation of Social Energy in Renaissance England.* Oxford: Clarendon, 1988.

Hill, Christopher. *A Turbulent, Seditious, and Factious People: John Bunyan and his Church 1628–1688.* Oxford: Oxford UP, 1988.

Hirschman, Albert O. *The Passions and the Interest: Political Arguments for Capitalism before its Triumph.* Princeton, NJ: Princeton UP, 1977.

Kirchgässner, Gebhard. *Homo oeconomicus: Das ökonomische Modell individuellen Verhaltens und seine Anwendung in den Wirtschafts- und Sozialwissenschaften.* Tübingen: Mohr, 1991.

Kohl, Stephan. *Das englische Spätmittelalter: Kulturelle Normen, Lebenspraxis, Texte.* Tübingen: Niemeyer, 1986.

McVeagh, John. *Tradefull Merchants: The Portrayal of the Capitalist in Literature.* London: Routledge & Kegan Paul, 1981.

Nicholson, Colin. *Writing and the Rise of Finance: Capital Satires of the Early Eighteenth Century.* Cambridge: Cambridge UP, 1994.

Reichert, Klaus. *Fortuna oder die Beständigkeit des Wechsels.* Frankfurt a.M.: Suhrkamp, 1985.

Riedel, Wolfgang. »*Die unsichtbare Hand*«: Ökonomie, Sittlichkeit und Kultur der englischen Mittelklasse (1650 – 1850). Tübingen: Narr, 1990.

Southall, Raymond. *Literature and the Rise of Capitalism: Critical Essays Mainly on the Sixteenth and Seventeenth Centuries*. London: Lawrence & Wishart, 1973.

Suerbaum, Ulrich. *Shakespeares Dramen*. Tübingen et al.: Francke, 1996.

Tillyard, E.M.W. *The Elizabethan World Picture*. Harmondsworth: Penguin, 1963 [1943].

Veeser, H. Aram (Hg.). *The New Historicism Reader*. New York, NY, et al.: Routledge, 1994.

Volkmann, Laurenz. *Homo oeconomicus: Studien zur Modellierung eines neuen Menschenbilds in der englischen Literatur vom Mittelalter bis zum 18. Jahrhundert*. Heidelberg: Winter, 2003.

Literatur und (visuelle) Medien in der Frühen Neuzeit (Gabriele Rippl)

Weiterführende Literatur

Adler, Jeremy & Ulrich Ernst. *Text als Figur*. Wolfenbüttel: Herzog-August-Bibliothek; Weinheim: Acta humaniora, 1987.

Aston, Margaret. *The King's Bedpost: Reformation and Iconography in a Tudor Group Portrait*. Cambridge: Cambridge UP, 1993.

Eisenstein, Elizabeth L. *The Printing Press as an Agent of Change*. 2 Bde. Cambridge: Cambridge UP, 1979.

Evett, David. *Literature and the Visual Arts in Tudor England*. Athens, GA, et al.: The University of Georgia Press, 1990.

Gent, Lucy. *Picture and Poetry 1560–1620: Relations between Literature and the Visual Arts in the English Renaissance*. Leamington Spa: James Hall, 1981.

Hagstrum, Jean H. *The Sister Arts: The Tradition of Literary Pictorialism and English Poetry from Dryden to Gray*. Chicago, IL: University of Chicago Press, 1958.

Heffernan, James A.W. *Museum of Words: The Poetics of Ekphrasis from Homer to Ashbery*. Chicago, IL, et al.: University of Chicago Press, 1993.

Henkel, Arthur & Albrecht Schöne (Hgg.). *Emblemata: Handbuch zur Sinnbildkunst des 16. und 17. Jahrhunderts*. Stuttgart et al.: Metzler, 1996 [1967].

Klarer, Mario. *Ekphrasis: Bildbeschreibung als Repräsentationstheorie bei Spenser, Sidney, Lyly und Shakespeare*. Tübingen: Niemeyer, 2001.

Marotti, Arthur F. *Manuscript, Print, and the English Renaissance Lyric*. Ithaca, NY, et al.: Cornell UP, 1995.

Mitchell, William J.T. »Was ist ein Bild?« In: Volker Bohn (Hg.). *Bildlichkeit*. Frankfurt a.M.: Suhrkamp, 1990, 17–68.

Orgel, Stephen & Roy Strong. *Inigo Jones: The Theater of the Stuart Court*. 2 Bde. London: Sotheby Parke Bernet, 1973.

Saunders, John W. »The Stigma of Print: A Note on the Social Bases of Tudor Poetry.« *Essays in Criticism* 1 (1951), 139–64.

Strong, Roy. *The Tudor and Stuart Monarchy: Pageantry, Painting, Iconography*. 2 Bde. Woodbridge: Boydell, 1995.

Wall, Wendy. *The Imprint of Gender*. Ithaca, NY, et al.: Cornell UP, 1993.

Tod und Trauer auf der Shakespeare-Bühne und in der elisabethanischen Kultur (Tobias Döring)

Werkausgaben

Puttenham, George. »The Arte of English Poesie [1589].« In: G. Gregory Smith (Hg.). *Elizabethan Critical Essays*. 2 Bde. Oxford: Oxford UP, 1904. Bd. 2, 1–193.

Greenblatt, Stephen, Walter Cohen, Jean E. Howard & Katharine Eisaman Maus (Hgg.). *The Norton Shakespeare: Based on the Oxford Edition*. New York, NY: Norton, 1997.

Weiterführende Literatur

Ariès, Philippe. *Geschichte des Todes*. München: dtv, 1982 [1978].

Belsey, Catherine. *Shakespeare and the Loss of Eden: The Construction of Family Values in Early Modern England*. Houndmills et al.: Macmillan, 1999.

Cressy, David. *Birth, Marriage, and Death: Ritual, Religion, and the Life-Cycle in Tudor and Stuart England*. Oxford: Oxford UP, 1997.

– & Lori Anne Ferrell (Hgg.). *Religion and Society in Early Modern England: A Sourcebook*. London et al.: Routledge, 1996.

Duffy, Eamon. *The Stripping of the Altars: Traditional Religion in England 1400–1580*. New Haven, CT: Yale UP, 1992.

Easthope, Antony. *Englishness and National Culture*. London et al.: Routledge, 1999.

Foucault, Michel. *Archäologie des Wissens*. Frankfurt a.M.: Suhrkamp, 1994 [1969].

–. *Die Ordnung des Diskurses*. Frankfurt a.M.: Fischer, 1991 [1971].

–. *Überwachen und Strafen: Die Geburt des Gefängnisses*. Frankfurt a.M.: Suhrkamp, 1994 [1975].

Greenblatt, Stephen. *Hamlet in Purgatory*. Princeton, NJ: Princeton UP, 2001.

Kay, Dennis. *Melodious Tears: The English Funeral Elegy from Spenser to Milton*. Oxford: Clarendon, 1990.

Lange, Marjorie. *Telling Tears in the English Renaissance*. Leiden et al.: Brill, 1996.

Macho, Thomas. »Tod und Trauer im kulturwissenschaftlichen Vergleich.« In: Jan Assmann (Hg.). *Der Tod als Thema der Kulturtheorie*. Frankfurt a.M.: Suhrkamp, 2000, 89–120.

Muir, Edward. *Ritual in Early Modern Europe*. Cambridge: Cambridge UP, 1997.

Neill, Michael. *Issues of Death: Mortality and Identity in English Renaissance Tragedy*. Oxford: Clarendon, 1997.

Scholz, Susanne. »›Alas! I am the Mother of these Griefs‹: Mütterliche Trauer und weiblicher Exzeß bei Shakespeares Königinnen.« In: Gisela Ecker (Hg.). *Trauer tragen – Trauer zeigen: Inszenierungen der Geschlechter*. München: Fink, 1999, 97–108.

Scodel, Joshua. *The English Poetic Epitaph: Commemoration and Conflict from Jonson to Wordsworth*. Ithaca, NY: Cornell UP, 1991.

Woodward, Jennifer. *The Theatre of Death: The Ritual Management of Royal Funerals in Renaissance England, 1570–1625*. Woodbridge: Boydell, 1997.

Politik und Literatur: Die Englische Revolution in der Literatur des 17. Jahrhunderts (Susanne Spekat)

Werkausgaben

Davidson, Peter (Hg.). *Poetry & Revolution: An Anthology of British and Irish Verse, 1625–1660*. Oxford: Clarendon, 1998.

Goreau, Angeline. *The Whole Duty of a Woman: Female Writers in Seventeenth-Century England*. Garden City, NY: Dial Press, 1985.

Patrick, J. Max (Hg.). *The Complete Poetry of Robert Herrick*. New York, NY: New York UP, 1963.

Rump: Or an Exact Collection of the Choycest Poems and Songs Relating to the Late Times. 2 Bde. London: Printed for Henry Brome [...] and Henry Marsh, 1662.

Wright, Thomas (Hg.). *Political Ballads Published in England During the Commonwealth*. London: Richards, 1841.

Weiterführende Literatur
Corns, Thomas S. *Uncloistered Virtue: English Political Literature, 1640–1660*. Oxford: Clarendon, 1992.
Healy, Thomas & Jonathan Sawday (Hgg.). *Literature and the English Civil War*. Cambridge: Cambridge UP, 1990.
Keeble, Neil H. (Hg.). *The Cambridge Companion to Writing of the English Revolution*. Cambridge: Cambridge UP, 2001.
Norbrook, David. *Writing the English Republic: Poetry, Rhetoric and Politics 1627–1660*. Cambridge: Cambridge UP, 1999.
Potter, Lois. *Secret Rites and Secret Writing: Royalist Literature, 1641–1660*. Cambridge: Cambridge UP, 1989.
Raymond, Joad. *Pamphlets and Pamphleteering in Early Modern England*. Cambridge: Cambridge UP, 2003.
Sharpe, Kevin & Steven N. Zwicker. *Reading, Society and Politics in Early Modern England*. Cambridge: Cambridge UP, 2003.
Smith, Nigel. *Literature and Revolution in England 1640–1660*. New Haven, CO, et al.: Yale UP, 1994.
Spekat, Susanne. *Politische Straßenballaden im Zeitalter der Englischen Revolution (1640–1660): Eine kulturwissenschaftliche Untersuchung ihrer historisch-politischen, literatur- und mentalitätsgeschichtlichen Bedeutung*. Trier: WVT, 2003.
Summers, Claude J. & Ted-Larry Pebworth (Hgg.). *The English Civil Wars in the Literary Imagination*. Columbia, MO: University of Missouri Press, 1999.
Thomas, Peter W. »The Impact on Literature«. In: John S. Morrill (Hg.). *The Impact of the English Civil War*. London: Collins & Brown, 1991, 123–42.
Wiseman, Susan. *Drama and Politics in the English Civil War*. Cambridge: Cambridge UP, 1998.

Revolution und Restauration in der kollektiven Erinnerung im 17. und 18. Jahrhundert (Annegret Stegmann)

Werkausgaben
Rump: Or an Exact Collection of the Choycest Poems and Songs Relating to the Late Times. 2 Bde. London: Printed for Henry Brome [...] and Henry Marsh, 1662.
Holloway, John (Hg.). *The Euing Collection of English Broadside Ballads in the Library of the University of Glasgow*. Glasgow: University of Glasgow Publications, 1971.
Mackay, Charles (Hg.). *The Cavalier Songs and Ballads of England from 1642 to 1684*. London: Griffin Bohn & Co, 1863.
Wilkins, W. Walker (Hg.). *Political Ballads of the Seventeenth and Eighteenth Centuries Annotated*. 2 Bde. London: Longman et al., 1860.

Weiterführende Literatur
Assmann, Aleida. »Was sind kulturelle Texte?« In: Andreas Poltermann (Hg.). *Literaturkanon – Medienereignis – Kultureller Text: Formen inter-kultureller Kommunikation und Übersetzung*. Berlin: Erich Schmidt, 1995, 232–44.
Assmann, Jan. *Religion und kulturelles Gedächtnis: Zehn Studien*. München: Beck, 2000.

Böker, Uwe & Hans Sauer (Hgg.). *Anglistentag 1996 Dresden: Proceedings. Vol. XVIII.* Trier: WVT, 1997.

Canfield, J. Douglas & Deborah C. Payne (Hgg.). *Cultural Readings of Restoration and Eighteenth-Century English Theatre.* Athens et al.: The University of Georgia Press, 1995.

Gymnich, Marion. »Das englische Drama der Restaurationszeit aus gattungstypologischer Sicht: Erscheinungsformen und Entwicklungstendenzen.« In: Ansgar Nünning (Hg.). *Literaturwissenschaftliche Theorien, Modelle und Methoden: Eine Einführung.* Trier: WVT, 1995, 43–60.

Thomas Healy & Jonathan Sawday (Hgg.). *Literature and the English Civil War.* Cambridge: Cambridge UP, 1990.

Jose, Nicholas. *Ideas of the Restoration in English Literature 1660–71.* Cambridge, MA: Harvard UP, 1984.

Kamm, Jürgen. *Der Diskurs des heroischen Dramas: Eine Untersuchung zur Ästhetik dialogischer Kommunikation in der englischen Restaurationszeit.* Trier: WVT, 1996.

MacLean, Gerald (Hg.). *Culture and Society in the Stuart Restoration.* Cambridge: Cambridge UP, 1995.

Marshall, Gerald W. (Hg.). *The Restoration Mind.* Newark, DE, et al.: University of Delaware Press et al., 1997.

Owen, Susan J. *Perspectives on Restoration Drama.* Manchester et al.: Manchester UP, 2003.

Mode und Subjektivität im 18. Jahrhundert (Susanne Scholz)

Werkausgaben

Defoe, Daniel. *Roxana: The Fortunate Mistress* [1724]. Hg. v. Jane Jack. London et al.: Oxford UP, 1968 [1964].

Weiterführende Literatur

Agnew, Jean-Christophe. *Worlds Apart: The Market and the Theater in Anglo-American Thought, 1550–1750.* Cambridge: Cambridge UP, 1986.

Craik, Jennifer. *The Face of Fashion: Cultural Studies in Fashion.* London et al.: Routledge, 1994.

Habermas, Jürgen. *Strukturwandel der Öffentlichkeit.* Frankfurt: Suhrkamp, 1990 [1962].

Scholz, Susanne. *Objekte und Erzählungen: Subjektivität und kultureller Dinggebrauch im England des frühen 18. Jahrhunderts.* Königstein: Helmer, 2004.

Sennet, Richard. *The Fall of Public Man.* New York, NY, et al.: Norton, 1992.

Silverman, Kaja. »Fragments of a Fashionable Discourse.« In: Tania Modleski (Hg.). *Studies in Entertainment.* Bloomington, IN: Indiana UP, 1986, 139–52.

Warwick, Alexandra & Dani Cavallaro. *Fashioning the Frame: Boundaries, Dress and the Body.* Oxford et al.: Berg, 1998.

Williams, Andrew. »The Centre of Attention: Theatricality and the Restoration Fop.« *Early Modern Literary Studies* 4.3 (1999). <http://purl.oclc.org/emls/o4-3/willfop.html>

Common Sense und *Englishness* in der englischen Literatur des 18. Jahrhunderts (Christoph Henke)

Werkausgaben

Boswell, James. *Life of Johnson* [1791]. Hg. v. Robert W. Chapman. Oxford et al.: Oxford UP, 1980.

Common Sense: or, The Englishman's Journal. Being a Collection of Letters, Political, Humorous, and Moral. 2 Bde. London: o.V., 1738–39.

Fielding, Henry. *The Complete Works of Henry Fielding.* 16 Bde. New York, NY: Barnes & Noble, 1967.

Montagu, Lady Mary Wortley. *The Nonsense of Common-Sense: 1737–1738.* Hg. v. Robert Halsband. New York, NY: AMS, 1970 [1947].

Weiterführende Literatur

Easthope, Antony. *Englishness and National Culture.* London/New York: Routledge, 1999.

Foucault, Michel. *Archäologie des Wissens.* Frankfurt a.M.: Suhrkamp, 1994 [1969].

Geertz, Clifford. »Common Sense as a Cultural System.« In: ders. *Local Knowledge: Further Essays in Interpretive Anthropology.* New York, NY: Basic Books, 1983.

Körver, Helga. *Common Sense: Die Entwicklung eines englischen Schlüsselwortes und seine Bedeutung für die englische Geistesgeschichte vornehmlich zur Zeit des Klassizismus und der Romantik.* Bonn: Rheinische Friedrich-Wilhelms-Univ. Diss., 1967.

Lewis, Clive S. *Studies in Words.* Cambridge: Cambridge UP, 1967 [1960].

Watt, Ian. *The Rise of the Novel: Studies in Defoe, Richardson and Fielding.* London: Chatto & Windus, 1957.

Ehe und Familie in der Kultur der Empfindsamkeit (Simone Roggendorf)

Werkausgaben

[Chapone, Hester]. *The Posthumous Works of Mrs. Chapone.* 2 Bde. London: John Murray, ²1808 [1807].

Weiterführende Literatur

Anderson, Misty G. *Female Playwrights and Eighteenth-Century Comedy: Negotiating Marriage on the London Stage.* Basingstoke et al.: Palgrave, 2002.

Barker-Benfield, G.J. *The Culture of Sensibility: Sex and Society in Eighteenth-Century Britain.* Chicago, IL, et al.: University of Chicago Press, 1992.

Brewer, John. *The Pleasures of the Imagination: English Culture in the Eighteenth Century.* London: Harper Collins, 1997.

Brosch, Renate. »The Conversation Piece: A Model for the Representation of the Family.« *Journal for the Study of British Cultures* 9.2 (2002), 197–208.

Busch, Werner. *Das sentimentalische Bild: Die Krise der Kunst im 18. Jahrhundert und die Geburt der Moderne.* München: Beck, 1993.

Ellis, Frank H. *Sentimental Comedy: Theory & Practice.* Cambridge et al.: Cambridge UP, 1991.

Flint, Christopher. »›The Family Piece‹: Oliver Goldsmith and the Politics of the Everyday in Eighteenth-Century Domestic Portraiture.« *Eighteenth-Century Studies* 29.2 (1995/96), 127–52.

Hume, Robert D. »Marital Discord in English Comedy from Dryden to Fielding.« *Modern Philology* 74 (1977), 248–72.

Koschorke, Albrecht. *Körperströme und Schriftverkehr: Mediologie des 18. Jahrhunderts.* München: Fink, 2003 [1999].

Luhmann, Niklas. *Liebe als Passion: Zur Codierung von Intimität.* Frankfurt a.M.: Suhrkamp, 1999 [1982].

McKendrick, Neil, John Brewer & J.H. Plumb. *The Birth of a Consumer Society: The Commercialisation of Eighteenth-Century England.* London: Europa Publications, 1982.

Nünning, Vera. »Die Kultur der Empfindsamkeit: Eine mentalitätsgeschichtliche Skizze.« Ansgar Nünning (Hg.). *Eine andere Geschichte der englischen Literatur.* Trier: WVT, 1996, 107–26.

–. »›The Slaves of Our Pleasures‹ oder ›Our Companions and Equals‹: Die Konstruktion von Weiblichkeit im England des 18. Jahrhunderts aus kulturwissenschaftlicher Sicht.« *Zeitschrift für Anglistik und Amerikanistik* 44.3 (1996), 199–219.

Stone, Lawrence. *The Family, Sex and Marriage in England 1500–1800.* London: Weidenfeld and Nicolson, 1977.

Williams, Raymond. *The Country and the City.* London: Chatto & Windus, 1973.

Theatralität in Literatur und Kultur: Das Subjekt im Text-Theater der Romantik (Kai Merten)

Werkausgaben

Baillie, Joanna. »Introductory Discourse.« In: Peter Duthie (Hg.). *Plays on the Passions.* Peterborough: Broadview, 2001 [1798], 67–113.

Kant, Immanuel. *Anthropologie in pragmatischer Hinsicht.* Hg. v. Reinhard Brandt. Hamburg: Felix Meiner, 2000 [1798].

Smith, Adam. *The Theory of Moral Sentiments.* Hg. v. David D. Raphael & Alec L. Macfie. Oxford: Clarendon, 1979 [1759].

Wordsworth, William. »Preface (1802).« In: ders. (1992 [1798]), 55–87.

–. *Lyrical Ballads* [1798]. Hg. v. Michael Mason. Harlow: Longman, 1992.

–. *The Prelude: The Four Texts (1798, 1799, 1805, 1850).* Hg. v. Jonathan Wordsworth. London: Penguin, 1995.

Weiterführende Literatur

Forbes, Aileen. »›Sympathetic Curiosity‹ in Joanna Baillie's Theater of the Passions.« *European Romantic Review* 14 (2003), 31–48.

Foucault, Michel. *Die Ordnung der Dinge. Eine Archäologie der Humanwissenschaften.* Frankfurt a.M.: Suhrkamp, 1994 [1966].

Harvey, William J. (Hg.). *Wordsworth, The Prelude: A Casebook.* Basingstoke: Macmillan, 1987.

Huber, Martin. *Der Text als Bühne: Theatrales Erzählen um 1800.* Göttingen: Vandenhoeck & Ruprecht, 2003.

Jacobus Mary. *Romanticism, Writing and Sexual Difference: Essays on* The Prelude. Oxford: Oxford UP, 1989.

Meisel, Martin. *Realizations: Narrative, Pictorial, and Theatrical Arts in Nineteenth-Century England.* Princeton, NJ: Princeton UP, 1983.

Reinfandt, Christoph. »World and Voice: Alpine Experiences and the Romantic Resistance to Subjectivism.« In: Christoph Bode & Dieter Berger (Hgg.). *Romantic Voices, Romantic Poetics: Proceedings of the Regensburg Conference 2003.* Essen: Die Blaue Eule [Im Druck].

Wood, Gillen D'Arcy. *The Shock of the Real: Romanticism and Visual Culture.* Basingstoke: Palgrave, 2001.

Das viktorianische Theater als Populärkultur (Merle Tönnies)

Werkausgaben

Anon. »The Drama.« *The New Monthly Magazine* 6 (1822), 201–06.

–. »Receipt to Make a Modern Tragedy.« *The Theatrical Journal* 4 (12 January 1840), 40.

Coyne, Joseph Stirling. *Helen Oakleigh: Or, the Wife's Stratagem! An Historical Drama, in Two Acts, etc.* London: J. Duncombe & Co, 1840.

Dickens, Charles. »The Amusements of the People.« *Household Words: A Weekly Journal* 1 (1850), 13–15, 57–60.

Graves, Joseph. *The Tempter.* London: o.V., 1838 [1825].

Hazlewood, Colin Henry. *Capitola: Or, the Masked Mother, and the Hidden Hand. A Drama, in Three Acts.* O.O.: o.V, 1859.

Melville, Walter. *The Worst Woman in London.* British Library, Lord Chamberlain's Plays Add. MS. 53691 B, 1899.

Reade, Charles. *Rachel the Reaper.* British Library, Lord Chamberlain's Plays Add. MS. 53136 H, 1874.

Sawyer, William. *Jessie Ashton.* British Library, Lord Chamberlain's Plays Add. MS. 53021 G, 1863.

Scudamore, F.A. *Dangerous Woman.* British Library, Lord Chamberlain's Plays Add. MS. 53664 E, 1898.

Soane, George. *The Innkeeper's Daughter.* London: W. Simpkin & R. Marshall, 1817.

Vanneck, Frederick. *False Steps.* British Library, Lord Chamberlain's Plays Add. MS. 53355 K, 1886.

Victoria. *The Girlhood of Queen Victoria: A Selection from Her Majesty's Diaries between the Years 1832 and 1840.* 2 Bde. London: John Murray, 1912.

Weiterführende Literatur

Bentley, Eric. *The Life of the Drama.* London: Methuen, 1964.

Booth, Michael R. *English Melodrama.* London: Jenkins, 1965.

Brooks, Peter. *The Melodramatic Imagination: Balzac, Henry James, Melodrama, and the Mode of Excess.* New Haven, CT: Yale UP, 1976.

Butler, Judith. »Performative Acts and Gender Constitution: An Essay in Phenomenology and Feminist Theory.« *Theatre Journal* 40 (1988), 519–31.

Fiske, John. *Reading the Popular.* London et al.: Routledge, 1992 [1989].

–. *Understanding Popular Culture.* London et al.: Routledge, 1994 [1989].

Hadley, Elaine. *Melodramatic Tactics: Theatricalized Dissent in the English Marketplace, 1800–1885.* Stanford, CA: Stanford UP, 1995.

Hall, Stuart. »Notes on Deconstructing ›the Popular.‹« Raphael Samuel (Hg.). *People's History and Socialist Theory.* London et al.: Routledge & Kegan Paul, 1981, 227–40.

Hays, Michael & Anastasia Nikolopoulou (Hgg.). *Melodrama: The Cultural Emergence of a Genre.* Basingstoke: Macmillan, 1996.

Jenkins, Anthony. *The Making of Victorian Drama.* Cambridge: Cambridge UP, 1991.

Lang, Robert. *American Film Melodrama: Griffith, Vidor, Minnelli.* Princeton, NJ: Princeton UP, 1989.

Poovey, Mary. *The Proper Lady and the Woman Writer: Ideology as Style in the Works of Mary Wollstonecraft, Mary Shelley, and Jane Austen*: Chicago, IL, et al.: University of Chicago Press, 1984.

Powell, Kerry. *Women and Victorian Theatre.* Cambridge: Cambridge UP, 1997.

Redmond, James (Hg.). *Melodrama.* Cambridge: Cambridge UP, 1992.

Rowell, George. *Queen Victoria Goes to the Theatre.* London: Elek, 1978.

Schmidt, Johann N. *Ästhetik des Melodramas: Studien zu einem Genre des populären Theaters im England des 19. Jahrhunderts.* Heidelberg: Winter, 1986.

Vardac, Alexander N. *Stage to Screen: Theatrical Origins of Early Film.* New York, NY: Da Capo, 1987 [1949].
Williams, Raymond. *The Long Revolution.* London: Chatto & Windus, 1961.

Gefährliche Gefühle? Emotionen in der viktorianischen Literatur (Gesa Stedman)

Weiterführende Literatur

Bourdieu, Pierre. *Outline of a Theory of Practice.* Cambridge: Cambridge UP, 1985 [1972].
Cvetkovich, Ann. *Mixed Feelings: Feminism, Mass Culture and Victorian Sensationalism.* New Brunswick, NJ: Rutgers UP, 1992.
Damasio, Antonio R. *Ich fühle, also bin ich: Die Entschlüsselung des Bewusstseins.* München: List, 2002.
De Sousa, Ronald. »The Rationality of Emotions.« In: Amélie Oksenberg Rorty (Hg.). *Explaining Emotions.* Berkeley, CA: University of California Press, 1980, 127–51.
Gohrisch, Jana. *Bürgerliche Gefühlsdispositionen in der englischen Prosa des 19. Jahrhunderts.* Heidelberg: Winter [in Vorbereitung].
Kasten, Ingrid, Gesa Stedman & Margarete Zimmermann. »Lucien Febvre und die Folgen. Zu einer Geschichte der Gefühle und ihrer Erforschung (Einleitung).« In: diess. (Hgg.). *Kulturen der Gefühle in Mittelalter und Früher Neuzeit.* Stuttgart et al.: Metzler, 2002, 9–25.
Lutz, Catherine. »Emotions and Feminist Theories.« In: Kasten/Stedman/Zimmermann (2002), 104–21.
Lutz, Catherine & Geoffrey M. White. »The Anthropology of Emotions.« *Annual Review of Anthropology* 15 (1986), 405–36.
Pinch, Adela. *Strange Fits of Passion: Epistemologies of Emotion, Hume to Austen.* Stanford, CA: Stanford UP, 1996.
Stearns, Peter N. & Carol Z. Stearns. »Emotionology: Clarifying the History of Emotions and Emotional Standards.« *American Historical Review* 90 (1985): 813–36.
Stedman, Gesa. *Stemming the Torrent: Expression and Control in the Victorian Discourses on Emotions, 1830–1872.* Aldershot: Ashgate, 2002.
Trepp, Anne-Charlott. *Sanfte Männlichkeit und selbständige Weiblichkeit: Frauen und Männer im Hamburger Bürgertum zwischen 1770 und 1840.* Göttingen: Vandenhoeck und Ruprecht, 1996.
–. »Gefühl oder kulturelle Konstruktion? Überlegungen zur Geschichte der Emotionen.« In: Kasten/Stedman/Zimmermann (2002), 86–103.
Wood, Jane. *Passion and Pathology in Victorian Fiction.* Oxford: Oxford UP, 2001.

Der medizinische Diskurs in der viktorianischen Literatur (Anne-Julia Zwierlein)

Werkausgaben

Lewes, George Henry. *The Physiology of Common Life.* 2 Bde. Leipzig: Bernhard Tauchnitz, 1860.

Weiterführende Literatur

Canguilhem, Georges. *Das Normale und das Pathologische.* Frankfurt a.M.: Ullstein, 1977 [1966].
Fischer-Homberger, Esther. *Die Traumatische Neurose: Vom somatischen zum sozialen Leiden.* Bern: Huber, 1975.

Foucault, Michel. *Wahnsinn und Gesellschaft: Eine Geschichte des Wahns im Zeitalter der Vernunft*. Frankfurt: Suhrkamp, 1973 [1961].

–. *Die Geburt der Klinik: Eine Archäologie des ärztlichen Blicks*. München: Hanser, 1973 [1963].

French, Richard D. *Antivivisection and Medical Science in Victorian Society*. Princeton, NJ, et al.: Princeton UP, 1975.

Gilbert, Sandra M. & Susan Gubar. *The Madwoman in the Attic: The Woman Writer and the Nineteenth-Century Literary Imagination*. New Haven, CT: Yale UP, 2000 [1979].

Gilman, Sander L. *Hysteria Beyond Freud*. Berkeley, CA: University of California Press, 1993.

Logan, Peter M. *Nerves and Narratives: A Cultural History of Hysteria in Nineteenth-Century British Prose*. Berkeley, CA: University of California Press, 1997.

MacKenzie, Donald A. *Statistics in Britain, 1865–1930: The Social Construction of Scientific Knowledge*. Edinburgh: Edinburgh UP, 1981.

Mighall, Robert. »Diagnosing Jekyll: The Scientific Context to Dr Jekyll's Experiment and Mr Hyde's Embodiment.« In: *The Strange Case of Dr Jekyll and Mr Hyde and Other Tales of Terror*. Hg. v. R.L. Stevenson & Robert Mighall. London et al.: Penguin, 2003, 143–61.

O'Connor, Erin. *Raw Material: Producing Pathology in Victorian Culture*. Durham, NC: Duke UP, 2000.

Otis, Laura. *Membranes: Metaphors of Invasion in Nineteenth-Century Literature, Science, and Politics*. Baltimore, MD: Johns Hopkins UP, 1999.

Pinkus, Rosa. »Medical Science.« In: Sally Mitchell (Hg.). *Victorian Britain: An Encyclopedia*. New York, NY: Garland Publishing, 1988.

Rothfield, Lawrence. *Vital Signs: Medical Realism in Nineteenth-Century Fiction*. Princeton, NJ: Princeton UP, 1992.

Sarasin, Philipp. *Reizbare Maschinen: Eine Geschichte des Körpers, 1765–1914*. Frankfurt: Suhrkamp, 2001.

Shuttleworth, Sally. *Charlotte Brontë and Victorian Psychology*. Cambridge: Cambridge UP, 1996.

Small, Helen. *Love's Madness: Medicine, the Novel, and Female Insanity, 1800–1865*. New York, NY: Clarendon, 1998.

Snow, Charles P. *The Two Cultures and the Scientific Revolution*. Cambridge: Cambridge UP, 1959.

Vrettos, Athena. *Somatic Fictions: Imagining Illness in Victorian Culture*. Stanford, CA: Stanford UP, 1995.

Wohl, Anthony. *Endangered Lives: Public Health in Victorian Britain*. Cambridge, MA: Harvard UP, 1983.

Wood, Jane. *Passion and Pathology in Victorian Fiction*. Oxford: Oxford UP, 2001.

Das Britische Empire in der viktorianischen Literatur (Ansgar Nünning)

Weiterführende Literatur

Arata, Stephen. *Fictions of Loss in the Victorian Fin de Siecle*. Cambridge: Cambridge UP, 1996.

Bivona, Daniel. *British Imperial Literature 1870–1940: Writing and the Administration of Empire*. Cambridge: Cambridge UP, 1998.

Brantlinger, Patrick. *Rule of Darkness: British Literature and Imperialism, 1830–1914*. Ithaca, NY, et al.: Cornell UP, 1988.

Brantlinger, Patrick. »The Nineteenth-Century Novel and Empire.« In: John Richetti (Hg.). *The Columbia History of the British Novel*. New York, NY: Columbia UP, 1994.

Hall, Donald E. (Hg.). *Muscular Christianity: Embodying the Victorian Age*. Cambridge: Cambridge UP, 1994.

Nünning, Ansgar. »Das Britische Weltreich als Familie: Empire-Metaphern in der spätviktorianischen Lyrik als Denkmodelle und als Mittel der historisch-politischen Sinnstiftung.« *Anglistik und Englischunterricht* 58 (1996) [*Intercultural Studies: Fictions of Empire*], 91–120.

Nünning, Vera. *Der englische Roman des 19. Jahrhunderts*. Stuttgart: Klett, 2000.

Nünning, Vera. »›Daß Jeder seine Pflicht thue‹: Die Bedeutung der *Indian Mutiny* für das nationale britische Selbstverständnis.« *Archiv für Kulturgeschichte* 78 (1996), 363–91.

Nünning, Vera. »Where Literature, Culture, and the History of Mentalities Meet: Changes in British National Identity as a Paradigm for a New Kind of Literary/Cultural History.« *REAL – Yearbook of Research in English and American Literature* 16 (2000) [*Literary History/ Cultural History.* Hg. v. Herbert Grabes]. Tübingen: Narr 2001, 211–38.

Nünning, Vera & Ansgar Nünning (Hgg.). *Intercultural Studies: Fictions of Empire*. [*Anglistik und Englischunterricht* 58]. Heidelberg: Winter, 1996.

MacDonald, Robert H. *The Language of Empire: Myths and Metaphors of Popular Imperialism, 1880–1918*. Manchester: Manchester UP, 1994.

Said, Edward. *Orientalism: Western Conceptions of the Orient*. Harmondsworth: Penguin, 1995 [1978].

–. *Culture and Imperialism*. London: Vintage, 1994 [1993].

Sullivan, Zoreh T. *Narratives of Empire: The Fictions of Rudyard Kipling*. Cambridge: Cambridge UP, 1993.

White, Andrea. *Joseph Conrad and the Adventure Tradition: Constructing and Deconstructing the Imperial Subject*. Cambridge: Cambridge UP, 1993.

Arbeit und Technologie im literarischen Diskurs des Viktorianismus (Stefan Welz)

Weiterführende Literatur

Applebaum, Herbert. *The Concept of Work: Ancient, Medieval, and Modern*. Albany, NY: State University of New York Press, 1992.

Berg, Maxine. *The Age of Manufactures: Industry, Innovation and Work in Britain 1700–1820*. London: Fontana, 1985.

Cohen, Monica F. *Professional Domesticity in the Victorian Novel*. Cambridge: Cambridge UP, 1998.

Danon, Ruth. *Work in the English Novel: The Myth of Vocation*. Totowa, NJ: Barnes & Noble, 1985.

Gray, Robert Q. *The Factory Question and Industrial England, 1830–1860*. Cambridge: Cambridge UP, 1996.

Groß, Konrad. *Der Englische Soziale Roman im 19. Jahrhundert*. Darmstadt: Wissenschaftliche Buchgesellschaft, 1977.

Hobsbawm, Eric. *Industry and Empire*. London: Penguin, 1990.

Honeyman, Katrina. *Women, Gender and Industrialization in England, 1700–1870*. London: Macmillan, 2000.

Mumford, Lewis. *Mythos der Maschine: Kultur, Technik und Macht*. Frankfurt a.M.: Fischer, 1984.

Roberts, Elizabeth. *Women's Work 1840–1940*. Cambridge: Cambridge UP, 1995.

Thoms, Keith (Hg.). *The Oxford Book of Work*. Oxford: Oxford UP, 1999.

Tilgher, Adriano. *Homo Faber: Work through the Ages*. Chicago, IL: Henry Regnery, 1958.
Valenze, Deborah M. *The First Industrial Woman*. Oxford: Oxford UP, 1995.
Williams, Raymond. *Culture and Society 1780–1950*. Harmondsworth: Penguin, 1984.
–. *The Country and the City*. London: Chatto & Windus, 1973.

Das Bild des Menschen in modernistischer Literatur und Malerei (Jens Zwernemann)

Werkausgaben
Ackroyd, Peter. The *House of Doctor Dee* [1993]. London: Penguin Books, 1994.
Conrad, Joseph. *Heart of Darkness* [1899]. Hg. v. Ross C. Murfin. Boston, MA, et al.: Bedford Books, 1996.
Gasquet, Joachim. »Ce qu'il m'a dit« [1921]. In: Michael Doran (Hg.). *Conversations avec Cézanne*. Paris: Collection Macula, 1978, 106–61.
Lawrence, D.H. *The Letters of D.H. Lawrence*. Hg. v. James T. Boulton & George J. Zytaruk. 7 Bde. Cambridge: Cambridge UP, 1981.
Lewis, Wyndham (Hg.). *Blast: Review of the Great English Vortex* [1914]. Santa Rosa: Black Sparrow Press, 2002.
Pound, Ezra. *Gaudier-Brzeska: A Memoir*. London: Bodley Head, 1916.
Woolf, Virginia. *The Diary of Virginia Woolf*. Hg. v. Anne O. Bell. 5 Bde. New York, NY, et al.: Harcourt Brace, 1978.
–. *Mr Bennett and Mrs Brown* [1924]. London: The Hogarth Press, 1928.
–. »Modern Fiction« [1919]. In: Andrew McNeillie (Hg.). *The Common Reader: First Series*. New York, NY, et al.: Harcourt Brace & Company, 1984, 146–54.
–. *Mrs Dalloway* [1925]. Hg. v. David Bradshaw. Oxford: Oxford UP, 2000.
–. *To the Lighthouse* [1927]. Hg. v. Margaret Drabble. Oxford: Oxford UP, 1998.
–. *To the Lighthouse: The Original Holograph Draft* [1927]. Hg. v. Susan Dick. London: The Hogarth Press, 1983.
–. *Walter Sickert: A Conversation*. London: The Hogarth Press, 1934.

Weiterführende Literatur
Brown, Dennis. *The Modernist Self in Twentieth-Century English Literature: A Study in Self-Fragmentation*. Houndsmill: Macmillan Press, 1989.
Butler, Christopher. *Early Modernism: Literature, Music and Painting in Europe 1900–1916*. Oxford: Oxford UP, 1994.
Einstein, Carl. *Die Kunst des 20. Jahrhunderts*. Berlin: Propyläen, 1926.
Fetz, Reto L., Roland Hagenbüchle & Peter Schulz. *Geschichte und Vorgeschichte der modernen Subjektivität*. 2 Bde. Berlin et al.: De Gruyter, 1998.
Gaßner, Hubertus. »Der Vortex – Intensität als Entschleunigung.« In: Karin Orchard (Hg.). *Blast: Vortizismus – Die erste Avantgarde in England 1914–1918*. Berlin: Nicolaische Verlagsbuchhandlung, 1996, 22–38.
Gillespie, Diane F. *The Sisters' Arts: The Writing and Painting of Virginia Woolf and Vanessa Bell*. Syracruse, NY, et al.: Syracruse UP, 1988.
Helbig, Jörg (Hg.). *Intermedialität: Theorie und Praxis eines interdisziplinären Forschungsgebiets*. Berlin: Erich Schmidt, 1998.
Luz, Kathrin. »Zwischen Schein und Sein.« *frame* 6 (2001), 84–90.
Mach, Ernst. *Beiträge zur Analyse der Empfindungen*. Jena: Gustav Fischer, 1886.
Rajewsky, Irina. *Intermedialität*. Tübingen: Francke, 2002.

Taylor, Charles. *Sources of the Self: The Making of the Modern Identity.* Cambridge, MA: Harvard UP, 1989.

Weber, Horst. *Cézanne and Literature: An Essay in Cultural History.* Heidelberg: Winter, 1991.

Wolf, Werner. »Intermedialität: Ein weites Feld und eine Herausforderung für die Literaturwissenschaft.« In: Herbert Foltinek & Christoph Leitgeb (Hg.). *Literaturwissenschaft: intermedial – interdisziplinär.* Wien: Verlag der Österreichischen Akademie der Wissenschaften, 2002, 163–92.

Zima, Peter. *Das literarische Subjekt: Zwischen Spätmoderne und Postmoderne.* Tübingen et al.: A. Francke, 2001.

–. (Hg.). *Literatur intermedial: Musik, Malerei, Photographie, Film.* Darmstadt: WBG, 1995.

Der Erste Weltkrieg in Literatur und Erinnerungskultur der 1920er Jahre (Astrid Erll)

Weiterführende Literatur

Assmann, Aleida. *Erinnerungsräume: Formen und Wandlungen des kulturellen Gedächtnisses.* München: Beck, 1999.

Assmann, Jan. *Das kulturelle Gedächtnis: Schrift, Erinnerung und politische Identität in frühen Hochkulturen.* München: Beck, 1992.

Bode, Christoph & Ulrich Broich (Hgg.). *Die Zwanziger Jahre in Großbritannien: Literatur und Gesellschaft einer spannungsreichen Dekade.* Tübingen: Narr, 1998.

Erll, Astrid. *Gedächtnisromane: Literatur über den Ersten Weltkrieg als Medium englischer und deutscher Erinnerungskulturen in den Zwanziger Jahren.* Trier: WVT, 2003.

Fussell, Paul. »Der Einfluß kultureller Paradigmen auf die literarische Wiedergabe traumatischer Erfahrung.« In: Vondung (1980), 175–87.

–. *The Great War and Modern Memory.* London et al.: Oxford UP, 1975.

Hibberd, Dominic & John Onions (Hgg.). *Poetry of the Great War: An Anthology.* Basingstoke: Macmillan, 1986.

Hynes, Samuel. *A War Imagined: The First World War and English Culture.* London: The Bodley Head, 1990.

Kennan, George F. *Bismarcks europäisches System in der Auflösung: Die französisch-russische Annäherung 1875–1890.* Frankfurt a.M.: Propyläen, 1981.

Klein, Holger (Hg.). *The First World War in Fiction: A Collection of Critical Essays.* Basingstoke et al.: Macmillan, 1978 [1976].

Stanzel, Franz K. & Martin Löschnigg (Hgg.). *Intimate Enemies: English and German Literary Reactions to the Great War 1914–1918.* Heidelberg: Winter, 1993.

Tate, Trudi. *Modernism, History and the First World War.* Manchester: Manchester UP, 1998.

Vondung, Klaus (Hg.). *Kriegserlebnis: Der Erste Weltkrieg in der literarischen Gestaltung und symbolischen Deutung der Nationen.* Göttingen: Vandenhoeck & Ruprecht, 1980.

Winter, Jay. *Sites of Memory, Sites of Mourning: The Great War in European Cultural History.* Cambridge: Cambridge UP, 1995.

Modifikationen des Modernismus: Medialität, Identität, Populärkultur (Ina Habermann)

Weiterführende Literatur

Assmann, Jan. *Das kulturelle Gedächtnis: Schrift, Erinnerung und politische Identität in frühen Hochkulturen.* München: Beck, 2000 [1997].

Baxendale, John & Chris Pawling (Hgg.). *Narrating the Thirties: A Decade in the Making, 1930 to the Present*. Basingstoke et al.: Macmillan, 1996.

Bode, Christoph & Ulrich Broich (Hgg.). *Die Zwanziger Jahre in Großbritannien: Literatur und Gesellschaft einer spannungsreichen Dekade*. Tübingen: Narr, 1998.

Bode, Christoph. »Der Blick von außen: Bemerkungen zum Ort der literarischen Moderne.« In: Bode/Broich (1998), 239–66.

Bradbury, Malcolm & James McFarlane (Hgg.). *Modernism 1890–1930*. London: Penguin 1991 [1976].

Giles, Judy & Tim Middleton (Hgg.). *Writing Englishness 1900–1950: An Introductory Sourcebook on National Identity*. London et al.: Routledge, 1995.

Gledhill, Christine. *Reframing British Cinema, 1918–1928: Between Restraint and Passion*. London: British Film Institute, 2003.

Greenslade, William. »›Pan‹ and the Open Road: Critical Paganism in R.L. Stevenson, K. Grahame, E. Thomas and E.M. Forster.« In: Hapgood/Paxton (2000), 145–61.

Hapgood, Lynne & Nancy L. Paxton (Hgg.). *Outside Modernism: In Pursuit of the English Novel, 1900–30*. Basingstoke: Macmillan, 2000.

Hynes, Samuel. *The Auden Generation: Literature and Politics in England in the 1930s*. Princeton, NJ: Princeton UP, 1972.

Kemp, Sandra, Charlotte Mitchell & David Trotter. *Edwardian Fiction: An Oxford Companion*. Oxford et al.: Oxford UP 1997.

Kenner, Hugh. *The Pound Era*. London: Faber, 1972.

Levenson, Michael (Hg.). *The Cambridge Companion to Modernism*. Cambridge: Cambridge UP, 1999.

Light, Alison. *Forever England: Femininity, Literature and Conservatism Between the Wars*. London et al.: Routledge, 1991.

Madge, Charles & Tom Harrison. *Britain by Mass Observation*. Harmondsworth: Penguin, 1939.

Montefiore, Janet. *Men and Women Writers of the 1930s: The Dangerous Flood of History*. London et al.: Routledge, 1996.

North, Michael. *Reading 1922: A Return to the Scene of the Modern*. New York, NY, et al.: Oxford UP, 1999.

Paxton, Nancy L. »Reconsidering Colonial Romance: Maud Diver and the ›Ethnographic Real‹«. In: Hapgood/Paxton (2000), 180–99.

Richards, Jeffrey (Hg.). *The Unknown 1930s: An Alternative History of the British Cinema, 1929–1939*. London et al.: I.B. Tauris, 1998.

Sinyard, Neil. *Filming Literature: The Art of Screen Adaptation*. London et al.: Croom Helm, 1986.

Spiegel, Alan. *Fiction and the Camera Eye: Visual Consciousness in Film and the Modern Novel*. Charlottesville, VA: University of Virginia Press, 1976.

Street, Sarah. *British National Cinema*. London et al.: Routledge, 1997.

Trotter, David. *The English Novel in History*. London et al.: Routledge, 1993.

Gender in der Literatur seit den 1960er Jahren (Marion Gymnich)

Werkausgaben

Barker, Pat. *Regeneration*. Harmondsworth: Penguin, 1992 [1991].

Drabble, Margaret. *The Waterfall*. Harmondsworth: Penguin, 1971 [1969].

Lessing, Doris. *The Summer before the Dark.* New York: Vintage, 1983 [1973].
Roberts, Michèle. *The Book of Mrs Noah.* London: Minerva, 1993 [1987].

Weiterführende Literatur
Butler, Judith. *Gender Trouble: Feminism and the Subversion of Identity.* New York, NY, et al.: Routledge, 1990.
–. *Bodies that Matter: On the Discursive Limits of ›Sex‹.* New York, NY, et al.: Routledge, 1993.
Chodorow, Nancy. *The Reproduction of Mothering: Psychoanalysis and the Sociology of Gender.* Berkeley CA et al.: University of California Press, 1978.
Gutenberg, Andrea. *Mögliche Welten: Plot und Sinnstiftung im englischen Frauenroman.* Heidelberg: Winter, 2000.
Gymnich, Marion. *Entwürfe weiblicher Identität im englischen Frauenroman des 20. Jahrhunderts.* Trier: WVT, 2000.
Hof, Renate. »Kulturwissenschaften und Geschlechterforschung.« In: Ansgar Nünning & Vera Nünning (Hgg.). *Konzepte der Kulturwissenschaften: Theoretische Grundlagen – Ansätze – Perspektiven.* Stuttgart et al.: Metzler, 2003, 329–50.
Kroll, Renate (Hg.). *Metzler Lexikon Gender Studies Geschlechterforschung: Ansätze – Personen – Grundbegriffe.* Stuttgart et al.: Metzler, 2002.
Sage, Lorna. *Women in the House of Fiction: Post-War Women Novelists.* London et al.: Macmillan, 1992.
Wandor, Michelene. *Post-war British Drama: Looking Back in Gender.* London: Routledge, 2001.
Whitehead, Stephen. *Men and Masculinities: Key Themes and New Directions.* Cambridge: Polity, 2002.
Würzbach, Natascha. »Der englische Frauenroman vom Modernismus bis zur Gegenwart (1890–1990): Kanonrevision, Gattungsmodifikationen, Blickfelderweiterung.« In: Ansgar Nünning (Hg.). *Eine andere Geschichte der englischen Literatur.* Trier: WVT, 1996, 195–211.
Zimmerman, Bonnie. *The Safe Sea of Women: Lesbian Fiction 1969–1989.* London: Onlywomen Press, 1992.

Multimediale Reflexivität in der Literatur nach 1945 (Angela Krewani)

Weiterführende Literatur
Bradbury, Malcolm. *The Modern British Novel.* Harmondsworth: Penguin, 1993.
Brandt, George W. *British Television Drama in the 1980s.* Cambridge: Cambridge UP, 1993.
–. *British Television Drama.* Cambridge et al.: Cambridge UP, 1981.
Coward, Rosalind. »Dennis Potter and the Question of the Television Author.« *Critical Quarterly* 4 (1987), 79–87.
Fuller, Graham (Hg.). *Potter on Potter.* London et al.: Faber, 1993.
Hewison, Robert. *The Heritage Industry.* London: Methuen, 1987.
Higson, Andrew. »Re-Presenting the National Past: Nostalgia and Pastiche in the Heritage Film.« In: Lester Friedman (Hg.). *British Cinema and Thatcherism: Fires Were Started.* London: UCL, 1993, 109–29.
–. *Waving the Flag: Constructing a National Cinema in Britain.* Oxford: Clarendon, 1995.
Kerr, Paul. »Classic Serials – To Be Continued.« *Screen* 23.1 (1982), 6–19.
Orbanz, Eva. *Journey to a Legend and Back: The British Realistic Film.* Berlin: Edition Volker Spiess, 1977.

Potter, Dennis. »›Some Sort of Preface.‹« In: ders. (Hg.) *Waiting for the Boat: On Television.* London: Faber, 1984, 11–35.

Schmidt, Siegfried J. »Medien, Kultur: Medienkultur: Ein Konstruktivistisches Gesprächsangebot.« In: ders. (Hg.). *Kognition und Gesellschaft: Der Diskurs des Radikalen Konstruktivismus.* Frankfurt a.M.: Suhrkamp, 1992, 425–49.

Strautz, Evelyn. *Probleme der Literaturverfilmung dargestellt am Beispiel von James Ivorys* A Room With a View. Alfeld et al.: Coppi, 1996.

Wollen, Tana. »Over Our Shoulders: Nostalgic Screen Fictions for the 1980s.« In: Sylvia Harvey & John Corner (Hgg.). *Enterprise and Heritage: Crosscurrents of National Culture.* London: Routledge, 1991, 178–93.

Von der Einwandererliteratur zum multikulturellen Millennium (Roy Sommer)

Weiterführende Literatur

Ashcroft, Bill, Gareth Griffiths & Helen Tiffin. *The Empire Writes Back: Theory and Practice in Post-Colonial Literatures.* London: Routledge, 2002 [1989].

Baker, Houston A. Jr., Manthia Diawara & Ruth H. Lindeborg (Hgg.). *Black British Cultural Studies: A Reader.* Chicago, IL: University of Chicago Press, 1996.

Banerjee, Mita, Markus Heide & Mark Stein (Hgg.). *Postcolonial Passages: Migration and Its Metaphors.* ZAA [Special Issue] 49.3 (2001).

Dabydeen, David & Nana Wilson-Tagoe. *A Reader's Guide to Westindian and Black British Literature.* London: Hansib Publications, 1997 [1988].

Döring, Tobias. *Caribbean-English Passages: Intertextuality in a Postcolonial Tradition.* London et al.: Routledge, 2002.

MacCabe, Colin. »Interview: Hanif Kureishi on London.« *Critical Quarterly* 41.3 (1999), 37–56.

Mühleisen, Susanne. »From Mother Tongue to Metaphor of New ›Imagined Communities‹: Creole and Its Migrant Transformations.« In: Banerjee/Heide/Stein (2001), 256–65.

Owusu, Kwesi (Hg.). *Black British Culture & Society: A Text Reader.* London et al.: Routledge, 2000.

Phillips, Mike & Trevor Phillips. *Windrush: The Irresistible Rise of Multi-Racial Britain.* London: Harper Collins, 1998.

Procter, James. *Dwelling Places: Postwar Black British Writing.* Manchester: Manchester UP, 2003.

Reichl, Susanne. *Cultures in the Contact Zone: Ethnic Semiosis in Black British Literature.* Trier: WVT, 2002.

Sewell, Tony. *Keep on Moving: The Windrush Legacy. The Black Experience in Britain from 1948.* London: Voice Enterprises, 1998.

Sommer, Roy. *Fictions of Migration: Ein Beitrag zur Theorie und Gattungstypologie des zeitgenössischen interkulturellen Romans in Großbritannien.* Trier: WVT, 2001.

Stein, Mark. *Black British Literature: Novels of Transformation.* Columbus, OH: Ohio State University, 2004.

Wambu, Onyekachi (Hg.). *Empire Windrush: Fifty Years of Writing About Black Britain.* London: Phoenix, 1999.

Wood, Andy. »Contemporary Black British Urban Fiction: A ›Ghetto Perspective‹?« *Wasafiri* 36 (2002), 18–22.

Personenregister

Ackroyd, Peter (*1949), *The House of Doctor Dee* (1993), *Dan Leno and the Limehouse Golem* (1994)   236, 280

Addison, Joseph (1672–1719), *The Tatler* (1709–11; mit Richard Steele), *The Spectator* (1711–12, 1714; mit Richard Steele)   107, 119, 127

Adebayo, Diran (*1968), *Some Kind of Black* (1996)   297

Agee, James (1909–55)   258

Aguilar, Grace (1816–47), »The Authoress« (1853)   179

Ahluwalia, Kiranjit (*?), *A Circle of Light* (1997)   295

Alberti, Leon Battista (1404–72), *Drei Bücher über die Malerei* (1435)   40

Alciati, Andrea (1492–1550), *Emblematum liber* (1531)   45

Aldington, Richard (1892–1962), *Death of a Hero* (1929)   240, 249

Ali, Monica (*1968), *Brick Lane* (2003), *Bend it Like Beckham* (Fox Searchlight, 2002)   299, 300

Amis, Kingsley (1922–95), *Lucky Jim* (1955)   283

Anderson, Lindsay (1923–94)   283, 284

Anna I. (1702–14)   80

Anonym, *The Libelle of Englyshe Polycye* (1437)   26

Anonym, *The Famous Victories of Henry V* (ca. 1580)   52

Anonym, *Cromwells Conspiracy: A Tragy-Comedy. Relating to our Latter Times* (1660)   89

Anonym, *The Female Preacher, being an answer to the late rude and scandalous wedding sermon preached by Mr John Sprint* (1699)   125

Anstey, Edgar (1907–87), *Housing Problems* (1935; mit Arthur Elton)   258

Aquin, Thomas von (ca. 1225–74)   25

Aristoteles (384–322 v. Chr.)   19

Assmann, Aleida (*1947)   4, 254, 255, 309, 318

Assmann, Jan (*1938)   4, 89, 247, 254, 255, 263

Auden, W[ystan] H[ugh] (1907–73)   255, 283

Austen, Jane (1775–1817), *Pride and Prejudice* (1813), *Mansfield Park* (1814)   198f., 288, 289, 290

Bacon, Francis (1561–1626), *The Advancement of Learning* (1605)   116

Baillie, Joanna (1762–1851)   149, 150, 151

Bain, Alexander (1818–1903), *The Emotions and the Will* (1859)   172, 175

Barker, Pat[ricia] (*1943) *Union Street* (1982), *Blow Your House Down* (1984), *Regeneration*-Trilogie (1991–1995)   245, 275, 278, 280

Becon, Thomas (1512–67), *The Sicke Mans Salue* (1560)   48

Behn, Aphra (ca. 1640–89), *The City Heiress* (1682), *The Roundheads* (1682)   91, 92, 134

Bell, Clive (1881–1964)   226, 231

Bell, Vanessa (1879–1961), *Frederick and Jessie Etchells Painting* (1912)   231, 234f.

Bennett, Alan (*1934)   285

Bennett, [Enoch] Arnold (1867–931)   223, 245, 254

Bergson, Henri (1859–1941)   259

Sachregister

Arno Löffler /
Eberhard Späth (Hrsg.)

Geschichte der englischen Kurzgeschichte

UTB 2662 M, 2005, VIII, 388 Seiten,
5 Abb., € 22,90/SFr 40,10
UTB-ISBN 3-8252-2662-X

Das Buch bietet einen Überblick über die Entwicklung der Kurzgeschichte in Großbritannien und Irland im 19. und 20. Jahrhundert. In eigenen Kapiteln berücksichtigt werden regionale Besonderheiten (die Kurzgeschichte in Schottland und Wales), Texte des Kolonialismus und des Postkolonialismus, wichtige Subgenres (humoristische Kurzgeschichte, Detektivgeschichte und Science Fiction) sowie herausragende Autorinnen und Autoren. Ergänzt werden diese Kapitel durch je eines zur Poetologie der Gattung und zur Publikationsgeschichte. Das Werk ist primär für den universitären Unterricht gedacht, kann aber auch auf der gymnasialen Oberstufe eingesetzt werden, da die Kapitel textnah und verständlich sind. Die Darstellung wird überdies durch Marginalien, Illustrationen und Literaturhinweise unterstützt. Optimal zur Prüfungsvorbereitung!

Preisänderungen vorbehalten

A. Francke

UTB Anglistik

Englische Versdichtung –
16. Jahrhundert bis zur Gegenwart

Arno Löffler/Eberhard Späth (Hrsg.)

English Poetry

Eine Anthologie für das Studium

UTB 2376 S, 4., ergänzte Aufl., 2003, 348 Seiten, div. Tabellen
€ 19,90/SFr 33,50
UTB-ISBN 3-8252-2376-0

Diese bewährte Anthologie, die nunmehr in vierter Auflage erscheint, bietet eine Auswahl bedeutender und repräsentativer englischer Gedichte aus der Zeit vom 16. Jahrhundert bis zur Gegenwart. Der Band ermöglicht es dem Leser, die abgedruckten Texte selbständig, ohne weitere Hilfsmittel zu erschließen und ist somit ein ideales Arbeitsbuch für Studenten und Schüler. Den sorgfältig edierten Texten folgen jeweils Kommentare, Wort- und Sacherklärungen sowie Angaben zu weiterführender Literatur. Die Herausgeber haben darauf geachtet, daß die wichtigsten Formen der englischen Versdichtung vertreten sind und ihre literaturgeschichtliche Entwicklung erkennbar wird. Zudem werden thematische und motivische Beziehungen sichtbar gemacht, die zum Vergleich herausfordern. Dadurch soll sowohl das Verständnis der Einzeltexte als auch das der geistes-, gattungs- und sozialgeschichtlichen Kontexte gefördert werden.

Preisänderungen vorbehalten

A. Francke